Redes informáticas:

Protocolo de comunicación,

protocolo de aplicación y

Software

2da Edición

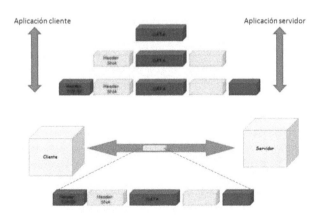

Gracias a Dios y a mis padres que desde el cielo me han iluminado,

a mi familia que sin saberlo me dan aliento para seguir,

a mi esposa e hija que me inspiran con la fortaleza que tienen para enfrentar cada situación

y

a mi hijo Diego de quien aprendo cada día a confiar en lo que hago y actuar siempre con nobleza.

Jacinto Fung León

4

Prefacio

Las redes informáticas se pueden enfocar en diferentes puntos de vista, desde los componentes y circuitos diseñados por los ingenieros electrónicos; hasta el otro extremo de la visión de los usuarios que compran los dispositivos que desean acceder a la Internet desde sus casas, personas que desean contratar y consumir los datos en la red global por una empresa de comunicación sin tener idea de la tecnología informática. Entre estos dos enfoques existen numerosos y diferentes visiones: desde los conceptos de transparencia funcional fuera y dentro de la casa (aunque se desconoce cómo funcionan) hasta la evaluación de caídas, la rapidez de la conexión, la calidad del servicio, facilidad de conexión y uso de la red, etc. La visión de los ingenieros electrónicos quienes diseñan y construyen las placas electrónicas de los dispositivos de la red, con la utilización de componentes de calidad para su construcción, el diseño eficiente del circuito, protocolo de comunicación usado para la conexión, el costo de la selección con base a la tecnológica, el mantenimiento a futuro del protocolo de comunicación y otras características técnicas que involucra la construcción de un dispositivo electrónico para la red; el producto final se evalúa por los usuarios quién los compran.

Este libro se enfoca en un solo punto intermedio entre un experto en redes (ingeniero electrónico) que construye dispositivos electrónicos y los usuarios; por esta razón, no se describirán fórmulas, ni ecuaciones físicas que trabajan los componentes electrónicos, tampoco abarca el estudio de la frecuencia del uso del voltaje y el Amper; pero se conocerá las redes informáticas desde el punto de un desarrollador de software. El punto de vista de un ingeniero de informática o de software, donde accede un componente llamado "red" que es usado en el aplicativo, el componente "red" se utiliza como otro recurso que posee el computador; lo particular de este recurso es definir la forma de conectarse o de negociar la conexión con otros aplicativos en la red. Existe también diferentes visiones en los proyectos de desarrollo de software con el componente "red"; un enfoque muy al detalle es a nivel de código de programación por el desarrollador del software, donde tienen diferentes recursos que usan para la conexión hacia la red; y la visión general para un diseñador de software o arquitecto de software que considera las diferentes tecnologías que existen para acceder las redes; del mismo modo, la selección de la tecnología dependerá de la facilidad de la conexión y uso de la red, considera la consecuencia futura de la selección.

En todo proyecto informático hay un punto crítico y es cuando existe una conexión entre dos aplicativos en la red, y más cuando los dos aplicativos pertenecen a diferentes empresas, peor aún, cuando los dos aplicativos son de tecnologías diferentes, este libro describe varios casos que se centran en dos tecnologías diferentes cuando son necesarios conectarse.

Tener un conocimiento equilibrado entre la filosofía de las redes y el desarrollo del software es el punto común del ingeniero electrónico y el ingeniero de software, este conocimiento limita a qué profundidad se debe aplicar la electrónica y el desarrollo de software. Aparece un profesional especializado en las empresas, son los integradores de tecnología informática que poseen parte del conocimiento de la electrónica y parte del desarrollo de software, este conocimiento se refleja en el libro donde el autor selecciona temas que hacen referencia al uso de las redes físicas desde lo básico, como el usuario enfocado a la explotación como un recurso del ordenador hasta los diferentes desarrollos de software en la actualidad. El libro también ofrece el desarrollo de aplicaciones en varios protocolos de comunicación desde la clásica arquitectura SNA; recorriendo en un vuelo ligero el formato http, por medio de las páginas web y el servicio web; describiendo cliente y servidor bajo TCP/IP hasta el uso de middleware para la comunicación con IBM MQ (versión actual de WebSphere MQ).

El libro contiene tres grandes secciones: en la primera sección describe la red física de forma general y básica, describe los diferentes componentes físicos que lo integra; se detallan los conceptos y teorías de redes desde el punto de vista de un ingeniero de software y un punto de vista más cercano o límite del ingeniero electrónicos; se estudia las capas de la red del modelo OSI (Interconexión de Sistemas Abiertos, del inglés Open Systems Interconnection); estudia de forma básica los formatos de SNA y TCP/IP; los diferentes tipos de sincronización de los mensajes de envíos y respuestas donde se aplican en cualquier protocolo de comunicación. La segunda sección describe el protocolo de aplicación donde realiza la interpretación de la trama que fluye en la red. La sección tres se presenta el uso de la herramienta tecnológica, con ejemplos de modelos de algoritmos y mecanismo de desarrollo de componentes con el uso de la red; los desarrollos de los componentes son apoyados por las dos secciones anteriores y con la tecnología disponible; se describe la diferente presentación de los componentes tecnológicos para ser usado en las aplicaciones; los componentes de estas tecnologías se reflejan con ejemplos en los códigos de los lenguajes de programación, también se describe el desarrollo de un componente de red con un lenguaje de programación para realizar la conexión con otro aplicativo; más adelante se realiza este mismo desarrollo en los diferentes protocolos de comunicación; se define el uso de estructura de datos con los formatos válidos en los protocolos de aplicación. Hay muchos más representaciones de los formatos de protocolos de aplicación, muchas más tecnologías y herramientas que el libro no menciona, pero con lo que se describe puede ser aplicado de forma análoga en cualquier caso. Al final del libro se describe el uso práctico de los protocolos de comunicación, protocolos de aplicación y el software, que son aplicadas en las empresas actualmente que se apalancan con diversas tecnologías para conectar todas las aplicaciones por la red.

Contenido

13

Sección I
Protocolo de comunicación

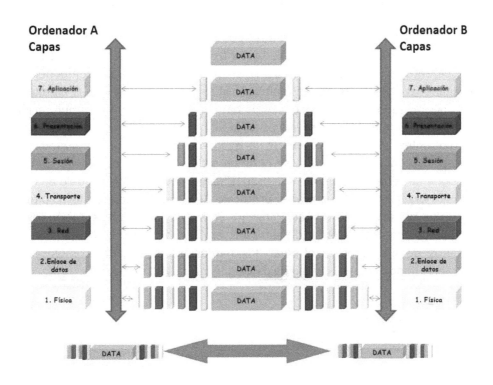

Esta sección se describe conceptos básicos de redes físicas, los conceptos definidos desde el punto de vista de un desarrollador de software o como un usuario sin conocimiento básico de circuitos electrónicos. El conocimiento de redes abarca el uso de los dispositivos que existen en el mercado que están catalogados por su funcionalidad y características para este fin, sin mencionar los componentes internos electrónicos de cómo está construido los dispositivos. En el libro describen los dispositivos como cajas negras, donde se describe su construcción lógica interna, indicando las entradas y salidas, también describe el papel que tiene en la red.

Los dispositivos conectan dos o más equipos en la red. La selección de los dispositivos y su conexión en la red permiten determinar su arquitectura. Existe diversidad de redes físicas, donde depende netamente del uso de estos dispositivos. La configuración o el manejo de los dispositivos no se mencionarán en este libro, pero se asume que la red funciona correctamente.

Esta sección se centra en los diferentes tipos de redes y arquitecturas que existen como SNA, TCP/IP, etc., se describe la red física para luego ser usado de forma transparente en la última sección del libro en el desarrollo de los componentes. En algunos capítulos y temas se repiten en la siguiente sección y en la última. En esta sección se introduce los conceptos básicos de protocolo de comunicación, donde se dará más detalles prácticos en la última sección, donde se desarrollan los diferentes componentes en un lenguaje de programación utilizando los conceptos teóricos. En su inicio se describe protocolo de comunicación con los componentes que mayormente son usados, luego se describe el modelo de capa OSI para organizar y estructurar el protocolo de comunicación; en los capítulos siguientes se describe lo que se transmite en la red y su representación lógica definido por un desarrollador de software, en base de bits y bytes que son los formatos de los datos; y al final, los modos y modelos de comunicación abstractos donde definen el flujo de datos que interactúan en la red.

1. Conceptos y componentes de redes

1.1. Introducción

El Software está en todas partes, escondido en lugares donde uno menos piensa, desde los coches hasta los artefactos eléctricos de la casa. Pero existe un conjunto de software que tiene característica muy especial, que se conecta entre ellas. El software puede estar desarrollado por una empresa, o diferentes empresas de tecnologías informáticas y se conectan entre ellas. Se comunican los aplicativos para trabajar en conjunto para lograr ciertas funcionalidades en los equipos, coches, aparatos de la casa, etc.

Las redes informáticas tienden a estandarizar con los protocolos de comunicación, que permiten diferentes aplicativos informáticos se conecten entre sí. La gran magia proviene de los componentes de las redes, que sobre todos estos componentes existen una capa superior donde está el software que se conecta con otro software, sin estos componentes electrónicos no se pueden comunicarse. La base instalada es configurada y construida en redes informáticas para que los diferentes aplicativos intercambien información, esto permite que el software de cualquier aparato electrónico que se enlaza en la red y permita trabajar transparentemente como un computador. Se genera una diversidad de funcionalidades y combinaciones de dispositivos electrónicos que están operando hoy en día, es decir, no solo se hablan de computadoras, también se conectan entre sí cualquier cosa como una cafetera con un móvil inteligente (internet de las cosas).

Parte de la red informática lo cubren los componentes electrónicos, y todos sus detalles están descritos en los libros de redes en el área de la electrónica. Explica en la mayoría de los libros la configuración, conexión física y estructuración de los diferentes componentes físicos que se instalan en la red, hasta llegar al último componente que es el software o la capa de aplicación (ver modelo de capa OSI más adelante). El libro cubre los aspectos generales de construir software que aprovecha los componentes electrónicos que están disponibles en la red, llega a un punto de coincidencia intermedia donde al salir por la red física el desarrollador de software le es transparente e indiferente conectarse a un módem, concentrador o a un enrutador. El libro explica las diferentes formas de comunicarse entre los aplicativos, con la visión de desarrollo del software, sobre una plataforma llamada red que para accederla no tratará con cable ni de dispositivo electrónico, el desarrollador de software solo trabajará con componentes de software. La explicación en el libro sobre la parte electrónica es muy básica, inclusive nula como un usuario promedio que usa la red, pero entendible a los desarrolladores de software, la explicación de los conceptos de red y su tipo de conexión física da una idea de cómo es la comunicación entre los aplicativos, la red física en algún momento influye el modo de comunicarse y entenderse los dos aplicativos.

En este capítulo se describe los puntos que llegan con la coincidencia de las redes electrónicas básicas, y no se profundiza más allá, se recomienda de hacer complemento con los libros de electrónica que contienen el conocimiento en el área de redes físicas, la profundidad de los diferentes temas se mide hasta que sea aplicable el conocimiento a la realidad, entendimiento físico de la red o de encontrar la solución práctica al problema. Se explicarán conceptos muy básicos de redes, de manera que es importante conocer esta parte antes de continuar en desarrollar un software en la red.

Actualmente, existen implementaciones de software que son transparentes en el uso del recurso de la red para los desarrolladores de software, no es necesario tener conocimiento de las redes; pero existen otros desarrollos y proyectos que si dependen del conocimiento profundo de la red. En los primeros desarrollos de las aplicaciones en la red, el desarrollador tenía un conocimiento más profundo de las redes y su tecnología, conocía el circuito interno de las computadoras y era la misma persona que conoce la parte del área de desarrollo de software. Los primeros programadores de software son los que diseñaron y construyeron las arquitecturas de los computadores, sus circuitos y por lo consiguiente la forma de conectarse físicamente en la red de todos sus componentes electrónicos. Ahora ambas áreas están separadas, no solo es necesario tener todo el conocimiento electrónico, depende del tipo de aplicaciones y software a desarrollar, donde debe abarcar un punto intermedio de la electrónica y de los desarrolladores de software, todos estos conocimientos tanto electrónico, desarrolladores de software y su intermedio; el conocimiento está contenido en áreas diferentes y separadas; se realizan especializaciones dentro de la misma área del conocimiento donde los límites se hacen eminente, este es uno de los casos que puede dejar un vacío. El vacío está presente cuando se genera por obligación un lenguaje común para el entendimiento entre las dos grandes áreas de conocimiento; no es fácil dentro de una organización que utiliza la tecnología informática, donde dos áreas técnicas informáticas no se entiendan. La especialización de la electrónica en todas las áreas como en el caso de las redes van en aumento, en su inicio con el apoyo de la tecnología telefónica analógica para inter conectar dos ordenadores, hasta nuestros días con grandes avances e innovaciones, relacionan el conocimiento analógico de las señales con lo digital, ha de imaginarse dos ingenieros de las diferentes áreas ponerse de acuerdo en sus inicios. Actualmente, sucede lo mismo con dos mundos diferentes, entre los desarrolladores de software y los ingenieros de la electrónica en el área del dominio de las redes, siempre chocarán en los proyectos, el impacto de ambos mundos en el universo del campo de la ingeniería es normal si existe un vacío. Estos primeros capítulos son como temas introductorios al mundo de las redes de la electrónica, pero descrito y vista por un desarrollador de software, para el entendimiento de comunicación entre los especialistas de redes y los especialistas de desarrollo de software. Existe la falla de comunicación por la diferente visión de un mismo recurso llamado red, la visión de las diferentes empresas informáticas de la misma tecnología de red, caso que se generan estándares para el entendimiento de ambas partes. Sucede en el caso con los mismos ingenieros de redes que trabajan con dos protocolos de comunicaciones diferentes, para llegar un entendimiento se necesita una tabla de conversión o traducción de un protocolo a otro, al menos que ambos o uno de los ingenieros conozca ambos protocolos para realizar la traducción. En todos los casos mencionados anteriormente es necesaria esta tabla de conversión o traducción.

1.2.   Consideraciones de redes informáticos

La red es un conjunto de recursos que permiten conexiones entre los componentes de un sistema completo o entre diferentes software. Podemos destacar los recursos que poseen en el software que se conecta entre sí con sus componentes, donde se consideran en la arquitectura de software, usando los diferentes conceptos de interconexión entre los elementos; donde se utilizan llamadas a funciones (el software utiliza rutinas o procedimientos disponibles), por medio de librerías, uso del sistema operativo, uso del entorno de la tecnología, o del mismo recurso nativo del ordenador, o los dispositivos conectados a ellas. Las llamadas de estas funciones son realizadas desde el software sin tener ninguna consideración de conexión hacia un componente del mismo software en el mismo ordenador o de un componente que se encuentra en otro ordenador. Existe un recurso o varios recursos físicos que se utilizan en los procesos de conexión entre los componentes, desde el uso de memoria principal (registros dentro de algunas unidades centrales de procesamientos - CPU) del ordenador donde dos componentes del software intercambien información en el mismo ordenador, hasta el uso de recursos externos que permite la conexión física entre ellos, desde cable, tarjeta de red, módem, concentrador ("hub" en inglés), conmutador ("switch" en inglés), enrutadores ("router" en inglés), etc., todo son activados con la llamada de un conjunto de instrucción desde el software. El uso de la red desde un software es hasta cierta forma escondida y transparente para el programador, el uso de estas instrucciones en el código de programación es de forma habitual con o sin tener conocimiento del uso de la red. Pero si influye en el tiempo de la respuesta, el procesamiento del ordenador, los recursos que se consumen, o el solo hecho de esperar una respuesta, estos detalles miden la cantidad de recursos utilizados. Puede generar alto o bajo costo, por el consumo de recursos por el cómo se utiliza en el software. El diseño de software es vital el representar el consumo y costo, la forma de representarlo es en el esquema de redes.

Existen dos conocidas redes que se utilizan para soportar los sistemas centralizados como a los sistemas distribuidos (más adelante se describen en el capítulo 9.5) y son: LAN ("Local Area Network", o red de área local) y WAN ("Wide Area Network", o red de área amplia, conocida también como internet). La LAN es para conexiones entre computadores o dispositivos en lugares determinados y limitados, por ejemplo: un cuarto, una oficina o un edificio. La WAN es para redes que se conectan dos o más LAN separadas geográficamente y la conexión más grande es la Internet; existe una tercera red que no se usa actualmente, porque los límites entre las dos anteriores redes lo absorben, y es la MAN ("Metropolitan Area Network", o red de área metropolitana) que abarca un área de una ciudad con alta velocidad de transmisión. Existe actualmente, con el uso de los móviles inteligentes el uso de WLAN ("Wireless Local Area Network") que es el uso de conexiones inalámbricas (sin cables); existen otras categorías de redes que no se mencionan; el libro se concentran en las dos principales redes que aplican a cualquier otro tipo de red: la LAN y la WAN. En el caso de la WLAN entra en la familia de la red LAN, por hecho del consumo y las características de esta, se clasifica en una de las dos principales tipos de redes que se estudian en el libro, que para el caso del diseño hay que considerarse. Existen otros tipos de redes que se definen como redes personales que son conexiones a una red por medio de redes cercanas o que no tiene tanta amplitud en distancia, por ejemplos, las conexiones por "Bluetooth" es una red inalámbrica de área personal (WPAN en sigla inglesa); también aplican dispositivos inalámbricos como el ratón (Mouse) del ordenador sin cables, que posee pocos metros de distancia de conexión.

Antes de continuar, se indican las funciones de algunos de los diferentes componentes básicos que pueden contener en una red, no se mencionará una cantidad de componente de mayor capacidad, diversidad de funciones y de última generación; que inclusive combinan funcionalidades de los componentes básicos, esto sucede por el avance tecnológico que tiene la electrónica, permite en un espacio más reducido combinar muchas funcionalidades, por ejemplo: en el mercado se pueden encontrar el módem, el conmutador y el enrutador por separado; con el avance electrónico, se puede encontrar en un equipo más pequeño con las tres funcionalidades combinadas del módem, enrutador y del conmutador inalámbrico. Para verificar las características de cada red a estudiar, se debe entender sus elementos básicos. Los recursos básicos que poseen en una red que son variadas y dependen del objetivo de la red donde se incluyen estos elementos. Existe una variedad de configuraciones de redes y topologías (token ring, estrella, etc., que no se estudia por ser transparente al desarrollador de aplicaciones) que son tratados de forma similar al desarrollo de un software, se realiza análisis, diseño e implementación para una red, el objetivo no es detallar todas las configuraciones, el objetivo es tener una idea general o clásica de los componentes básicos de una red.

1.3. Dirección MAC (Dirección física)

Dirección física o dirección MAC es la identificación única a nivel mundial de una tarjeta o dispositivo de red, no hay dos direcciones físicas iguales en el mundo. La dirección física permite identificar unívocamente un equipo en la red. La dirección MAC (Media Access Control por sus siglas en inglés) se determina con un código inicial del fabricante, luego del modelo y la identificación del equipo; u otro mecanismo de identificación de los productos del fabricante. La identificación esta compuestas de 48 bits, generalmente está constituido en 6 pares de hexadecimales (00-12-3F-0F-BB-B5) o lo equivalente de 6 pares de cuatro bits (hexadecimales = 0-9, A, B, C, D, E, F). Por ejemplo: en el ordenador móvil, si posee dos tarjetas de red, una de la tarjeta es para la conexión a la red local (00-12-3F-0F-BB-B5) y otra para la red inalámbrica (00-12-F0-B5-58-1F), ambos tienen una dirección física diferente por ser dos tarjetas separadas para dos redes (inalámbrica y por cable) que se comunica en el mismo computador, pero para la red son dos equipos. Algunos protocolos de comunicación no necesitan esta dirección física, pero algunos lo utilizan como conexiones en la capa 2 de enlaces de datos en modelo de capa OSI (ver más adelante en los capítulos 3.1 y 3.2).

1.4.   Tarjeta de red (NIC)

Tarjeta de red es un componente Hardware que conecta un ordenador a la red, conocida como placa de red, interfaz de red física, o tarjeta de interfaz de red (NIC - Network Interface Card o Network Interface Controller por sus siglas en inglés). El componente puede ser conectado al ordenador por un bus o por una ranura de expansión en la placa base, otras vienen incorporada en la placa base desde la fábrica; otra opción es usar una conexión al ordenador vía puerto USB, que es una tarjeta de red inalámbrica. Su función es igual que lo demás dispositivos de un ordenador de guardar o recuperar los datos, pero en vez de almacenarlo de forma local en el ordenador o en el equipo, este lo guarda o lo localiza los datos fuera de sus componentes locales. Cada tarjeta de red está identificada de forma única por la dirección física o dirección MAC, administrada por la IEEE (Institute of Electronic and Electrical Engineers). Los ordenadores se identifican por el MAC de la tarjeta de red que tiene conectada.

1.5.   Cables

Existe una diversidad de cables que permite transmitir los datos de un punto a otro, es decir de extremo a extremo del cable, los cables son generalmente transmisor de señales eléctricas, tienen capacidades de transmitir las señales con longitudes máximas (por ejemplo, 100 metros en la mayoría de las categorías) y con una velocidad de transmisión (por ejemplos: 10 Mbps o 10.000.000 bits por un segundo, 10 Gbps, Giga bit por segundo o 10.000.000.000 de bits por un segundo) según el tipo (UTP "Unshielded Twisted Pair" o par trenzado sin blindaje, STP "Shielded Twisted Pair" o par trenzado blindado, fibra óptica, coaxial, etc.), material de construcción (cobre, fibra de vidrio, plástico, etc.) y configuración. Cada tipo de cable tiene descrita sus características y algunos son catalogadas por categorías, por ejemplo: cable tipo UTP categoría 5 es conocido como Ethernet 100BaseT/10BaseT que se usa normalmente en los hogares y en las instalaciones de las empresas hasta hace pocos años atrás, transmite hasta 100 Mbps y un máximo de 100 metros de distancia de transmisión, puede llegar a 1 Gbps pero reduciendo la distancias a 55 metros con 250 MHz; la categoría del cable menor a 5 se limita a transmitir solo datos y otro, solo voz y datos por su velocidad, las imágenes no lo garantiza; todas las categorías permiten y garantizan la transmisión de solo datos; en el caso de la categoría 8 UTP llega hasta 40 Gbps con 2 GHz con un máximo de distancia de 30 metros. Los datos, voz e imágenes se transmiten de la misma forma en las señales eléctricas, la diferencia que las imágenes tiene mayor cantidad de datos, seguido por la voz y finalmente el mismo dato (como un archivo de texto); es diferente enviar una foto, un mensaje de voz y un texto por el tamaño y el tratamiento de los datos. La cantidad de datos y su velocidad es lo que diferencia cuando procesa los datos en los diferentes aplicativos, por ejemplo, es diferente usar aplicaciones para videos y sonidos a usar aplicaciones de solo datos de texto. El otro punto a considerar, mientras más larga distancia soporta la red (máxima de 100 metros en su mayoría de las categorías), la velocidad de transmisión es menor; en el caso que se necesita alta velocidad de transmisión, la distancia máxima que soporta se acorta, entonces, es normal usar categoría 5, 6 o 7 UTP para largas distancias en la red y categoría 8 UTP en los centros de datos ("data center" en inglés). Generalmente en cada extremo del cable tiene conector RJ45 para cableado estructurado, esto asume que la mayoría de las tarjetas de red y los dispositivos tiene este adaptador como conector.

Figura 1.1 Cables con conectores RJ45

1.6.   Concentradores ("Hub")

Los concentradores casi no se usan en la actualidad en las empresas, es un dispositivo central que conecta todo el cableado de la red y su función es distribuir los datos a todos los equipos conectados. Se conecta al concentrador por una ranura con un cable (ver figura 1.2), en un extremo del cable está el concentrador y el otro extremo se enlaza al ordenador o dispositivo. El concentrador tiene un número de ranura máxima que depende del fabricante y modelo, la velocidad de transmisión de cada ranura se obtiene en dividir la velocidad del concentrador con el número de ranura, si hablamos, por ejemplo, de un concentrador que tiene la velocidad de 100Mbps y tiene 5 ranuras, cada ranura tiene la velocidad de transmisión de 20Mbps, la señal recibida en una de las ranuras se retransmiten a todas las ranuras. Las ranuras generalmente soporta el conector RJ45 del cableado. Cuando la cantidad de equipo a conectar a la red supera la cantidad de ranura del concentrador, se deja una ranura del concentrador para conectar con un cable a otro concentrador o conmutador, se tiene tanto concentrador para poder conectar todos los equipos en la red. En algunos modelos de concentradores y conmutadores tienen una ranura específica para conectarse con otro conmutador o concentrador, esta ranura específica realiza el puente de los datos entre todos los concentradores. El concentrador y el conmutador tienen una fuente de poder eléctrica, esto permite en algunos casos ser utilizado como un retransmisor de información entre los cables de red para distancias extensas y pasan de sus límites de extensión (en la mayoría de los cables son 100 metros), por ejemplo, un computador cliente está a 280 metros de distancias del servidor, para conectarse con cable categoría 5 UTP (máxima de distancia permitida es 100 metros), se necesitan dos concentradores ubicados equidistantes entre el servidor y el computador cliente. Se usa este equipo para retardar las señales o disminuir la velocidad de transmisión, debido a que existen dispositivos o computadores que no trabajan a alta velocidad.

Figura 1.2 ranuras del "hub" para cables con conector RJ45

1.7.   Conmutador ("switch")

El conmutador tiene la funcionalidad y característica similar al concentrador ("Hub"), la diferencia es la velocidad de transmisión de cada ranura, cada ranura tiene la misma indicada por el dispositivo sin importar la cantidad de ranura. Por ejemplo, un conmutador de 100Mbps, cada ranura va a 100Mbps de velocidad; no importa si tiene 8 o 16 ranuras. Este dispositivo puede sustituir al concentrador ("Hub") por la velocidad de distribución de los datos. Tanto el concentrador como el conmutador tienen una cantidad máxima de ranuras según su modelo y fabricante.

Figura 1.3 Conmutadores

1.8.   Enrutadores ("router")

El enrutador tiene la funcionalidad y característica similar al conmutador ("switch"), la diferencia que se programa o se configura cada ranura del dispositivo, cada ranura se le indica a que otras ranuras pueden ser transmita la información recibida en el enrutador. El mecanismo interno del enrutador difiere del conmutador donde analiza la información de los datos transmitidos o de una capa superior de abstracción estándar de protocolo de comunicación (capas OSI "Open Systems Interconnection" para el protocolo de comunicación, ver capítulo 3), permite distribuir selectivamente el envío y la recepción del paquete de datos en las diferentes ranuras, donde interpreta la información de los datos que recibe para ser distribuido a otras ranuras, a diferencia del conmutador que envía y recibe a todas las ranuras del dispositivo sin interpretar la información de los datos transmitido en la red. Estos equipos tienen también la función de corta

27

fuego o de pared, bloquea ciertos datos en la red para no ser transmitido en las demás ranuras. Existe otra función en la red como la seguridad, con este equipo se puede configurar varias redes locales en la empresa, donde los datos de una red local (LAN ver el siguiente capítulo) no es distribuidos a otra red local de la empresa, por ejemplo: la red de administración de la empresa no son transmitido a la red de departamento de venta; en este mismo ejemplo se puede configurar con concentradores ("hubs") o conmutadores ("switch") separados sin conexiones entre ellas, por cada red local se conecta un concentrador (o un conjunto de ellas) que no se conectan en las redes de la empresa, y todos los concentradores están conectados al enrutador. Como se indican en los ejemplos el uso de enrutadores y concentradores permiten diferentes distribuciones de datos y configuraciones de redes dentro de la empresa. Existen otras funcionalidades en el enrutador para la distribución de los datos en la red, esto depende del fabricante y modelo del enrutador, mientras más especializados y funciones tienen, más opciones configuraciones se pueden realizar en la red.

Figura 1.4 Enrutadores

1.9.   LAN (Local Area Network) o red local

Para tener una idea de esta red, la red se determina en cómo está construido por sus componentes; con el uso de concentradores ("hub") o conmutadores ("switch"), cables, dispositivos (impresoras, cámaras digitales, capturas de huellas, lectoras de tarjetas identificación electrónicas, etc.), servidores y ordenadores. No existe o no se menciona en sus componentes el enrutador (en caso especial se menciona con el enrutador inalámbrico, ver más adelante). Se realiza la configuración de la red local con un número de conmutadores o concentradores, por la cantidad de ranuras definido por el número de ordenadores y equipos a conectar en un punto geográfico, como se indicó anteriormente, es un punto geográfico donde se conectan los dispositivos en una red restringida por los cables (en ocasiones por una red inalámbrica que tiene un alcance menor que 100 metros a la redonda por un enrutador inalámbrico), un área reducida donde un conjunto de equipos se conectan. La velocidad de la red local depende de las velocidades de los componentes que estén conectados, como los ordenadores y dispositivos (impresoras, etc.), y el tipo de cables que se usen para conectarse a los concentradores y conmutadores. La configuración de cada componente en la red depende del uso de herramientas tecnológicas como uno o varios softwares, por ejemplo, el controlador de dominio (software que se encarga de la organización, de la identificación, de la seguridad, etc., de los ordenadores, ver el capítulo 8.2 de DNS, es un software opcional en la red local), como el conjunto de software a usarse. Todos los elementos poseen un costo total, que la empresa o institución debe gastar y mantener; el gasto mayor es la inicial que se centra en la adquisición del software y todos los elementos de la red local; en el caso de mantenimiento y consumo posterior, como el consumo de la electricidad de los diferentes componentes de la red local y su mantenimiento operativo de los equipos. La velocidad de transmisión lo define y controla la empresa dueña de la red local por la adquisición de los dispositivos de los concentradores como conmutadores, ordenadores y los tipos de cables. El uso de enrutadores en una empresa se justifica cuando se desea aislar los grupos de ordenadores por diferentes redes LAN dentro de la empresa.

El objetivo principal de una red LAN es compartir recursos entre diferentes computadores, como impresoras, datos, etc., por ejemplo, si no existiese la red, cada computador debería tener una impresora, si el caso que existiese una sola impresora en la oficina, el tiempo de traslado de la información para su impresión es largo. El costo de recursos y tiempo es mayor, con el uso por ejemplo de memoria con conexión USB cada vez que se va a usar la impresora en la oficina para transportar la información a imprimir. Con la red local se comparte este recurso y cualquier ordenador puede acceder de cualquier punto de la red a la impresora que permite reducir el tiempo y costo de proceso de imprimir. El mismo caso sucede con el compartir los datos en la oficina, sin la red local debe haber un proceso de actualización, modificación y control bien estricto para tener la información de los datos de forma íntegra y consistente, con el uso de la red LAN permite compartir recursos. Imagínese usar memoria USB para tener los datos actualizados y consistente en una oficina si no tiene la red local. Esto trae como consecuencia del uso de la red LAN de la empresa como red privada para:

- ✓ Transmitir excesivos datos en la red, esto depende de la configuración de la red.

- ✓ Control bien estricto y descentralizado de los datos por parte del dueño de la red local.

- ✓ Reduce costo, por compartir recursos de una forma eficiente.

- ✓ Costo de inversión y mantenimiento de la red es controlado.

- ✓ La inversión mayor se hace una sola vez, y el costo continuo de mantenimiento es la electricidad básicamente y el mantenimiento de la instalación de los equipos.

La red local se ubica en un lugar de una ciudad, donde comparten los recursos locales. Pero cuando se necesita recurso en otro lado, en otra ciudad, en otro estado, en otra comunidad lejana o en otro país, la red LAN no permite tal cobertura, y si lo permite se debe hacer una gran trabajo en desplegar la cantidad de cable y concentradores que la empresa no podrá sufragar (al menos, si es una empresa proveedora de este servicio), en este caso se apalanca con la red de área amplia o WAN.

1.10. WAN ("Wide Area Network") o red de área amplia

La red de área amplia es un conjunto de ordenadores y diferentes componentes que permiten las conexiones entre dos o más lugares remotos geográficamente, conecta dos o más LAN; el uso de enrutador es obligatorio, sea colocado por la misma empresa o por el proveedor de servicio WAN. Se maneja en términos de negociación y limitación entre los proveedores de servicios WAN y de la empresa, los términos como la velocidad, ancho de banda y cantidad máxima de datos a transmitir. Existe un costo mensual por el servicio de conexión de la proveedora del servicio WAN, en adición del costo de mantenimiento de la LAN que la empresa debe considerar, si desea tener un sistema centralizado o distribuido (ver el capítulo 9.5), ambos sistemas deben conectar hacia otro ordenador fuera de su área geográfica. Los proveedores de servicio WAN poseen redes con mayor magnitud en distancia y amplitud que se conecta con otros proveedores de servicio WAN en el mundo. La empresa proveedora de servicio se encarga del mantenimiento de las conexiones entre sus enrutadores o equipos que realizan la misma función del enrutador, mantiene el cableado o tecnología inalámbrica usada (satélites, antenas, etc.). La empresa que contrata este servicio, tiene un solo canal de conexión hacia el exterior por cada punto geográfico, en cada punto geográfico que se desea conectar a otro punto se realiza por medio de la WAN con los enrutadores asignados en cada punto geográfico, al menos que contrate dos o más proveedores de servicios diferentes para considerar tolerancia a fallas, si existe una caída del servicio de un proveedor, se utiliza otro proveedor de servicio. Algunas empresas proveedoras de Internet poseen mecanismos de tolerancia de fallas; existen varias empresas e instituciones que utilizan la misma red del mismo proveedor de servicio, al fallar un punto de la red puede afectar a varios clientes.

La empresa que contrata el servicio tiene un solo canal en cada punto geográfico que recibe y envía la información en la LAN hacia la WAN, es decir, existe un solo canal de salida y entrada de la LAN hacia la WAN, el correcto uso de este canal permite equilibrar los costos y el mantenimiento. Los puntos a considerar en esta red son:

- ✓ Limitar el uso de la red WAN, gestión eficiente de este canal o de los recursos compartidos.

- ✓ Las limitaciones como la velocidad, ancho de banda y la cantidad de datos se generan entre el contratante como el proveedor del servicio, es un recurso finito y limitado.

- ✓ Existe una limitación de máxima velocidad como transmisión por la tecnología que posee el proveedor del servicio o del punto geográfico.

- ✓ Debe existir una eficiente distribución de los datos o información de los sistemas en los diferentes puntos geográficos. Hay casos que la escogencia de los sistemas centrales son más eficiente que los sistemas distribuidos, como a la inversa, esto depende del buen diseño del software y la distribución de los datos.

- ✓ Por ser limitado el recurso, el uso de la red debe ser breve en el tiempo como la poca cantidad (corta) de información a ser transmitida por cada ordenador.

Todo se centra en la cantidad de información y velocidad que se envía, como se recibe entre ambos ordenadores, entre el destinatario y la fuente. En las empresas se ve claro el uso de estos recursos compartidos en comparación de un conjunto de software instalado en las plataformas, donde el uso excesivo de este recursos en contra de otro software que consume menos la red WAN, pero su comunicación son más intensas, genera falta de confiabilidad del software que consume todo el recurso de la comunicación de la WAN sin necesidad; estos son los software que no sobreviven o son evitados por los usuarios para no colapsar la operatividad de los demás software en la WAN. Si se desea tener una idea de la cantidad de información a transmitir por estos recursos se debe tener claro esta información:

- ✓ Un fichero tiene un tamaño en bits o en bytes fijo. Es la cantidad de bytes que se envía por el canal con algo más de datos que se agregan por el protocolo de comunicación.

- ✓ Un fichero que reproduce sonido (música, voz, etc.) en promedio es mayor que los textos o datos.

- ✓ Un fichero de video en promedio es mayor a los ficheros de sonido.

- ✓ Un fichero de video y sonido en promedio es mayor a los ficheros de solo video o solo de sonido.

Lo que se hace entender que el uso de los recursos de la WAN y LAN es mayor con la transmisión de videos y sonidos, luego le sigue los videos o imágenes, le sigue los sonidos, finalmente el menos que consume son los textos. Por ejemplo: es diferente transmitir un archivo con el sonido de la lectura de un texto, a enviar un texto que luego al ser recibido por el ordenador destino, utilice un software de dictado o lectura para los archivos de textos, el consumo y procesamiento de ambos ordenadores puede que sea lo mismo por las dos vías o formas de escuchar un texto, pero el uso del recurso en la WAN si existe la diferencia, el primer caso consume más tiempo y transmisión de datos que el segundo; otro caso más sencillo, se envía los datos para la construcción de una imagen gráfica de ventas de la empresa en el ordenador destino, en vez de enviar la imagen de la gráfica. Se diferencia en tomar la decisión en base el tema de tolerancia a falla, es menos probable que falle cuando se envía menos datos, que gran cantidad de datos por una conexión, pero se castiga la disponibilidad inmediata de respuesta, se debe procesar la data y generar la imagen o el sonido en ambos ejemplos.

Ahora si existen muchas conexiones simultáneamente en el único canal hacia la WAN, el comportamiento se degrada, no importa si lo que se transmite es solo texto, debido a que los datos entran y sale por un solo punto.

Lo importante en el uso de la WAN es la seguridad y protección, por un lado los datos que se transmite debe estar protegido para su acceso (proteger el canal físico de transmisión y encriptar la información a ser enviada o recibida); por el otro lado, la seguridad interna dentro de las empresas; donde abrir un canal al exterior que puedes transmitir y recibir información, el mundo exterior puede ingresar sin permiso a la información de la empresa, a la red local y a su sistema interno, si no se previene con la seguridad de los datos y de redes.

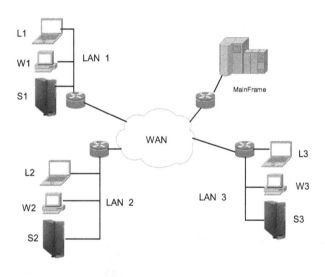

Figura 1.5 Ejemplo de conexión de tres LAN y una WAN

Actualmente, existen dispositivos que en el futuro serán más rápidos, de mayor capacidad de procesar en las redes WAN, pero en este momento se debe limitar y evitar el mal uso en estas redes. La ingeniería del software define que es importante mantener la calidad y el uso eficiente de los recursos en los desarrollos del software. Tarde o temprano pasará la factura el uso ineficiente de este recurso.

La WAN es también llamado sub red, donde permite conexión de dos o más LAN geográficamente separado de un mismo propietario o dueño de la red LAN. Aun si se traslada en la "Inter red" (ver el siguiente capítulo 1.11), este debe tener una conexión privada o aislada, de manera segura para las conexiones entre las diferentes LAN. Anteriormente las empresas utilizaban o siguen utilizando el "módem" como dispositivo de conexión con el uso de la línea analógica de las empresas telefónicas; el dispositivo convierte las señales digitales a analógicas y viceversa entre dos puntos.

1.11.   Inter red o Internet

Hay diversidad de opiniones donde se separa la Internet de la WAN o que ellos van juntos, la WAN como se indicó anteriormente, son redes que se manejan por cada empresa o institución donde se apalanca con una o varias empresas proveedoras de servicios de Internet, todos los ordenadores de una empresa se pueden conectar aun estando en diversos lugares geográficos remotos, cada lugar geográfico posee una LAN, y se conecta todas las LAN de la empresa, esto es llamada sub red o WAN, permite conectar las oficinas o los ordenadores de una empresa a nivel regional, del país o mundialmente, la WAN y LAN son de uso privada. La diferencia entre la WAN y la Internet o inter red, cuando existen varias sub redes o WAN que se desean conectar, o la misma WAN pero en países diferentes con proveedores de Internet diferentes, o en una región o país que no tiene el servicio de la empresa, y necesita de otro proveedor de servicios para cubrir todas las opciones y coberturas de conexión. Hay proveedores de servicios de internet que están en diversos países y puede dar la cobertura a nivel mundial. Pero igual forma la parte administrativa en una empresa que cubre a nivel mundial se maneja sus redes en forma independiente en cada país. Las conexiones de diversas sub redes, se habla de inter red o Internet. Técnicamente se ve que cada proveedor de Internet tiene su WAN y se mantienen con el uso de esta por medio de alquilar sus recursos, poseen sus propios enrutadores ("router") que se conecta entre sí, pero también se conectan con otros enrutadores de otros proveedores de este servicio. De esta forma todos los ordenadores se conectan a otros países y a nivel mundial.

1.12.   Puerta de enlace o pasarela (Gateway)

Dispositivo que se encarga de conectar el ordenador a otro ordenador, o equipo. Es el punto donde todos los ordenadores están conectados en un mismo lugar en una red local (LAN) y es el mismo punto que se conecta con el resto de los ordenadores del mundo (WAN o Internet). Se encarga de traducir las direcciones de cada ordenador en la red y el mundo. La traducción de direcciones de la red o NAT ("Network Address Translation") es usado en la puerta de enlace. Se encarga de direccionar el mensaje a la red que le corresponde.

1.13. Traducción de direcciones de red o NAT ("Network Address Translation")

La puerta de enlace traduce direcciones locales a direcciones públicas y viceversa. Generalmente, los números de direcciones locales (direcciones definidas en la LAN) son mayores en cantidad a las direcciones públicas en una puerta de enlace (direcciones definidas por la WAN). Esto es debido a que cada ordenador no está conectado al exterior todo el tiempo. Todos los ordenadores tienen mayor tiempo en procesar y en buscar los datos locales, luego al exterior en el último caso; generalmente, los datos locales están en el mismo ordenador, si no se localiza los datos locales se busca en otro ordenador, pero los datos deben estar cercano al ordenador que lo necesita, y en caso de no encontrar los datos en sus vecinos (en la LAN), lo busca fuera de su localidad en la WAN. Los pasos anteriores en buscar los datos son los recomendados en una buena organización de los datos y una correcta arquitectura de redes; hay un conjunto de direcciones públicas que son accedidos por las direcciones locales cuando el ordenador necesita información fuera de su localidad. Cuando se hacen las conexiones de la LAN a la WAN, realiza una conexión temporal entre la dirección local y pública (global), al terminar la conexión se libera la dirección pública para ser usado por otra dirección local. La dirección pública es conocida en la inter red o internet, es decir, todos los demás enrutadores a nivel mundial conocen y puede localizar la dirección pública (ver protocolo IP en el capítulo 5, TCP/IP es una forma de identificar una dirección en un equipo en la red). La dirección local solo se conoce dentro de una red LAN, más no se conoce fuera de ellas, al menos que este en la misma WAN. En el capítulo 8.2.6 de PAT (Port Address Translation) se detalla más el uso de NAT y ejemplos de usos.

1.14. Simultaneidad de los mensajes

En la inter red como en la WAN y LAN, transmiten cantidades de mensajes dentro de sus redes, donde varias computadoras se conectan simultáneamente a otras. En la conexión de un computador a otro en las redes donde se envías varios mensajes; el concepto de la simultaneidad de los mensajes abarca también en el área de las telecomunicaciones, donde van desde el tipo de cable que se utiliza, los dispositivos o equipos de transferencia de los mensajes, hasta las reglas o protocolos de comunicación usadas. Dependiendo de la regla de comunicación aunque tecnológicamente permita la simultaneidad de los mensajes (por ejemplo, el teléfono permite que ambos locutores pueden hablar al mismo tiempo, aunque no se debe), no pueda que se realice por diversas razones, por ejemplo, hacer una llamada telefónica de trabajo, pero no se hace debido a que la otra persona está en un lugar geográfico que no está dentro del horario de oficina o de trabajo (está en una hora alta de la noche); pero se puede enviar un correo electrónico que es de una vía, y es de doble vía si responde el correo, o enviar un fax que es un mensaje de una dirección. La simultaneidad de los mensajes depende de los medios físicos, el sistema de cómo se transmite y de la regla de comunicación; como en los cables que tienen un conjuntos de hilos que permiten enviar datos; y otros conjuntos de hilos que recibe datos al mismo tiempo; mientras que otras construcciones de cables que permite solo enviar o recibir datos, pero no se puede al mismo tiempo enviar y recibir información. Existen varios tipos de comunicación dependiendo de la simultaneidad de los mensajes y son: dúplex completo, semi – dúplex y simplex.

1.14.1. Comunicación dúplex completo (full-duplex)

Permite enviar y recibir mensajes de forma simultáneas. Se implementa por dos formas:

- ✓ Multiplexación. Con un solo medio de comunicación permite varios canales de comunicación. Por ejemplo: por un mismo cable, se conecta a la televisión para ver los diferentes canales (video y sonido) y permite la conexión a la Internet con los ordenadores.

- ✓ Medios separados. Un cable de telefonía, tiene dos pares de líneas, un par para la conexión al teléfono y el otro par para uso de internet con la computadora.

La mayoría de las redes de comunicaciones actuales funcionan de este modo de conexión.

1.14.2. Comunicación semidúplex (half-duplex)

Es una conexión o comunicación alternada de envío y recepción de mensajes, pero no se puede hacer al mismo tiempo el envío y la recepción. Caso como el uso de la radio de banda civil, aunque el medio lo permite, los equipos de transmisión no lo permiten la simultaneidad, solo escucha o se habla, al hablar por el equipo de trasmisión no permite escuchar, y cuando se escucha no se puede transmitir. La regla o protocolo es la palabra "cambio", que pasa de emisor a receptor y es la señal al otro para que pueda hablar por este sistema.

1.14.3. Comunicación simplex

La comunicación es de una sola dirección o un solo sentido (unidireccional), el receptor no responde. En los casos de la radio, la televisión o un sistema de alarma que no hay interacción o retroalimentación del receptor. La mayoría de los casos no necesitan interacción de humano – máquina, como la medición de la temperatura en varios puntos de la ciudad, donde el termómetro envía la señal digital periódicamente a un ordenador; cámaras de video o de fotos en los ambientes de vigilancias o tránsitos en las vías y carreteras, sitios públicos como estaciones de ferrocarril, etc. En las redes se conoce una topología que es la red en anillo de una dirección.

2.   Lo que viaja en la red

En el capítulo 1 se detallan componentes y conceptos de redes físicas, donde el uso de dispositivos, equipos, cables y aparatos electrónicos permiten transferir información de un lugar a otro; con estos conceptos en la mente, lo siguiente es construir o entender la información transmitido en la red, de modo que sea completa y unívocamente interpretado, es decir, enviar o recibir un dato entendible en ambos puntos y que no falte más datos para realizar una acción específica en el receptor.

En una parte de la red se transmite electricidad por los cables con una frecuencia y velocidad con un máximo de 5 voltios. Se estudia un punto de la red porque la filosofía será lo mismo en toda la red (en el caso de inalámbrico por ejemplo, en vez de electricidad será ondas hertzianas, y depende de cada equipo de transmisión utiliza el medio de transmisión física para el cual fue diseñado). El medio de transmisión física en este caso es el cobre del cable que conduce la electricidad (como el aire que transmite ondas tanto sonora, luz, radiofrecuencia, etc.); la presencia de electricidad o no es una señal de transmisión para el receptor. Un ejemplo es la observación desde lejos de una lámpara, la presencia o no de electricidad en una lámpara lo indica el estado de encendida o apagada, si está apagada tiene varios significados; si es de noche no hay nadie cerca de ella o alguien está en la oscuridad y la tranquilidad, o cuando es de día se está ahorrando electricidad; en cambio sí está encendida la lámpara, cuando es de día significa que alguien se le olvido apagarla o se encendió accidentalmente, si es de noche, alguien debe estar cerca de ella o alguien se le olvido apagarla al salir del cuarto. En el ejemplo la presencia de electricidad o no en la lámpara tiene una variedad de interpretación para el receptor, pierde la interpretación única de la señal transmitida, en la red informática no deben existir estos casos. La transmisión de electricidad en la red física tiene una interpretación única, más allá de la existencia o no de voltaje. Dar un significado único a la presencia o no de voltaje obliga a tener reglas y normas para la interpretación como el generador del mensaje. Esta parte de estudio de la red abarca el uso de cable y electricidad, existen otras formas de transmitir físicamente los datos como la conexión inalámbrica, donde se genera por onda hertziana como los teléfonos móviles donde emite continuidad de señales a cierta frecuencia, la señal luz en caso de transmisión por fibras, etc. Todos los diferentes medios de transmisión deben tener una única interpretación del mismo dato, se traslada la interpretación a otro nivel, es decir, el dato a transmitir en cualquier medio físico debe ser interpretado unívocamente.

El elemento básico a nivel abstracta de la red es un bit que su significado puede ser: si o no, bueno o malo, encendido o apagado, etc., que posee dos posibles valores que se pueden interpretar. Un bit apagado o encendido se interpreta unívocamente en la regla o norma para crear o leer el bit, por ejemplo, la interpretación del bit es: si esta encendido indica que debe esperar otro mensaje, si está apagado significa no esperar otro mensaje y responder al emisor; si agregamos un segundo bit para otra acción de apagar o encender el equipo, se tienen 4 combinaciones de duplas de acciones unívocas, para el receptor del mensaje existe la combinación de los dos bits donde sería: (espera otro mensaje / encender equipo); (espera otro mensaje / apagar equipo); (no esperar y responder / encender el equipo); y finalmente, (no esperar y responder / apagar el equipo). En reunir un conjunto de estos elementos básicos (bits o en bytes) y ser transmitido en una red, tendrá una mayor información unívoca con un número mayor de acciones para quien lo reciba. La interpretación de lo recibido puede ser muy numerosa y completa, todo por un elemento básico o un conjunto de esta, la interpretación de estos elementos se detallan en este capítulo. El definir el significado, la composición de la cantidad y posición de cada bit con reglas y normas para el uso de la red, donde se convierte en un protocolo para el comunicarse; donde existirán muchos protocolos que se definen por la naturaleza y necesidades de cada tecnología; donde también define la regla de conversación y diálogo entre dos o más elemento de la red.

2.1.   Flujo en la red

Esta sección tiene el objetivo en definir los conceptos básicos de interpretación lo que se transmite por la red, desde la parte más elemental hasta la información más completa. También tiene el objetivo de especificar estos conceptos en los términos usados más adelante en este libro en los próximos capítulos en la definición de los diferentes protocolos:

✓ Según el medio de transmisión. Dependiendo del medio de transmisión de los datos se derivan una variedad de información que se envía por este. Como la ausencia de luz o la presencia de luz en la noche entre dos torres de vigilancias en la época feudal, la presencia de fuego indica que hay alguien que está presente en esa torre, si no hay luz, es que no hay vigilancia (no está protegida esa torre y se debe estar alerta por ese lado o no tiene leña para el fuego en la torre), el medio de transmisión de la luz del fuego es el aire; como la presencia o ausencia de voltaje en un cable eléctrico indica que no hay corriente eléctrico o hay electricidad; la señal captada con cierta frecuencia en las ondas electromagnético o radio frecuencia, etc.

- ✓ Bit. Representa un número binario (con dos posibles valores). Sus únicos valores son el cero y el uno; es verdad o es falso; encendido o apagado; esta representación puede ser relacionado con el medio de transmisión que se está usando en ese momento, por ejemplo: un rango de voltaje de 0 a 2,5 voltios significa cero, y de 2,5 a 5,0 voltios es uno, si se está usando una corriente en transmitir la información.

- ✓ Byte. Generalmente es la agrupación de 8 bits, un byte representa un conjunto de 8 bits. Hay tecnología que el byte está formado por 7 bits, en el caso del libro se escoge 8 bits por byte por simplicidad de los temas.

- ✓ Carácter. Es un signo de escritura que tiene una representación definida de 256 (=2^8 combinaciones posibles representado en un byte, un byte son 8 bits) símbolos o caracteres diferentes, que posee un rango valor decimal de 0 a 255, y cada valor decimal representa un carácter diferente. Depende del estándar a usar, representa un carácter específico, existen varias tablas de conversión de estos valores a carácter. Esta forma permite un mayor entendimiento de la información de los valores binarios para los humanos, la escritura es un ejemplo, en este caso de combinaciones de uno o más caracteres para un dato. Las tablas más conocidas son EBCDIC (Extended Binary Coded Decimal Interchange Code su siglas en inglés, Código de intercambio decimal de código binario extendido) y el ASCII (American Standard Code for Information Interchange), existen otros estándares como de códigos de HTML (similar a la tabla ASCII pero se inicia con los valores de 32 en adelante, y dependiendo de la versión de HTML como 4.01 que tiene valor decimal superior al 255, tiene más bits para su representación), tabla Unicode V4 y otros. En el caso de la letra "A" es el valor 65 decimal y el carácter "a" es el valor 97 en la tabla ASCII, en el caso de la tabla EBCDIC los caracteres "A" y "a" tienen otros valores, son 193 y 129 decimales respectivamente. Se determina el valor de carácter y la representación del valor decimal (o la conversión de Hexadecimal, binario, etc.), ambos son utilizados en los protocolos de comunicación. Los caracteres son utilizados para ser

presentado a los usuarios de forma que sea fácil de entender, o por su valor decimal que puede significar para los protocolos de comunicación un estándar de indicadores de acciones o estados como se explica más adelante en "bit o conjunto de bits". Existen casos para presentar la información de los datos a los usuarios, se debe hacer la conversión de tablas de ASCII a EBCDIC y viceversa, esto se da mucho en los ordenadores centrales con conexión en la red a ordenadores personales de diferentes tecnologías, donde cada tecnología opta en la selección de una tabla de caracteres y al comunicarse con otro que posee una tabla diferente, en este caso, se debe realizar la traducción o conversión de las tablas, la traducción de pasar por ejemplo el carácter "A" de ASCII (97 en valor decimal) a EBCDIC (193 valor decimal) y viceversa (cambiar el valor 193 a 97 para mantener el carácter "A"). Existen en ambientes de aplicación, de software o de protocolos de comunicación que algunos de los caracteres son utilizados para interpretarse como controles o acciones, por ejemplo, en la tabla ASCII el valor 13 en decimal significa "colocar el cursor en la próxima línea", o el símbolo '\n' que significa igual como fin de línea en un editor de texto, pero para un lenguaje de programación de desarrollo en un protocolo de comunicación específico significa fin de una trama en la red, por ejemplo: se almacena en un disco duro dentro de un fichero "-hola como está,\n-bien, gracias,", el editor de texto al traducirlo para el usuario lo representa de esta forma en la pantalla del ordenador:
"-hola como está,
-bien, gracias,".
Donde desaparece el símbolo '\n' y coloca el texto siguiente en otra línea en la pantalla, en la tabla ASCII es representado por un carácter especial con el valor 13 decimal o 'CR' (carriage return, retorno de carro en sus siglas en inglés).

✓ Cadena de caracteres ("STRING"). Define un conjunto de caracteres de forma ordenadas, por ejemplo: "HOLA" está definido por 4 caracteres o 4 bytes en su representación en una de las tablas, "HOLA" se traduce por la tabla ASCII como una cadena de números decimales de 0-255 de esta forma en separación de tres en tres dígitos: "072079076065"-> se separa en "072-079-076-065", donde "072" es "H" en la tabla ASCII representado en un byte, "079" es "O", "076" es "L" y "065" es "A"; en la representación binaria o en bits sería: "072" = "0100 1000"; "079" = "0100 1111"; "076" = "0100 1100"; y "065" = "0100 0001"; en donde se almacena de forma digital la palabra "HOLA" con el uso de la tabla ASCII será una cadena de bits como "0100 1000 0100 1111 0100 1100 0100 0001". La cadena de bits si se traduce en la tabla EDCDIC sería traducido como "d4D'RES'", donde 'RES' (= "0100 0001") es un carácter especial para los sistemas que utilizan la tabla EBCDIC que significa "restaurar".

✓ <u>Trama</u>. Es una cadena de caracteres o bytes que posee una unidad de información completa. La trama es también llamada paquete, es utilizado en la capa de enlaces de datos del modelo de capas OSI (ver el capítulo 3).

✓ <u>Data o dato</u>. Información unitaria mínima de una información. Se puede colocar como sinónimo de trama. La data se transmite entre los aplicativos o software para cumplir sus funciones u objetivos, adicional se incluye la data dentro de los parámetros de los protocolos de comunicación. En una trama puede existir varios datos, como datos que utiliza el protocolo de comunicación para realizar su labor; y el dato de la aplicación o el dato que entiende un software con otro, en los casos al hablar de "datos de la trama" en el libro, es el dato del software y no del protocolo de comunicación.

✓ <u>Información</u>. Un conjunto de datos de forma ordenada que genera una acción o toma de decisión al receptor. Aplica en el protocolo de comunicación y entre las aplicaciones (software).

2.2. Formato de la trama

Existen diferentes formas de interpretar las tramas en los flujos de la red, como en la representación abstracta de los datos en la parte de desarrollo de software; permiten diferentes maneras de trabajar la comunicación entre dos equipos de forma eficiente. Las diferentes formas de interpretar una trama son por su contenido o valores que posee en cada bit, y la otra en la parte de la estructura lógica que pueda representar la trama. Se definen las tramas por:

✓ Bit y conjunto de bits.
✓ Formato fijo.
✓ Formato variable.
✓ Formato mixto.

2.3.   Bit y conjunto de bits

Una manera de interpretar las tramas es por los posibles valores que puede tener en una cantidad de bits, las interpretaciones se definen en la posición de cada byte o cada bit en la trama, cada posición de los bits tiene un significado para quien recibe o envía la trama. Desde la representación de un bit que significa verdadero o falso, y su interpretación según su posición en la trama se combina para realizar acciones unívocas, por ejemplo, en la posición de la trama contando desde cero de izquierda a derecha, la posición 4 de la trama significa confirmación de la recepción de la trama para el receptor, cuando el valor es 1 significa confirmar la recepción y 0 (cero) no confirmar, la regla de conversación entre los dos equipos comienzan en verificar que si la trama es recibido por el receptor y verifica que la posición 4 está en uno (1), en este caso el receptor debe enviar una respuesta al emisor de la trama; en el caso si está en cero, no hacer nada con el emisor, o no es necesario enviar la confirmación de la recepción al emisor. Otro ejemplo de la representación que puede tener las combinaciones de condiciones o características de la información o dato para ser transmitido, es en el caso de un bit donde existe dos posibles valores (si o no; verdadero o falso; encendido o apagado), pero si se necesita más de 2 hasta cuatro opciones, se necesita por lo menos dos bits (2^2 = 4 posibles opciones o combinaciones como máximo); o hasta ochos opciones son 3 bits (2^3 = 8), así sucesivamente. La eficiencia de enviar información o dato de este modo se representan en la siguiente Figura 2.1, la figura describe un byte (8 bits) donde se define que información tiene tanto en la estructura (posiciones de los bits en la trama) como el contenido o valor, esta figura representa el primer byte del encabezado de la capa de red (ver el capítulo de modelo de capas OSI) de un protocolo de comunicación, en la posición de los bits 0-2 indica la forma de cómo se hace el enrutamiento, y los bits 5-6 la prioridad de la transmisión, en este caso el valor binario "10" (en valor decimal es 2) significa prioridad de transmisión "Alto" (se usan 2 bits en vez de usar 4 bytes o 5 bytes para representar el valor de la palabra "Alto", "Bajo", "Medio" o "Redes"), los dos bits es una unidad de dato que significa en el contexto de la prioridad de transmisión.

En la Figura 2.1 cada bit según su posición dentro del byte representa un significado y sus posibles valores, es una unidad de dato. La otra forma de interpretar una trama es el contenido del mensaje en el estricto lenguaje definido por la semántica, es decir, su significado, por ejemplo: como en el uso de las tablas ASCII o EBCDIC en enviar en cuatro bytes la palabra "HOLA", se puede interpretar cada bits que represente algo estructurado similar a la Figura 2.1 (para representar la Figura 2.1 es suficiente con una sola letra, por ejemplo "H") que por casualidad se formó esta palabra, o solo que en el mensaje indica un simple saludo por parte del emisor. En las dos diferentes formas de interpretar una trama se reflejará más adelante en los diferentes formatos, en los protocolos de comunicación están bien definidos el tipo de interpretación que se debe dar a la información de la trama.

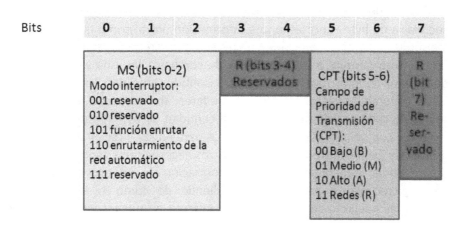

Figura 2.1. Representación de un byte de la trama

Cuando la trama contiene la riqueza semántica y sintáctica de un lenguaje, los posibles valores que puede tener dentro de una trama es infinito, es decir, no hay una cantidad máxima de bits y bytes para datos, y todo depende del lenguaje; se adjuntan implícitamente el protocolo del lenguaje mismo al protocolo de comunicación en la red; se aplican varios mecanismos para representar la información a transmitir, generalmente este caso es la información de las aplicaciones y de los protocolos de comunicación, son los casos que se describen en los siguientes párrafos. En los protocolos de comunicación, toda la información o datos que se envían entre los ordenadores tienen un límite máximo, como una cantidad de parámetros que se definen como reglas de transmisión y recepción. Pero es un limitante del lenguaje y la selección del formato seleccionado.

2.4.   Formato fijo

Formato fijo es la extensión natural de la representación de "bit y conjunto de bits", el formato fijo representa la estructura en un conjunto de bytes, en el caso anterior, se define en la estructura, posición y valor de cada bit dentro del byte. Esta representación combina uno o más bytes que representa la información de control que se transmite o recibe en la red por su posición dentro de la trama. Es una cadena de bytes continuo, donde la posición del byte enumerado desde cero hasta "n" bytes de izquierda a derecha, y la posición de bit o conjunto de bits de esta secuencia de byte representa una información única, como la Figura 2.1. La información de control de la Figura 2.1 se debe a la interpretación semántica de sus valores, esto permite a los protocolos de comunicación una variedad, rica y cantidad mayor de información para ser transmitido y recibido en poco espacio, donde se generan reglas y acciones estándares al interpretar los valores o contenidos de cada posición de los bits. La cantidad de bytes requeridos en los protocolos de comunicación son muy variados para enviar y recibir los datos o en las tramas. Hay que necesitan pocos bytes, otros necesitan una cantidad mayor de bytes para poder transmitir la misma información de un ordenador a otro. Permite un crecimiento paulatino dependiendo de cómo se organiza y se estructura, más adelante se detallan el crecimiento en nuevas versiones de los protocolos de comunicación que utilizan formato fijo.

En caso de TCP/IP (ver el capítulo 5 de encabezado de TCP/IP) tiene poco bytes adicionales que se colocan a los datos del usuario (del software) a transmitir por la red, comparado con http que posee mayor cantidad de datos para enviar la misma información en sus tramas, esto es debido a dos motivos: primero, el protocolo http necesita mayor información para representar y llevar los datos al usuario, el protocolo http permite de forma transparente entregar con este protocolo la información al usuario (interpretación por parte del software del usuario) directamente, mientras que en TCP/IP debe haber un proceso adicional (el aplicativo que use TCP/IP) en la elaboración y procesar para la presentación de los datos al usuario. Lo segundo y fundamental, http depende de TCP/IP para enviar y recibir sus datos, es decir, dentro del protocolo de http está incluido TCP/IP. Más adelante se detallan estos dos protocolos.

En el caso de los formatos fijos se representan como se describe anteriormente en "bit y conjuntos de bits", con una cadena de bytes, la información transmitida se define en los datos a enviar por su posición en la trama, por ejemplo, se desea enviar el número de identificación (942), el nombre ("Ana") y el apellido ("Pérez") de una persona, se puede hacer de varias maneras, como se indica en la próxima Figura 2.2 para enviar la misma información de un ordenador a otro. La diferencia se debe establecer en ambos aplicativos, el que envía debe estructurar la trama y el receptor se encarga de interpretar por la posición y el contenido. La trama tiene diferente tratamiento según las reglas y normas, donde se define cada protocolo, desde diferentes puntos de vistas de la misma trama.

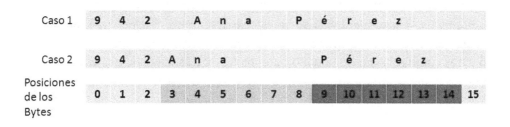

Figura 2.2 casos de tramas de formatos fijos

El caso 1 la trama completa representa en su totalidad la información necesaria como una sola unidad, aunque la trama contiene tres datos (identificación, nombre y apellido), la trama completa (todos los 16 bytes) tiene un significado de forma monolítica, son casos que no son necesarios tener por separado los tres datos para ser manejado en las aplicaciones de los ordenadores, todos los datos juntos proporcionan la información de la persona, no se necesita tratar o procesar la trama y se puede colocar directamente en la pantalla del usuario, para ayuda al usuario se usa una etiqueta que identifique el despliegue en un solo campo como "Id. – Nombres - Apellidos". En el caso 2 de la Figura 2.2 se definen las posiciones de los bytes para representar una unidad de dato como se indican: los tres primeros bytes (0-2) se usa para la el número de identificación de la persona, los bytes 3-8 indica el nombre y los bytes de 9-14 para el apellido. Se definen dos reglas: primero, el orden de los significados de las unidades de datos, que son identificación, nombre y apellido, si el caso que no se defina esta regla, se puede tomar el apellido de primero antes que el nombre, en este intercambio de orden ya el apellido será "Ana" y nombre de "Pérez" que es incorrecto; segundo, se localiza directamente el apellido en los bytes del 9-14 por el orden, tamaño y posición de los bytes, con una capacidad máxima de 6 bytes, 3 bytes para la identificación en la posición 0-2 bits y 6 bytes para nombre en la posición 3-8. A diferencia del caso 1, el caso 2 se maneja cada dato (identificación, nombre y apellido) de forma individual y separada, por lo tanto, los datos de la identificación, el nombre y el apellido pueden estar separados en la pantalla del usuario. Para que el caso 1, si se desea que los datos se traten de forma individual como el caso 2, se debe usar el espacio en blanco como indicativo para la separación entre los datos, pero este algoritmo no aplica en caso 2 en la búsqueda y separación de los datos. La ventaja del caso 1 con el uso de separación por un espacio vacío de la identificación, los nombres y apellidos no están restringidos por el tamaño máximo asignado en el caso 2 por cada dato (ver formato variable más adelante), es decir, por ejemplo para el dato nombre de "Jacinto" debe aparecer cortado en el caso 2 como "Jacint", por el tamaño máximo de 6 bytes; pero en el caso 1 si aparece el nombre completo porque tiene 16 bytes como máximo de tamaño para los tres datos. La regla de formato fijo se define por el orden de los elementos y por la posición de los bits de los datos (con un tamaño definido) como en el caso 2 de la Figura 2.2. Si se tiene dos visiones diferentes de las tramas, los algoritmos de interpretación serán diferentes, en el caso 2 se utilizan los datos con más libertad de forma independiente, como cambiar la posición de apellido y nombre en el orden de presentación en la pantalla al usuario o guardar la información en una base de datos, pero el procesamiento de separar los tres datos es más sencillo. En el caso 1 de vista monolítico de los tres datos es más fácil de tratar en vez de trabajar con tres datos individuales, pero es menos flexible si los datos se desean tratar de forma individual, el caso 1 igual que el caso 2 se puede tratar con el mismo algoritmo (en el caso 1 de vista monolítica), pero debe ser muy inteligente el algoritmo para tratar los diferentes casos que se presenta en 16 bytes con los tres datos individualmente. Muchos aplicativos que se usan las redes sociales limitan a un máximo el tamaño en sus mensajes, no importa el contenido del mensaje, pero su tamaño total es fijo.

Las dos visiones diferentes de la trama en el uso de formato fijo, representado en la figura 2.1 y el caso 2 de la figura 2.2, permiten identificar que el significado de los datos o valores es importante en la selección en este tipo de formato, en el caso de la figura 2.1 existe un tamaño fijo para los diferentes valores, por el tamaño contempla todos los valores, pero en el caso 2 de la figura 2.2 no se sabe a priori el tamaño del nombre o del apellido en cantidad de bytes, colocar un número máximo de byte para el nombre y apellido no es recomendable, porque siempre habrán caso que supere ese número de byte. La ventaja de ambos casos, donde la posición y el tamaño definido permiten un algoritmo más eficiente.

2.5.   Formato variable

El formato variable define una cadena o secuencia de bytes donde las unidades de datos están separadas por un símbolo "especial". Existen diferentes formas de tratar con este formato; una de ella es similar al formato fijo en determinar el orden del significado de la unidad de dato, en el formato variable se mantienen la condicionalidad del orden de los significados, como el ejemplo de formato fijo de la identificación de la persona, el nombre y el apellido; pero se diferencia que no se restringe a la posición de los bits o bytes en la trama, tampoco posee un tamaño máximo para el dato, permite la flexibilidad de tener datos de cualquier tamaño, con la separación con el símbolo "especial" entre ellas; por supuesto el tamaño de la trama son diferentes, mientras que las tramas de formato fijo sus tamaños no varían.

La fortaleza y su debilidad de los protocolos de comunicación en usar estos formatos es la escogencia del símbolo "especial", se debe escoger uno o más caracteres para representar este símbolo, la escogencia depende de la limitación en el ingreso o salida de datos introducidos por los usuarios en los sistemas, la representación de los símbolos en valores o en caracteres especiales donde los usuarios no lo usen o que los sistemas no lo permitan ser introducidos; esto es debido a que si el símbolo especial es ingresado por el usuario, el protocolo en este caso de aplicación generará problema en la recepción e interpretación de los datos en la red. En el caso 1 de la Figura 2.2, el símbolo de separación de los datos que se usa es el vacío o espacio en "blanco" ("espacio"), el "espacio" es un carácter que los usuarios usan con muchas frecuencias, en este caso el nombre del usuario es "Ana Carlota" y apellido "Pérez", en el caso 1 de la Figura 2.2 se genera una unidad de datos adicional donde "Carlota" es ahora el apellido y no "Pérez". Para evitar este problema se escoge un símbolo especial que es introducido en la trama. Como se indica en la siguiente Figura 2.3 el carácter "especial" es el símbolo "&" (¿Qué pasa si el nombre es de una empresa llamada "pepe&manolo inc"?, el símbolo especial debe ser otra, para el caso del libro se asume que no hay nombre compuesto con este símbolo, se debe imaginar que todos los datos de entrada de un sistema se validen que no usen el carácter "&"). La selección del símbolo "especial" se determina con el conjunto de caracteres que usa la tecnología, por ejemplo, las tablas ASCII o EBCDIC; en estas tablas existen caracteres que no permiten ser usado por los usuarios y los sistemas como el caso de la tabla ASCII donde en algunos de los valores decimales superiores a

128 que no se usan; o en la tabla EBCDIC con una sugerencia del valor decimal 34 que es "FS" (separador de campo).

Cadena de bytes	9	4	2	&	A	n	a	&	P	é	r	e	z	&		
Posiciones de los Bytes	0	1	2	3	4	5	6	7	8	9	10	11	12	13	14	15

Figura 2.3 Formato variables

La figura 2.3 permite flexibilizar los datos con varios nombres y apellidos en el mismo campo que son asignados, por ejemplo: "942&Ana&Pérez&", se puede escribir "942&Ana Carlota&Pérez Freites&". Una ventaja de este formato es no hay restricción en el tamaño de la información, el carácter "espacio" deja de ser el separador de datos como el caso 1 de la Figura 2.2 debido a que es usado por los usuarios del sistema. Una desventaja que se encuentra en trabajar con los formatos variables es el algoritmo de extracción de los datos, es más complicado y necesita mayor tiempo de procesamiento, porque se debe verificar secuencialmente byte a byte desde el inicio de la trama para encontrar el símbolo "especial", llevar el orden de las unidades de los datos, para terminar de procesar y buscar el siguiente dato. En el caso de formato fijo es de extracción directa por la posición y el tamaño fijo de cada unidad de dato dentro de la trama. Una ventaja del formato variable es que utiliza la cantidad de bytes necesarias para enviar la misma información que el formato fijo, en los formatos fijos existen espacios o bytes que se desperdician al no usarlas, por ejemplo: un formato fijo de tamaño 20 bytes para el nombre y al enviar "Ana" se desperdician 17 bytes en blanco o vacío. Otra ventaja del formato variable que no hay un máximo tamaño para los datos como se indicó anteriormente con el truncamiento de datos en los formatos fijos. Existen muchos más ventajas y desventajas en el uso de formato variable que no se mencionan pero no lo tratará en estos momentos.

2.6.   Formato mixto

Existen protocolos de comunicación que usan ambos formatos mencionados anteriormente (fijo y variable) al mismo tiempo. La ventaja y desventaja de cada formato, se utiliza en combinación para mejorar el manejo de las unidades de los datos de forma más eficiente, con el formato fijo hace que los accesos a los formatos variables sean eficientes el procesamiento. Se utilizan ambos formatos aprovechando sus ventajas, y las desventajas de uno de los formatos se cubren con el otro.

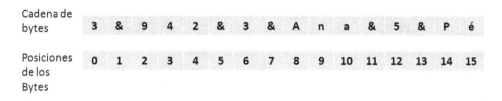

Figura 2.4 Formato mixto

Generalmente la trama que usa el formato mixto comienza con el formato fijo, y al final se coloca las unidades de datos con formatos variables que previamente no se conoce el tamaño máximo de los datos. Se realiza una infinidad y diversidad de formato, que siempre se respeta el orden del significado de las unidades de datos. Un ejemplo es la Figura 2.4 de formato mixto, donde el primer dato es el tamaño de la data siguiente, en el byte cero (0) indica que el identificador es de tamaño 3; en el byte 6 indica que hay tres caracteres para el nombre ("Ana"), y en byte 12 indica que el apellido es de tamaño 5.

Los formatos fijos son aplicados en los protocolos de comunicación en el encabezado de la trama y en la finalización de los datos de los aplicativos; los formatos variables son para los datos que no tiene definido un tamaño previamente, solo se sabe el tamaño momentos antes de ser enviado por la red. También existe un tipo de formato mixto que el orden y el significado desaparecen como unidades de datos en la trama, por ejemplo, ver la Figura 2.5 se envía todo, es decir, el significado de cada dato y su contenido, de esta forma se evita de cuidar el orden de los datos y las unidades de datos predefinidos dentro de una trama como se indica en la Figura 2.2.

La Figura 2.5 indica que este tipo de formato tiene la ventaja que no existe un orden predefinido en las unidades de los datos, al enviar la identificación de los datos (NID = Número de identificación; nombre y apellido de la persona) y sus valores, definen en cualquier orden los datos debido a que está identificado los valores por duplas de información, en otro ejemplo de formato seria "NID = 942&Nombre = Ana&..." para evitar la relación de las duplas de información.

Existe una gran flexibilidad, tiene una riqueza semántica y sintáctica, pero la desventaja es que usa más bytes de todos los casos anteriores para enviar la misma información; el procesamiento e interpretación de los aplicativos tendrán mayor trabajo y consumo, los algoritmos son más complicados de desarrollar para su interpretación y ordenación (identificación). Depende de la tecnología seleccionada para el proceso de desarrollo y manejo de estos formatos, se puede realizar con gran facilidad o con gran dificultad, pero en el fondo se sabe que se consume procesamiento en los equipos. Esta es la forma parecida que se maneja con el protocolo http y los formatos de los ficheros XML.

Cadena de bytes	N	I	D	&	9	4	2	&	N	o	m	b	r	e	&	A	n	a
Posiciones de los Bytes	0	1	2	3	4	5	6	7	8	9	10	11	12	13	14	15

Cadena de bytes	&	A	p	e	l	l	i	d	o	&	P	é	r	e	z	&
Posiciones de los Bytes	16	17	18	19	19	20	21	22	23	24	25	26	27	28	29	30

Figura 2.5 Formato mixto con envío de identificación de data

El último formato mixto http, el formato fijo es la sintaxis para la identificación de las unidades de los datos; si no considera la identificación de los datos como los XML, este formato se asemeja más a los formatos variables. Según los próximos capítulos de estudio de http se inclina a formato mixto y se estudia la razón del ¿por qué es mixto?

2.7.   Protocolos de comunicación

Protocolos de comunicación de una red informática son las reglas y normas que se aplican y se deben cumplir en el manejo de la información o datos en la red, estas reglas y normas permiten estandarizar el uso de la red. Se considera la sintaxis y la semántica de la información. Cuando se conectan dos computadores deben estar de acuerdo de lo que se transmite y recibe, hay casos que se deben buscar un traductor para realizar los cambios necesarios para que ambos ordenadores se entiendan. Es igual que las personas, se debe ver el contexto de la situación y la forma de comunicarse. Se basa en las teorías general de la comunicación, debe haber un emisor, un receptor y el medio que se comunique (aire con los sonidos, la luz con la vista, los cables de los teléfonos, etc.). Entre el receptor y el emisor existen reglas básicas de quien habla primero, en caso general el que llega al sitio se encarga de iniciar la transferencia de información, simplemente con iniciar el saludo, depende del saludo del emisor, las respuestas varían por el receptor. Se genera un conjunto acción que cumpla la regla de comunicación para poder intercambiar información entre el receptor y emisor; como al hablar uno y el otro escuchar, si los dos hablan no hay comunicación, por ejemplo. El lenguaje a usar en la conversación, si ambos hablan el mismo lenguaje, se genera diversidad de modismo del lenguaje y el acento donde se debe ubicar ambos en una terminología de una región o país, esto se detecta generalmente en el inicio, con el saludo de la persona que inicia la conversación, la respuesta del saludo implica no solo el entendimiento del saludo, también envía la información de adaptar la conversación al emisor del saludo con el receptor. Si no se habla el mismo lenguaje se debe traducir por uno de ellos, si ambos no tienen un lenguaje en común, se debe buscar un lenguaje de comunicación intermedio para que ambos se puedan entender, como las señas o una manera que se entiendan ambos, en este caso ambos deben traducir el mensaje a su lenguaje o entender el mensaje, se realiza una adaptación o una negociación en generar reglas para la comunicación. La idea de una persona extranjera que no sabe el idioma del lugar donde visita, ¿cómo se hace para comunicarse?, se busca el medio de comunicarse y una regla de entendimiento entre ambos; como ir de turista con guías, el guía debe saber del lenguaje del lugar a visitar y el lenguaje del turista, en este caso se tiene un traductor. Todos los pasos de una conversación descrita anteriormente se asemeja en la comunicación de dos computadoras en la red.

Cada protocolo de comunicación tiene regla que define la conversación, el protocolo implica generar diversas capas para cada conjunto de reglas que permitan una buena comunicación. Las diferentes capas están presentes en el receptor y en el emisor, cada capa tiene un trabajo específico (enviar o recibir el mensaje completo; entender el mensaje, si no, se debe traducir; accionar con el mensaje, etc.). Los traductores deben conocer ambos conjuntos de reglas para realizar la traducción, a diferencia del emisor y receptor de un mismo protocolo de comunicación que solo debe conocer un conjunto de reglas. A diferencia de los humanos, el protocolo de comunicación en la red física es estricto, no hay adaptación; un uso incorrecto o detectar el no cumplimiento de la regla y norma de comunicación, produce una falla en la comunicación y no permite que los dos aplicativos se comuniquen. Todas las reglas y normas se deben respetar para realizar la comunicación en las redes informáticas, por esta razón, el proceso de acceder dos computadoras por primera vez con diferentes aplicaciones no es sencillo, al intentar conectarse y al detectar una falta de una regla, este genera la desconexión.

La mayoría de los protocolos de comunicación se define la comunicación en el primer mensaje de saludo como se indicó en el ejemplo de la conversación humana, esto permite interpretar en los conjuntos de reglas un subconjunto de ellas o versiones, similar el uso del español (España, países latino americanos, o internacional), donde ciertas reglas varían de un lugar a otro, como uso o no de ciertas palabras dependiendo de la nacionalidad del emisor y del receptor, sucede con las diferentes versiones de los protocolos de comunicación en las redes informáticas. Las diferentes reglas definidas para un protocolo se agrupan en versiones, se determina una versión para que se tenga una excelente conversación y se debe regir con normas definidas en ella.

3. Modelo de capas OSI

Los protocolos de comunicación se mencionan las existencias de capas que realizan ciertas funciones específicas, las capas en su conjunto permiten el entendimiento entre dos ordenadores. Se hace la referencia al modelo de capa OSI (Interconexión de Sistemas Abiertos, del inglés Open Systems Interconnection). La mayoría de los protocolos cumplen con este estándar, y en algunos casos solo poseen un subconjunto de ellas, como los protocolos de TCP/IP y http, donde no poseen todas las capas; u otros protocolos que es difícil de ubicar sus partes en las diferentes capas que indican en el modelo de referencia OSI. Se indica seguidamente el modelo de referencia para cubrir los protocolos de comunicación. Cada capa tiene una funcionalidad que permite determinar el detalle del diálogo entre los ordenadores, son acuerdos de cómo enviar y recibir los paquetes de datos en diferentes niveles de detalles; son las reglas o normas a cumplir en la conversación.

El ordenador que envía la data al otro ordenador, coloca información del detalle y la característica del diálogo hacia el receptor junto a la data de la conversación, por cada transmisión en la red se ingresa información de la reglas del protocolo junto a la data a transmitir; la capa del nivel alto es muy general que es la data de las aplicaciones o del software que envía a otro, la capa del nivel más baja detallada entre lo abstracto de los números digitales y el medio físico donde se transmitirá en la red, en cada nivel desde el general hasta el detalle se adjunta información adicional para el manejo concerniente de cada capa. Donde el otro lado, el receptor debe interpretar, y responder o no la data enviada; posee también las diferentes capas para interpretar los datos y manejar el protocolo. En algunos casos, esta data contiene información para el receptor durante todo el proceso de comunicación, antes de iniciar, durante o la finalización de la conversación. La información de cada capa se coloca en la parte exterior de la data que es entregada por las otras capas, de esta forma es colocado información de cada capa para el emisor; con el mismo orden que son removidos y analizados cuando es entregado a la otra capa superior del ordenador receptor; el receptor depende de la conversación (lo indicado en la interpretación por las capas) se convierte en emisor o se mantiene como receptor, repitiendo el ciclo de nuevo de envío y recepción de datos en la red. El modelo de referencia de capas OSI posee siete capas como se indica en la siguiente Figura 3.1.

Las diferentes capas son:

- ✓ Física. Se encarga de la transmisión de los bits en el dispositivo físico o medio de transmisión.
- ✓ Enlaces de datos. Se encarga de controlar los paquetes a enviar y recibir, controla el flujo de las tramas.
- ✓ Red. Se encarga de encaminar los paquetes al destino.
- ✓ Transporte. Fragmenta en paquetes la información y reorganiza la recepción de esta. Establece la conexión de extremo a extremo.
- ✓ Sesión. Se establece diferente conexión, sincronización y control del diálogo.
- ✓ Presentación. Se encarga de la sintaxis y semánticas de los datos.
- ✓ Aplicación. Es la capa de la utilización de los datos transmitidos, como por ejemplos, con un navegador de la Internet, correos electrónicos, manejadores de bases de datos, transferencia de archivos, como otros aplicativos que se conectan entre sí para cumplir sus objetivos.

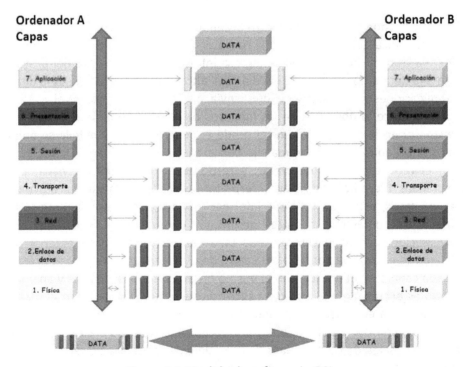

Figura 3.1 Modelo de referencia OSI

A continuación, se describe en detalle la funcionalidad de cada capa. Para no confundir al lector, hay que diferenciar la "data" que se desea transmitir al otro ordenador, son los datos antes de entrar en la capa de aplicación en el protocolo de comunicación, convirtiéndose en los paquetes o tramas que se maneja en este modelo, los paquetes o tramas son constituidos por información adicionales de cada capa que se agrega a la "data" en sus extremos o parte de esta, para conformar en la última capa en su totalidad, la última capa es la física que es donde está la trama completa ante de transmitirla por la red, que tiene información de todas las capas y la data.

3.1.   Capa física

Esta capa se encarga de enviar y recibir la información en binario, en ceros y en unos, la información contiene la data y los paquetes de todas las capas se realizan la conversión de números binarios al medio de transmisión y viceversa. Hace la traducción en el medio físico de transmisión de los datos binarios, en señales de luz, voltajes o señales eléctricas, sonidos, en frecuencias de ondas, etc. Todo depende del dispositivo que esté debajo de la capa física. Por ejemplo, el uso del módem que convierte señales digitales o binarios (0, 1) en señales analógicas que se transmite de la misma forma en los teléfonos, en dos cables de cobre que transmiten electricidad (uno positivo y el otro negativo), con la ausencia o presencia de electricidad indica ceros o unos; en una tarjeta de red convierte las señales digital a señales eléctricas; en los equipos enrutadores ("routers") inalámbricos que convierte la data binaria con frecuencias de ondas electromagnético, ondas de radio frecuencias, infrarrojas, microondas, etc.; la fibra óptica es la presencia de luz o la ausencia de esta para indicar la transmisión de ceros y unos. Una función vital que tiene esta capa es la confiabilidad de la recepción y el envío de los datos binarios, la capa asegura la información enviada por el emisor sea recibida correctamente sin error en la recepción, que no existan errores en la recepción y la emisión de los datos por ese medio físico. Se encarga de la calidad de transmisión y recepción de los bits de la trama.

3.2.   Capa de enlaces

La capa de enlaces tiene la misma funcionalidad que la capa física, garantizar la confiabilidad y calidad de las tramas que se envían o reciben, pero en vez de garantizar la calidad de bit en la capa física, se garantiza la calidad de la información que la capa física no puede detectar. Es decir, garantiza la calidad y la eficiencia de la transmisión del paquete en binario. Esta capa controla los errores de transmisión y le proporciona estabilidad a la capa superior de red, en el sentido de definir bien los mensajes recibidos o a enviar. Una cadena de caracteres o de bytes se debe separar en un conjunto de bytes (ver capa de transporte y red) que se pueda ver como una unidad de data (trama); para esto se coloca en el inicio y al final un indicativo en la unidad de data para el envío, y eliminarla al recibirla, la calidad del contenido de la trama se realiza cuando, de la capa de red no le permite recibir otra trama hasta que el actual este enviado completamente a la capa física, o entregar a la capa de red una trama completa hasta que no termine de recibirla. Adicional a la capa física, la capa de enlaces controla el flujo de las tramas de los receptores o de los emisores en base a la velocidad de lentitud o de rapidez de cada uno de ellos. La capa de enlace se encarga de controlar el flujo de la trama en ambos sentidos; el enviar la trama al destino es dar a la capa física el paquete; como receptor da la trama a la capa de red, y rechaza las tramas recibidas que no pertenecen al equipo. Depende del protocolo de comunicación, las tramas enviadas, se confirman la recepción o no por el receptor, exista o no conexión. Se puede enviar un mensaje a la vez y confirmar la recepción de esta, o enviar un conjunto de trama y esperar que confirmen todas las enviadas. La trama se adjunta y agrega con un encabezado en esta capa, la data que es recibido por la capa de la red o un bloque terminal, que puede ser en algunos casos los símbolos "especiales" que determinan el inicio y final de la trama a enviar. El encabezado permite colocar información y datos para que se asegure varias cosas:

✓ Flujo de datos o tramas. Realiza una sincronización con los dos equipos que se está conectando. Aun con una conexión asíncrono (ver más adelante los términos de asíncrono y síncrono en el capítulo 6) se da mucho en la capa de aplicación que en el protocolo de comunicación. En esta capa que se maneja obligatoriamente la comunicación de forma síncrono por medida de calidad de los datos.

✓ Control, detección y corrección de errores. En Ingeniería del software se habla de tolerancia a falla. Generalmente se aplica tolerancia a falla en recibir las tramas de la capa física lo detallaremos más adelante.

✓ Facilidad en el manejo de pase de la trama a la capa de red.

Si detalla la Figura 3.2 es un ejemplo de una estructura de un paquete o trama de la capa de enlace de un protocolo en particular. La estructura necesita información donde la capa de enlace detecte, corrija o en el peor caso de retransmita la trama de nuevo por parte del emisor; que en algunos casos no se permiten la retransmisión debido al protocolo, imaginarse de retransmitir un video y audio en vivo en la red. La corrección o tolerancia a falla se aplican en las tramas con errores, donde se corrigen con los diversos algoritmos y mecanismos que tienen en el receptor. Estos mecanismos y algoritmos permiten corrección de los errores y continuación del mismo sin interrumpir el proceso, se basan con la información proveniente del encabezado y/o en el bloque terminal.

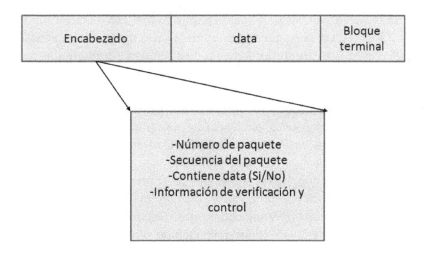

Figura 3.2 Estructura de una trama

3.3.   Capa de red

La capa de red se encarga de llevar el paquete a su destino en toda su ruta, para esto debe conocer la topología de la red, desde conexión local en la LAN, en sub red o WAN; y en la Internet o Inter red. Define el camino de las posibles rutas existentes que estén disponibles o evitar las rutas con sobrecargas. Maneja la transmisión de ambos puntos extremos, desde el origen al destino. Conoce de todos los enrutadores para entregar la trama a su destino, en estos casos existen diferentes tipos de algoritmo que permiten hacer entrega de los paquetes al destinatario. La salida de un equipo a otro es por su único enrutador, este se conecta con los enrutadores vecinos, puede tener uno o más conexiones donde se envía el paquete a una de ellas, cada enrutador conoce el resto por tener cada una estructura con la información y los trazos de respuestas de la entrega del paquete. Existen diferentes formas de enviar el paquete o trama, o enviar por diferentes rutas; una es enviar el paquete de un enrutador a otro, este al llegar se envía otro, y así sucesivamente. Se definen dos tipos de envíos de paquetes: con conexión y sin conexión; pero para ambos tipos de envíos el trabajo de los enrutadores es el mismo, la diferencia entre ambos es la ruta que realizan; el envío de paquete con conexión usa el primer paquete para tomar una ruta, el resto de los demás paquetes van por ese mismo camino, formando una ruta o circuito virtual que será usada hasta terminar el diálogo entre los dos equipos; el envío de paquete sin conexión, realiza el mismo proceso de enviar un paquete de un enrutador a otro, pero puede tomar otras rutas que no necesariamente sea la ruta del primer paquete, todos los paquetes pueden ir a diferentes rutas pero al mismo destino. Entran en consideración diversos tipos de algoritmos como el camino más corto entre dos enrutadores, el equilibrio entre lo justo y lo equitativo en el proceso de elección de las rutas, ser equitativo no es necesariamente es ser justo, el colocar la misma cantidad de paquetes en cada enrutador que se reciba, puede colapsar en un enrutador donde se forme un cuello de botella que según su topología tiene mayor conexión que otros, y no es justo que un enrutador este colapsado; lo contrario, lo justo puede que no convengan cuando un enrutador esté solo con una sola conexión que genera un colapso a los que tienen varias conexiones. Debe haber un equilibrio también entre la tolerancia de falla y la disponibilidad de servicios de los enrutadores. Por esta razón, existe un área de redes que estudia las diferentes topologías, todas las topologías tienen tantas ventajas y desventajas en su implementación, del mismo modo los desarrollos de las diferentes arquitecturas de software que puede afectar de forma directa o indirecta en la topología de la red, al colocar cada componente de software en la red puede generar un uso excesivo u óptimo de esta.

3.4.   Capa de transporte

Esta capa se encarga de separar la data en porciones pequeñas para el envío; y en el proceso de la recepción, la capa se encarga de organizar las porciones pequeñas en el orden que fueron enviadas por el emisor; en la Figura 3.1 indica que esta capa toma la información de la capa de sesión y lo separa en porciones más pequeñas como indica la Figura 3.3 cuando se desea enviar la data. La capa de transporte antes de pasar la data a la capa de red, separa en porciones pequeñas por varios motivos, una de ella que si se pierde una porción o existe un error en una de las porciones se retrasmite solo esta y no toda la trama completa; la otra razón, son más controlables con paquetes pequeños, para verificar los controles y confiabilidad de la información de las porciones en las capas inferiores hacia la capa física; existen redes que permiten tramas con un máximo de tamaño; con este mecanismo de partición permite transmitir tramas grandes por todas las redes. También facilita el control de tráfico, como duplicidad de la información. La otra función que realiza la capa es ordenar la secuencia de las porciones, las porciones no se reciben en el mismo orden que se enviaron por el emisor, las porciones pueden venir de diferentes rutas en la red. Verifica adicionalmente errores que en la capa de red no se puede detectar, tiene una visión más amplia de las diferentes porciones. Ejemplo, en la Figura 3.3 es un caso de un ordenador (emisor) que envía una información y el receptor hace un eco de esta como respuesta al emisor.

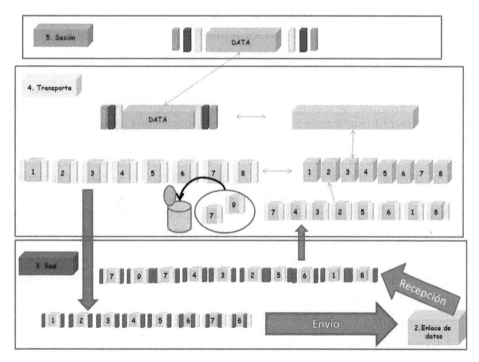

Figura 3.3 Capa de transporte

La capa de transporte se encarga de la entrega de extremo a extremo de los paquetes conjuntamente con la capa de red. La capa de red determina si es un orientado a conexión o sin conexión, pero la capa de transporte permite un nivel de confiabilidad independiente de la red. La consecuencia es la transparencia para la capa de sesión en la entrega de la data sin que la capa de sesión tenga conocimiento de la red.

En el sentido práctico para los programadores, la capa de transporte es manejada y administrada por la aplicación de los usuarios; el programador tiene el control y el uso de la red con primitivas sencillas, mientras que la capa de red es manejada por los componentes del ordenador o del equipo físico, los programadores no sabrá si existe un protocolo que este o no orientado a conexión, adicional, lo que realiza el resto de la capa después de la red como la sincronización y manejo de los retardos de los enrutadores, equipos y del ordenador a cual se está conectando.

En todos los protocolos de comunicación tienen en la capa de transporte las primitivas bases para ser utilizado en la red de forma sencilla y sin complicaciones, todo protocolo existe como mínimo las primitivas descritas en la próxima Figura 3.4.

Dependiendo del protocolo de comunicación se agrega más primitiva en esta lista básica, por ejemplo, una primitiva de inicialización que se usa al conectarse e indica al otro ordenador como se va dialogar entre ambos equipos, permiten las reglas de juegos antes de enviar o recibir cualquier dato (del software). Esta primitiva esta descrita en cada protocolo de una forma diferente o tiene la misma función, pero escrita de otra forma, es decir, diferentes sintaxis, pero con la misma semántica. El uso de esta primitiva conlleva una regla de programación estándar en cualquier protocolo de comunicación, estos detalles se describirán en la tercera sección del libro en el desarrollo de software.

Primitivas	Funciones
Escuchar (Listen)	Espera que alguien se conecte
Conectarse (Connect)	Hacer una conexión
Desconectarse (Disconnect)	Libera la conexión
Enviar (Send)	Envía Data
Recibir (Receive)	Recibe Data

Figura 3.4 Primitivas básicas de la capa de transporte

3.5.   Capa de sesión

Esta capa permite establecer, administrar y finalizar un diálogo entre dos ordenadores, sincronizan las transmisiones largas y la conversación que hay entre ambos, no solo entre dos ordenadores, puede haber una administración de varios usuarios en las conversaciones o de varios servicios que se puede prestarse con esta capa. Administra o recupera el estado en los puntos antes de la interrupción y quien es el siguiente que puede transmitir la información. Establece la regla de la conversación o el diálogo. Puede ser diálogo extenso, mediano o corta duración. Esto depende del protocolo de aplicación (o capa de aplicación, ver la segunda sección del libro) más que el protocolo de comunicación.

3.6.   Capa de presentación

La capa de presentación se encarga de la sintaxis y la semántica de la información como enviada y recibida, el formato definido por la estructura de la data, es la parte que organiza la parte común de una estructura de cadena de bytes para ser entendido (ver formato fijo, variable o mixto) en los datos que fluyen en la red. De cambiar la cadena de bytes en estructura abstracta que permita la interpretación, organización de los datos transmitidos. Parte del trabajo de esta capa conjuntamente con la de sesión, es el uso de traductores, como en transferir la información de tabla ASCII a EBCDIC o viceversa, por ejemplo.

3.7.   Capa de aplicación

Las interpretaciones abstractas de los datos que fluyen en la red, que es entregado por la capa de presentación utilizado por el aplicativo o el software que da la cara al usuario o que controla un dispositivo (un robot, por ejemplo). Esta capa se diferencia al resto de las capas, donde se genera su propio protocolo de diálogo o llamado protocolo de aplicación. Existen diversidades de aplicaciones, por ejemplos: como los navegadores de internet que posee su protocolo de aplicación HTTP (Protocolo de Transferencia de Hipertexto, sus siglas en inglés HyperText Transfer Protocol); SMTP (Simple Mail Transfer Protocol) para los correos electrónicos; FTP (File Transfer Protocol) para transferencia de archivos. Existe el punto de confundir a veces los protocolos de aplicación con los protocolos de comunicación, existe caso como SNA (Systems Network Architecture) de IBM que es una arquitectura de Hardware y software que permite conectar los grandes ordenadores y se habla de protocolo SNA, en realidad SNA posee una diversidad de protocolos como SDLC (Control síncrono de enlace de datos, por su siglas en inglés Synchronous Data Link Control) y sobre TCP/IP (Transmission Control Protocol/Internet Protocol, ver más adelante en el capítulo 5) entre otros. Cada aplicativo desarrollado genera su propio protocolo de aplicación. El entendimiento de cada capa en el protocolo de comunicación para enviar y recibir la data, en la capa de aplicación es cuando dos o más programas dialogan.

4. SNA (Systems Network Architecture)

SNA es una arquitectura de red diseñada para la conectividad de los grandes ordenadores (MAINFRAME) de IBM. Al principio, SNA de IBM con sus propias arquitecturas de redes permiten realizar conexiones ramificadas con sus propios dispositivos, terminales y equipos. Se desarrolla con una arquitectura similar al modelo de referencia por capa OSI. A nivel central de la red ACF/VTAM (Advanced Communication Facility / Virtual Telecommunication Access Method) se encarga de establecer las sesiones, activar y desactivar todos sus dispositivos y componentes en la red. Está bien estructurado y definido que permite el flujo de datos o del tráfico. Con el auge de los ordenadores personales y servidores, se definen dos tipos de redes el APPN (Advanced Peer-to-Peer Networking) y el APPC (Advanced Program-to-Program Computing) con características heredadas de SNA.

La arquitectura de SNA se asemeja al modelo de capa OSI (ver Figura 4.1), donde se componen de las siguientes capas:

1. **Física** (*Physical*): no se describe esta capa, por ser fabricante de su arquitectura en su inicio, esta información es propia de la empresa. En el curso del tiempo con el uso de otros protocolos como TCP/IP y X.25 como medio de transporte y transmisión (ver SNA encapsulado), esta capa es sustituida o ignorada por otros protocolos de comunicación usadas como medio de transporte en la red, es decir, la capa física es sustituido por otro protocolo de comunicación.
2. **Control de Enlace de Datos** (*Data Link Control*, **DLC**): define varios protocolos incluidos SDLC, *Token Ring Network* para LAN entre otros (*peers*).
3. **Control de Ruta** (*Path Control*): posee mucha de las funciones de la capa de red del modelo de capa OSI, incluye enrutamiento, segmentación y re ensamble de datagramas.
4. **Control de Transmisión** (*Transmission Control*): proporciona un servicio de conexión de punto a punto confiable, así como servicios de encriptación y descifrado.

5. **Control de Flujo de Datos** (*Data Flow Control*): administra el procesamiento de las peticiones y respuestas, administra la conversación y el flujo de información.
6. **Servicios de Presentación** (*Presentation Services*): especifica los algoritmos de transformación de datos para cambiar de un formato a otro, sincroniza las transacciones y coordina los recursos compartidos.
7. **Servicios de Transacción** (*Transaction Services*): proporciona servicios de aplicaciones en forma de programas que implementan servicios de administración y procesamiento distribuido.

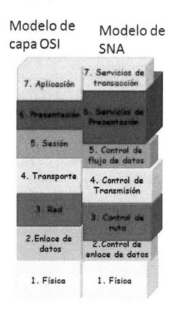

Figura 4.1 Similitud de SNA con Modelo de capas OSI

En el manejo de los aplicativos en los grandes ordenadores de la empresa se tienden a ser independientes al protocolo de comunicación con la incorporación de ordenadores personales y servidores, combinando con otras empresas fabricantes de hardware, en este mismo sentido, las empresas de desarrolladores de aplicaciones como las empresas de desarrollo de sistemas operativos, permiten las conexiones entre los grandes ordenadores con diferentes tecnologías; como en el caso de Microsoft (MS) con el desarrollo de "MS SNA Server" y "MS SNA Client", posteriormente MS HIS ("Host Integration Server"), permitieron las conexiones de los sistemas operativos de Microsoft con los Mainframe. No solo en la actualidad, desde la misma creación de SNA, existieron empresas tecnológicas que en paralelo con la tecnología propietaria se conectaban a los grandes ordenadores de IBM de su época, que era una labor titánica en esa época utilizando cada uno sus propias tecnologías.

4.1.   Una idea de la capa física de SNA

Teniendo la visión de los protocolos de comunicación que soporta esta arquitectura, la capa física varia con una diversidad de dispositivo que se han desarrollado. La arquitectura SNA controla todo desde un punto central, desde las aplicaciones, terminales y dispositivos, por ejemplo, en los dispositivos están las impresoras financieras que se conectaban desde la central para su uso; desde la central se envía los datos y controla la impresión; el usuario no tenía control sobre ella, el usuario solo tenía el control de encender y apagar la impresora; el control del usuario es indirecto con la asignación central (no conexión física al terminal) de la impresora a un terminal. Los cuatros componentes físicos de una arquitectura SNA de un ambiente S/370 son: Host, controladores de comunicación, controladores de establecimiento y terminales (dispositivos como terminales e impresoras, etc.). Todos los componentes se controlan por medio de la red de forma remota desde la central. Los controladores de comunicación se encargan de las diferentes formas de comunicarse a los diferentes componentes, en principio con los controladores de establecimiento (ubicado en diferentes localidades), donde este se conecta con los terminales y dispositivos locales; luego este mismo controlador de comunicación se encarga de conectarse con SDLC, X.25 (basado en la WAN) y Token Ring (una topología de red de forma circular) para conectarse con los controladores de establecimientos.

4.2.   Diferentes modelos de SNA

El uso de los diferentes componentes, su ubicación, el tipo de conexión, como nuevos modelos de dispositivos y controladores, genera un conjunto de arquitectura de redes que se definen dentro de SNA. En la arquitectura física de la red, tiene una configuración y manejo de formato lógico de los diferentes dispositivos, en el control y comunicación entre ellos, se producen diferentes mensajes que se entienden entre los dispositivos, este conjunto de trama que fluye en esta arquitectura de red, se clasifica y se genera en diferentes reglas para cada estructura. Con el tiempo crecen estas estructuras y aparecen nuevos dispositivos que engloba esta arquitectura.

Los NAUs (Network Area Units)

Se definen las unidades físicas (PU Physical Units), las unidades lógicas (LU Logical Units) y puntos de control (CP Control Points). La LU está definida para un usuario o dispositivo (impresora o un terminal), es el puerto de acceso a la red de SNA que administra la transmisión de la información entre el usuario y el sistema; las LU tipo 0, 1, 2 y 3 son usados para terminales e impresoras, LU tipo 2 para terminales inteligentes; LU 6.2 para monitor 3270 y no para impresora. La PU define el monitoreo y control del enlace de la red de los recursos asociados a un particular nodo, cada PU tiene enlazado varias LU, el host accede al nodo (PU) por medio de VTAM (Virtual Telecommunication Access Method); las PU son implementados con el controlador del establecimiento con programas de control de red (NCP Network Control Programs). Las CP (Control Points) administran los nodos y sus recursos, la CP determina que acción se debe tomar, mientras que la PU realiza la acción para que ocurra, una de ellas es la SSCP (System Services Control Point) donde implementa el método de acceso SNA como VTAM. Seguidamente se indica los tipos de LU existente:

- ✓ **LU tipo 0** se utiliza para el control de transmisión y control de flujo de datos definido para el usuario o para la implementación en la capa de aplicación, es usado por ejemplo en las aplicaciones financieras con un terminal IBM 4700.
- ✓ **LU tipo 1** es usado para la comunicación de dispositivo o estaciones de trabajos para los ambientes interactivos, lotes o procesamiento distribuido. Por ejemplo, es usado con una estación de trabajo con pantalla IBM 3179.
- ✓ **LU tipo 3** se utiliza en el manejo de impresora, por ejemplo, la IBM 3274.
- ✓ **LU tipo 4** es utilizado para intercambio de información en la oficina con el uso de procesador de palabras, permite también realizar procesos interactivos, por lotes y procesamiento distribuido. Por ejemplo, se pueden comunicar dos estaciones IBM 6670 entre sí.
- ✓ **LU tipo 6.1** es usado para aplicaciones que se comunican con otros aplicativos en un ambiente con procesamiento de datos distribuidos. Por

ejemplo, un aplicativo en CICS (Customer Information Control System en sus siglas en inglés) se comunica con otro aplicativo en IMS (Information Management System en sus siglas en inglés).

✓ **LU tipo 6.2** es usado para aplicativo que se comunica con otro en un ambiente de procesamientos de datos distribuido, permite comunicación entre dos nodos tipo 5, un nodo tipo 5 y un nodo tipo 2.1; o dos nodos tipo 2.1.

4.2.1. Las categorías de los nodos

Se categorizan los diferentes nodos: nodos de sub áreas y nodos periféricos. Los nodos no tienen relación con los dispositivos físicos reales. Los nodos de sub áreas poseen todos los servicios de la red, enrutamiento de nodo intermedio y la asignación de direcciones entre las direcciones locales y toda la red. Los tipos de nodos tenemos:

✓ Nodo tipo 1 (T1), no se usa actualmente, es para terminales brutos o pocos inteligentes.
✓ Nodo tipo 2 (T2), son para terminales inteligentes (como los terminales 3270) o controladores de establecimiento (como 3174).
✓ Nodo tipo 4 (T4), usualmente contiene el controlador de comunicación como los 3745. Se encarga del enrutamiento de la data y el flujo de control entre el procesador de la interfaz del usuario y otros recursos de la red.
✓ Nodo tipo 5 (T5), está contenido en el host, como un mainframe S/370 que reside en VTAM que controla el flujo de datos en la red, proporciona la interfaz entre los sub sistemas de aplicación y la red, protege el sistema de acceso no autorizado.

4.2.2. APPN y APPC

Con APPN (Advanced Peer-to-Peer Networking) la arquitectura de SNA incluye el entorno de red basados en pares. Se basa en comunicaciones de enrutamientos entre dos o más sistemas APPC que no están conectados directamente. Con el APPN se adicionan los conceptos de LU 6.2 para comunicación punto a punto o conexión de programa a programa APPC (Advanced Program-to-Program Computing) y el tipo de nodo 2.1 (T2.1). Con estos conceptos de SNA con APPC, permite conexión directa de aplicaciones con otro aplicativo bajo SNA.

69

Existe la similitud entre SNA con los otros protocolos de comunicación en el envío y recepción de los paquetes, en la Figura 4.2 se presenta un ejemplo del formato de los paquetes de SNA de requerimientos y respuestas de la unidad de información básica (BIU).

El encabezado determina el tipo de datos en la unidad de requerimiento, contiene información del formato de los datos y protocolos de la sesión. El encabezado está compuesto por 3 bytes en el inicio. A continuación del encabezado de tres bytes esta la unidad de requerimiento, donde contiene los datos del usuario final o los comandos de SNA para el control en la red e información que se intercambia entre los usuarios finales.

Encabezado del requerimiento	Unidad de requerimiento
3 Bytes	Tamaño variable

Encabezado de la respuesta	Unidad de la respuesta
3 Bytes	1 a 7 bytes

Figura 4.2 Formato de SNA

El encabezado de respuesta es de 3 bytes de tamaño, contiene la identificación del tipo de datos en la unidad de respuesta, contiene un bit que indica si es una solicitud (requerimiento) o una respuesta, al responder debe indicar al remitente la solicitud fue positiva o negativa en el encabezado de la trama (respuesta). La unidad de respuesta contiene la información sobre la solicitud positiva o negativa, el tamaño varía entre 1 a 7 bytes, estos bytes contienen información para el emisor del requerimiento o receptor de la respuesta que puede tomar acciones, si la respuesta es negativa, se indica la razón de la respuesta, depende de la negativa de la respuesta, el receptor puede decidir qué hacer a nivel de aplicación como a nivel de protocolo de comunicación. Las acciones de una respuesta pueden llevar desde la desconexión y re iniciar la conexión, o simplemente continuar con otro requerimiento.

Encabezado de transmisión	Encabezado del requerimiento	Unidad de requerimiento
Tamaño variable	3 Bytes	Tamaño variable

Encabezado de transmisión	Encabezado de la respuesta	Unidad de la respuesta
Tamaño variable	3 Bytes	1 a 7 bytes

Figura 4.3 Formato de encabezado BIU

En este formato se agrega la unidad de información de ruta (PIU Path Information Unit) indica a donde envía la unidad del paquete por la red, posee información de enrutamiento para que la red con la sub área o entre los nodos. El encabezado de transmisión contiene información si el dispositivo pertenece o no a SNA, el sub área o nodos que no son compatibles con los protocolos de rutas explícitas o virtuales. Como se indica en la Figura 4.3 se agrega el encabezado de transmisión al BIU de requerimiento o respuesta.

4.3.   SNA Encapsulado

En los diferentes formatos descritos anteriormente, se hace una analogía del modelo de capa OSI con las capas de SNA, donde cada capa de SNA del modelo se agrega información para el envío y la recepción del paquete. SNA encapsulado se entiende cuando las redes de SNA en la capa física de SNA es sustituido por otro protocolo de comunicación como medio de transporte en la red; el uso de las redes actuales con otro protocolo de comunicación, por ejemplo, como el uso de TCP/IP (más adelante se hablará en este protocolo de comunicación, en el capítulo 5) u otro medio de transporte en la red. En resumen, toda la trama de SNA ahora es dato para el protocolo de comunicación que se usa como transporte en la red. Se suma la capa del nuevo protocolo de comunicación con la capa de SNA, por esta razón se llama SNA encapsulado o SNA bajo el protocolo de comunicación TCP/IP. En la Figura 4.4 se hace referencia del ejemplo de SNA bajo TCP/IP.

71

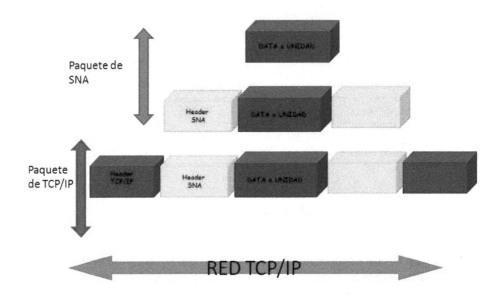

Figura 4.4 Ejemplo SNA encapsulado TCP/IP

El paquete de SNA encapsulado debe recorrer desde el host a las estaciones o dispositivos (terminales) y viceversa, el paquete se encontrará con dos redes, una red definida por TCP/IP que recorrerá por la LAN y la WAN hasta llegar a un punto en donde está localizado el HOST de SNA, y desde este punto entra a la red de la arquitectura de SNA, manteniendo la red definida con los componentes de los controladores de comunicación y el host. Tomar los paquetes de la Figura 4.3 y en ellas se añade el protocolo de TCP/IP, donde el paquete de SNA es ahora la data de TCP/IP, aumentando la cantidad de bytes en el paquete a medida que llegue a la capa física de TCP/IP indicado en la Figura 4.4. En la Figura 4.5 se detalla el colocar el encabezamiento y quitarla en un punto donde se relaciona y mantiene la relación de uno a uno en las conexiones de SNA y TCP/IP, una conexión o sesión de SNA debe haber una conexión en TCP/IP para poder mantener la comunicación entre el aplicativo en los dispositivos (dentro de los ordenadores) con el aplicativo del host.

Por ejemplo, con MS "SNA Server" y "Host Integration Server" existen varias opciones, en donde permite ser la puerta de enlace hacia el host en SNA con una red de TCP/IP, es una opción usando la red LAN, por medio de la misma tarjeta de

72

red del equipo como paquete normales de TCP/IP, la otra opción es una conexión vía tradicional con el uso de una tarjeta de comunicación tipo SDLC, X.25, etc., que sustituyen a los componentes y la comunicación en una arquitectura SNA, en vez de usar la tarjeta de red de la LAN, en este caso se usa dos tarjetas de comunicación en el servidor, una conexión TCP/IP y otra solo para la conexión SNA (en este caso el paquete no aplica el encapsulado de SNA en TCP/IP sino se conecta de forma original). En el caso de la Figura 4.5 el servidor usa solo una tarjeta de red para la conexión directa en TCP/IP hacia el Host.

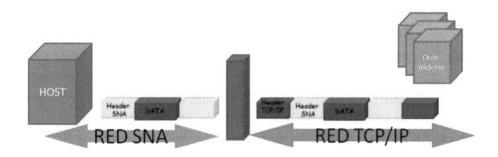

Figura 4.5 Las redes de SNA encapsulado en TCP/IP

4.4. SNA en la actualidad

La razón del estudio de SNA en el libro son por varios motivos, el hecho que tenga historia permite tener una idea de una arquitectura propia, esta arquitectura con el tiempo se adapta a la tecnología de hoy en día. Existen plataformas y grandes empresas que utilizan esta arquitectura; como proceso educativo y aprendizaje permite ver más allá de los avances tecnológicos actuales, que las bases que se sustentan lo de hoy en día fueron diseños del siglo pasado. Uno de los motivos es la similitud y diferencia con el modelo de capa OSI, por un lado en definir cada capa de SNA no es sencillo en referenciar a las capas del modelo OSI; por el otro lado, el uso de formato indicado en capitulo anterior para el encabezado de requerimiento y respuesta de las tramas de SNA, permite tener una idea de cada capa donde se estructura con un conjunto de bytes, que determina la información para el uso de la red; en este punto se detallan en el desarrollo de aplicaciones bajo arquitectura SNA en capítulos posteriores, el uso de estos bytes para poder conectarse y dialogar con aplicaciones en los MAINFRAME. El otro motivo, es tratar cada protocolo de comunicación en un alto nivel de abstracción cuando se usa dos o más protocolo de comunicación al mismo tiempo, donde en el caso de SNA encapsulado permite ver la trama completa de SNA como dato para TCP/IP, teniendo capas de capas de diversos protocolos. Esto permite en el siguiente capítulo en detallar cada capa en similitud y analogía al SNA y al modelo de capa OSI. Se describe TCP/IP con detalle para entender un poco de cómo funciona internamente la arquitectura SNA; en el caso de TCP/IP es sencillo y con menos capas que SNA o cualquier otro protocolo de comunicación; al comprender el protocolo de TCP/IP se entenderá fácilmente con la misma filosofía el protocolo de comunicación en la arquitectura de SNA; con este conocimiento permite tener idea de los desarrollos de aplicaciones y otros detalles para su conexión en el capítulo 15, donde se apoya con otros capítulos como referencias en el libro para el entendimiento de cómo trabaja los aplicativos de las grandes computadoras.

5. TCP/IP

TCP/IP es un protocolo de comunicación que permite a una diversidad tecnología estar conectado en la red, por su simplicidad y flexibilidad permite su uso a nivel general. TCP/IP es base para otros protocolos de comunicación, inclusive lo más usados a nivel mundial en la actualidad, con el uso de este protocolo en los diferentes dispositivos móviles como en las aplicaciones comerciales y financieras, permite un uso intensivo de la red, por ejemplos, manejadores de bases de datos, servicios Web, páginas web, etc. En los mismos equipos de enrutamientos dentro de la WAN y la inter red manejan este protocolo. Para entender TCP/IP lo detallamos por parte, el protocolo es una combinación de dos protocolos, primero el protocolo IP y luego TCP, la combinación de estos dos protocolos deriva un alto uso, al estudiar cada uno por separado y luego en su conjunto permite la flexibilidad y simplicidad en el desarrollo de aplicaciones.

5.1.   Protocolo IP

El protocolo IP (Internet Protocol, protocolo de Internet en siglas en inglés) se encarga de llevar un paquete a su destino. Aunque no garantiza la entrega, este protocolo permite el envío sin conexión, donde los paquetes pueden llegar a su destino en diferentes rutas y no garantiza el orden de llegada de los paquetes en su recepción. El mecanismo de identificación en la versión 4 es por medio de 32 bits para la dirección del origen y 32 bits para la dirección de destino, llamados direcciones IP, donde identifica cada equipo con una dirección IP. La dirección está compuesta por 4 números separados por puntos (".") donde cada número tiene un rango de 0 (cero) a 255 decimal, por ejemplo: 16.23.167.8. Si son 32 bits separados en cuatro números, cada número está construido por 8 bits (8 bits x 4 = 32 bits = 4 bytes) que representan los valores posibles indicados (2^8 = 256 posibles valores, donde los valores van del 0 al 255). Dependiendo de los valores de los octetos se clasifican las direcciones IP (tipo A, B, C, D y E), es una forma de organizar y localizar las direcciones públicas en la inter red, y organizar las direcciones locales en la LAN en una red privada. El protocolo de comunicación IP trabaja solo en el nivel 3 del modelo de capa OSI o la capa de red, en el caso del protocolo TCP/IP se llama también la capa de inter red (ver el próximo capítulo). El formato del encabezado o cabecera de la IP versión 4 está estructurado por 20 bytes con formato fijo (enumerados de 0 hasta 19) y al final de la cabecera se coloca la data a enviar, que es de tamaño variable (ver formato variable capítulo 2.5); a continuación, se indica el paquete de un protocolo IP en la Figura 5.1. En la Figura 5.2 es la misma información de la Figura 5.1 pero con la representación de palabras de 32 bits separando la información en la longitud en bits. En ambas figuras se destacan la misma estructura con formato mixto (ver capítulo 2.6).

Bytes	Tamaño en bits	Significado	Función
0	4	Versión	Identifica la versión del protocolo (en binario 0010-IPV.4, 0011 - IPV.5 y 0110 – IPV.6)
0	4	Longitud del Encabezado	El tamaño o longitud de la cabecera
1	8	Tipo de servicio	Identifica el procesamiento del paquete con el tipo de precedencia, retardo, rendimiento y fiabilidad
2-3	16	Longitud total	La longitud total del paquete incluyendo la longitud del encabezado. Longitud de data a transmitir = longitud total – longitud del encabezado (máximo es 65.536 bytes)
4-5	16	Identificación	Si existe fragmentación, estos tres campos
6	3	Indicador	permite la fragmentación y la ordenación
6-7	13	Desplazamiento del fragmento	(reconstrucción del paquete completo) en el destino
8	8	Tiempo de vida	Es un valor máximo de 255 sea de segundos o cantidad de enrutadores recorridos, evita que el paquete este en la Internet de modo indefinido por mal enrutamiento
9	8	Protocolo	Indica el tipo de protocolo a alto nivel, por ejemplo: ICMP: 1, IGMP: 2, TCP: 6, UDP: 17
10-11	16	Suma de comprobación del encabezado	Tiene la suma de todos los bits que posee el valor en 1 del encabezado menos en estos dos bytes (10-11), permite comprobar la confiabilidad de los datos del encabezado.
12-15	32	Dirección IP Origen	La dirección IP del equipo remitente, indica a quien responder de este paquete
16-19	32	Dirección IP destino	La dirección IP del equipo destino, indica a donde enviar el paquete
20	Variable	Datos	Información a transmitir / recibir

Figura 5.1 Formato de un paquete IP V.4

El protocolo IP versión 4 permite entregar una trama o un fragmento de data de tamaño máximo de 65.536 bytes. El paquete o trama de IP tiene un tamaño máximo (ver los bytes 2-3 de la figura 5.1 donde indica el tamaño de la trama representado en dos bytes o 16 bits); pero en diferentes redes no permiten este tamaño de trama para la transmisión y debe ser mucho menor, por ejemplo, Ethernet tiene un máximo en sus tramas de 1.500 bytes cada uno, FDDI 4.470 bytes. Cada tipo de red tiene un máximo de datos de transmisión que es la unidad de transmisión máxima (MTU en sus siglas en inglés). Cada red vuelve a fragmentar el paquete IP en el tamaño pequeño propio de la red, convirtiendo de una trama en varias tramas para ser transmitido por esta red y salir de la red vuelve a unirla. En la Figura 5.1 y la Figura 5.2 son las representaciones de la versión 4 de la IP, la direcciones de origen como destino tienen un tamaño máximo de 32 bits o de 4 bytes en el formato, existe otra forma de representar la dirección IP con mayor cantidad de bits que es la IP versión 6 donde representan las direcciones en 128 bits, por lo tanto, la estructura del formato IP cambia en la versión 6 y no aplica las figuras 5.1 y 5.2 para esta versión. Las diferentes versiones IP se definen en el primer campo donde indica la versión de IP (ver los 4 primeros bits de las figuras 5.1 y 5.2) de la trama y el formato de la IP V.6 varia con la IP V.4. Lo único común en todas las versiones de formatos IP son los primeros 4 bits (permite por lo momento 16 versiones de IP del 0-15) del resto de las unidades de datos pueden cambiar dependiendo de la versión.

0-3	4-7	8-15	16-18	19-31
Versión	Longitud de encabezado	Tipo de servicio	Longitud total	
Identificación			Indicador	Desplazamiento de fragmento
Tiempo de vida		Protocolo	Suma de comprobación del encabezado	
Dirección IP Origen				
Dirección IP destino				
Datos				

Figura 5.2 Formato IP V.4 en 32 bits

5.2.   TCP

El protocolo TCP (Protocolo de Control de la Transmisión, del inglés Transmission Control Protocol) se encarga del control del flujo de paquetes y la calidad de la transmisión de los mensajes hacia el destino. La función de TCP es el equivalente de la capa de transporte del modelo de referencia de capas OSI. El problema que surge con el protocolo IP es que no se encarga de fragmentar o ensamblar el mensaje completo, solo envía paquete, no garantiza la calidad de los datos a transmitir. Con TCP se encarga de entregar los paquetes sin errores, segmenta en paquetes pequeños para entregarla a la IP y desde la IP ensambla los paquetes, organiza y controla los paquetes antes de ser entregado en la capa de aplicación. Este protocolo no posee las capas de presentación, ni sesión y ni la capa de aplicación, el software que use este protocolo debe agregar las funciones de las capas de sesión, presentación y aplicación.

Bytes	Tamaño en bits	Significado	Función
0-1	16	Puerto de origen	Identifica el puerto donde se envía

Bytes	Tamaño en bits	Significado	Función
2-3	16	Puerto destino	Identifica el puerto del receptor
4-7	32	Número de secuencia	Identificación y del orden de llegada el segmento. Depende del valor del bit de control SYN: 1 (activo) – Numero inicial de la secuencia de byte con el primer byte de datos más uno. 0 (inactivo) el número de secuencia es el primer byte de datos
8-11	32	Número de acuse de recibo (ACK)	Si el bit de control ACK está en 1 (activo), entonces este campo contiene el número de secuencia del próximo paquete que el receptor va recibir
12	4	Longitud de la cabecera	Es el desplazamiento hasta los datos (Data offset), indica la cantidad de bytes desde el inicio de la cabecera hasta el inicio de los datos.
12	4	Reservado	Esta en cero y será usado en el futuro
13	8	Bits de control	Cada bit representa una bandera: - CWR (Congestion Windows Reduced) se coloca 1 cuando el receptor
Bytes	Tamaño en bits	Significado	Función
13	8	Bits de control	recibe el paquete; - ECE o "ECN-Echo" indica que hay que negociar la conexión; - URG indica si el mensaje es urgente; - ACK indica que el acuse de recibo es válido; - PSH indica si activa la función que transfiere la información almacenada y de este segmento a la capa aplicativo del receptor; - RST (reset) si el valor es 1 (activa) termina la conexión sin esperar respuesta; - SYN activa o no los números de secuencia; - FIN si esta activa indica que no hay más datos a enviar por parte del emisor
14-15	16	Ventana	Es el tamaño de la ventana de recepción que señala la cantidad de bytes que el receptor espera recibir
16-17	16	Suma de verificación (Checksum)	Suma de todos los bits en 1 en la cabecera y en los datos para verificar error de transmisión
18-19	16	Puntero urgente	Si el bit de control esta activo, entonces indica en este campo el desplazamiento respecto al número de secuencia que indica el último byte de datos marcado como urgente
20	Variable	Opciones	La longitud total de campo de opciones, donde debe ser múltiplo de palabra de 32 bits y el número de bytes de la cabecera
	Variable	Relleno	Relleno de ceros múltiplo de 32 por el campo anterior
	Variable	Datos	Información a transmitir / recibir

Figura 5.3 Formato de un paquete TCP

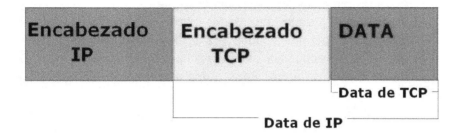

Figura 5.4 Formato TCP/IP

Como se indica en la Figura 5.3, representa el encabezado de un paquete TCP de la capa de transporte, el encabezado TCP junto a su dato, se convierten ahora en el dato para el encabezado de la IP en la capa de red de la sección anterior. En la Figura 5.1 del formato IP se convierte junto a la Figura 5.3 en el paquete de TCP/IP como se indica en la Figura 5.4, el formato TCP está dentro del formato IP, y sigue hasta llegar a la última capa física para ser transmitido en la red física. Como se nota la capa de enlace es el nivel superior o general es la TCP y la capa con más detalle es la capa de red, en este caso el encabezado IP, así hasta la capa más baja (física) es el encabezado inicial de la trama que fluye en la medio físico de la red.

En una de las versiones iniciales de TCP/IP, una porción de la data de TCP que se utiliza junto a este formato como se indica la Figura 5.5, donde los primeros 4 bytes (TD - tamaño de la data) representa la cantidad de bytes que contiene la data, es decir, la información para la capa de comunicación TCP es de un tamaño (TDA – tamaño de datos para la aplicación) que tiene 4 bytes menos de información (TDA = TD – 4). Esta información estaba fuera del encabezado de TCP/IP debido a que el máximo de información permitido es de 65.536 bytes (ver formato de IP en la Figura 5.1 del tamaño del paquete en "longitud total") en dos bytes de representación, al aumentar de dos a cuatro bytes el tamaño de información a transmitir y recibir es mucho mayor. En la actualidad no se usa los 4 bytes en la data de TCP, pero hay aplicaciones del siglo pasado que trabajan con esta estructura en su trama hoy en día, es una data obligatoria en la comunicación entre las aplicaciones con esta versión de protocolo de TCP/IP.

TCP/IP es un protocolo basado en conexión, donde se indica anteriormente que da confiabilidad de los bytes transmitidos de extremo a extremo en una inter red; en la inter red se presenta diversa tecnología en cada WAN donde se conecta entre sí, esta diferencia da como consecuencia las velocidades de transmisión el tamaño de los paquetes y muchas más condiciones que las fallas de transmisión es inevitable, los errores se pueden presentar en las transmisiones de los datos de extremo a extremo. TCP permite adaptarse a la diversidad de red de forma dinámica donde vaya fluyendo sus datos para su destino, de la misma la confirmación del receptor o respuesta. Por ser un protocolo basado por conexión, todos los paquetes son enviados por la misma vía del primer paquete. La combinación de TCP e IP como protocolo de comunicación permite su uso general en las redes y es seleccionado para nuevos desarrollos de protocolos de aplicación y comunicación, porque proporciona la mitad de la funcionalidad de la capa OSI.

Figura 5.5 Una versión de TCP/IP con uso de 4 bytes en la data

La estructura del protocolo donde se maneja por capa permite la flexibilidad a ser usado en los diferentes dispositivos de redes, como los enrutadores que tienen el algoritmo de transmitir los datos desde el punto actual al destino y el retorno de la respuesta. El protocolo TCP/IP puede ser usado de forma independiente del protocolo de comunicación usado por el emisor de la trama, el uso del protocolo en los dispositivos permiten el manejo dentro de una red autónoma, que al salir de la red a otras redes mantienen la integridad e información que se transmite. La velocidad de procesamiento como la adaptabilidad de los paquetes por la unidad máxima de tamaño de las tramas, el protocolo lo permite porque solo usa 4 capas del modelo de referencia OSI y no las 7.

5.3.   UDP/IP

El protocolo UDP (User Datagram Protocol en sus siglas en inglés, Protocolo de Datagrama de usuario) está basado de envío sin conexión, es decir, permite que los paquetes viajen en diferentes rutas del primer paquete. Otra característica fundamental que diferencia a TCP, UDP no garantiza la entrega de los paquetes a su destino. Si hay error, no posee la misma funcionalidad que TCP para recuperar los datos en la transmisión o mecanismo de tolerancia de fallas; el mismo TCP en la capa de transporte del modelo de referencia de capa OSI, permite los errores son solventadas o controladas por la capa de aplicación. La razón del porque los errores de transmisión no sean corregidos a nivel de capa de transporte es porque la velocidad o el modelo de procesamiento de los datos tiene un uso más efectivo de la red, donde la corrección de los errores puede generar más problemas que omitir las datas. Las soluciones de errores de transmisión por la capa de transporte se manejan de forma diferentes por la capa de aplicación, en la aplicación debe soportar tolerancia de fallas y no detener la funcionalidad o el servicio en las capas más bajas. Este tipo de protocolo de comunicación es usado en un conjunto de aplicaciones que permite a nivel de la capa de aplicación ser solventada de una forma que no sea traumático para el usuario, estas aplicaciones generalmente son como: radio por internet, videos en vivos o televisión en la red, televisión por suscripción por cable, video conferencia, aplicaciones a tiempo real, Sistemas de Nombres del Dominio (DNS Domain Name System en sus siglas en inglés, que será descrito en el capítulo 8.2), etc. El emisor al retransmitir un paquete puede complicar los próximos paquetes a enviar o enviados, y la sincronización de los paquetes entre el emisor y receptor se complican al solventar el problema, por esta razón la solución se genera en la capa de aplicación. UDP se apoya del protocolo IP para la inter red o en la capa de red, del mismo modo que TCP. Maneja puerto en la capa de transporte, pero en este sentido en número estándar es el puerto 17 para UDP, existen otros puertos que se usan para este protocolo como el 53 que son usados también por TCP para la conexión del servidor DNS, o los puertos 67-68 para el servidor de protocolo de inicio del sistema. Existen diversos aplicativos que usan este protocolo por su funcionalidad, y es el mejor que se adapta por sus características que ofrecen. Igual que TCP/IP, UDP/IP ofrecen parte de la funcionalidad de las capas OSI, desde la capa de transporte hasta la capa física, permite ser utilizado en el desarrollo de nuevos protocolos de comunicación y conexiones en la red desarrollando las capas que faltan, como por ejemplos, manejadores de bases de datos que utilizan la red y los DNS.

El formato del encabezado del protocolo UDP se muestra en la siguiente Figura 5.6, donde se describe la similitud al protocolo TCP. Para el protocolo UDP/IP se combina el encabezado IP de la Figura 5.1 con el encabezado de la Figura 5.6 donde se muestra en la Figura 5.7. Similar a los procesos de encapsulamiento de protocolos de SNA en las Figuras 4.4 y 4.5, todos los protocolos agregan sus encabezados, de la misma forma que en cada capa del modelo de referencia OSI, teniendo el mismo patrón de incrementar en cada capa con su encabezado, en el caso de TCP, como UDP es de la capa de transporte e IP en la capa de red; faltarían los encabezados de enlaces de datos y física en la figura 5.7 para completar la trama a ser enviado en la red.

Bytes	Tamaño en bits	Significado	Función
0-1	16	Puerto Origen	Número del puerto que se origina el datagrama
2-3	16	Puerto destino	Número del puerto destino del datagrama
4-5	16	Longitud del mensaje	Contiene el tamaño o longitud en bytes del paquete incluyendo el encabezado. La suma del encabezado y los datos de la trama.
6-7	16	Suma de verificación	Tiene la suma de todos los bits en 1
8	Variable	Datos	Información a transmitir con un máximo de bytes 65.472 (=65.536 – 64 del encabezado)

Figura 5.6 Formato de un paquete UDP

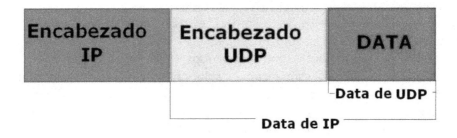

Figura 5.7 Formato de un paquete UDP/IP

5.4.   Puertos UDP y TCP

En los párrafos anteriores se describen los formatos de los encabezados de la capa de transporte de TCP y UDP en la figura 5.3 y 5.6 respectivamente. Se detalla en cada encabezado (cabecera), en el inicio de cada formato existen dos datos que se señalan los puertos; el puerto es un número de la puerta o anclaje que permite la conexión entre el origen y el destino; el puerto está definido por 16 bits por su tamaño, cada ordenador tiene 65.536 puertos que se usan para poder conectarse desde el origen al destino y viceversa, los puertos de 0-1023 están reservadas para su uso estándar en algunos sistemas operativos, por ejemplos: el puerto estándar 80 es usado por el ordenador para ser servidor web; los otros ordenadores remotos se conectan hacia el servidor web por este puerto; si se desea que el ordenador se convierta en un servidor web se habilita este puerto; también se mencionó en los párrafos anteriores, si se habilita el puerto 17 para el uso del protocolo UDP; el 53 para conexiones DNS, etc. Los puertos permiten tener en el ordenador 65.536 funciones separadas que puede atender tanto para TCP y UDP; con la dirección IP identifica el protocolo, el ordenador de origen y el destino, los puertos son las diferentes funciones que pueden programar dentro del ordenador en estos protocolos, como también enviar la respuesta hacia el computador origen del requerimiento; son importantes para TCP/IP y UDP/IP el manejo de los puertos y las IPs de origen y destino; dentro de la trama se identifica el origen y destino por la IP y su puerto, con esta información todos los componentes de la red saben qué hacer y enviar al recibir esta trama. Por ejemplo, si se desea usar un ordenador como un servidor web por el puerto 3456, que no es el puerto estándar (puerto estándar de internet es el 80), entonces, al ser llamado por un equipo origen del requerimiento será de la forma sería "http://mi_ordenador.com:3456" y no por "http://mi_ordenador.com" (o es equivalente a "http://mi_ordenador.com:80"); el puerto destino es conocido (es obligatorio para la conexión, en este caso es 3456) desde un equipo origen que se desea conectar al servidor (destino), al hacer el intento de conexión por la URL (en su siglas en ingles Uniform Resource Localizator, es la asignación de identificación de un recurso en la red), el aplicativo localiza de forma automática un puerto libre o que no esté ocupado y lo coloca en el puerto origen, se reserva el puerto como ocupado, y abre el puerto para recibir la respuesta del servidor web, de esta forma el equipo destino (servidor web) sabrá cual es el puerto que ha de enviar la respuesta, si la hay; en los casos de los navegadores de internet al conectarse a los servidores web por defecto se conecta por el puerto 80 y para el usuario es transparente este número de puerto, el mismo navegador que realiza la conexión hacia el servidor Web por este puerto, pero en el caso del ejemplo detecta que es el puerto 3456 por la URL y lo coloca en el encabezado del protocolo TCP con el puerto destino 3456; por otro lado, el computador origen conoce su IP y lo coloca en el encabezado IP en el dato o campo correspondiente, el dato de la IP destino se coloca del resultado de nombre "mi_ordenador.com" usando el mecanismo de traducción (ver capítulo 8.2 de DNS). Existen otras arquitecturas que permiten colocar el puerto como enrutamiento a un equipo en una red LAN, es decir, existe un ordenador central (que puede ser un enrutador de la empresa) que tiene definido una IP para atender a un conjunto de puertos, pero por un puerto específico, el ordenador central le asigna a otro ordenador en particular todos los requerimientos que entren por este puerto, de esta forma puede tener una granja de servidores con diferentes IP locales y atender a un conjunto de puerto definido en una IP pública (ver NAT - Traducción de direcciones de red en el capítulo 1.13), en este caso el ordenador central se convierte en un concentrador – enrutador, donde deja en manos a otros ordenadores el procesamiento de los requerimientos para evitar cargar a la central, cada tipo de función (cada puerto) se puede asignar a un equipo en particular. Algunos ejemplos de números de puertos reservados en un ambiente de sistema operativos Windows de un ordenador descrito en la Figura 5.8 que puede ser localizado en el archivo "services" en las carpetas del sistema operativo Windows XP.

Número de puerto	Nombre de servicio	Función y protocolo
20	ftp-data	Protocolo FTP para datos (TCP)
21	ftp	Protocolo FTP control (TCP)
23	Telnet	(TCP)
25	smtp	Protocolo simple de transferencia de correo electrónico (TCP)
42	Nombre servidor	Servidor del nombre host (TCP /UDP)
53	Dominio	Servidor del nombre-dominio (TCP/UDP)
80	http	World Wide Web (TCP)
Puerto reservado para Microsoft XP	Kpop	1109(TCP) Kerberos POP
	Phone	1167(UDP) Llamada de conferencia
	ms-sql-s	1433(TCP/UDP) Microsoft-SQL-Server
	ms-sql-m	1434(TCP/UDP) Microsoft-SQL-Monitor
	wins	1512(TCP/UDP) Servicios de nombres Internet de Microsoft Windows
	ingreslock	1524(TCP) ingres
	l2tp	1701(UDP) Protocolo de túnel capa 2
	pptp	1723(TCP) Protocolo de túnel punto a punto
	radius	1812(UDP) Protocolo de autenticación RADIUS
	radacct	1813(UDP) Protocolo de gestión de cuentas RADIUS
	nfsd	2049(UDP/NFS) Servidor NFS
	knetd	2053/(TCP) Desmultiplexor Kerberos
	ttcp	5001(TCP/UDP) TTCP
	man	9535(TCP) Servidor remoto MAN

Figura 5.8 Lista de algunos puertos reservados en WS XP

Hay que destacar que los puertos reservados y usados por los programadores no solo permiten definir en forma estándar las conexiones hacia otros equipos, o definir el estándar de activar los puertos de un ordenador para que otros equipos accedan en el caso que se desea ser un servidor; permite también en algunos casos de manejar internamente las conexiones de los aplicativos dentro de un mismo ordenador. Este último punto, un software puede estar compuesto por varios componentes que se conectan entre sí en el mismo ordenador, utilizan los mismos protocolos de comunicación punto a punto pero no entre los ordenadores sino entre los componentes en un solo equipo, esto se detalla en la arquitectura del software que estará descrito más adelante en el libro en la parte de desarrollo del software, por ejemplo, se utilizan muchos estos protocolos sobre la arquitectura "filtros y tuberías" o arquitecturas por capas de un software, donde cada componente utiliza un puerto diferente para la recepción y otra para la conexión. La gran diferencia en la mayoría de los casos, la IP es la misma donde se coloca es "127.0.0.1" para acceder en el mismo computador, en sustitución de la IP del equipo remoto destino, en los ambientes Windows y UNIX (incluyendo Linux) se definen por el archivo "hosts" en la carpeta de sus respectivos sistemas operativos, la IP "127.0.0.1" o "localhost", es la IP del equipo local o donde se ejecutan los aplicativos receptor y emisor, pero utilizan diferentes puertos.

En resumen, en conexiones de TCP/IP o UDP/IP, se necesitan el puerto y la IP del equipo a donde se desea conectar (destino), los datos que desea transmitir y la IP con el puerto del equipo origen, las diferentes capas incluyendo la de transporte, se encarga del manejo de los encabezados de cada capa y donde se garantiza la entrega de los datos a su destinatario en el caso de TCP/IP.

6. Modos de comunicación

Los modos de comunicación se basan en la regla y orden de conversación entre dos entes; donde uno de los entes emite y el otro espera un mensaje; en la regla indica cuando el receptor se convierte en emisor y el emisor en receptor del mensaje. Existen generalmente tres tipos de modelos de comunicación, que se definen como:

- ✓ Síncrono;
- ✓ Asíncrono o;
- ✓ Solo emisor (llamado desacoplada por algunos autores).

Toda conversación de envío y recepción de mensaje, se asemeja a "flip-flop" de circuitos binarios que poseen dos posibles estados, donde un ente se mantiene en un solo estado hasta que existan las condiciones de cambiar al otro estado, al cambiar en un ente su estado, ambos entes deben cambiar simultáneamente sus estados; en las redes se tienen dos estados: receptor o emisor. En el inicio de la comunicación el servidor o el ordenador que atiende a los demás ordenadores está en un estado de receptor o de escucha, espera un requerimiento. El emisor siempre es que inicia la conversación hacia el servidor. En el caso de solo emisor, se asume que los estados son establecidos y nunca puede cambiarse a otro estado o desacoplado, es decir, el emisor siempre emite mensaje, el receptor solo recibe el mensaje y no hay cambio de estado, es lo que se llama también un monólogo. Pero en el caso de las conversaciones con cambio de estado entre dos ordenadores, debe haber un estado inicial, hasta que ocurra en la conversación o la comunicación entre ambas una condición en que ambos cambien de estados, debe haber algo que el estado de receptor se convierta en estado emisor y viceversa, es importante como se indica anteriormente que ambos deben cambiar sus estados simultáneamente.

Existen una variedad de condiciones que se puede generar esta diversidad de modelo de comunicación, caso típico de algunas tribus en sus asambleas o reuniones, que el emisor tenga algo en sus manos que indique que tiene el poder de emitir sus mensajes y el resto de la asamblea solo puede escuchar, al transferir ese algo a otra persona, el emisor se convierte en receptor y el que toma el mando se convierte de receptor a emisor; el otro modo de comunicación que tenemos a diario con la conversación de dos personas, donde el emisor al generar un silencio es indicativo que se convierte en receptor y es señal para el receptor de dar una respuesta como emisor; la otra forma de comunicación es como enviar o repartir folleto físico de publicidad en cada buzón de correo de las casas, el folleto es revisado luego en un periodo de tiempo de entrega; existen otras variantes que ambos son emisores como receptores al mismo tiempo en un momento dado, si ambos son emisores, los dos no están en el mismo tema de conversación sino de forma independiente, las respuestas no se relacionan con los mensajes recibidos, que son casos muy aislados. En todos los casos de conversación, ambos estados deben ser diferentes entre los entes en la comunicación, debido a que si los dos entes en el diálogo está en modo escucha, nunca se comunicará; si ambos esta como emisor, los mensajes colisionan entre sí y se pierdan los mensajes, el efecto es lo mismo, no se comunican.

Sucede lo mismo en las redes con la conversación de dos ordenadores, uno debe tener el estado de receptor y el otro emisor, debe haber una señal que indique el cambio en ambos lados de sus estados. Detallando la diversidad de protocolo y como indica en el modelo de referencia de capa OSI, existe la capa de transporte, red y enlace de datos que se maneja todo con sincronización, y como mínimo en la velocidad de transmisión en la capa física, donde permite que ambos computadores o uno de los lados no se sature de información o de paquetes. Pero en la capa de transporte se puede encontrar una diversidad de modelo de comunicación o conversación en los diferentes protocolos de comunicación, en donde se detalla a continuación.

6.1.   Síncrono

Existe un estado inicial definido para cada ente: uno es emisor y el otro receptor. El emisor tiene el permiso de enviar el mensaje al receptor en cualquier momento; el emisor avisa al receptor el cambio de estado. El receptor tiene su estado inicial donde espera un mensaje; cambia de receptor a emisor cuando en el mensaje le indique. Tanto el emisor y el receptor vuelve a su estado inicial cuando existen las siguientes condiciones:

- ✓ El medio donde se transmite el mensaje no está disponible y se reinicia todo a una nueva conversación; si está disponible, verifica si el equipo remoto o destino está disponible, sino, ambos cambian a su estado inicial.

- ✓ Si hay algún tipo de error, se puede caer la comunicación y todas sus capas e inclusive el aplicativo.

✓ Hay casos que se intenta "n" veces de enviar el mismo mensaje; si hay algún problema o no hay respuesta, se envía el mensaje de nuevo y entre cada envío debe tener un intervalo de tiempo. Existe también un intervalo de tiempo para escuchar y de no recibir respuesta (ver más adelante "time-out") se inicia de nuevo la conversación.

✓ Cuando termina el diálogo. Caso ideal.

✓ Nunca llega la respuesta, existen dos formas de manejar esta situación:
   ➢ Quedarse por siempre como receptor hasta que llegue alguna respuesta, que no es lo ideal. Deja el emisor deshabilitado por siempre en un estado de receptor por espera de respuesta que nunca llega.

   ➢ El emisor espera un periodo de tiempo ("time-out") como receptor después de enviar el mensaje, y si no hay respuesta se convierte a su estado inicial correspondiente.

6.2.   Asíncrono

El emisor envía el mensaje y continúa trabajando en otra tarea, y no espera por la respuesta. Similar en el manejo y control de los dispositivos de entradas y salidas que hacen los diferentes sistemas operativos con un solo canal de comunicación (BUS). El emisor se convierte en receptor, pero no espera la respuesta de forma inmediata, sino que por un periodo de tiempo verifica si llega alguna respuesta, si existe al menos una respuesta se convierte en receptor, sino, continúa con sus tareas hasta que algún momento esté lista la respuesta. En caso de no llegar la respuesta, puede suceder o aplicar lo mismo del caso síncrono, verificar "n" intentos si está lista la respuesta, si pasa de esos intentos se convierte en emisor, y depende del protocolo repite el envío del requerimiento.

Debe también existir una sincronización entre el emisor y receptor, cuando el equipo remoto ya tiene listo la respuesta, el que es receptor original (que ahora es el emisor) debe tener almacenado la respuesta hasta que el receptor actual se entere que está listo para recibir su respuesta y este se la envía. En este caso al responder y recibir por cada uno, cada equipo vuelve a su estado original. Hay casos que el emisor al enviar el requerimiento y se ocupa de otros procesos, el receptor recibe la solicitud e inmediatamente responde (cambia a emisor hasta terminar el envío) pero guarda la respuesta en una zona (en un repositorio) y cambia a receptor de nuevo, el ordenador que envió el requerimiento revisará en cualquier momento el lugar de almacenaje (repositorio) si hay alguna respuesta, si hay respuesta se procesa, sino, continúa con otra tarea, no espera por la respuesta de su requerimiento, ni el ordenador que responde espera para la entrega de la respuesta. El uso de una zona de almacenaje de respuesta en el caso anterior es aplicado de forma intermedia, donde no guarda la respuesta, sino, se coloca un indicador a quién solicita el requerimiento que la respuesta está lista para ser entregada y puede conectarse con quién lo responda, se pide la conexión al servidor, el servidor deja lo que está realizando y entrega la respuesta.

6.3.   Solo emisor

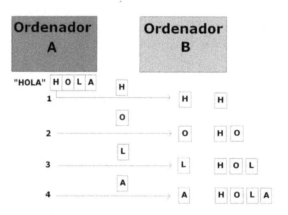

Figura 6.1 Modo solo emisor

Es el caso de los protocolos donde el emisor no garantiza la recepción de sus mensajes en los equipos remotos. Hay varios ejemplos que se mencionan como los protocolos usados en aplicaciones de tiempo real. Un ente se encarga de emitir en la red una información, y sigue con sus procesos hasta volver a enviar otra información por la red. En el otro lado de la red, existe el receptor que procesa la información del emisor y repite este proceso en espera de otro mensaje, aun si la información recibida tenga errores. Puede haber caso que existe no solo un receptor, sino, varios receptores que utilizan la misma información de un solo emisor, puede ser procesamiento múltiple que se repite el mismo proceso y luego se descarta los procesos erróneos, o que cada proceso realiza tarea diferente con la misma información al mismo tiempo.

6.4.   Modelos de comunicación

De los modos de comunicación se puede generar una diversidad de modelos de conversación (como se indica en la Figura 6.1) desde el caso más sencillo del modo solo emisor hasta las combinaciones de esta con los síncronos y asíncronos. El ordenador "A" envía paquetes o mensajes hacia el ordenador "B" y no necesita respuesta del ordenador "B", es el esquema usado por el protocolo UDP/IP. En este caso se aplica mucho en la transferencia de datos y la corrección de los errores lo asume el ordenador "B", existen también esquemas en los aplicativos o los ordenadores que permiten desarrollar este modo de comunicación, es el manejo de colas por ejemplo, existen diferentes procesos que manejan colas como la llegada de los ítems en forma secuencial, como sucede en los videos o los actuales reproductores de videos y sonidos en la internet que se envía los paquetes al receptor, y en el ordenador "B" se encarga en administrar e inclusive detectar y corregir los errores de transmisión.

Otra visión de este tipo de comunicación son las réplicas de servidores a nivel mundial donde se desea que toda la información esté en todos los equipos en el mundo, se actualiza la información de forma escalonada; la información se actualiza en los equipos más cercanas en la red donde se genera la operación y se actualiza paulatinamente de un servidor a otro en las partes remotas de la red, de esta forma se propaga la información. En caso de redes locales, se realiza el envío de la información en la red donde dos o más equipos procesan la misma información con los mismos procesos y datos, el objetivo es de tener varios equipos con la misma información, este mecanismo es de respaldo para contingencia, si uno de los equipos o el equipo activo falla, el respaldo lo sustituye para mantener la operatividad, es un modo de implementar tolerancia de falla. En aplicaciones locales dentro de un ordenador sucede lo mismo, en vez de identificar el ordenador "A" y "B", se identifica como componentes internos "A" y "B", la funcionalidad es la misma en el manejo de diferentes dispositivos al mismo tiempo en un ordenador.

6.5.   Modelos de comunicación síncronos

Existen otros modelos de comunicación como la verificación de los datos enviados, por ejemplos el protocolo de comunicación TCP/IP; la conversación garantiza la entrega sin error de cada paquete entre dos ordenadores como se indica en la Figura 6.2, el emisor con este modelo de comunicación garantiza que cada paquete enviado es estregado sin errores. En nivel de la capa física hasta el transporte detecta los errores y los corrigen, pero los errores que se detectan de la capa de aplicación hasta la capa de transporte lo deciden el aplicativo (caso de TCP/IP), son estos casos que se analiza en este capítulo. Existen errores que no son detectados en una capa, pero si es detectados en las capas superiores.

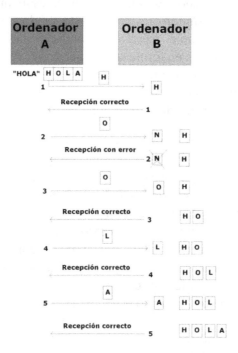

Figura 6.2 Modelo de comunicación síncrono de envío

El esperar o no la respuesta de cada paquete enviado depende de la implementación, en el caso de enviar un paquete y esperar la respuesta por el ordenador "A" es opcional o depende de la implementación de cada protocolo de comunicación. La corrección se hace de inmediato después de recibir la respuesta del estado del paquete enviado, en el caso de envío 2 (ver la figura 6.2) por parte del ordenador "A", el ordenador "B" detecta que no llega de forma correcta el paquete por un bit apagado de "O" (en ASCII es valor 79 decimal y binario es "01001111") y lo recibe en el ordenador "B" como "N" (en ASCII es valor 78 decimal y binario es "01001110"), el ordenador "B" detecta la falla y envía la respuesta de forma inmediata al ordenador "A", este debe de retransmitir el paquete de nuevo.

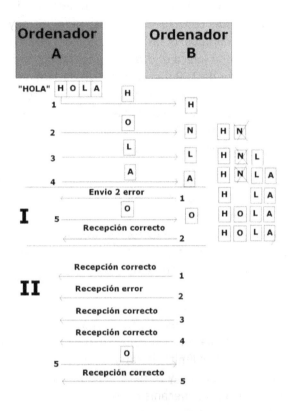

Figura 6.3 Modelo de comunicación asíncrono

Existe una manera similar para corregir los paquetes errados en la transmisión, como se indica en la Figura 6.3 donde envían todos los paquetes desde el ordenador "A" al "B"; luego el ordenador "B" responde al ordenador "A" sobre la recepción y calidad de lo recibido. En la figura se identifica dos ejemplos (I, II) de las posibles respuestas del ordenador "B" al ordenador "A", en el caso "I" se envía una respuesta en un solo paquete con el resumen de todos los paquetes indicando el paquete recibido con error y el ordenador "A" retransmite el paquete fallido. En el caso "II", es la misma respuesta del ordenador "B" de la Figura 6.2

pero en lotes de respuestas continuas, donde el ordenador "A", analiza en identificar cada paquete que se envió y retransmite el fallido.

En las gráficas 6.1, 6.2 y 6.3 se describen el orden de los paquetes enviados y recibidos por ambos ordenadores para explicar los diferentes modelos de comunicación de forma sencilla; en la realidad puede suceder que los paquetes pueden ser enviados de forma ordenadas y los paquetes recibidos no sean en ese mismo orden; igual sucede con las respuestas; pero no hay problema porque están identificando los campos o las áreas de información en los diferentes formatos estudiados, donde indica el orden de las tramas emitida, por ejemplo la Figura 5.3 del encabezado de TCP y el formato IP de la figura 5.1, no importa el orden de llegada de los paquetes al ordenador "B", se puede identificar la secuencia de los paquetes por sus consecutivos y ordenarlos (en caso de fragmentación de la trama), que es el mismo identificador que determina el paquete con error y a retransmitir en los casos "I" y "II" de la Figura 6.3.

Otras consideraciones en las figuras son cuando el receptor detecta el último paquete que se recibe. En todas las gráficas al enviar la data "HOLA", el último paquete es "A" donde identifica en el encabezado de los protocolos de comunicación que es el último paquete, no importa el orden que llegue los mensajes al receptor; identifica con la secuencia de los paquetes y el final de la conversación; el receptor tiene forma de determinar cuántos falta por recibir, debido a que no se tiene una idea en su inicio. En la Figura 6.2 tiene una ventaja comparativa con la Figura 6.3, donde trabaja con cada envío y determinar sus respuestas correctas o no, procesa cada trama a la vez, permite tener una cantidad inmensa de información y almacenar hasta conseguir el indicativo del último paquete, al no tener un límite, la capacidad de almacenamiento se procede a liberarla a la otra capa superior, y se hace el control de una forma más sencilla, mientras que la Figura 6.3 el mecanismo de control es más rígido y en algún momento debe liberar los paquetes aun con error, mientras continúa recibiendo sin tener el paquete final. La única ventaja que se tiene en la Figura 6.3 en el caso "I" que son menos paquetes que se transmite en la red, se recomienda en protocolos de datas limitadas con máxima longitud o pequeñas tramas tanto en el envío y en la respuesta. El flujo de control de datos se complica con la recepción de las respuestas de la Figura 6.3 por la cantidad de información que se debe procesar de una sola vez cuando encuentra el fin de conversación o el último paquete.

6.6.   Modelos de comunicación con múltiples respuestas

Los modelos de comunicación también se representan en la cantidad y proporción de los envíos y respuestas, en el caso de las Figuras 6.2 y el caso "II" de la Figura 6.3 existe una relación uno a uno de los envíos y respuestas, existen casos que esta relación no se cumple como el caso de "I" de la Figura 6.3 donde existe 5 envío de mensaje y 2 respuestas entre los ordenadores.

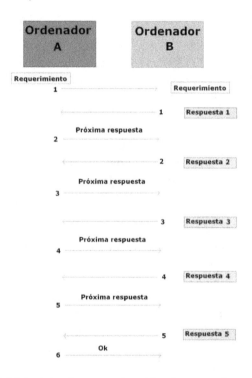

Figura 6.4 Modelo de comunicación síncrono de respuesta

En el caso de la Figura 6.4 se identifica de un envío de un requerimiento pero con varias respuestas (igual condición de los casos de las Figuras 6.2 y 6.3), que no se sabe cuántos paquetes van a recibir a priori, en este caso existe una sincronización de todos los mensajes (similar a la Figura 6.2), se recibe una respuesta y se procesa por el ordenador "A", al terminar de procesar la información se envía un indicativo que fue correcta la recepción y puede enviar la próxima respuesta hacia el ordenador "B", hasta que una de las respuesta le indique al ordenador "A" que es la última respuesta por parte del ordenador "B", que este caso se envía en la respuesta 5, el ordenador "A" confirma la recepción del último paquete y termina la conversación.

Estos casos son aplicables en la impresión de documento, no se sabe a priori cuantas líneas se debe imprimir, en la Figura 6.4 cada respuesta es una línea del documento dirigido a una impresora conectada en la red, dentro de cada respuesta se debe encontrarse comando para la impresora como salto de página, etc., que son caracteres especiales para el dispositivo. La impresora está conectada físicamente con el ordenador "A".

Una ventaja de este esquema, el paquete de envío del ordenador "A" al "B" para enviar otra respuesta y confirmar el recibido, se necesita solo dos bits en el encabezado en el paquete, un bit indica enviar o no la próxima respuesta; y el otro bit indica que el paquete que se recibió fue correcto o no; se tiene cuatro combinaciones con estos dos bits:

1. no enviar la próxima respuesta y el paquete que se recibió hay error;
2. no enviar nada y está correcto el paquete recibido;
3. enviar el próximo y hay error en el paquete recibido; y
4. enviar el próximo paquete y el paquete que recibió esta correcto.

En todos los casos si hay error se retransmite, con o sin el nuevo paquete. El solo enviar el encabezado sin datos desde el ordenador "A" al "B" permite generar menos tráfico por volumen o tamaño de datos en los paquetes.

El detalle de la Figura 6.4 como se tiene un protocolo de comunicación basado con conexión, esto evita el desorden de las respuestas recibidas. Existe una derivación de un modelo de la Figura 6.4, es el esquema de respuestas asíncronas, que es similar al anterior, pero eliminando los paquetes de enviar el próximo paquete, donde el ordenador "A" al enviar el requerimiento, espere y captura todas las respuestas hasta encontrar un indicativo en las tramas que sea la última respuesta, en este caso se encuentra en el encabezado de la respuesta 5. En teoría es más rápido el procesamiento de las respuestas por parte del ordenador "A", para tener una idea de este modelo de comunicación es como se indica en la Figura 6.5, teniendo dos envíos por parte del ordenador "A" en el inicio con el requerimiento y al final con el indicativo que fue recibida todas las respuestas.

Se puede pedir o no retransmisión de los paquetes con errores en este modelo. En caso de no existir el proceso de retransmisión, el ordenador "A" manejará el error del paquete u obviando la respuesta errada. La diferencia de la Figura 6.4

con la Figura 6.5, es la velocidad de procesamiento de cada respuesta, en el caso de enviar a una impresora todas las respuestas en línea del ordenador "A", la Figura 6.4 es lo ideal, pero hace el retardo y tiempo de dedicación del ordenador "B", que tiene que esperar que la impresora termine de imprimir la línea para enviarle la otra; en cambio en la Figura 6.5 permite menos tiempo de entrega en el ordenador "B" para "A", el ordenador "A" debe procesar de forma rápida cada respuesta como enviarla a una base de datos o un área de almacenamiento temporal de todas las respuestas (más rápidas que procesar una impresión), y al finalizar de recibir todas las respuestas y despedirse del ordenador "B", el ordenador "A" procede a enviarla todas las respuestas a la impresora, la impresión es un proceso más lento (interviene proceso mecánico), y no depende el proceso de comunicación con el proceso de la impresión como el caso de la figura 6.4. Lo recomendable en ambos modelos, que el proceso de comunicación este separado de cualquier otro proceso de la aplicación (como en este ejemplo de la impresión), más adelante en el libro se justifica esta estrategia y recomendación.

Figura 6.5 Respuestas asíncronas

En la capa de transporte (descrito en el capítulo 3.4) se indica un conjunto de primitivas, donde todas variantes de modelos de comunicación hasta ahora estudiado en este capítulo se basan solo en dos de las primitivas: de envío (SEND) y recepción (RECEIVE) de paquetes. Las otras primitivas de conectarse (CONNECT) y desconectarse (DISCONNECT), el manejo estás primitivas también son fundamentales en el uso de los recursos de ambos ordenadores al realizar la comunicación, el próximo capítulo entra en modelo de conectarse y desconectarse.

6.7. Modelos de comunicación por conexión y desconexión

Existen diferentes formas de conectarse (Connect) y desconectarse (Disconnect) dependiendo de las condiciones que esta implementado la red. Estas dos funciones primitivas pertenecen a la capa de transporte del modelo de referencia por capa OSI. En algunos protocolos permiten utilizarlos y controlarlos por los programadores de software, y en otros casos solo es permitida una parte de la red y no su totalidad, depende de la arquitectura del protocolo y la red. Las condiciones varían desde:

- ✓ Costo de procesamiento y consumo en los ordenadores.
- ✓ Cantidad de procesamiento y uso de la red.
- ✓ Los diferentes modelos dependen de los componentes físicos que posea la red.
- ✓ Protocolo de comunicación.

Casos extremos como en la arquitectura SNA permite una conexión durante el encendido de ciertos componentes hacia el host y permanece conectado hasta el apagado de las estaciones de trabajos, como las impresoras. El otro extremo son las conexiones a los servidores web en la Internet, donde el ordenador se conecta con el servidor web se inicia la conexión, al localizar y tener completa la página web con el navegador de internet, este se desconecta la comunicación con el servidor web; la arquitectura SNA permite también este tipo de conexión. Los dos ejemplos de conexiones anteriores tienen diferente tiempo de duración de conexión, en una puede durar más de 10 horas conectadas diariamente, mientras que la otra la conexión se realiza en un minuto o menos, es decir, el uso de las primitivas de conexión y desconexión puede ser usada una vez en el día, y el otro caso se usan estas primitivas cada vez que se conecta a un servidor web para consultar sus páginas varias veces al día.

6.8. Costo de procesamiento de conexión

Los servidores como los grandes ordenadores (host) están disponibles todo el tiempo e inclusive se mantiene encendido, es debido a la disponibilidad de los recursos y utilización en el máximo tiempo posible para evitar el ocio de los grandes ordenadores (visión de productividad de los Mainframe). Existen en ciertos protocolos que el uso de las primitivas de conexión y desconexión genera una sobre carga a los ordenadores donde se ejecutan, en caso de los servidores y en el Host suceden lo mismo, depende del protocolo de comunicación se recomienda el estar conectado aun cuando no se use.

Se hace la analogía del encendido de un equipo donde se tarda en estabilizar todas sus funciones y operatividad; el uso de la primitiva de conexión genera tiempo de procesamiento en el equipo, se estabiliza en un lapso de tiempo largo, luego el uso de la red se hace de forma rápida, y al desconectarse se hace misma analogía de desconectarse con un tiempo largo. En protocolos de comunicación basados sin conexiones y con conexiones, se presentan esta misma problemática, el protocolo basado en conexión, al iniciar con el primer paquete enviado se tarda más que los siguientes; debido a que el primer paquete busca el camino de conexión hacia el otro equipo, y el recorrido puede ser que se tarde, pero una vez encontrado la ruta que se conecta con el destino, se queda en memoria para los próximos paquetes a enviar, y de alguna forma se reserva esta ruta hasta que se desconecte. En el caso de protocolo sin conexión los paquetes no necesariamente recorren la misma ruta que el primer paquete, cada trama enviado es como haber hecho la conexión inicial, enviar el paquete y desconectarse, de tal forma se comporta como el primer paquete del protocolo con conexión, hasta el punto que no llegue a su destino y se pierda en el camino. Se puede decir que el primer paquete que se envía es el indicativo de conexión y busca la ruta menos congestionada en los protocolos basados en conexión.

El otro costo es el uso de la tecnología, en la práctica deriva a implementarse en lenguaje de programación o el uso de los recursos de los ordenadores. Existen ciertas implementaciones que la creación de nuevas conexiones o el uso de las primitivas de conexión en los protocolos de comunicación (en el caso de TCP/IP y UDP/IP que los programadores tienen el control, también existen otros protocolos de comunicación que cumplen con este mismo estándar) en la capa de transporte producen un alto consumo de procesamiento en los ordenadores. Otras implementaciones como el uso de hilos en el desarrollo de software (ver hilos en el capítulo 11.7) tiene un costo alto al ser mal implementado.

6.9. Cantidad de procesamiento y uso de la red de la conexión

Si los aplicativos usan poco la red y no es continuo el tráfico, se recomienda el uso de conexión y desconexión cada vez que se necesita hacer requerimiento, un procesamiento o acceso a la red, de esta manera no genera tráfico y deja disponible los recursos que no se usan para que los utilicen otros procesos. Por el contrario, si el uso de la red es excesivo se debe aplicar que la conexión se mantenga abierta y reservada todo el tiempo. Esto depende también de la distribución y el diseño de los diferentes componentes que está construido el software, la selección de los protocolos de comunicación y el soporte tecnológico escogidos por los arquitectos de software, define el consumo de la red por la capa de aplicación y su diseño.

Todo desarrollo del software se define en la etapa del diseño físico, la escogencia del protocolo de comunicación y sus componentes físicos para poder soportar el software cuando se está implementado, estas consideraciones corresponden también al encargado o arquitecto de la infraestructura de red.

6.10. Componentes físicos de la red para la conexión

El uso de las primitivas de conexión y desconexión depende de los componentes físicos disponible en la red. Por ejemplo, el uso de módem en las primeras redes WAN, permite una conexión de dos lugares geográficamente separados con el uso de estos dispositivos, físicamente debe ser conectado y encendido antes de realizar cualquier otra operación con las primitivas. El encendido implica el marcado telefónico a un lugar en específico, donde al estar conectado se mantiene encendido hasta el cierre de todos los componentes de la red LAN, en el otro extremo existe otro módem donde recibe la llamada y es donde se conecta ambos, la conexión es durante todo el día y de uso exclusivo de una línea telefónica, similar a un protocolo basado en conexión, donde se reserva la línea mientras estén encendidos los dos módem, no es operativo que cada vez que un ordenador de una red local desea conectarse a otro equipo en el otro lado del módem, se debe encender y apagar los módems por cada requerimiento (conexión), el tiempo de llamar al otro módem se tarda como una llamada telefónica normal; por esta razón, el módem se mantiene operativa porque es la salida de un conjunto de computadores que desea acceder fuera de su red local. A diferencia de uso de enrutadores o concentradores que la conexión y desconexión se realiza en cualquier momento debido a que físicamente estos dispositivos están disponibles, aunque no se use.

Hay que diferenciar dos tipos de conexiones, la conexión física que son los componentes físicos que permite tener una conexión disponible a toda hora o solo cuando se desea utilizar la red. La otra conexión es en la capa del aplicativo, aun teniendo la conexión física disponible para conexión, el aplicativo se mantiene desconectado y solo se conecta cuando sea necesaria la red. Hay ocasiones que a la capa de aplicación se conecta, también se hace junto a la conexión física, y al desconectarse el aplicativo se realiza la desconexión física, esto es muy raro o no se encuentran en nuestros días. El software es difícil que trabaje al abrir una conexión lógica y no tener la conexión física disponible de la red, en algunos aplicativos permite trabajar en la red local sin tener la conexión física; y al restablecer la conexión física permite transmitir toda la información de forma automática a la red a su destinatario, estos casos no se explicarán en los desarrollos de software, pero en algunas arquitecturas de software permiten seguir trabajando sin tener red; estas características y funcionalidad entra más en el campo de desarrollo de software que soporta tolerancia de fallas y disponibilidad. Los conceptos de tolerancia de falla y disponibilidad en las redes toman otros mecanismos de implementación y los dos conceptos siempre van juntas; mientras que en los sistemas distribuidos existen un equilibrio en ambos conceptos, donde hay casos que se sacrifica uno por el otro.

6.11.   Protocolos de comunicación y sus conexiones

Las conexiones y desconexiones en algunos protocolos son permitidas en la capa de transporte, mientras que en otros protocolos no se permiten usarlos o limitan sus usos.

El caso de uso de http y HTTPS son protocolos de aplicación, donde se basan en TCP/IP en la capa de transporte, permite con el uso de los navegadores realizar la conexión hacia el servidor web y luego de completar de presentar la página web en el navegador del ordenador se desconecta a la red; en el caso que el ordenador mantiene la conexión hacia el servidor web, el mismo servidor web realiza la desconexión del navegador de internet. Esto garantiza la conexión y desconexión en un tiempo corto al acceder a un servidor web. Para el usuario es transparente e inclusive para el programador de la página web del servidor. En su código de programa no existe ningún comando o primitiva en el manejo de conexión y desconexión, el protocolo de comunicación maneja estas primitivas; por otro lado, la conexión física hacia la red está disponible para conectarse de nuevo con el servidor web u otro servidor.

En el caso de los diferentes protocolos de comunicación de SNA, se puede realizar las dos opciones; una opción es realizar la conexión para cada envío de un mensaje, este se conecte cada vez que envía el mensaje y se desconecte al finalizar o al terminar el requerimiento hacia el host. La otra opción es mantener conectado todo el tiempo hacia el host; tenga o no requerimiento. Estas dos opciones dependen de las topologías de la red y el protocolo usado. En el caso SNA encapsulado puede usar en el envío y la recepción de paquetes SNA bajo TCP/IP, igual en una conexión http hacia el host (ver el capítulo 4.3). Tener una conexión abierta hacia el host mientras que el nodo esté operando, donde se realiza con el encendido de los controladores de establecimientos y se realiza la conexión hacia el host, esta arquitectura tiene el control de todos los equipos en la red. Una manera de aprovechar la conexión se presenta de dos formas:

✓ Cada dispositivo realiza una conexión hacia el host y se mantiene hasta que esta se apague. En la Figura 6.6 al encender el controlador de establecimiento y al encender un dispositivo (terminal o impresora) este se conecte a una LU disponible y no lo libera hasta que apague el dispositivo asignado a la LU (ejemplo, LU tipo 0).

✓ Cada dispositivo se conecta solo cuando desea enviar y recibir información al host por medio de un número de conexiones disponibles (LUx) como se presenta en la Figura 6.6, donde la conexión siempre esta activa entre los controladores y el host, mientras que los dispositivos o terminales al usar la red, se conecta a una LU disponible y al terminar su requerimiento libera la LU (tipo LU 6.2 por ejemplo).

Similar al manejo de las direcciones IP privadas (o locales) y las públicas (o globales) en la traducción de direcciones de red o NAT (capítulo 1.13), las LU en SNA se definen por la cantidad de dispositivos que se conectan al Host en el caso de las LU tipo 0; el mismo caso sucede y se define con la misma cantidad de LU tipo 6.2 pero solo por contingencia, el caso de la LU 6.2 se asume que no todos los dispositivos se usaran al mismo tiempo, el uso de todas las LU definidas en la PU tiene una probabilidad baja que suceda, pero puede suceder, en este caso, el uso de las LU en los aplicativos es cuando se necesita hacer conexiones y realizar operaciones con el host, es decir el uso de la red por demanda. En el caso de LU tipo 0 se conecta a las LU aun cuando no se utilice la red, el tener los dispositivos encendidos están conectados.

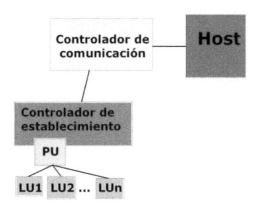

Figura 6.6 SNA el manejo de LU

Sección II
Protocolo de
aplicación

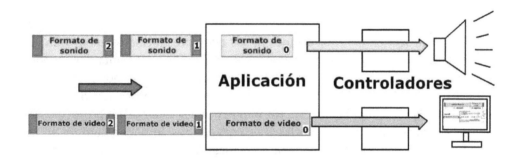

Esta sección se centra en el estudio del contenido y lo que representa la trama que viaja en la red, pero es la trama del aplicativo "independiente" del medio físico de comunicación o al protocolo de comunicación. La interpretación de los datos que se transmite de un equipo a otro, en algunos de los casos, se detalla desde un punto de vista de los protocolos de comunicación en cada capa, según en el modelo OSI vista en la sección anterior, en los siguientes capítulos se describirán con más detalle una de sus capas, la capa de aplicación (ver la figura 3.1 en la capa 7).

En cada capa de protocolo de comunicación se establecen reglas de manejo y operación que se deben realizar con el paquete y la conversación, sólo aplicando reglas estándar se puede navegar por la Internet o la red global, cada aplicativo como dispositivo usado en la red con tener la información deseada en la trama o dato en la red, este navegará por el mundo de forma que la conversación entre los ordenadores se hagan de forma natural y estándar. El uso correcto de los encabezados en las tramas en la red correcta permite que se comunique todos los ordenadores.

Al definir en la sección anterior algunos de los diferentes formatos en las tramas de la red, permite interpretar los formatos en estándares a nivel mundial, donde se genera la interpretación obligatoria de estos formatos, como por ejemplo los XML, http, HTTPS, MIME, etc., facilita la comunicación entre los diferentes aplicativos existente mundialmente. No solo hay un estándar de un protocolo de comunicación, también existen reglas o estándares que se deben cumplir en la última capa del modelo OSI, la capa de aplicación que en la mayoría de la información se diluye en el estudio muy particulares en los desarrollos de aplicaciones, es la más rica en diversidad de las demás capas, porque todo depende de la creatividad del humano.

Cada desarrollo de aplicación que se conecta con otro en la red, están diluidas las reglas o los estándares donde se limita entre protocolo de comunicación y la capa de aplicación, la capa de aplicación se llamará en este libro protocolo de aplicación, donde está basado en reglas similares o estándar del protocolo de comunicación. El caso del protocolo de comunicación realiza la conexión completa entre dos ordenadores, desde la parte física hasta el aplicativo (modelo de capa OSI), el punto de estudio es la dependencia o independencia de cada capa con respecto a sus vecinos, si está bien definido entre en la capa superior (aplicación) con el resto, el resultado es diferente al que no este bien definido;

algunos casos estarán descritos en los desarrollos en la próxima sección III, donde se encuentra el uso de todas las capas de comunicación de forma cohesiva, y hay casos de protocolo de aplicación que es independiente al resto de la capa. Por otro lado, la diversidad de protocolo de aplicación existe, donde el desarrollo de la aplicación dependa del protocolo de comunicación seleccionado, otros aplicativos que independientemente funcionan en cualquier protocolo que se seleccione, su funcionalidad se mantiene intacta. Estos últimos aplicativos son muy utilizables que permiten en una diversidad de protocolo de comunicación, esto se debe a que la capa de aplicación está bien limitada con las demás capas del protocolo. La independencia implica por ejemplo que un software trabaje bajo TCP/IP, igual funciona en la arquitectura SNA o en cualquier middleware actual en el uso de la red.

Existen casos que el protocolo de comunicación es usado por diversos protocolos de aplicación, el caso de TCP/IP, que sobre ella funciona el protocolo http, https, MIME, entre otros.

Esta sección se describirá alguno de estos estándares, pero no solo se utilizan en aplicaciones de uso general como los navegadores de Internet, los estándares se aplican también en software que se desarrollan con formato de datos particulares, donde las empresas o las industrias de la informática se apoyan para generar sus propias tecnologías, en base a los formatos en la capa de aplicación que se vuelve más libre en generar infinitas forma de comunicarse, por medio de los formatos de la capa de aplicación que es el centro o razón del protocolo de comunicación.

7. Protocolo de aplicación

En el capítulo 3.7 se describe brevemente la capa de aplicación en el modelo de referencia por capa OSI del protocolo de comunicación. En esta sección se describe como la capa superior o aplicación donde la mayoría de los casos realizan el contacto con los usuarios; la capa de aplicación es la cara del sistema frente al usuario. Las aplicaciones son definidos en esta capa, donde se considera su interior o construcción para la conexión con otros equipos o aplicativos. Existen otros aplicativos que trabajan en solitarios que solo opera en un ordenador y no tiene conexión a otros ordenadores o equipos, estos aplicativos no lo vamos a estudiar, pero lo incluiremos en la sección III de desarrollos de software del libro para catalogarlos; también por el simple hecho de que no se comunica con otro computador, no indica que se pueda comunicar entre sus propios componentes dentro del mismo computador.

De aquí en adelante en el libro, todos los aplicativos se asumen que directa o indirectamente se conectan con otros equipos u ordenadores por medio de la red. El comportamiento del aplicativo o la funcionalidad está estrechamente ligado a las demás capas inferiores del modelo de referencia OSI. La capa de transporte en TCP/IP o UDP/IP permite tener una transparencia del uso de la red, el transporte de datos, para el aplicativo es transparente los detalles físicos como electrónicos internos de las redes físicas.

7.1. Niveles de reglas estrictas por capas

En todos los niveles de capas de referencia OSI se debe entender de un equipo a otro, cada capa tiene una función específica, en el caso de la capa de aplicación sucede lo mismo, cuando una aplicación recibe o envía un paquete (en este caso datos), el otro aplicativo que está conversando debe entender y comprender de los datos enviados o recibidos. La diferencia en la capa de aplicación se abre mucho con una diversidad de funcionalidad, en el caso de las capas por debajo de aplicación (presentación, sesión, transporte, red, enlaces de datos y físico) son muy estrictos al protocolo de comunicación seleccionado o implementado, son estrictos en el punto que todo se encarga de transmitir paquetes convertidos desde la data de la capa de aplicación, e inclusive en el caso de TCP/IP se considera solo las capas inferiores a la capa de transporte, incluyendo ella misma, por esta razón hay una cantidad de protocolo de aplicación que puede cubrir o usar a su antojos con estas capas, la de sesión y de presentación; o simplemente obviar estas capas, la capa de aplicación se apoya sobre TCP/IP solo para transportar sus datos, como el caso de http que se describe en el capítulo 8.3. Existe una variedad de protocolo de aplicación por la diversidad de funcionalidad del software, por ejemplo, aplicaciones de administración bajo TCP/IP, aplicaciones financieros bajo TCP/IP o aplicaciones médicas o sanitarias bajo TCP/IP, todos los aplicativos trabajan bajo el mismo protocolo de comunicación. Todo protocolo de comunicación al ser usado excepto la capa de aplicación, se rige por reglas estricta de conversación o diálogo entre dos equipos, pero este diálogo es cómo enviar los datos de la capa de aplicación de una forma entendible a la capa de aplicación entre los ordenadores. Otra visión de las reglas estrictas en cada capa, se puede verificar desde la capa física, donde es la capa más estricta de todas las capas OSI, de convertir los bits y bytes en algo que es transmitido en un medio que cumplas con las leyes físicas conocidas (ondas hertzianas, electricidad, etc.). Luego le sigue la capa de enlaces de datos que es menos estricto que es la capa física, donde puede tener un conjunto de algoritmo para escoger para solucionar el problema de la capa física en la transmisión de los bits, pero es más estricto que la capa de red, así sucesivamente que el menos restrictivos es la capa de aplicación. En la capa de presentación, por ejemplo, es también una de las capas con menos restricciones, pero es más restrictivo que la capa de aplicación, en esta capa por ejemplo podemos mencionar de hablar el mismo idioma o traductor de los paquetes entre los dos aplicativos, si los dos aplicativos que se comunican debe hablar el mismo idioma, el traductor debe desaparecer, pero si habla diferentes idiomas, debe haber un traductor para que ambos se entiendan. Cuando hay un traductor estamos hablando de que las dos aplicaciones tienen diferentes idiomas, pero igual se entienden con el traductor. En el capítulo 2.1 se mencionan de la tabla ASCII y la tabla EBCDIC, que son dos formas de representar los caracteres conocidos por los humanos, pero en su representación binaria varía con respecto al carácter que representa; por ejemplo la palabra "HOLA" está representado en la tabla ASCII por una cadena de valores decimales como 72 (H), 79 (O), 76 (L) y 65 (A), pero en la tabla EBCDIC esta misma palabra tiene los valores decimales 200 (H), 214 (O), 211 (L) y 193 (A), son cuatros bytes que en su contenido decimal son diferentes pero significa "HOLA"; si los valores de 72 (vacío), 79 (|), 76 (<) y 65 (vacío) se busca en la tabla EBCDIC y no en la tabla ASCII, el significado en EBCDIC significa " |< " y no es "HOLA" que es el mensaje original, el receptor lo tomaría como un insulto. La tabla EBCDIC generalmente es usado por los grandes y medianos ordenadores (Mainframe o mini computadores), y la tabla ASCII es usado en la mayoría de los ordenadores personales. Los dos ordenadores que se comunican se deben hacer traducciones de la tabla ASCII a la tabla EBCDIC cuando el mensaje viaja de un ordenador personal a un mainframe (traducir ASCII [72, 79, 76, 65] <-> EBCDIC [200, 214, 211, 193]) o el mensaje va desde un mainframe a un ordenador personal (traducir EBCDIC [200, 214, 211, 193] → ASCII [72, 79, 76, 65]) para que el mensaje sea idéntico en ambos ordenadores. En el caso si los dos ordenadores personales que trabajan con la misma tabla ASCII, no es necesario hacer esta traducción de las tablas.

En cualquier caso, la capa de aplicación debe tener el mismo mensaje, aunque en la capa inferior hablen otro idioma, en el caso de la capa de presentación que se encarga la traducción, si es necesario. En las demás capas deben hablar el mismo idioma de forma estricta. Las traducciones son fatales si se aplican en los encabezados de los protocolos de comunicación, cambiar en un encabezado un byte el valor de 200 a 72 (caso de EBCDIC a ASCII), sería fatal cuando el receptor reciba 72 en vez de 200 decimal, por ejemplo, cambiar en el byte de la longitud de la data o el número del puerto origen en el encabezado un número por otro, el resultado ya se sabe. No se aplican las traducciones en los encabezados de los protocolos de comunicación, al menos que dos protocolos diferentes sean compatibles y que realice la traducción a nivel de protocolo.

Las traducciones solo se permiten en la capa de presentación y en la misma capa de aplicación, teniendo en cuenta que la traducción es una regla que se debe cumplir entre los dos ordenadores y es concertado entre ambas aplicaciones. En la capa de aplicación cuando se entiende las dos aplicaciones entre sí, no importa si es el mismo desarrollador o diferentes empresas que lo desarrolla, se habla de protocolo de aplicación.

La otra regla que se puede regir los protocolos de aplicación es la misma regla de los protocolos de comunicación, con una estructura rígida donde la traducción no es necesaria, como colocar en formato fijo con valores decimales, y cada valor decimal (interpretada en binaria, hexadecimal, etc., que en cualquier mundo es el mismo valor) tiene un mismo significado en cualquier idioma o lenguaje, donde la única interpretación es del valor decimal al lenguaje utilizado para entender las acciones a aplicar en ambos computadores; por ejemplo, donde el valor 100 es fin de conversación o 200 es cambiar de estado de emisor a receptor.

Las reglas de comunicación entre las capas de aplicativos son más flexibles debido que el desarrollo y la definición de las reglas los crean los desarrolladores de aplicaciones o los diseñadores de software.

7.2.   Interpretación de la capa de aplicación

En la definición o regla de conversación entre dos aplicativos, se realiza en la capa de aplicación por medio de la data que se envía en la red. Ahora bien, la data puede ser enviada en diferentes protocolos de comunicación, la data se envía a las capas inferiores del protocolo de comunicación y este al llegar al otro aplicativo (al otro ordenador) el protocolo de comunicación sea diferente, igual se comunica en la capa de aplicación. Por ejemplo: se envía la data desde la capa aplicativo hacia un protocolo TCP/IP, en un punto intermedio se extrae solo la data y lo termina de enviar en el protocolo de comunicación de SNA, y la respuesta se inicia con la data con el protocolo SNA desde el host y ese mismo punto intermedio lo convierte en el protocolo TCP/IP para que la data llegue a su destino. Similar a SNA encapsulado en el capítulo 4.3, pero en vez de agregar o quitar encabezado del protocolo de comunicación, se sustituye el protocolo de comunicación por el otro, la filosofía es la misma, pero la data de origen al destino se mantiene intacta, ver la Figura 7.1.

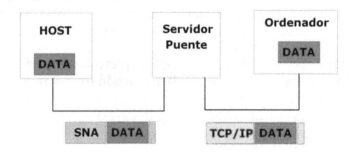

Figura 7.1 Envío de datos con diferentes protocolos de comunicación

El caso real de la Figura 7.1 son varias aplicaciones que se conectan, solo transportar la data en varios protocolos, un aplicativo en el ordenador personal que se conecta al servidor por la red LAN con tarjetas de red Ethernet con TCP/IP, al recibir la data se coloca en una LU en el servidor de SNA (Microsoft "Host Integration Server" - HIS) donde se conecta por la tarjeta de comunicación SDLC en el servidor puente, y este se envía al host por el protocolo de comunicación SNA, la respuesta del host regresa por el mismo camino hasta llegar al aplicativo del ordenador personal; la data pasa por varios protocolos de comunicación. La traducción de la data en la tabla ASCII (ordenador personal en este caso) a EBCDIC

(HOST) y viceversa se realiza en el aplicativo del ordenador personal o en el servidor HIS.

En el ejemplo anterior se mantiene la data con y sin traductor. La interpretación de la data o el contenido de ella se generan por su sintaxis y semántica. Existen tres formas de interpretar los datos transmitidos entre ambos aplicativos que ya se han nombrado anteriormente. Todo protocolo de aplicación se puede interpretar por:

✓ Formato. Tipo de formato de la data definido entre ambos ordenadores (en el capítulo 2 se distingue los diferentes tipos de formatos en una cadena de caracteres).

✓ Valor de cada bit y bytes (similar al usado en los encabezados de protocolos de comunicación).

✓ Interpretación semántica / sintaxis de la data.

7.3.   Formato de protocolo de aplicación

La regla es fundamental y es requerido en todo protocolo de aplicación, en el desarrollo de los aplicativos del emisor y el receptor determinan el formato de transmisión y la(s) respuesta(s); la parte básica se define en las dos siguientes formas de reglamentar el protocolo y son opcionales, es uno o ambos al mismo tiempo: definir el la posición y valor en cada bit y bytes (ver el capítulo 2); o interpretación semántica / sintaxis de la data; pero en ambos es obligatorio colocar la regla del orden y la posición de los bits o la secuencia de byte y su significado; con un formato bien definido en la construcción e interpretación de las tramas se construye un protocolo de aplicación.

En el caso de los protocolos de comunicación, el formato definido en la transmisión del paquete se reglamenta desde un principio, con una regla fundamental donde se permitan cambios con el pasar del tiempo, por ejemplo, como el tamaño de la dirección IP versión 4 de origen y del destino de 32 bits que contienen la información necesaria cuando en esos momentos era suficiente, como se indica en el encabezado en la Figura 5.1. Con el transcurso del tiempo se aumentaron a 128 bits en las direcciones IP con la versión 6, en esta versión cambian el encabezado del protocolo de comunicación, por esta razón se agregan nuevas reglas para esta versión 6; pero manteniendo las reglas de la IP versión 4, las reglas anteriores establecidas de los paquetes de la red que permiten respetar las aplicaciones que usan la versión 4. En el protocolo IP debe ahora detectar la nueva versión del paquete de la versión 6, pero debe haber una coincidencia entre la versión 4 y 6 dentro del formato del encabezado, y agregar más bits en las direcciones de IP de destino como origen e identificar que reglas se debe aplicar en el uso de 32 o 128 bits. En los primeros cuatros (4) bits del formato de IP se identifica la versión (4, 6 y cualquier otra versión), se define e identifica la versión del paquete, desde este punto, el manejo del encabezado y el formato cambia por completo de la versión 4 a la versión 6, pero el único campo que se respeta para ambas versiones del protocolo IP son los primeros 4 bits, todas las versiones coexisten en las diferentes redes hasta que todos los protocolos de comunicación mundial que usan IP estén en la versión 6, que es la única forma que la versión 4 deje de existir. Los posibles valores de los 4 bits son del 0 al 15, en este caso limita en el protocolo de comunicación IP a 16 posibles versiones máximas, ¿qué pasa si aparece la versión 17?, no se puede continuar con la siguientes versiones, a menos que unas de las versiones generen otros campos para sub versiones, por ejemplo la versión 15 de IP, exista en los siguientes 8 bits (0-255 posibles valores) de la versión del encabezado, la representación de las subversiones de la versión 15 y tener la versión 15.0, 15.1 así sucesivamente hasta llegar al máximo de la versión 15.255 del protocolo IP y así existirán cambios en el futuro. Esta es la forma de proceder con los formatos fijos en su crecimiento de funcionalidad (con nuevas normas y reglas) en los protocolos de comunicación. Lo indicado en la versión 15 de formato IP es una propuesta del autor, los dueños de la tecnología IP y las organizaciones de estandarización tendrán un mecanismo similar al planteado cuando se presente el caso de agotarse las versiones de la IP.

En los protocolos de comunicación que aplican formatos variables, en la mayoría de los casos, se determinan en estructuras de los encabezados cuando su cuerpo está incluida la data a transmitir, que a priori no se conoce el tamaño de esta porque depende de la siguiente capa como se indica en Figura 5.3 del protocolo TCP en el campo de la data a transmitir o recibir; y en la Figura 5.1 de IP el tamaño del paquete. En la mayoría de los protocolos de comunicación existe este tipo de formato mixto para el transporte de la data como se indica en la Figura 2.4 (en el capítulo 2.6 de formato mixto), donde existe un formato fijo del encabezado de los protocolos de comunicación y seguidamente, si existe data (no se sabe a priori el tamaño, en el diseño de la trama es de tamaño variable, por ejemplo la longitud del nombre de las personas no tiene tamaño fijo), se combina el formato variable con el formato fijo para el control y calidad de entrega de la data por parte del protocolo de comunicación. En pocas palabras, en todos los protocolos de comunicación existen formatos fijos o mixtos; la capa de modelo OSI que puede tener un formato variable es la capa de aplicación, pero está definido su tamaño en las demás capas inferiores del protocolo de comunicación; que en su totalidad de la trama es un formato mixto cuando fluyen por la red.

Por el momento no se ha visto el caso de protocolo de comunicación sin formato fijo, por lo menos en la capa de transporte hacia el físico, todos los protocolos de comunicación trabajan con formato fijo o mixto en todas las capas. Pero si existe formato variable (ver capítulo 2.5) en la data de la capa de aplicación. Con formato variable está limitado por la imaginación del hombre, puede optar en usar como data cualquiera de los tres formatos (fijo, variable o mixto) para crear el protocolo de aplicación. La regla de un protocolo de aplicación en la data lo define los creadores de los aplicativos, por esta razón, existe una diversidad de protocolo de aplicación, desde el sector financiero y comercial que existen aplicaciones en los grandes ordenadores (mainframe) y mini ordenadores que se vuelven un estándar por su protocolo de aplicación dentro su sector económico como en el tecnológico, sucede lo mismo en los sistemas de nóminas, aplicaciones para la administración y control de las empresas, etc. Uno de los fundamentos de los protocolos de aplicación es definir diferentes versiones del mismo, debe estar diseñadas para soportar formatos que puedan cambiar en el futuro, que en estos momentos no se necesitan, pero el futuro lo exigirá en algún momento; por supuesto manteniendo las reglas de las versiones anteriores.

7.4.   Valor de cada bit y bytes

En la interpretación de los encabezados de los protocolos se determinan también por su valor numérico, no solo la posición en byte y tamaño de la unidad de dato, o la posición del byte en el formato. El valor numérico de cada bit y bytes tiene un valor definido en forma de número o valor numérico que puede representar en diversidad de sistema de numeración, como decimal (diez elemento) es el más conocido que contiene los valores base de 0 (cero) al 9 (nueve), el sistema binario de 2 elemento el 0 (cero) y 1 (uno), hexadecimal que representa en base 16 elemento posicional, que contiene el sistema decimal (10 elemento del 0-9) y adicional con A, B, C, D, E y F (representa A el elemento 10, B el elemento 11 hasta el elemento 15 que es el F), pero en todas las conversiones entre los diferentes sistemas de numeración, el valor numérico es el mismo, por ejemplo, el valor decimal del "11", se representa en hexadecimal "B", en binario "1011" y en octal "13". El valor está definido en el encabezado pero la presentación o visión depende del sistema de numeración que se represente.

Como se ve en los diferentes encabezados de los formatos fijos de los protocolos de comunicación, la posición de cada bit y byte vista de forma binaria representa en los protocolos de comunicación un significado, por ejemplo, en el encabezado de protocolo IP los primeros 4 bits del primer byte representa la versión, si la se representa en binario seria "YYYY", donde Y puede tener los valores de 1 y 0, si en el encabezado contiene el valor binario "0100" representa en decimal "4", el paquete es el protocolo IP versión 4, si el valor binario es "0110" es en decimal "6", entonces el paquete es un paquete de protocolo IP versión 6. Para ubicar la posición del encabezado del protocolo TCP, debe recorrer todos los bytes de la IP indicado en su cabecera para llegar al protocolo TCP del paquete, si estamos analizando un paquete del protocolo TCP/IP; en el caso de la versión 4 de IP es de 32 bits y el paquete TCP empieza en el siguiente bit (posición 32, si el encabezado de la IP está en la posición del 0-31 bits).

En los protocolos de aplicación se puede considerar este mismo concepto de los encabezados de los protocolos de comunicación, crear y definir cada bit y bytes, una estructura de cadena de números que poseen significados entre las aplicaciones, en la construcción de la data a enviar, o evaluar la data recibida con la misma regla que fue construida. Esto permite realizar acciones entre ambas aplicaciones y comunicaciones entre ellas. Las acciones de las aplicaciones se convierten en las funcionalidades de las aplicaciones. En este caso no debe existir la ambigüedad de traducir la data. El único detalle que puede haber en este caso, donde se aplica también todos los casos de los formatos, es definir el orden de los bytes, la prioridad o, de mayor valor y menor valor del byte. En caso de los grandes ordenadores no existe un estándar con respecto a los ordenadores personales o con los diferentes hardware, en un ordenador personal el orden de los bits de menor orden está a la derecha del byte y lo de mayor orden en el lado izquierdo como se indica en la Figura 7.2.a, mientras que un mainframe el orden es diferente como se indica en la Figura 7.2.b. En estos casos se debe hacer el intercambio para su interpretación.

En la gráfica 7.2 identifica el nibble formado por 4 bits, en un byte se representa con dos nibbles, donde el nibble de menor orden esta intercambiado con el de mayor orden. También se debe considerar el caso de byte de orden alto y bajo invertido como el caso de los nibbles. Estas consideraciones de cambio de posición de bits en los bytes entran en los traductores.

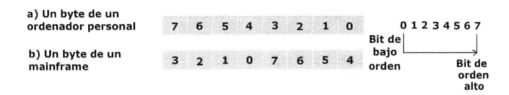

Figura 7.2 Orden de los bits

Un ejemplo que se puede aplicar en los ordenadores con este concepto, en la construcción de un protocolo de aplicación con los valores numéricos y con formato fijo, todo un protocolo de aplicación con el envío de un solo byte (8 bits). El primer bit más significativo del byte indica que es una función de mantenimiento para el ordenador con el valor cero (0), o es una información del sistema operativo del ordenador con valor uno (1). Tenemos ahora 7 bits siguientes con 128 posibles valores (2^7 = 128) para función de mantenimiento o información del sistema. En total se tiene entre funciones de mantenimiento e información son 256 posibles acciones, como se indica en la Figura 7.3.

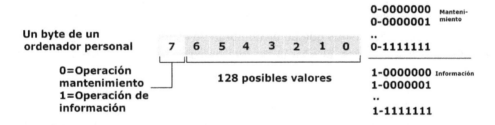

Figura 7.3 Protocolo de aplicación en un byte

Definido la estructura del formato fijo en un byte, se definen los valores de las 128 opciones para cada tipo de trama. Si existe otro tipo de operación en el futuro o aumenta la funcionalidad de un tipo de operación, se debe escoger un valor octal y se debe agregar otro byte adicional a este, para tener y número mayor de operaciones, debido a que todos los posibles valores se agotaron, por supuesto cambia el formato en agregar un byte al original. Ver la gráfica 7.4 donde al enviar los valores 127 y 255, se debe enviar otro byte.

Valor binario	Valor decimal	Función
00000000	0	Reiniciar el equipo, ejecutar el comando del sistema operativo de apagado y encendido automático

00000001	1	Actualizar la hora con el servidor central
...	...	......
01111111	127	Se agrega otro byte, continua este mismo formato con más funcionalidades
10000000	128	Enviar la hora del ordenador
...	....	....
11111111	255	Se agrega otro byte a este, nuevas operación de requerimiento de información

Figura 7.4 La lista de funciones del protocolo

La idea de este protocolo de aplicación permite desde un ordenador "A" realizar múltiples funcionalidades en otro ordenador "B"; un caso es de sincronizar la hora con el servidor, por ejemplo, se envía en la data la orden con el valor decimal 128 (enviar la hora del ordenador, ver Figura 7.4) al ordenador receptor "B", recibe el mensaje y responde con la hora al ordenador "A", el ordenador "A" envía el mismo mensaje al servidor y al recibir la hora del servidor, compara las dos horas y valida que son iguales o con una diferencia aceptable, si está fuera de lo aceptable, el ordenador "A" envía el comando con valor decimal 1 al servidor "B" (ver Figura 7.4), indica que se actualice la hora con el servidor. Aquí entra muchas dificultades como el obtener las horas de ambos equipos (servidor y el ordenador "B") desde "A", si se tarda el servidor o ambos equipos en enviar la hora, existe aquí un intervalo de tiempo que se debe considerar; si igual que el ordenador "A" no está sincronizado con la hora del servidor y al actualizarse con la hora del servidor antes de dar la orden al servidor "B", se retrase en el proceso de cambiar la hora; son casos de análisis que no profundizan en este ejemplo, pero permite al lector como desarrollador, diseñar la manera de comunicarse de forma eficiente con todos los equipos antes de tomar decisión o procesar la información. Intentar separar la parte de comunicación y el uso de la red con los procesos internos, también hay que cuidarse de los procesos internos largos, con alto nivel de procesamiento o de alto riesgo. Una forma de disminuir el tiempo de procesamiento en la interpretación de los formatos, y la construcción de las respuestas a los requisitos de forma sencilla.

7.5.   Interpretación de la sintaxis y semántica de la data

La data se interpreta de diferentes maneras, con un formato establecido y su valor numérico que hemos mencionado anteriormente. En este caso el protocolo de aplicación se comunica en los datos por dos reglas:

✓ Sintaxis. Son las reglas o pautas de cómo se construye una palabra, o de combinación de palabras. La formación de una palabra que implica unir caracteres o palabras de forma coherente y que tenga sentido al que recibe la data. Se refiere la regla de la construcción de la data.

✓ Semántica. Definido la sintaxis de un conjunto de caracteres o palabras que da un significado, sentido o la acción a realizar en lo que se indica en el mensaje. Estas son las posibles funcionalidades que puede ejercer el aplicativo al recibir el mensaje. Se refiere a la interpretación de la data.

Las reglas se definen entre todos los desarrolladores de aplicaciones que permiten intercambiar mensajes, poseen la libertad de definir todas las reglas necesarias para cubrir todas las posibles funcionalidades propuestas en el desarrollo de las aplicaciones. Pero teniendo en cuenta que las reglas permitan cambios o crecimientos de funcionalidades en el futuro como se plantearon los diseñadores del protocolo de comunicación IP y del resto de los diseñadores. Los mensajes deben ser los más precisos y claros posibles. Tener en cuenta que las reglas definidas se deben mantener aun cambiando o agregando con las nuevas reglas, en el sentido que sea evolutivo y que permita soportar las reglas antiguas y nuevas al mismo tiempo, no debe existir contradicciones o malas interpretaciones en los mensajes. El ejemplo de uso de estos conceptos se aplica en la parte financiera o bancaria, que se maneja de forma transaccional en algunos sistemas informáticos, aplica también en el manejo del sistema correo electrónico, sistema de nombre de dominio, etc.

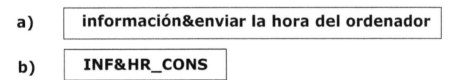

Figura 7.5 Formato de protocolo de aplicación por interpretación

En caso genérico de cómo construir un protocolo de aplicación, seguimos con el mismo ejemplo de la Figura 7.3 y la Figura 7.4 pero con mayor libertad, con el uso de formato variable y el carácter separador "&" o especial. En este caso que se usa carácter por carácter la construcción del nuevo protocolo de aplicación. Para el entendimiento del programador del protocolo de aplicación en la construcción de la data a transmitir, se aplican para las operaciones de mantenimiento la palabra "mantenimiento"; en las operaciones de información con la palabra "información"; para las diferentes funciones en cada tipo de operación sucederá lo mismo en la definición que los tipos de operaciones como "actualizar la hora con el servidor", "enviar la hora del ordenador", etc., es decir, en la data al ser enviado de un ordenador a otro seria como se indica en la Figura 7.5.a, "información&enviar la hora del ordenador", donde comprende dos componentes o unidades de datos separados por el carácter especial ("&"), se representa en una cadena de 40 caracteres, se considera los espacios como carácter válido. El primer componente ante del carácter especial o separador "&" es el tipo de operación, y seguido de la acción de la operación. En la data que se envía de un ordenador a otro hace el requerimiento de la información de la hora que posee el ordenador que reciba el mensaje. Todo el mensaje de la Figura 7.5.a es el mismo significado del valor decimal 128 del ejemplo de la Figura 7.4, en vez de enviar un byte se envía 40 bytes para el mismo requerimiento.

La parte funcional se mantiene que es la semántica de la data, se desea conocer la hora del ordenador y se debe enviar la hora, la interpretación se define con la acción de enviar la hora al ordenador que desea esa información, pero el formato o la sintaxis varia en el caso de valor del byte del capítulo 7.4.

En el ejemplo hay que considerar varias condiciones de validación como requerimiento en la sintaxis como:

- ✓ Las letras mayúsculas, minúsculas, los acentos de las palabras se deben diferenciarse o no, los espacios vacíos entre las palabras, a simple vista aparece un carácter, pero al ser formado y analizado están con dos o más espacios vacíos. Por ejemplo, es diferente en la sintaxis "INFORMACIÓN", "Información", "informaciOn", o "enviar la hora" con "enviar la hora del ordenador"; "enviarlahoradelordenador".

- ✓ La tecnología usada en el desarrollo de la aplicación o el componente de la capa de aplicación que soporte todas las consideraciones anteriores de la sintaxis. Existen algunas nuevas tecnologías que lo soportan, pero la mayoría no, en este caso se debe validar no solo la palabra "información" sino todas las posibles combinaciones, en caso de los programadores expertos se realiza una conversión de todas las letras a minúsculas (o mayúscula), eliminar los vacíos y concatenar todas las letras para tener la palabra unívocamente de la operación, ¿pero funcionará esta estrategia?, habrá caso que no, por ejemplo: "Elza Muro", "El zaMuro" y "ElzaMuro" no son equivalentes.

✓ La sintaxis debe tener la misma cantidad de letra o caracteres como la secuencia estricta, al faltar una letra o cambiar una letra por otra, la operación es desconocida, y por esta razón hay un envío de data adicional que congestionará la red por el error. Mientras las palabras o los mensajes son más largas de longitud, es mayor la probabilidad que el error pueda ocurrir, por ejemplo, en vez de enviar "información" se envía "information".

✓ Si la tecnología soporta todo lo anterior no se preocupe, que la tecnología se encargará de todo.

Existen recomendaciones para evitar estos errores al trabajar con una tecnología que no soporte los requerimientos de sintaxis. La ventaja que se obtiene que mientras más largo sea el mensaje es más entendible para el humano, pero puede generar mayor cantidad de errores en su construcción. En este caso, se debe aplicar un equilibrio de entendimiento y evitar una gran cantidad de errores. Las recomendaciones son:

✓ Usar palabras mnemotécnicas, fácil de usar y de recordar. Aplicar esta técnica en la formación de la sintaxis y de la semántica.
✓ Usar números o caracteres de forma que tengan sentido, que tenga relación y difícil de cometer errores. Que sean cortas.
✓ Abreviatura o cualquier mecanismo que permite entender y construir el mensaje de forma univoca.

En el ejemplo se puede aplicar la abreviatura para evitar los inconvenientes, la "información" en "INF" y "MANTO" para la operación de "mantenimiento"; en las funciones catalogarlo por categoría "HR" (hora), e igual que las acciones "CONS" para la consulta, "ACT" para actualizar, etc., todas las letras en mayúsculas y en vez de usar espacio vacíos se sustituye por "_" (que igual tiene el mismo problema del vacío y lo sustituye por punto "."). Se plantea este mecanismo como recomendación para ayudar a evitar cometer menos errores y fácil de entender al ver un mensaje. Existen diferentes reglas que se pueden definir, recuerde que está en libertad de hacer con este formato lo que sea, la creatividad y el diseño depende de los creadores de los protocolos de aplicación, en el ejemplo de la recomendación se puede ver la Figura 7.5.b. Esto permite ser desarrollado en cualquier tecnología de forma fácil y permite recordar el protocolo de aplicación.

Existe para todo tipo de protocolo de aplicación que utiliza la semántica y las sintaxis, el trabajo de traducción que es obligatorio cuando los ambientes tecnológicos, sea hardware, sistema operativo o los aplicativos sean diferentes referencias en la representación en caracteres de la data. Recordemos los casos de la tabla ASCII que se debe convertir en su equivalencia en la tabla EBCDIC y viceversa, cuando los dos ordenadores representan sus datos con los valores decimales en tablas diferentes y como se detalló en el capítulo 7.1 de "Niveles de reglas estrictas por capas".

7.6.   Formato usado en todas las aplicaciones

En este capítulo resaltaremos el uso genérico del formato de la data, no solo en el uso de los aplicativos que se utilizan en la red como medio de obtención de información y procesar la data. Esto se cumple para todos los aplicativos que procesa información de una fuente data, que no necesariamente proviene de la red, sino de un dispositivo de almacenamiento digital, como, por ejemplo, los discos duros del ordenador, DVD, CD, etc. El concepto de usar formato en la data permite al aplicativo procesar la información obtenida y dar como un resultado requerido para el usuario, como editores de texto, presentación de imágenes o fotos, la visualización de un video, escuchar un archivo de música, o reproducir una película en el ordenador, etc. Al comprender este capítulo, permite también entender que los aplicativos que usan la red también utilizan como base estos conceptos o se apalancan en ellas para cubrir una diversidad de funcionalidades en el ordenador, donde está presente en los protocolos de comunicación como de aplicación. El uso de la red permite de acceder los recursos de otros ordenadores, como los propios. Al comprender como funcionan estos aplicativos que usan los recursos y los datos locales, permite entender también el uso de la red por los aplicativos que procesa los datos remotos, datos que proviene de otro ordenador o dispositivo remoto. La mayoría de las aplicaciones de la red se conecta a otros aplicativos con solo el hecho de encontrar información; la otra razón de comunicarse es de ejecutar acciones remotas en ordenadores alejados.

Los aplicativos conocidos procesan archivos localizados en los ordenadores en un dispositivo de almacenamiento, sea un dispositivo externo o interno al ordenador (disco duro, memoria portátil con puerto USB, etc.). El aplicativo dependiendo del acceso permitido al archivo (nivel de autoridad de modificar o solo de lectura), se inicia el proceso de leer en forma secuencial el archivo (o con acceso directo). El aplicativo realiza una verificación si el formato es válido para su lectura, como verificación de la extensión del archivo coinciden con el estándar para su acceso, por ejemplo, se verifica si es posible con los datos leídos internamente en el archivo, en algunos formatos el nombre del archivo se localiza internamente en ellas. La extensión (ext) es la cadena de caracteres que está seguido después del punto, y el nombre del archivo esta antes del punto, por ejemplo, el nombre de un archivo es "nombre.ext". Existen archivos que no poseen sus extensiones, donde algunos sistemas operativos indican al usuario que no se puede abrir o se presentan opciones de aplicativos que pueden acceder al archivo, esto depende mucho de los sistemas operativos del ordenador en verificar la extensión de estos. El aplicativo tiene identificado el orden de los bits y bytes en los formatos de archivos a leer, en el caso de los aplicativos que realiza el despliegue de imagen por la pantalla del ordenador, lee el tipo de archivo y localiza el formato a que pertenece y procede a desplegar la imagen en la pantalla, existen un conjunto de diversidad de formato como JPEG (Joint Photograpic Experts Group), TIFF (Tagged Image File Format), BMP (Bitmap de Windows), etc. donde representa en la mayoría de los casos identificado en la extensión al nombre del archivo de la imagen. En el ejemplo de los diferentes formatos, se presenta en la Figura 7.6 un archivo JPEG, donde tiene la información de construcción de una imagen.

Inicio de imagen	Tabla Miscelanea	Inicio del marco	Largo del marco	Precisión	Y Posición Vertical	X Posición Horizontal	....	Fin del Imagen

Figura 7.6 Formato de un archivo JPEG [Itu01]

El aplicativo con la información del archivo lo lleva al dispositivo de video o a la pantalla del ordenador, donde el dispositivo que controla la pantalla transforma los datos digitales en una imagen proyectada en la pantalla del ordenador. El controlador o el dispositivo de la pantalla realizan la misma funcionalidad del módem en las redes o la tarjeta de red del ordenador, convierte las señales digitales en imagen con señales lumínicas. En el formato presentado en la Figura 7.6 representa un ejemplo de los formatos mixtos, que combina el formato fijo y variable. El aplicativo al representar la imagen en la pantalla se procede a desplegarlo de la siguiente manera, solo con los datos de (X, Y) y el largo del marco, y faltaría el ancho que está en el formato, se tiene según la Figura 7.7 el inicio de la imagen; luego se hace un barrido en toda el área colocando en los pixeles diferentes colores que es indicado en el archivo del formato dando como resultado el despliegue de la imagen en el monitor o en la pantalla del computador; el barrido se realiza con bloques de matrices y usando algoritmos de transformación con pocas pérdidas de comprensión de datos.

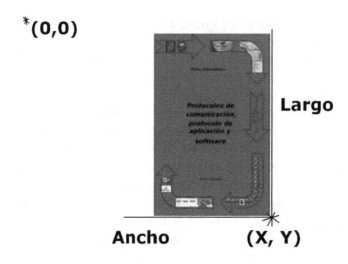

*(0,0)

Largo

Ancho   **(X, Y)**

Figura 7.7 Imagen a proyectar en la pantalla del ordenador

En el caso de los archivos de películas, sucede lo mismo al enviar una imagen a la pantalla, pero en este caso es una secuencia de imágenes que hace el efecto de los movimientos (desplegar una secuencia de 50 imágenes por segundo, por ejemplo), las aplicaciones de edición de videos se separan en fragmento de videos (que se reproducen a 25 fragmentos por segundo, a dos imágenes por fragmento según el ejemplo anterior), y cada fragmento posee una secuencia de imágenes. Si en el archivo contiene adicional sonido, sucede el mismo proceso dentro del ordenador, pero en este caso debe sincronizar el sonido con la imagen al reproducir de forma simultánea en la bocina y la pantalla del computador, es decir, enviar a los dispositivos de sonido y de imagen de forma sincronizada. Para tener el efecto de imagen con sonido, en los aplicativos de edición de videos separan las imágenes con el sonido, el software realiza la sincronización en lo que se ve y lo que se escucha, pero ¿cómo hace para guardar las imágenes y los sonidos en un archivo si el archivo es una cadena de bytes?, es similar al paquete de SNA encapsulado en la Figura 4.4 pero no mezcla el sonido con las imágenes o viceversa, una opción de formato es presentado en la Figura 7.8. El manejo de la simultaneidad del sonido y el video en las computadoras se detallan en la materia de sistema de operaciones en los manejos de procesos de tiempo real, donde compiten y genera con un solo CPU la administración de cada proceso de forma que simula que varios procesos trabajen al mismo tiempo; es la combinación del sistema operativo y la característica del hardware que permite el manejo simultáneo de los dos controladores del computador, pero igual que el componente llamado red, el desarrollador de aplicaciones le es transparente el manejo de los diferentes procesos en la plataforma que corren.

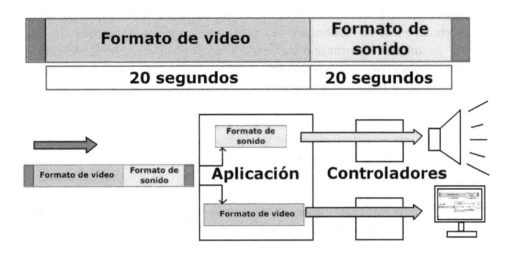

Figura 7.8 Reproducción de video y sonido

En el archivo almacena una secuencia de formatos de video y sonido continuos, separados por un lapso de tiempo, digamos en la Figura 7.8 de 20 segundos de imágenes y de sonido por cada formato, dentro de ella está el formato de video separado del formato de sonido, la aplicación lee un formato de 20 segundos y separa el formato de sonido y video, al separarlo se envía en forma simultánea al controlador de la bocina el paquete de sonido y al controlador de pantalla el formato de video, que durará 20 segundos de video y sonido, al finalizar, vuelve a leer el próximo formato de video y sonido que continúa en el archivo hasta finalizar la reproducción con la lectura total del archivo. El detalle al reproducir, se debe hacer de forma simultánea el video y sonido, si el aplicativo lo hace secuencial como viene el archivo tenemos el efecto de escuchar 20 segundos del sonido y la imagen congelada, y luego 20 segundos de video sin sonido, que no es la idea. La duda se presenta si solo existe una sola conexión para los dos controladores de video y sonido, se hace la misma filosofía, de segmentar los 20 segundos en medio segundo (por ejemplo) tanto de video y sonido, e intercalar los envíos entre los dos identificando a los controladores, igual que una red, pero en el mismo ordenador. Lo que toca a la parte de redes, el envío de los segmentos de datos a los controladores por el aplicativo se puede hacer de las dos filosofías o analogías que se conocen de cómo funcionan los protocolos de comunicación

TCP/IP y UDP/IP pero internamente con el uso de BUS en la placa del computador según la característica del hardware.

La similitud del archivo de una imagen, video, sonido y la data que puede ser transportada en la red permiten ser procesadas por los aplicativos de igual manera de tomar la información y enviarla a los dispositivos correspondiente en el ordenador, se hace una lectura secuencial de su contenido y va enviando al dispositivo por la red interna que es el bus de la placa de la tarjeta madre del ordenador. Tanto la data que proviene en la red o de un archivo, es una misma cadena de bytes. Una de la forma de interpretar y procesar la información es teniendo el conocimiento y el uso de los formatos. Los formatos se establecen e inclusive se vuelve de uso estándar, en el caso de manejo de imágenes se estandarizan con TWAIN (Technology Without An Interesting Name en su sigla en inglés, que es Tecnología Sin un nombre interesante), donde es un acuerdo utilizado por diferentes fabricantes de dispositivos y desarrolladores en el manejo de imágenes (cámaras digitales, escáner, etc.), definir formatos de los diferentes tipos de imágenes para ser usado de forma independiente en cualquier dispositivo, dando origen a la estandarización de un formato de datos en un área tecnológica. En el caso de los protocolos de aplicación se basan en estos mismos principios en el uso de los formatos en la data que recorre todas las redes a nivel mundial. Como se dijo al principio, existirán muchos protocolos de aplicación por la cantidad de aplicaciones que se conecta en las redes.

La preocupación de los desarrolladores en este punto aumenta, en manejar diversidad de formato de aplicación en el mundo, y lo mil y un detalles que se presentan en el diseño y desarrollo de programación de los protocolos de aplicación; pero tranquilo, en todas las áreas de desarrollo de software también existe modelo similar a la de referencia de modelo por capa OSI en el punto de vista de desarrollo de aplicaciones en la red; la gran mayoría de manejo de estos formatos se evitan a los programadores para que ocurran fallas, a los programadores se les facilitan en las mayorías de los casos, de tratar la data cruda de forma sencilla como de la red en la capa de aplicación e inclusive en las demás capas de comunicación, esa parte lo estudiará en la sección III de desarrollo de software en redes. Hay pocos casos de desarrollo de la capa de aplicación que se debe hacer desde cero, pero igual no es tan difícil si tiene los conocimientos y saber aplicarlos. Por ejemplo, en el caso de TWAIN se tiene herramientas para los desarrolladores que son transparentes en trabajar con las imágenes sin saber el formato real. Sucede lo mismo con el desarrollo de las aplicaciones en redes, dependiendo del protocolo de comunicación que se trabajará. En los mejores de los casos, el desarrollador de aplicaciones solo tiene que enviar el paquete de información (formato) a otro aplicativo preestablecido en los sistemas operativos (similar a los controladores de dispositivos) quien se encargue del trabajo de procesar la información. El desarrollador de software administra los formatos de datos en un nivel alto de abstracción en cualquier área tecnológica informática, dejando los vacíos en los niveles más bajos de las capas, y para llenar estos vacíos es precisamente estudiar en profundidad la capa en cuestión cuando sea necesario, sucede el caso de las redes informática que es el objetivo de este libro.

En este capítulo describimos algunos formatos de datos que trabajan los aplicativos, pero existen muchos más, como por ejemplos, el formato de datos para el manejo de los DVD y CD, administración de los archivos en los discos duros en los diferentes sistemas operativos, etc. En los próximos capítulos se describen de forma general los formatos de datos que se manejan en las redes (protocolo de aplicación) como las diferentes aplicaciones que usan la red.

8. Aplicaciones de la red

Los protocolos de aplicaciones en la capa superior del modelo de referencia por capa OSI se detallarán con la funcionalidad de la aplicación; por lo tanto, se describen a continuación aplicaciones que utilizan la red, que permite conectarse entre dos aplicaciones, o componentes electrónicos que funcionan como aplicativos. Existe la tendencia de colocar aplicaciones en sustitución de los componentes electrónicos o controladores, o colocar aplicaciones en los componentes electrónicos, esto permite una visión más flexible en el mantenimiento e incremento de las funcionalidades de las cosas; en el caso de los teléfonos móviles, en su inicio utilizaron componentes electrónicos en su construcción y fabricación con conexiones de redes inalámbricas de telefonía digital, con el solo propósito de usar el teléfono tradicional pero sin cable que lo limiten, el teléfono móvil permite estar comunicado en cualquier momento y lugar; con el transcurrir de los años, este dispositivo se convirtió en la oficina móvil; concentra una variedad de dispositivos (cámara, mini ordenador móvil, reloj, alarma, dispositivo de juego, libro electrónico, reproductor de música y video, etc.) en un solo aparato, por medio del uso de los aplicativos dentro de estos teléfonos que se asemeja más a un ordenador pequeño que un teléfono. Este un ejemplo de los aplicativos en los dispositivos, en el caso de los ordenadores, los aplicativos han crecido numéricamente, cambiar de equipos locales aislados a conectarse con el resto del mundo, con una infinidad de funciones que permite desde un ordenador realizar en una hora de actividades que hace 30 o 40 años atrás tardaría una mañana completa, como por ejemplo: ir al supermercado para la compra, ir al banco para realizar sus transacciones, pagar los servicios públicos del mes, etc. Todo basado en el uso de las redes. En el libro seguirá explorando los aplicativos que permiten tener una idea de cómo utilizan la red en los quehaceres diarios.

El otro punto es de identificar aplicaciones que son herramientas básicas para otros programas que utilizan la red, esto permite que los desarrolladores de aplicaciones conozcan sus existencias, su funcionalidad y objetivo en cualquier red. La mayoría de los desarrollos de software se apoyan en estos aplicativos existentes para facilitar el trabajo. A continuación, se describe lo básico, pero enfocado también en que todo desarrollo de software en la red se centra en la capa de aplicación del modelo de capa OSI que es objetivo de este libro. Esto permite también en la próxima sección III de desarrollo de software sobre la red, estudiar la arquitectura del software, componentes y una variedad de conceptos en el desarrollo que permitan el fácil uso de las redes. En el desarrollo de software incluye dentro de las arquitecturas de software el modelo de capa OSI, pero no solo existe este modelo, hay más modelo que se pueden combinar con el modelo de capa OSI para el uso de las conexiones de la red.

8.1.   Videos y sonidos, canal de TV en la red

En el capítulo anterior 7.6, se dio una idea general de cómo desde un archivo en un dispositivo de almacenamiento del ordenador, el aplicativo puede generar de forma simultánea las imágenes y sonidos, si al sustituir el archivo local por un canal de transmisión "continuo" como la red, donde la data con el formato de video y sonido sean enviadas por otro ordenador como la Figura 7.8 sigue siendo válida. En vez de usar la lectura de archivo, se sustituye en el aplicativo el manejo de la red con una conexión ya sea TCP/IP o UDP/IP (descrito en el capítulo 5) con una tarjeta de red, sin retransmisión de los errores, la funcionalidad sería la misma pero conectado en la red. Tenemos como resultado un aplicativo de reproductor de videos y sonidos en la red. La otra opción sin modificar el aplicativo original de reproducción de video y sonido (sin conexión a la red), es de transferir el archivo a reproducir de un ordenador a otro (al disco duro), y proceder de la forma tradicional como se conoce al usar el aplicativo. Los paquetes y formatos tanto en el archivo o enviado en la red son reconocidos por el aplicativo e igual se reproduce, es el concepto de protocolo de aplicación, lo que cambia es el medio donde se alimenta para reproducir el video.

En ambos casos anteriores, en la lectura de los datos en el disco o en la red, el aplicativo es un multiplexor (ver el capítulo 1.14.1 en comunicación "full-duplex") donde separa en un mismo lugar u origen el sonido y las imágenes para ser reproducido en diferentes controladores. Pero existe la otra opción en la red, tener dos o más canales separadas con la misma red, en el ejemplo anterior, serían dos canales independientes que trabajen de forma simultánea como se indica en la Figura 8.1 y las aplicaciones permiten trabajar de forma independiente con diferentes puertos, en la misma dirección IP, con el mismo protocolo (por ejemplo, si es el mismo protocolo de comunicación pero con dos puertos diferentes en UDP/IP o TCP/IP), o diferentes protocolos de comunicación en la misma IP (TCP y UDP bajo IP, uno en cada canal y puede ser el mismo o diferente puerto, por ejemplo).

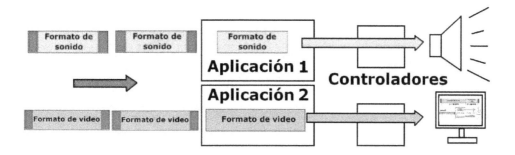

Figura 8.1 Varios canales independientes

Es importante destacar que la Figura 8.1 las dos aplicaciones están en el mismo ordenador conectado a la red por la misma tarjeta de red, los diferentes aplicativos no necesitan separar los formatos de video y sonido, ya que viene en un solo canal para cada uno, pero se dividen el trabajo del aplicativo de la Figura 7.8, el punto crucial en este esquema para que funcione correctamente es la sincronización, los dos canales trabajan de forma independiente hacia los controladores, la sincronización se realiza donde se emita las dos señales de forma independiente, este mecanismo de sincronización no lo garantiza debido a que desde la emisión de las dos señales de forma sincronizada, al llegar a los controladores puede haber retardo en uno de los canales, sea por el aplicativo receptor o por el retardo en la red.

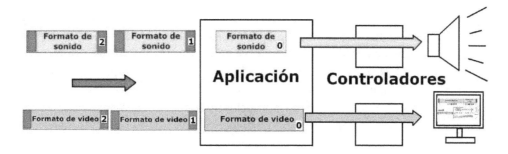

Figura 8.2 Varios canales sincronización en la recepción

El otro esquema para evitar la desincronización de los dos canales, el nuevo esquema es combinar los dos esquemas anteriores, donde es un aplicativo receptor de los dos canales y sincroniza los paquetes hacia los controladores como se indica en la Figura 8.2. La aplicación trabaja de forma separada los dos canales y lo que realiza es verificar la salida de ambos canales hacia los controladores, en este caso el emisor de las señales debe colocar en el formato de la relación uno a uno de ambos canales, aun enviando por dos canales distintos en la misma red, el emisor debe identificar el paquete de video que se relaciona con el paquete de sonido, de tal forma que el receptor sincronice la dupla.

Otra forma para evitar la desincronización es de almacenar primero y reproducir después; el receptor de las imágenes y sonidos en cualquier esquema descrito anteriormente; el receptor almacena la información en la memoria (o lugar temporal) y luego se reproduce hacia los controladores; esto permite también otra variedad de mecanismo de almacenamiento y reproducción, en esperar toda la información a reproducir (el usuario debe esperar que se descargue todo el video) y luego se reproduce; o se reproduce por etapa, al tener una cantidad considerable de información se reproduce, mientras se reproduce, se está almacenando la información próximo a reproducir recibido de la red, en vez de esperar que descargue todo el video, se segmenta la descarga como su reproducción. Otra opción que se simplifica en el uso de la red es de enviar el paquete (trama) compuesto como la Figura 7.8 para la Figura 8.1 y 8.2, pero en este caso debe existir un multiplexor en el receptor y que cada controlador procesa la parte de la trama que le corresponde y solo se necesita un canal para conectarse a la red.

En el esquema de la Figura 8.2 como la Figura 7.8 donde la sincronización se realiza en el receptor permite una mayor calidad de servicio de sonido e imagen. En los primeros tres esquemas permiten pensar en una red de una sola dirección o sentido (ver capítulo de comunicación simplex 1.14.3) para la reproducción de imágenes y sonidos que son más económicas que las otras formas de comunicación (half y full-duplex del capítulo 1.14) en su implementación, la sustitución de los aplicativos por componentes electrónicos o usos extensos de los controladores más inteligentes con aplicaciones en ellas y conexiones entre los controladores, permite con componentes electrónicos sustituir el aplicativo. Este esquema se utiliza en la televisión por cable.

La otra corriente de la tecnología contraria al párrafo anterior, es cambiar los circuitos electrónicos por aplicaciones que se conecte en la red. Todos estos esquemas se pueden implementar con las nuevas tecnologías de las cosas, Internet de las cosas (IoT Internet of Things, por sus siglas en inglés) en colocar aplicaciones informáticas en los televisores como en los ordenadores pero con limitaciones, la tendencia de los equipos o aparatos inteligentes en las casas, se están aprovechándose con las tecnologías de las redes informáticas y de los ordenadores para diversos usos.

Los canales de televisión y las radios también están utilizando las redes informáticos como medio de transmisión con un solo sentido como tradicionalmente fueron creados, pero con mayor cobertura en la red mundial; con el uso de la red nace otra generación, la televisión y las radios han salido con nuevos conceptos de comunicación como 2.0 (en la radio está en la versión 3.0), donde los oyentes o televidentes interactúan con los medios de comunicación en la red, permitiendo una mayor flexibilidad y contacto con la comunidad, y el uso de los teléfonos móviles inteligentes en esta misma red como medio de comunicación en doble sentido de los mensajes con los medios de comunicación tradicionales.

8.2.   Sistemas de nombres de dominio (DNS)

Sistemas de nombres de dominio o DNS (por sus siglas en inglés, Domain Name System) es un sistema jerárquico de servidores, cada servidor posee información distribuida de los servidores cercanos. Su función humanizar los nombres de los equipos que están conectados en la red para sus accesos. Como se indicó en capítulos anteriores las conexiones entre ordenadores se realizan por medio de su dirección IP o su dirección MAC (capítulo 1.3), pero en el caso de la inter red las conexiones se realizan por la dirección IP. Para humanizar la conexión y evitar recordar todas las direcciones IP, se facilita con el uso de nombres, es el mecanismo que permite de acceder a los servidores. Ahora ¿quién asigna estas direcciones IP y los nombres?, antes de responder esta pregunta debemos detallar el uso y los tipos de direcciones IP que se han mencionado en los capítulos anteriores.

Un principio de las redes se basa de quién es el que inicia la conversación, el equipo o el ordenador que desea conectarse con el otro (desea información de otra fuente), este es el equipo que debe iniciar la conversación o el diálogo hacia la fuente de datos. Para iniciar la conversación se debe saber a priori o conocer con quién va a conversar y se debe conocer el destino, la otra opción es enviar el requerimiento o mensaje por el canal a todos los equipos en la red, para saber con quién se puede conversar, quién desea responder o quién tenga la información. En el paquete se encuentra la información de la IP origen, en cualquiera de los dos casos, donde es desconocido o se sabe el IP destino, el equipo que responde al origen tiene esa información en el paquete, envía la identificación con la IP quién responde e inicia la conversación entre los dos equipos. El equipo que inicia la conversación es obligatorio en algún momento saber la IP destino. Existen varias opciones en la identificación y la asignación de la IP para el destino, estas IP pueden variar o permanecer fija en los equipos en el tiempo, inclusive la IP del equipo origen rigen estas dos posibles opciones.

Ahora, para acceder a un equipo en la red por el protocolo de comunicación se puede acceder por los tres identificadores (nombre del servidor, dirección IP y MAC) mencionado anteriormente, en la mayoría de los casos en el protocolo de aplicación se usa el nombre del servidor, las demás capas como transporte y por debajo de esta se administra con las direcciones IP y/o MAC.

Los sistemas de nombres de dominio se encargan de traducir el nombre de los equipos por una dirección IP. Los sistemas para lograr su objetivo tienen dos formas de realizarlos: tener la información almacenada o buscarla en otros servidores, esta forma recursiva de búsqueda permite en algún momento dado determinar la ubicación de la IP deseada. La búsqueda se hace navegando por la jerarquía de servidores existente definido en la forma de clasificar los nombres de los dominios en la red. Esta clasificación lo determina en el nivel de jerarquía superior por una organización llamada ICANN (Corporación de Internet para Asignación de Nombres y Números, o en sus siglas en inglés Internet Corporation for Assigned Names and Numbers).

Actualmente cada red LAN y WAN tiene su Sistema de Nombre de Dominio o servidor del dominio. En el caso de la red LAN, el sistema tiene la lista de todos los nombres de los equipos y su dirección IP, con la puerta de enlace (Gateway ver capítulo 1.12) en cada ordenador se conecta al equipo o sistema que permite indicar a cada ordenador la IP destino que desea ir; entre los mismos equipos de la red LAN resuelve este tipo de problema y es quién realizan las conexiones entre ellos. Si no hay un DNS en la red LAN, la única forma es el uso de IP fija con envío de mensaje a toda la red para identificar cada equipo, para luego realizar una conversación; por supuesto el consumo y el tráfico en esta red serían de gran cantidad. En caso de una WAN que posee en una empresa, puede existir en cada LAN un DNS y se hace las conexiones entre todos los DNS de la WAN cuando se desea conectarse dos equipos en dos LAN diferentes; donde el efecto también sucede a tener un solo DNS para toda la WAN, todos los ordenadores de la WAN se conectan en un solo punto central, esto depende de la cantidad de equipos conectados en cada LAN y su infraestructura de red. Si existe un DNS en cada LAN en la empresa se puede manejar con un solo dominio, el dominio de cada red LAN sería un subdominio del dominio general de la empresa, se jerarquiza y regulariza los diferentes dominios dentro de la empresa. En el caso, de la inter red, cada proveedor de servicio de Internet posee también el manejo de las direcciones de IP por medio de una DNS. Existen cantidad de dominios por cada proveedor de servicio en la Internet, pero todos ellos puede ser reagrupados como sub dominios en un dominio mayor, y así sucesivamente se genera la jerarquía de dominios y sub dominios. En los casos de esta jerarquía ya se comentó en que es regulado por ICANN. El uso de NAT (ver el capítulo 1.13) en las direcciones IP entre las diferentes redes se aplican para localizar el nombre de un equipo en la inter red. Al final, la dirección IP del destino es retornado donde es la dirección IP de uno de los sistemas de nombres de dominio (la IP del servidor) en la inter red.

El funcionamiento del NAT en la Figura 8.3 del "dominio A" traduce la IP 192.168.200.20 a la IP 109.169.80.3 y viceversa, si el equipo desea conectarse hacia cualquier otro dominio que no se la "A", si hay una entrada en el "dominio A" a la IP de este lo convierte en la IP 192.168.200.20.

Todos los sistemas de nombres de dominios poseen su propia dirección IP única (hay caso por medida de tolerancia a fallas posee una lista de direcciones IP), de esta forma todos los dominios se pueden conectar por sus nombres de dominio. Es decir, el DNS está en un ordenador con una dirección IP que se comunica con otros DNS. El ordenador de DNS puede estar conectado internamente con varios ordenadores en una red LAN o trabajar solo en un equipo.

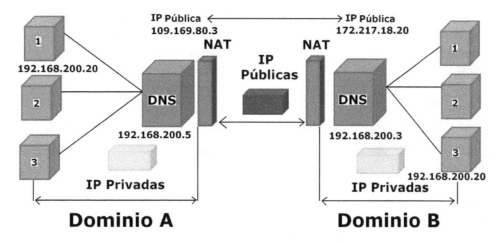

Figura 8.3 Conexión entre dos DNS

El DNS administra la conexión entre los servidores de DNS y las direcciones IP internas de su red LAN o su WAN (direcciones IP locales o privadas) con el uso de NAT, en la Figura 8.3 se tiene dos servidores de DNS, cada servidor posee dos IP: servidor 1 con IP pública (ver el capítulo 8.2.3) 109.169.80.3 y una IP privada (ver el capítulo 8.2.4) 192.168.200.5; el servidor 2 con IP pública 172.217.18.20 y la IP privada 192.168.200.3, el ordenador 1 en el "dominio A" y el ordenador 3 del "dominio B" por coincidencias poseen el mismo IP privada (192.168.200.20), ambos ordenadores se puede comunicar porque usan las IP públicas de sus respectivos servidores de dominios.   Con esto el DNS tiene el nombre de los equipos y la dirección IP que trabajan dentro del dominio (en este caso en la LAN o WAN). También se puede repetir los nombres de los ordenadores, como "ordenador 1", pero en diferentes dominios. Cada dominio existe solo uno y un único nombre de ordenador como dirección IP, por ejemplo: existen "ordenador 1" en el "dominio A" y "ordenador 1" en el "dominio B", pero no debe haber "ordenador 1" repetido en el "dominio A"; cuando el "ordenador 1" del "dominio A" desea comunicarse con el "ordenador 1" del "dominio B", se establece la comunicación entre el "ordenador 1" con la IP del equipo del servidor "dominio B" y la respuesta lo dará este mismo equipo, y no la IP del "ordenador 1", aunque el "ordenador 1" del "dominio B" realice la operación y construya la respuesta para el ordenador del "dominio A", esto permite también el uso de la misma dirección IP privada en los ordenadores entre los dominios, pero no se permite repetir la IP privada en el mismo dominio, porque la respuesta se envía es con la IP del dominio y no por el IP privada del "ordenador 1", igual sucede con la dirección IP origen, usa la IP del servidor del DNS. Las IP públicas son asignadas por la ICANN (por medio del proveedor del servicio de la inter red), y las IP privadas son asignadas por el administrador de la red LAN de cada empresa e institución.

8.2.1. Dirección IP fija

La configuración de la dirección IP fija o estática se realiza en cada equipo, dependiendo del sistema operativo se asigna por el administrador de la red de la empresa o institución, donde controla la identificación de cada equipo en la red LAN. La numeración de la dirección IP permite en una LAN la conexión de los equipos en un mismo segmento de la red, por ejemplo: en una red LAN se puede configurar la conexión de la IP 192.152.87.7 con otro que posea el mismo patrón de los tres primeros números (separado por el punto 192.152.87.X) y variando el último octal, en una red LAN no debe haber dos IP con la misma numeración, debido a que solo uno de las IP repetidas estará activo y resto con la misma IP no se conectarán en la red. En los sistemas operativos Windows se configura en las propiedades de las conexiones de red en "TCP/IP Versión 4.0", este proceso se realiza manualmente en cada equipo de la red. Generalmente, la configuración de la dirección IP fija se aplica solo a los servidores o a los equipos centrales. La única forma de cambiar la dirección IP es acceder al equipo para realizar el cambio manual. En este caso y en todos los demás casos, el servidor tiene forma de identificarlo en la red, por ejemplo: "Servidor_de_correo", tiene asignado la dirección IP XXX.YYY.ZZZ.KKK y una dirección MAC (esta interna en la tarjeta de red).

Existe un mecanismo para identificar el equipo destino asociándolo por el nombre del equipo, pero igual forma se debe conocer la dirección IP, se utiliza generalmente cuando se desea conectar con frecuencia a un equipo central (servidor, mainframe, etc.) que se tiene una IP fija (y no se cambia con frecuencia). Existen en diferentes sistemas operativos como Windows, Linux, Unix, etc., un archivo llamado "host", el archivo está ubicado dentro de las carpetas en los diferentes sistemas operativos, este archivo contiene una lista de equipos, donde contiene el nombre del equipo y la dirección IP fija. El detalle si hay cambio en una dirección IP en la red de un equipo de la lista, este archivo "host" debe ser actualizado manualmente en todos los equipos. Esta lista permite tener un acceso más rápido en la red. A nivel de capa de aplicativo se identifica el nombre del equipo a acceder en la red, con el nombre del equipo accede al archivo "host" para hacer el cambio del nombre por la dirección IP y continuar en el proceso de conversación por la red. Esto se aplica a todos los programas en el ordenador que utiliza este mecanismo, al cambiar la IP o el nombre del equipo, se debe realizar el cambio en el archivo "host", para que todos los aplicativos del ordenador puedan acceder a la nueva IP sin realizar cambios en sus aplicativos. Sin este mecanismo, todos los aplicativos en vez de usar el nombre del equipo, se debe usar la dirección IP, al cambiar la IP de un equipo en la red por cualquier motivo, se deben cambiar y modificar todos los aplicativos que accede a la IP modificada (cambio de programación fuente y compilación o actualización de los diferentes aplicativos). Se detallan más adelante en los diferentes desarrollos de aplicaciones en la sección III del libro, cuando los aplicativos necesitan el uso de una dirección IP.

El sistema operativo de cada computador resuelve la IP en buscar el nombre del equipo en la red, verifica primero la lista de equipos en el archivo "host" localmente; si el sistema operativo no resuelve la dirección IP destino (no está el nombre del equipo en el archivo "host"), se debe buscar la información fuera del ordenador, en este caso se conecta a la red hacia el servidor que posee el DNS; el DNS debe resolver el problema en buscar el nombre del equipo y su relación de la dirección IP destino a donde desea comunicarse (lo tiene almacenado localmente o reenvía la petición a otros DNS si no lo tiene). En este sentido el uso del archivo "host" en los sistemas operativos y las aplicaciones que se conectan con la red, no generan paquetes en la red para resolver el problema de encontrar la dirección IP por el nombre del equipo. Pero tener todos los nombres de equipos e IP en este archivo se hace inmanejable por la cantidad de equipo que hay en la inter red. El uso de este mecanismo generalmente se aplica en una red WAN o LAN, pero no en la inter red (al menos que sea frecuente usarlo, pero aun así no es recomendable hacerlo).

En configurar el equipo con una IP fija y ubicar con el archivo "host" la IP destino más usado, se aplica en asignar manualmente las direcciones IP. Las IP fijas se aplican en los equipos que se ejecutan en los mismos sistemas de nombres de dominio y equipos centrales importantes de una red LAN o WAN.

8.2.2. Direcciones IP dinámicas

Ahora el manejo de las direcciones IP cuando son demasiadas en una LAN, WAN o la misma inter red, las asignaciones y control de las diferentes direcciones IP de forma manual se vuelve laborioso, ineficiente y engorroso. Se debe aplicar la asignación coherente de las direcciones IP y no repetible en una red para identificación única en la red por la dirección IP. Las asignaciones se realizan por DHCP (Dynamic Host Configuration Protocol, protocolo de configuración de host dinámico) que se explicará más adelante.

El sistema DHCP permite de una forma automatizada el manejo de las direcciones IP privadas, por un lado, reutiliza las direcciones no usadas o usadas de forma temporal. Maneja generalmente las direcciones de IP privadas (más adelante se detalla este concepto en el capítulo 8.2.4) de una red. El uso de las direcciones IP dinámicas en conjunto al DNS permite el uso de nombre del ordenador como obligatorio en la red para las diferentes aplicaciones, esto sucede cuando al ordenador en una red le asigne varias IP en un periodo de tiempo, es una organización y orden por nombre de los componentes de la red. El mecanismo de uso del nombre del equipo es práctico como el uso de nombre de dominio en vez de uso de la dirección IP.

8.2.3. Direcciones IP públicas

Las direcciones IP públicas son visibles en la inter red que tiene acceso desde cualquier parte del mundo, se identifica primero en estas listas de los servidores de DNS, los equipos enrutadores que permiten el envío de paquetes en las redes inter red y equipos que permitan tener una conexión desde cualquier parte del mundo, por ejemplo: el equipo donde se alojan las páginas o servicios web en la Internet, como equipos de proveedores de servicios y alojamiento en la nube, etc. Son direcciones IP generalmente fijas. Si hay cambio de IP es porque posee un mecanismo de tolerancia de falla, es decir, si se busca el nombre de un dominio un momento dado y devuelve una dirección IP, pero en otro momento al solicitar el mismo nombre de un dominio retorna otra dirección IP, es seguro que el primero equipo esta caído o no funciona, el que responde actualmente a las peticiones es otro equipo que sustituye al primero, el equipo actual puede inclusive ser localizado en otro punto geográfico del primero, esto sucede por medida de contingencia, igual que los enrutadores ("routers") que puede en algún momento fallar o se tiene mucho tránsito de datos, se habilita automáticamente otro enrutador de forma temporal como medida de tolerancia a falla y disponibilidad hasta que entre en funcionamiento el que tiene la falla. En la Figura 8.3, cualquier equipo del "dominio A", se puede conectar al servidor del "dominio B" por la IP pública 172.217.18.20 y cualquier equipo del "dominio B" puede conectarse al servidor "del dominio A" por la IP pública 109.169.80.3.

8.2.4. Direcciones IP privadas

Las direcciones IP privadas son las usadas de forma local y no son reconocidas en las IP públicas. Existen un conjunto de direcciones IP que son usadas en una red aislada o cerrada, para definir las IP en los equipos dentro de una LAN, se usa este tipo de direcciones de IP. Estas direcciones son reconocidas y manejadas entre los equipos de la misma red, las direcciones IP de origen y destinos utilizan estas direcciones si ambos equipos están en la misma red LAN. Los paquetes fluyen de forma interna o local en la red y no es necesario salir a la WAN o a la inter red para comunicarse entre los equipos. Estas direcciones IP se puede asignar de forma fija o dinámica. En la Figura 8.3 las redes privadas de los dos dominios las IP privadas son 192.168.200.XXX; si el ordenador 3 del "dominio A" desea conectarse por la IP privada 192.168.200.20 del "dominio B", no va poder, se conectará es con el ordenador 1 en su propio dominio "A", la única posibilidad es conectarse con la IP pública del "dominio B" y este asigne el uso al ordenador.

8.2.5. DHCP (Dynamic Host Configuration Protocol)

Hasta el momento conocemos una forma manual de asignación de la dirección IP en los ordenadores, en configurar uno por uno cada ordenador con una dirección IP distinta en todas. Existe la asignación dinámica por medio de negociaciones entre un equipo u ordenador con el servidor encargado de las asignaciones, el servidor es el equipo con IP asignado de forma manual y es fija en la red, DHCP es el protocolo que se utiliza en la asignación dinámica de la IP en los equipos. Se configuran todos los equipos de la red asignando la dirección IP por medio de la puerta de enlace hacia el equipo o servidor DHCP, cada ordenador accede por medio de la IP fija del servidor DHCP que se configura manualmente, en vez de asignar su propio IP (si cambia la IP del servidor DHCP en la red, se debe actualizar en todos los ordenadores de la red de forma manual), donde al principio el equipo no posee ninguna IP asignada en la red, la comunicación se realiza por medio UDP/IP, y la identificación entre ambos posiblemente es por la dirección MAC o el nombre del equipo con la IP fija del servidor. Entre ellos, existen varios paquetes a identificar en la asignación de la IP, como: el servidor DHCP envía la posible IP para ser asignado al ordenador, la aceptación o no del ordenador de la IP asignada, duración o validez de tiempo de la asignación de la IP (si es aceptada), si ya tiene asignado una IP se realiza la validación de su tiempo de expiración, etc. Este protocolo solo aplica con las direcciones IP privadas.

8.2.6. PAT (Port Address Translation)

Existe NAT que traduce las IP privadas y las IP públicas en la red, en NAT es opcional el uso de PAT (traducción de dirección de puerto) que realiza en los protocolos TCP y UDP. No todas las traducciones de los IP privadas y públicas utilizan el PAT, en el caso de usarlo, se utiliza el campo de 16 bits que representa 65.536 posibles anclajes, donde partes de los puertos son usados o son reservados en los envíos de los paquetes, esta información procede de los encabezados de dichos protocolos de comunicación (transporte). Al tener una entrada de un paquete usando PAT, puede dirigir de un puerto de entrada a una IP y puerto de salida. En el caso de enviar un paquete con el uso de PAT, se traduce de un puerto libre con una misma IP pública.

Teniendo el conocimiento de las IP fijas, dinámicas y como se asignan en las redes; por el otro lado, se conoce las IP públicas que pueden ser accedidos desde cualquier parte del mundo, y protegiendo en las redes locales con las IP privadas, se tiene una idea de cómo se viaja un paquete en la red LAN, WAN y en la inter red. El protocolo tanto TCP/IP o UDP/IP usado en las mayorías de las redes de la WAN e inter red, en los encabezados de IP contienen las direcciones de origen y destino, los encabezados de los TCP y UDP de los puertos de destino y origen, presentan un cuarteto de datos y con la combinación del protocolo de comunicación, se estructura con el quinto elemento (IP origen, IP destino, puerto origen, puerto destino y protocolo) el uso de NAT. Se adiciona a los cinco elementos las combinaciones de trasladar de las IP privadas a públicas, permiten una variedad de técnicas que son aplicadas en los enrutadores y ordenadores, con el uso NAT permiten una diversidad de arquitecturas de redes y formas de mantener la seguridad en las redes. El NAT contiene como mínimo 5 elementos para realizar el traslado de forma lógica, independientemente de los modelos o mecanismo de traducción y con ellas las duplas de estas, donde cada dupla contiene los cincos elementos dentro la red interna y su equivalencia en la red pública; en una conexión de un equipo hacia la inter red, permite unívocamente hacer la traducción entre ambas redes (LAN y la inter red), en los siguientes casos se describen estas duplas, se identifican los usos con sus correspondientes ejemplos, en una Red privada (IP origen, IP destino, Puerto Origen Puerto destino, Protocolo) con la equivalencia Red pública (IP origen, IP destino, Puerto Origen Puerto destino, Protocolo), donde se traduce de una red a otro. Se aplica también el uso de PAT en los diferentes ejemplos en los casos de NAT; y el conjunto de combinaciones entre PAT y NAT.

Uso NAT sin PAT

En el caso de usar NAT y no usar PAT, no hay cambio de los puertos en las cabeceras en las tramas, pero si hay cambios entre las direcciones IP privadas y públicas, en este caso se puede realizar de forma fija o dinámica las traducciones. Cuando es fija existe una cantidad de IP privada igual a la cantidad IP pública. Este caso existe un conjunto de IP públicas para atender o salir cada IP privada.

IP Privadas	IP Públicas
X1.Y1.Z1.W1	XP1.YP1.ZP1.WP1
X1.Y1.Z1.W2	XP1.YP1.ZP1.WP2
...	...
X1.Y1.Z1.W10	XP1.YP1.ZP1.WP10

Figura 8.4 Lista de IP relación 1:1

Cuando existe una cantidad de IP pública menor o igual a la cantidad de IP privada (el total de computadores en la LAN), se aplica asignaciones dinámicas de las IP públicas libres a los requerimientos por demandas de las IP privadas. Un ejemplo seria la Figura 8.5 donde se tiene diez IP privadas y dos IP públicas, en este caso puede haber un cuello de botella, cuando dos o más IP privadas necesitan acceder fuera de la LAN. Las duplas como se indica en la Figura 8.5, se aplican NAT en la red privada y red pública, sus equivalencias en las dos redes, se observa que solo cambian los campos de las IP en los encabezados.

IP Privadas	IP Públicas
X1.Y1.Z1.W1	XP1.YP1.ZP1.WP1
X1.Y1.Z1.W2	XP1.YP1.ZP1.WP2
...	
X1.Y1.Z1.W10	

Figura 8.5 Lista de IP relación 10:2

En la siguiente Figura 8.6.a (ver la figura 8.6 donde el campo "Red Privada" en la columna "IP Origen" está el caso "a) Z->Y") representa el NAT en el equipo **Z,** que es el intermediario (traductor) entre los equipos **X** y **H** en la LAN con el servidor **Y** fuera de la LAN, el equipo **Z** posee dos direcciones IP públicas (Z1, Z2) para los "n" IP privadas. En la figura identifica como dos ordenadores (**H, X**) envían desde la red privada hacia el servidor con IP público **Y** para pedir requerimientos; el equipo **X** se conecta vía TCP/IP con dos requerimientos de forma simultánea y el ordenador **H** con dos conexiones vía TELNET; todas las conexiones van hacia el servidor **Y** fuera de la LAN. Los puertos destinos son estándares por defectos, y los puertos orígenes son asignados por ser los puertos libres en el momento de cada equipo pide el requerimiento.

Red Privada					Red Pública				
IP Origen	IP Destino	Puerto Origen	Puerto Destino	Protocolo	IP Origen	IP Destino	Puerto Origen	Puerto Destino	Protocolo
a) Z→Y									
X	Y	5000	80	TCP	Z1	Y	5000	80	TCP
X	Y	5001	80	TCP	Z1	Y	5001	80	TCP
H	Y	5000	23	TELNET	Z2	Y	5000	23	TELNET
H	Y	5001	23	TELNET	Z2	Y	5001	23	TELNET
b) Y→Z									
Y	X	5000	80	TCP	Y	Z1	5000	80	TCP
Y	X	5001	80	TCP	Y	Z1	5001	80	TCP
Y	H	5000	23	TELNET	Y	Z2	5000	23	TELNET
Y	H	5001	23	TELNET	Y	Z2	5001	23	TELNET

Figura 8.6 Duplas de redes pública y privada

El equipo **Z** se coloca al frente del servidor **Y** en nombre de los equipos **X** y **H**, y es el encargado de proporcionar las respuestas a los equipos de la LAN por medio del servidor **Y**. El otro caso b) en la figura 8.6 que es cuando el servidor **Y** hace un requerimiento al servidor **Z**.

En la Figura 8.6.b) identifica **Z** como un servidor y se apoya de los ordenadores **X** y **H** dentro la red privada para cubrir los servicios de Telnet y TCP respectivamente (servidor web por el puerto 80 con TCP, y el puerto 23 para TELNET), esto es un ejemplo cuando el servidor **Y** pide requerimientos a **Z**; y con el uso de los puertos de entradas permite redireccionar los requerimientos a otros computadores en la LAN realizando los procesos distribuidos y en paralelos, dejando al servidor **Z** dedicado solo al enrutamiento y no a procesos de requerimientos, que en si puede generar un cuello de botella en la LAN.

En ambos casos no se modifican los puertos, pero si hay una relación de un IP público con cada ordenador asignado de forma fija o dinámica (IP Privada). La Figura 8.6 aplica en cualquier caso de las Figuras 8.4 y 8.5. Se observa en las duplas con las redes privada y pública de la Figura 8.6 que no existen repeticiones de duplas para evitar confusiones; en cada fila de las duplas es una sola conexión que se trabaja de forma simultánea entre los dos servidores, esto sucede si hay más conexiones con otros servidores con IP públicas.

Uso de NAT con PAT

Se aplica PAT en estos casos cuando se tiene una sola IP pública para varios equipos en una red LAN, en la Figura 8.7 se tiene 10 IP privadas con una sola dirección IP pública (es llamado también con sobrecarga). Permite en una sola IP pública que lo demás equipos en la inter red accede a ella, pero cuando es un paquete entrante se asigna un puerto de entrada a un equipo de la red interna o privada y con un puerto definido en el equipo. Permite en un servidor con IP pública tener 65.536 posibles conexiones o servicios posibles, direccionando a equipos o puertos en equipos dentro de una red interna o privada.

IP Privadas	IP Públicas
X1.Y1.Z1.W1	XP1.YP1.ZP1.WP1 (Z)
X1.Y1.Z1.W2	
...	
X1.Y1.Z1.W10	

Figura 8.7 Lista de IP privadas para una sola IP pública (10:1)

En la Figura 8.8 se describe la traducción de los requerimientos de los ordenadores **X** y **H** hacia un servidor **Y**. El servidor **Z** esta intermedio y realiza la traducción de los puertos e IP, y donde se conectan **X** y **H** para salir a la inter red. El servidor **Z** en este caso se encarga de pedir los requerimientos a nombre de sus equipos u ordenadores de su red privada, los requerimientos provienen de los dos equipos con las IP privadas (**X** y **H**), ambos acceden al mismo servidor en la red pública **Y**, cada equipo pide dos conexiones diferentes de TCP y dos conexiones de Telnet. En el servidor **Z** asigna un puerto libre a cada conexión cuando pide el requerimiento al servidor **Y** (ver la columna "Puerto Origen" en la "Red Pública"), esto permite que las respuestas sean identificadas unívocamente en cada conexión de la red privada. Los puertos de origen en la red privada son cambiadas en la red pública asignados por PAT, al no realizar el cambio y mantener el mismo puerto de la red privada, no hay forma de identificar la respuesta de retorno del puerto (5000 por ejemplo) de origen a que equipo pertenece en la red pública en el protocolo (¿al equipo **H** o **X**? sea TELNET o TCP), al asignar puerto origen diferente en la red pública se identifica claramente a dónde van los paquetes de retorno.

Red Privada					Red Pública				
IP Origen	IP Destino	Puerto Origen	Puerto Destino	Protocolo	IP Origen	IP Destino	Puerto Origen	Puerto Destino	Protocolo
Z→Y									
X	Y	5000	80	TCP	Z	Y	5000	80	TCP
X	Y	5001	80	TCP	Z	Y	5001	80	TCP
X	Y	5000	23	TELNET	Z	Y	5000	23	TELNET
X	Y	5001	23	TELNET	Z	Y	5001	23	TELNET
H	Y	5000	80	TCP	Z	Y	5002	80	TCP
H	Y	5001	80	TCP	Z	Y	5003	80	TCP
H	Y	5000	23	TELNET	Z	Y	5002	23	TELNET
H	Y	5001	23	TELNET	Z	Y	5003	23	TELNET

Figura 8.8 Duplas en las redes con PAT y Z origen

El otro papel que puede cumplir el servidor **Z** es como proveedor de servicio, en este ejemplo en la Figura 8.9, identifica cada puerto receptora y lo envía a otro equipo y con otro puerto (puede ser el mismo puerto dentro de la red privada y pública), las entradas de paquetes Telnet en el servidor **Z**, se envía al puerto 9000 de la IP privada **H** en la red interna. Sucede lo mismo con el puerto 80 que se envía a la IP privada **X** con el puerto 8080. Existen 4 peticiones de TCP y 4 peticiones de TELNET desde el servidor **Y**. En la gráfica permite mantener las duplas de las 8 conexiones dentro de la red privada, y cada equipo (**X, H**) de la red privada puede soportar varias conexiones simultáneas.

Red Privada					Red Pública				
IP Origen	IP Destino	Puerto Origen	Puerto Destino	Protocolo	IP Origen	IP Destino	Puerto Origen	Puerto Destino	Protocolo
Y→Z									
Y	X	5000	8080	TCP	Y	Z	5000	80	TCP
Y	X	5001	8080	TCP	Y	Z	5001	80	TCP
Y	X	5002	8080	TCP	Y	Z	5002	80	TCP
Y	X	5003	8080	TCP	Y	Z	5003	80	TCP
Y	H	5000	9000	TELNET	Y	Z	5000	23	TELNET
Y	H	5001	9000	TELNET	Y	Z	5001	23	TELNET
Y	H	5002	9000	TELNET	Y	Z	5002	23	TELNET
Y	H	5003	9000	TELNET	Y	Z	5003	23	TELNET

Figura 8.9 Duplas en las redes con PAT y Z destino

Existen otras variedades de configuraciones o arquitecturas que se pueden definir entre las redes privadas con las direcciones y puertos públicos, todo depende de las necesidades y usos de los diferentes componentes de la red. Existe una característica común en todos los casos anteriores, cada cuadro de red privada no se repite ninguna dupla, de igual forma la red pública, esto permite conectarse con otros servidores con IP públicas diferentes y simultáneamente.

8.3.   Http (HyperText Transfer Protocol)

En el modelo de referencia por capa OSI de protocolo de comunicación, el http ("HyperText Transfer Protocol" en sus siglas en inglés, Protocolo de Transferencia de Hipertexto) pertenece a la capa de aplicación, es un protocolo de aplicación usado en la transferencia de información entre los servidores web y sus clientes. Http es un protocolo de solicitud de información y respuesta bajo la capa de transporte TCP y capa de red IP. Como los otros casos, existen protocolos de aplicación que se referencia con regla de envío y recepción de paquete en los diferentes formatos ya descrito en los capítulos anteriores; http tiene base en el protocolo con formato variable (capítulo 2.5); tomando en consideración en los formatos variables que se tienen un conjunto de caracteres especiales o un carácter especial para separar las unidades de datos en el mensaje; la separación de los datos se realizan con el carácter especial de control de próxima línea (en la tabla ASCII es el valor decimal 13 o en inglés "carriage return"); en ellas se transfieren meta información de los datos en la semántica de solicitud o respuesta. Por un lado, se tienen las sintaxis de cada tipo de mensaje, tanto en los mensajes de solicitud y de respuesta, ambos se identifican en la parte del encabezado del mensaje; se inicia con el tipo de mensaje (requerimiento o respuesta) junto con la versión del http; dependiendo de la versión continúa las estructuras de los encabezados soportado en la versión indicada, seguido del cuerpo del mensaje, el tamaño del cuerpo, los métodos que se aplican en la solicitud donde indica la operación que se desea realizar, etc. Cada formato varía dependiendo de la versión, las separaciones entre los diferentes campos se determinan por sus palabras claves y posibles valores (Token), que respeta la sensibilidad de las letras mayúsculas y minúsculas, por ejemplo, no es igual **Method="OPTIONS"** que **METHOD:"options"** en varias versiones de http, porque las reglas de las diferentes versiones con respecto a las letras de mayúsculas y minúsculas se manejan de esta forma. En los encabezados de las solicitudes existen diversos tipos de claves y valores separados por dos puntos (":"), como la negociación de conexión o tipo de conversación que se realiza, las operaciones o métodos de solicitud al otro equipo, etc. Los métodos de solicitud más conocidos son "GET" (ver la Figura 8.10 la solicitud de lectura de una página web "http://www.hello.com/index.html") que significa leer una página web; la solicitud "PUT" que indica almacenar una página web; "HEAD" leer el encabezado de una página web, y "DELETE" que indica eliminar una página web. La construcción de una solicitud o respuesta con formato http se debe conocer la versión, como el conjunto de las diferentes palabras claves y sus posibles valores que pertenecen a la versión.

GET /index.html HTTP/1.1

Host: www.hello.com

User-Agent: name

Referer: www.google.com

User-Agent: Mozilla/5.0 (X11; Linux x86_64; rv: 45.0) Gecko/20180101 Firefox/45.0

Connection: keep-alive

Figura 8.10 Ejemplo del encabezado de una solicitud en HTTP

Las respuestas en http se definen también por sus encabezados y formatos de sus cuerpos, en caso de los códigos de estatus de las respuestas son numéricos en caracteres ASCII. Cada código significa como se construye la respuesta y su entrega, los códigos de las respuestas representan en formato fijo del estado del procesamiento por el servidor, donde el prefijo numérico como "1XX" significa que es una información y "XX" posee un significado de la información, por ejemplo, "100" ("1XX") y "XX = 00" que informa que el servidor acepta procesar la solicitud, en el caso que el código de estatus es 2 significa éxito, el valor "200" significa éxito en la solicitud (ver la Figura 8.11 una respuesta de http) o "204" como exitosa pero sin cuerpo en la respuesta. El resto del cuerpo tiene formato variable que se rige con la versión de http.

HTTP/1.1 200 OK

Date: Fri, 26 Jan 2018 03:09:59 GMT

Content-Type: text/html

Content-Length: 1221

Figura 8.11 Ejemplo de encabezado de respuesta de HTTP

Las reglas en crear las solitudes y los formatos de las respuestas están definidas por los grupos "World Wide Web Consortium" y la "Internet Engineering Task Force" en sus manifiestos de RFC (Request For Comments en sus siglas en inglés, peticiones de comentarios) que permite una referencia en la lectura de los formatos de este protocolo, estándares e implementaciones relacionados en la Internet. Estas organizaciones definen las reglas de las diferentes versiones.

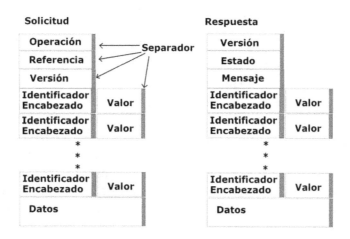

Figura 8.12 Formatos de solicitud y respuesta de HTTP

Tanto los formatos de solicitudes como de respuestas de los mensajes bajo TCP/IP está definido con el conjunto de caracteres de la tabla ASCII, se considera este estándar para evitar confusión en el futuro con la comunicación entre equipos, debido a que puede haber un proceso de traducción de otras tablas, ver en el capítulo 7.1 de las reglas estrictas pero en la capa de aplicación.

Los formatos variables de http tanto la solicitud y la respuesta están descritos en la Figura 8.12. Donde cada campo está separado para soportar formato variable. Como se indicó anteriormente la separación principal es por el carácter con valor decimal 13 (próxima línea) indicada en la tabla ASCII, y en cada unidad de dato se referencia a las reglas del protocolo y la mayoría de los casos están separadas entre dos puntos (":") el identificador y su valor.

8.4.   Https (HyperText Transfer Protocol Secure)

HTTPS es un protocolo de aplicación basado en http, pero con transferencia segura de Hipertexto. La seguridad se deriva en el nivel de aplicación o antes de llegar a la capa de transporte del modelo OSI, en la entrega de los paquetes con conexión segura (SSL Secure Sockets Layer en siglas en inglés) o seguridad para la capa de transporte (TLS Transport Layer Security en sus siglas en inglés). La seguridad se aplica en el uso de cifrado para el caso de los campos de usuarios y claves de accesos que son informaciones muy sensibles, tanto la SSL y TLS poseen una diversidad de versiones por las constantes actualizaciones y mejoras en los mecanismos de compresión, encriptado y cifrado. Tanto http como HTTPS trabaja bajo el protocolo TCP/IP que es a nivel de transporte en su envío y recepción de paquete, antes de entregar el paquete en la capa de transporte, la capa de aplicativo o la capa debajo del aplicativo debe aplicar el mecanismo de seguridad de transferencia de información no entendible al humano (cifrado), existen diversas formas que permiten cambiar la información entendible a no entendible y difícil de leer a simple vista humana, en el caso de http cuando se habla de formato en la tabla ASCII permite de alguna forma humanizar o hacer entender por los humanos la información que viajan en los mensajes, inclusive los nombres de los usuarios y claves de accesos en los sistemas, es una debilidad en el uso de http. El cifrado es cambiar la información en dato no entendible para el humano (o software) dentro del mensaje, al llegar el dato a su destino es convertido de nuevo en mensajes entendibles, estos procesos se llaman encriptado y des encriptado. El otro mecanismo de seguridad es cambiar el tamaño de los datos a enviar en el mensaje de forma que no se identifique el tamaño del dato, generalmente lo realiza el mecanismo del encriptado. Estas medidas se aplican cuando los mensajes viajan por la red, existen mecanismo de verificar el tráfico y ver la información (contenido) en ella, existen tanto aplicaciones como equipos electrónicos que interceptan los flujos de mensajes, sin obstaculizar el viaje de los mensajes a sus destinos que son colocados en el medio físico de las redes; generalmente, se aplican estos mecanismo para uso de resolución y detección de fallas en las redes en las empresas, pero son accesos limitados al personal. Existe un área extensa de estudio e investigación para la seguridad y protección de los datos en las redes que en este libro no lo cubrirá. Lo que se sabe que los mecanismos de seguridad y protección se aplican en las capas de aplicación, sesión o presentación; y en las capas de transporte, red, enlace de datos y físico se deben mantener intactos porque son lo que se usan en los componentes físicos en las redes para transportar los mensajes en la LAN, WAN e inter red; al cambiar una de las últimas capas por mecanismo de seguridad y protección se debe aplicar y cambiar a todos los componentes físicos a nivel mundial, por esta razón no es aplicable económicamente. El mejor proceso es aplicar mecanismo de seguridad y protección de datos cuando se genera nuevas versiones de protocolos de comunicación o nuevos protocolos que se puede aplicar en todas las capas o niveles del modelo OSI.

Otra gran diferencia entre los protocolos http y https son los puertos estándares que se usan, en el caso http se usa el puerto número 80, mientras que HTTPS utiliza el puerto 443 de anclaje que proveen estos servicios.

8.5.   MIME (Multipurpose Internet Mail Extensions)

En los inicios de la Internet con ARPANET, el correo electrónico era básicamente textos escritos y expresados en la tabla ASCII. Como todo formato de mensaje en la red, posee regla en su encabezado y cuerpo definido en RFC 822 de ARPA (Agencia de Proyectos de Investigación Avanzada del Departamento de Defensa de los Estados Unidos, en sus siglas en inglés "Advanced Research Projects Agency"). La exigencia actual en internet llevó que los correos electrónicos el uso de diversidad de idiomas, como la riqueza en los contenidos que no solo es enviar texto, sino también videos, imágenes, sonidos, documentos o cualquier archivo digital. Se desarrollo MIME ("Multipurpose Internet Mail Extensions" en sus siglas en inglés, Extensiones Multipropósito de Correo Internet) que permite estandarizar con los diferentes RFC dispuestos en los protocolos de aplicación para el correo electrónico.

MIME son convenciones que permiten transferencias en Internet de diferentes tipos de archivos de forma transparente entre los aplicativos en la red. Los protocolos de http como HTTPS se basan en diferentes MIME a los formatos de los correos electrónicos. El formato que se maneja en los MIME se representa con en la Figura 8.13.

Encabezado	Sintaxis	Función
Versión	MIME-Version:	Identifica la versión de MIME
Descripción	Content-Description:	Texto que indica el contenido del contenido
Identificador	Content-Id:	Identificador único
Código de transferencia	Content-Transfer-Encoding:	La manera de codificar los datos en ASCII
Tipo	Content-Type	Tipo y subtipo del formato del contenido

Figura 8.13 Formato de MIME

Los tipos y subtipos poseen también sus formatos propios en su contenido, donde se identifican y la manera de procesar cada información. Se definen en la Figura 8.14 los tipos y subtipos.

Tipo	Subtipo	Descripción
application	pdf, postscript, zip, msword, octet-stream, javascript, mp4	Archivos producidos por aplicaciones
audio	mpeg, mpg3, mpg4, basic, xwav	Formatos de sonidos
image	gif, jpeg, tiff, png, x-portable-bitmap	Imágenes
message	http	Contenido encapsulado
multipart	x-zip, mixed, alternative	Combinación de tipos
model	Vrml	3D
text	xml, html, css, csv, rtf, plain	Texto con formatos
video	mpg4, msvideo, quicktime, mpeg	Películas

Figura 8.14 Tipos y subtipos de MIME

Un ejemplo de formato MIME se presenta en la Figura 8.15, donde representa un texto sin formato.

```
...
Content-Type: text/plain; charset="us-ascii"
Content-Transfer-Encoding: quoted-printable
MIME-Version: 1.0
&&&
HOLA
...
```

Figura 8.15 Ejemplo de MIME

Como se indican en las Figuras 8.14 y 8.15 contienen una diversidad de formatos de archivos que permiten acceder por los aplicativos; los tipos de información que son procesados, entre ellas con formatos muy estrictos y que permiten el manejo de formatos fijos, otros manejan formatos variables y combinaciones de ambos que son los mixtos que se describieron en el capítulo 2. El avance de utilizar los formatos variables con palabras especiales o patrones que sustituyen al carácter "especial" para la separación de las unidades de datos en un mensaje, los protocolos de aplicativos comienzan a ampliar y flexibilizar la funcionalidad de aplicación a aplicación en la red; el uso de la semántica y sintaxis en los mensajes, permiten convertir estos patrones como lenguajes entre aplicativos; donde se puede confundir con los lenguajes de programación estándar que se conocen. Ahora no se programa un proceso, resolver problemas con algoritmos o describir objetos (programación orientada a objeto), aparece otro tipo de programación que son las páginas web, donde se definen y se estandarizan como todo lenguaje de programación, posee su sintaxis y semánticas dentro de su contexto donde se ejecutan. Se detallan más en el próximo capítulo, existe otro enfoque de programación con el uso del protocolo de aplicación.

8.6.   Programación con el uso de protocolo de aplicación

Los diferentes enfoques de uso de los protocolos de aplicación producen diversos caminos que permiten tener una variedad de programación de aplicaciones diferente al estándar o tradicional que conocemos. El programar una página web se puede tener diferentes visiones de desarrollo, se inicia con el punto de vista clásico de construcción con un lenguaje de programación como Java, C# o C++, y con una herramienta de desarrollo como NetBeans o MS Visual Studio .Net. La otra visión sencilla de programación de aplicaciones es la construcción de un archivo (vista de un programador, el archivo es simplemente una cadena de caracteres ordenados limitado por un nombre lógico) que es usado como mensaje en los protocolos de comunicación, por ejemplo, la construcción de una página web; donde se indica en capítulos anteriores, con un formato definidas por las reglas del protocolo de aplicación; los archivos son construidos y procesados en el otro extremo de la red por otro aplicativo que recibe la información, un ejemplo, la construcción de archivo en Microsoft WordPad y luego es desplegado como una página web. En la misma visión, en Internet existen aplicaciones en línea que permiten con pre diseños de páginas web, crear en horas una web o un blog en la internet sin tener conocimiento de programación clásico de páginas web; permiten con los formatos establecidos en plantillas en la red para construir contenidos que, en épocas del inicio de la Internet, el desarrollo de la misma página web duraba más de un mes. Otra vista de un protocolo de aplicación, donde los mensajes son los datos transferidos entre aplicativos o programas que son ejecutados en su extremo o por el receptor, contrario a la versión estándar donde el receptor provee los datos necesarios para que el emisor lo procese como los manejadores de bases de datos y el cliente. Abre con esta versión de programación que los datos que se envían en los mensajes de comunicación sean ahora "programas definidos" para que los emisores los ejecuten cuando reciban estos mensajes; y también existen otras combinaciones de ellas, donde se envían en los protocolos de comunicación los programas a ejecutar y los datos a procesar al mismo tiempo en el mismo mensaje para el ordenador receptor. En ciertos sistemas distribuidos permiten estos tipos de esquemas que se envían tanto los programas como los datos que son utilizados en otro equipo, son mecanismos para ayudar al equipo emisor con la carga de trabajo en la red. En la mayoría de los casos de los protocolos se envían son solo los datos que son usados en los equipos en la red quien lo solicita; pero igual abre un abanico de posibilidades en la red con el uso de estos protocolos de aplicación. En la Figura 8.14 con la extensión de multipropósito permite tener una idea de una diversidad de uso de los protocolos de aplicación, como:

- ✓ Solo datos. Los dos aplicativos extremos en la red solo intercambian datos, los datos de entrada a procesar por un equipo receptor y el dato de respuesta del procesamiento es retornado al emisor. Es muy limitado sus funciones o tienen ambos equipos una función específica como las aplicaciones financieras con un ordenador central. Existen casos que permiten no solo ejecutar aplicaciones para ser procesado, también estructuras de datos u objetos de forma remota, por ejemplo, las llamadas de objetos y clases remotos definidos en un ordenador y el estado del objeto se retorna al emisor. Otro ejemplo, de llamadas de procesos remotos con solo nombrar el proceso a ejecutar.

- ✓ Solo aplicativo. La red se usa para enviar de un equipo a otro las aplicaciones que se pueden ejecutar en el receptor, por ejemplo: videos juegos en los teléfonos inteligentes, o aplicaciones de usos personales o profesionales; instaladores de aplicaciones, etc. Este mecanismo es muy usado en la actualización de los aplicativos en los clientes.

- ✓ Uso de aplicativo y datos. Con esta visión se puede asumir el uso de los dos conceptos anteriores:
  - ➢ Envío de ambos en el mismo momento: el aplicativo (cuerpo) y los datos son enviados al receptor para ser ejecutado.

> ➤ En este enfoque los distintos aplicativos están pre instalados en el receptor; se indica con el protocolo de aplicación, el software a ejecutar y los datos a procesar en este aplicativo. Este esquema permite el uso de la aplicación que indica en el protocolo de aplicación y los datos a procesar, en MIME con la Figura 8.14 trabaja en este esquema y con diversos aplicativos al mismo tiempo si se desea. Esta visión se tiene un aplicativo que controla y ejecuta los aplicativos disponibles. Si el aplicativo no está pre instalado, previamente ante su ejecución, procede a la instalación de la misma, es el caso anterior de "solo aplicativo" es ejecutado ante de enviar los datos.

El envío de aplicativo por las redes permite un sin fin de uso, e inclusive, se aplica generalmente con este mecanismo en los envíos mal intencionado, ya sea por correos electrónicos, las páginas web o por otras vías de la inter red. La prevención es la mejor arma para este tipo de fallas en la red o de las malas intenciones. Por esta razón, los protocolos de aplicación en la mayoría de los casos se aseguran en manejar solo datos (solo el envío en la red de datos es inseguro), y no permite el envío de aplicaciones, al menos que sea entre equipos en la misma red aislada o privada que son más controlables por la misma empresa o con autorización del usuario para la instalación del aplicativo. Seguidamente se indican en los próximos capítulos, algunos de los formatos de archivos (ficheros) que rigen bajo ciertos estándares y reglas, que permite una diversidad de uso. El simple hecho de tener un archivo con cierto formato entendible por el humano y por el aplicativo receptor, permite ser ejecutado como si fuera un programa binario, con solo en verificar la sintaxis y ejecutar la semántica de este. En algunos casos estas reglas y formatos se convierten por su riqueza de sintaxis y semánticas similar a un lenguaje de programación, que permite construir de forma flexible el formato del protocolo de aplicación; en este caso, se maneja de una manera clásica por interpretadores para traducir los formatos en el momento de ser usado en la red. Los formatos permiten ordenar en estructura con la información a ser transmitido y como son recibido en la red. Permite con la regla de escritura por la sintaxis y semántica en estructurar la información, y los tipos de mensajes que se transportan en la red. En este sentido la interpretación en el momento de la recepción de estos formatos y su ejecución, tiene un efecto poderoso y flexible en el aumento de la productividad con el uso de la red, pero abre una brecha de inseguridad similar en enviar aplicaciones (binarios ejecutables) y ejecución por la red. Por esta razón existen muchos mecanismos para proteger los equipos en las conexiones en la red y permite de forma controlada este tipo de conexión, donde este libro no cubre el tema de las medidas de seguridad. Es recomendación del autor de este libro de tener conocimiento de estos tipos de desarrollos de aplicaciones para la protección y seguridad en la red, para evitar males en el futuro. Existe ahora transmisión de dos tipos de aplicaciones en la red: aplicaciones binarias (clásicas aplicaciones ejecutables) y por medio de archivo con contenido entendible y flexible (similar a un documento de texto); este último se necesita un interpretador de aplicaciones para ejecutarla.

8.7.   XML (eXtensible Markup Language)

XML (eXtensible Markup Language, en sus siglas inglés de Lenguaje de Marcado Extensible) es un formato universal que contiene en un documento estructurado. La estructura está formada por etiquetas iniciales y finales; la etiqueta inicial es una palabra que tiene un significado limitada por los caracteres "<" y ">" (por ejemplo: "<etiqueta>"); la etiqueta final es la misma palabra para su finalización o campo de acción, en cada etiqueta contiene un prefijo "/" y su respectivo carácter limitadores (por ejemplo: "</etiqueta>") y entre ambas etiquetas, inicial y final, se coloca el dato o valor de la etiqueta. Permite de forma similar en los indicados en los formatos variables en el capítulo 2, pero tiene una estructura o formato estándar para ser interpretada con dos delimitadores. Esta estructura y regla de la separación de la etiqueta es una forma elegante y rica en sustitución del carácter "especial" de separador en los formatos variables descrita en el capítulo 2.5. Las etiquetas y su contenido sería una unidad de datos expresadas en el capítulo 2.5.

La aplicabilidad de este formato es muy variada y diversa, desde generación de fuentes de códigos de lenguajes de programación hasta el manejo en las aplicaciones de bases de datos como una estructura de formato que soporta gran cantidad de información. Se define como una meta-lenguaje que es utilizado en los lenguajes de programación para definir sus propias etiquetas y sus significados. Como se indica es una estructura o formato ordenada que permite ser interpretado en una diversidad de aplicaciones, la estructura es transferida en los mensajes en las redes. En la Figura 8.16 se indica un ejemplo del contenido de un documento XML o lo que se envía en las redes cuando se observa en los paquetes dentro de los protocolos de comunicación.

```
<?xml version="1.0" encoding="UTF-8" ?>
<!DOCTYPE SYSTEM "profesional.dtd">
<persona id="1233">
  <apellido>Muro</apellido>
  <nombre>Elsa</nombre>
  <profesion>Ingeniero Informático</profesion>
</persona>
<persona id="2556">
  <apellido>Se</apellido>
  <nombre>Johnny</nombre>
  <profesion>Abogado</profesion>
</persona>
```

Figura 8.16 Ejemplo del contenido de un documento XML

8.8.   HTML (HyperText Markup Language)

HTML (Hypertext Markup Language en sus siglas en inglés, lenguaje de marcas de hipertexto) es un formato que contiene un documento, donde indica la organización y estructura para modelar los datos, similar o de la misma familia de los XML, pero orientado para las páginas web. Es un lenguaje definido por sus sintaxis y semánticas por sus etiquetas, la gramática o reglas propuestas en las etiquetas usadas para las páginas web. Su regla es similar a la estructura de los documentos XML que se rige por SGML (Standard Generalized Markup Language en sus siglas en inglés Lenguaje de marcado generalizado estándar). Se utilizan las etiquetas y los caracteres "<, >, /" como los XML. Para HTML están bien definidas un conjunto de etiquetas tanto en las sintaxis y sus significados, normaliza la función en los aplicativos al usar un documento que tenga la estructura HTML. Para procesar o crear un HTML los aplicativos interpretan las etiquetas y sus datos para ser representado en las páginas web, ver la Figura 8.17 de un ejemplo documento HTML.

```
<!DOCTYPE HTML>
<html>
  <head>
    <title>Titulo del contenido</title>
  </head>
  <body>
    <p>Contenido</p>
  </body>
</html>
```

Figura 8.17 Ejemplo de un documento HTML

En un documento HTML posee título, sub títulos, cuerpo, encabezado del documento, etc. Posee un conjunto de etiquetas para definir la estructura de la página web como su contenido, en la Figura 8.17 se indica algunas etiquetas básicas que se puede usar, por ejemplo: "<html>" define el inicio del documento e indica al navegador que es un documento HTML; "<head>" define la cabecera del documento HTML; "<title>" significa que es el título del documento; "<body>" contiene el cuerpo; "<p>" señala que contiene un párrafo. Pero existe una cantidad adicional de etiquetas que poseen también atributos o características que se debe consultar con las diferentes versiones existentes de HTML, como el caso de HTML 5. Es un conjunto de etiquetas predefinidas para el uso de los navegadores o aplicaciones que trabajan con este tipo de documento. También los documentos como todos los archivos son vistas como una cadena de caracteres ASCII (html tiene su propia tabla de representación de caracteres que es similar a la tabla ASCII que es la tabla de código de html), que posee un conjunto de código permitido en la presentación y construcción de página web, como ciertos caracteres y las etiquetas que son usos propios de los aplicativos webs en los lenguajes HTML.

Los XML tienen libertad de sintaxis en las etiquetas y sus significados, de los cuales son interpretados y procesados por los aplicativos; mientras que los HTML están restringidos en su función en la red con los aplicativos de páginas web. De la misma forma que se trata de un conjunto de etiquetas con una estructura definidas en los formatos de estos archivos; se mantienen los mismos tratamientos en los documentos XHTML (eXtensible Hypertext Markup Language), DHTML (Dinamic Hypertext Markup Language), WML (Wireless Markup Language), etc., que son diferentes versiones de HTML con sus propias reglas, etiquetas y juegos de caracteres que son respetadas en las aplicaciones que desean soportar estos documentos.

8.9.   Navegadores Web

Los navegadores web son aplicaciones o software que se basan en la interpretación de los diferentes formatos mencionados y mucho más, como, por ejemplo, http y HTTPS entre otros, y en sus diferentes versiones. El aplicativo se conecta a un servidor web por la red. El uso de los recursos en los ordenadores (hardware y software) son aprovechados por los navegadores web donde están instalado, en el caso de la Figura 8.14 con el uso de filosofía de MIME, indica un subconjunto de formatos y aplicaciones que son necesarios tener en los ordenadores o equipos que utilizan estos aplicativos, por ejemplo, si en un centro comercial en la pantalla publicitaria de diversos productos y servicios, puede que utilice este tipo de aplicaciones donde se conecta en la red con el navegador, se abre un documento que solo presenta imágenes publicitarias y con ciertos tiempo o con un tiempo temporalizado permite reflejar las imágenes de manera secuencial en las pantallas, para esto se necesita tener un controlador de pantalla y un controlador de bocina, utiliza dos aplicaciones uno para el generador de sonido a los aparatos de audio y el otro de video para las imágenes hacia la pantalla; si uno de los controladores como el que maneja el sonido no está instalado, solo el equipo desplegará las imágenes y no el sonido con la misma página; el equipo que tiene completo los dispositivos se conecta a la misma página web donde contiene todas las imágenes y sonidos se reproducen sin problema, y está ubicado en el mismo centro comercial, un servidor web que no necesariamente tiene controlador de sonido ni pantalla (en otra arquitectura se tiene un servidor web remoto conectado en una red inalámbrica). Los formatos de los segmentos de la red deben indicar el aplicativo (sonido o imagen) donde debe ser aplicado cada dato que se envía (vista en capítulo anterior 8.1). Los navegadores web se conectan no solo con los recursos del ordenador, puede inclusive conectarse con otros aplicativos que utilicen otros tipos de protocolos de aplicación como otros protocolos de comunicación. Las aplicaciones pueden estar localmente ejecutándose en el mismo ordenador o un aplicativo en la red en otro ordenador. El navegador web está bajo el protocolo de comunicación TCP/IP o UDP/IP, pero su protocolo de aplicación puede ser http y HTTPS, e internamente soporta los formatos de los documentos HTML, XML, etc., que permite interpretar las etiquetas de cada tipo de formato. Internamente se tiene una idea de cómo se presenta en las pantallas de los ordenadores; pero ante todos se debe saber la página web a donde se desea conectar, en este caso se usa la URL (Uniform Resource Locator en sus siglas en inglés o localizador uniforme de recursos), que es el hipervínculo o enlace que permite la facilidad de navegación entre los diferentes documentos en la red.

El URL está compuesto de tres elementos: protocolo (http, HTTPS, ftp, etc.), el nombre de DNS del host (ver capítulo 8.2) y el documento a acceder (por ejemplo index.html), separado por el símbolo "/". Un URL de ejemplo sería http://jacinto-fung.com:8070/libros/libros.html, donde "http://" indica que es al puerto destino 80 que accede al servidor con protocolo http, "jacinto-fung.com" que indica el nombre del equipo proveedor de servicio de internet (dominio) o un servidor web con el puerto IP destino "200.35.128.6" y accede al puerto "8070" en vez del "80" (si el protocolo de aplicación http es por defecto el puerto 80 si no se coloca, en este ejemplo el puerto es "8070" después del nombre del servidor web, se conecta al puerto por defecto indicado en http, es colocar ":80" como "http://hola.com:80/index.hmtl" y "http://hola.com/index.hmtl" es idéntico, en cualquier caso no se recomienda utilizar otro puerto diferente de 80 cuando se usa el protocolo http como estándar, se coloca de modo de ejemplo), y en ese servidor extrae y muestra el documento ubicado en "/libros/libros.html" en el navegador web. La conversión del servidor "jacinto-fung.com" al IP "200.35.128.6" lo realiza el DNS. El resultado final es la presentación del documento "libros.html". El usuario debe tener el conocimiento del protocolo de aplicación, el nombre del dominio, y el documento que desea acceder con la URL. En cualquier caso, hay navegadores web que utilizan los diferentes protocolos (o puertos conocidos como http, https, ftp, etc.) que lo coloca como prefijo al dominio de forma automática cuando el usuario no se recuerda y no lo ingrese en la URL; del mismo modo el documento al no ser encontrado intenta ubicar la entrada más cercana o por defecto ("default") de la página web que se presenta al acceder a la IP indicada. Los navegadores usan los "cookies" para almacenar información de las páginas web visitadas, de esta forma permite tener memoria de lo último que se hizo o el estado cuando el usuario vuelve a conectarse a la misma página web. Otra característica se tiene es la memoria cache del navegador web, permite tener por un tiempo de almacenamiento de la página visitada, para volver a la página que recientemente fue consultada, este en vez de ir de nuevo al dominio y realizar el mismo tráfico en la red, solo presenta lo que tiene guardado localmente en el equipo, permite con este mecanismo rapidez de consulta, uso eficiente de la red, pero una de sus desventajas es que no está actualizada la información (no es recomendable el uso de memoria cache en aplicaciones de tiempo real); por defecto, el uso de memoria cache es para no acceder a la red si tiene la información local, el uso de acceso a la red depende de la configuración de cada página web; existe en la configuración de las páginas web la etiqueta de actualizarse en un período de tiempo que tiene por defecto; esto depende si es una página web estática o dinámica. Las páginas web estáticas no cambian la información hasta que sea modificado o actualizado su contenido por su creador en el servidor, generalmente es en un período largo que se actualiza; mientras que las dinámicas pueden variar su información en un periodo de tiempo corto de forma automática como las páginas web de los periódicos digitales.

8.10.   IBM MQ (versión actual de WebSphere MQ)

El uso de soluciones o servicios de mensajerías sobre las redes. En referente a las empresas que utilizan Mainframe o grandes ordenadores están conviviendo o sustituyendo los protocolos tradicionales como SNA u otro que este orientado a las nuevas tecnologías y permita la integración no solo de aplicaciones vitales o de sistemas heredados ("legacy system") con las nuevas tecnologías; donde permite mantener el mismo protocolo de aplicación, pero cambiando el protocolo de comunicación o abriendo otro canal de comunicación para el mismo aplicativo central. En el caso de IBM permite con MQ por medio de manejo y administración de mensajería de cola, la posible sustitución de SNA como medio de comunicación entre los aplicativos en la red, o trabajar en conjunto con la arquitectura de SNA. En los aplicativos clientes actuales que no soportan la arquitectura SNA tiene otra alternativa para manejo de comunicación entre los equipos en la red. La ventaja para los programadores es conectarse a un aplicativo puente o un servicio es más sencillo que construir el protocolo de comunicación, y mantener los mismos mensajes del protocolo de aplicación entre los dos puntos extremos del servicio de mensajería; de este modo, no se preocupa de la seguridad y la entrega correcta del mensaje, con solo el uso de estos tipos de aplicaciones o servicios que se encarga del trabajo. La otra ventaja que se identifica, es el uso de estas soluciones son soportadas en diferentes sistemas operativos y modelos de ordenadores, para la parte del protocolo de comunicación y transferencia de archivos permite transparencia en diferentes tecnologías. Se puede aplicar la comunicación de multidifusión o de punto a punto, uso de un solo envío con una o varias recepciones de mensajes (publicación / suscripción), etc. Se profundiza este tipo de soluciones en el uso de la red en el desarrollo de software con la conexión a aplicaciones o servicios de mensajerías en vez de usar directamente los protocolos de comunicación. Este tema entra en la arquitectura de software o tipos de desarrollos por capas que permiten los sistemas operativos. En los capítulos finales se detallan la utilización del middleware como desarrollos de componentes de comunicación. La diferente configuración del servicio de mensajería permite el tipo de conexión deseada para cada aplicación, es decir, multidifusión realiza la analogía en el uso de un puerto UDP/IP para varias aplicaciones receptoras y un aplicativo emisor; como conexión punto a punto definido en TCP/IP. La definición del modo de comunicación se define en la configuración de la solución de mensajería.

En este mismo orden de ideas, en la web existen aplicaciones y servicios disponibles que permiten usar las redes por medio de uso de reglas o herramientas que las aplicaciones o servicios web proveen a los programadores, desde el enfoque de usar funciones o llamadas remotas a funciones de los servicios de forma transparente, utilizando igualmente los protocolos de comunicación existente en la web hasta el punto de vista más sencilla sin preocuparte de la conexión en la red, por ejemplos, el uso de "Google Maps", el uso del correo electrónico enviar un mensaje SMS (Short Messages Service en sus siglas en inglés o servicio de mensajes cortos) a un teléfono móvil, o el uso de los servicios de correos electrónicos en el desarrollo de las páginas web o en las aplicaciones no web.

8.11.   Ir más abajo del nivel de la capa de aplicación

Existen aplicativos que no solo trabajan con la capa de aplicación del modelo de referencia OSI, también debe tener el control de la capa de presentación y la capa de sesión. Generalmente son aplicaciones heredadas que se mantienen hoy en día y tienen varias generaciones de desarrolladores; generalmente son los mainframes que son sistemas que se han preservados durante el tiempo y han sido trasladada a nuevos equipos (hardware) más potente, pero mantiene el mismo software e inclusive actualizadas con sus nuevas versiones, pero el modelo y la arquitectura de comunicación se mantienen. En estos casos, las aplicaciones actuales a ser interconectado en la red con estos majestuosos aplicativos, deben trabajar no solo en el protocolo de aplicación, debe también entender y trabajar conjuntamente con el resto de la capa de aplicación, debe también ir más allá, el manejo de la capa de presentación y sesión. Esto es debido a que las diferentes formas de comunicación descrita en el capítulo 6 se manejan en las capas de sesión y presentación, no es suficiente en el manejo e interpretación de los datos o mensaje en la trama de la aplicación, también se debe interpretar y manejar los encabezados del protocolo de comunicación en las dos capas siguientes de la capa de aplicativo. Por ejemplo, la señal del último mensaje que recibe de una cantidad desconocida de respuestas en el caso que se desea imprimir un documento y cada respuesta es una línea de impresión, pero la señal del último mensaje está localizada en uno de los campos del encabezado de la capa de sesión y no en el protocolo de aplicación. En este caso es tres trabajos que debe tener el aplicativo, en hacer la función de las tres capas para que el aplicativo funcione conjuntamente con el protocolo de comunicación. Como se indica en la Figura 8.18 existen dos aplicaciones "A" y "B", donde el aplicativo "B" solo interactúa con la capa de aplicación del protocolo de comunicación, mientras que el aplicativo "A" debe controlar las capas de aplicación, presentación y sesión, en este caso el aplicativo "A" tiene acceso de construir y consultar los paquetes de envío desde la capa de aplicación hasta sesión. Estos casos se ven en los desarrollos de software en el manejo de SNA LU tipo 0 y TCP/IP, que se describen en la sección III.

Son pocos casos que en la actualidad se encuentra con aplicaciones que manejen o controlen más allá de la capa de aplicación, debido a la flexibilidad de la arquitectura de la aplicación (por capa), en este sentido permite uso de diferentes protocolos de comunicación y todo dependan de la capa de transporte, red, enlace de datos y física que se usen en ese momento, pero el desarrollo de ellas no es fácil debido a que se desarrolla las otras capas superiores hacia la capa de aplicación. Estos tipos de aplicaciones permiten cambiar de un protocolo de comunicación de la arquitectura SNA a TCP/IP por ejemplo y mantener el mismo protocolo de aplicación. Estos son los dos extremos de aplicaciones, el uso de una capa y de varias capas en la misma Figura 8.18. También depende de la tecnología donde se apoya para construir las aplicaciones, cada capa del modelo OSI que tan independiente trabaja o que partición de las capas OSI contienen en cada tipo de solución disponible tiene para el servicio de manejo de la red.

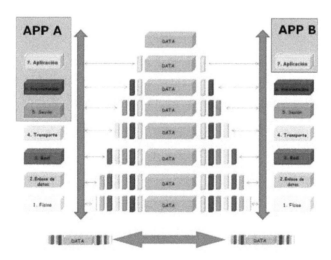

Figura 8.18 Aplicaciones de múltiples capas

No solo depende de la plataforma tecnológica que se puede ver los extremos de las dos aplicaciones; uno con el control de varias capas o de una sola capa del modelo de referencia OSI. La creación de los diferentes componentes que accede a cada capa del modelo, se inclina a la arquitectura de software y a la creación de los componentes que integra el software. El concepto de diseño, construcción y desarrollo de los componentes de cada capa permite tener una visión más detallada a lo que se enfrentan en la conexión de las dos aplicaciones en la red dentro de una tecnología. En la siguiente sección se detalla la construcción de los componentes del software.

Sección III
Desarrollo del
Software

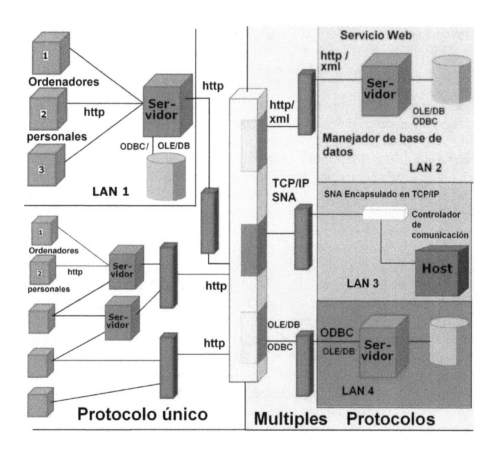

En esta sección contiene un conjunto de capítulos que se refiere al desarrollo de aplicaciones y software en general, tener los conceptos bien definidos permite tener las ideas de los desarrollos que se basan en la red. Se inicia con los conceptos básicos de las aplicaciones y software, incluyen también conceptos en el ámbito de desarrollo y representaciones lógicas de estructuras de datos, como arquitecturas de diferente software que se describirán, luego de tener estos conceptos claros se utilizan en combinación con los conceptos descritos en las dos secciones anteriores que se centra más en el área de redes, protocolos de comunicación y aplicación. Hacer referencias a los diferentes tipos de protocolos de comunicación en combinación a los conceptos de desarrollos de los diferentes modelos de software, permite al lector tener mecanismo o herramientas de desarrollo en software que interactuará con la red. Dentro del protocolo de comunicación se habla en esta sección y con mucha frecuencia de la capa de aplicación, la capa superior del protocolo de comunicación.

La capa de aplicación es parte fundamental de los desarrollos del software. La conexión de un ordenador a otro se realiza por medio de la red, pero luego que exista la conexión física, los aplicativos deben tener reglas de conversación de la información que se transmiten. Comienza otro mundo que el desarrollador o programador de aplicaciones deben entender para los proyectos, la forma de conversación entre los aplicativos, se genera así lo que se llama protocolo de aplicación. El protocolo de aplicación se desarrolla en la capa de aplicación del protocolo de comunicación. Debe haber una relación de esta capa con el resto de las capas del protocolo de comunicación, esto se refleja en los componentes que describe en esta sección, define el límite con el resto de las capas, la consecuencia de los protocolos de aplicación que influyen en las demás capas. El tener una separación entre la capa de aplicación y el aplicativo en sí, la separación entre ellas no está muy clara, se genera una sub capa que une la capa de aplicación con el resto de la capa del protocolo de comunicación, y la unión con el software mismo. Las limitación de esta sub capa depende del desarrollo de los componentes que se aplican y las herramientas de desarrollo disponible, pero el punto central lo define el desarrollador y el diseñador del software, en tener claro la separación bien limitada entre las capas. Y finalmente se presentan las diferentes estrategias de desarrollo en los protocolos de aplicación.

9. Conceptos generales de Software

9.1. Concepto de software y aplicación

Un software se considera como un conjunto de aplicaciones o programas que se ejecutan en uno o varios ordenadores que trabajan en conjunto para un objetivo. Un software puede ser confundido con un programa o una aplicación cuando el software posee un solo aplicativo o programa, en este caso se consideran sinónimos el software, aplicación y programa. El software también se puede confundir con una solución tecnológica por la cantidad de aplicaciones o programas que pueden estar conformado y no contenga ningún componente físico (hardware) adicional más que el ordenador. Como se ve que el software puede ser un aplicativo o muchos aplicativos que lo constituye. Estos conceptos provienen por su arquitectura y construcción; dentro del software se realiza modularidad de sus funciones, existen particiones por las diferentes tareas, cada tarea se convierte en un módulo o parte del software. Cada parte no puede trabajar de forma independiente y debe estar encajada dentro del módulo principal; puede estar dentro de un aplicativo que lo controla un módulo principal, por lo tanto, todos los módulos y sus funciones están en un solo aplicativo, un solo software. Pero también existen módulos que trabaja de forma independiente como un aplicativo individual, las funciones o tareas trabajan de forma coordinadas con los otros módulos en otros aplicativos de forma independientes. Estos aplicativos independientes pueden ser ejecutados en el mismo ordenador, o puede que ser ejecutados en diferentes ordenadores o equipos. Cada aplicación se conecta con otro, dentro de un mismo ordenador o en diferentes ordenadores (en este último caso se necesita una red física). Dependiendo de la herramienta, la arquitectura y el tipo de modularidad aplicada en el desarrollo, los aplicativos trabajan sin saber si están todos en el mismo equipo o están separadas físicamente en diversos equipos. Pero el factor fundamental se basa en la comunicación entre ellas. Los aplicativos se conectan internamente en el mismo equipo de la misma forma de conectarse si estuviera en varios ordenadores. Estos conceptos se manejan en modularidad eficiente que no se estudia en este libro y se explica de forma detallada en Ingeniería del Software [Fun01] de la serie que pertenece este libro. En este libro estudiaremos la arquitectura de software que permite este tipo de estructura y conexión, donde se apalanca en las redes informáticas. En el concepto lógico o estructura lógica del software, puede haber redes de comunicación entre los aplicativos aun estando en el mismo ordenador, o estar en varios equipos separados.

El uso de las redes actualmente es transparente para los desarrolladores de software, e inclusive a veces no se dan cuenta que están trabajando en las redes físicas. Las tecnologías informáticas tienden a realizar grandes conexiones de redes, donde los aplicativos estén independientes y transparentes conectados en el mismo equipo o al otro lado del mundo por las redes de la inter red. El desarrollador experto que conozca lo que se realiza en la red o la utilización de ellas, posee un mayor rango de conocimiento que se puede explotar con una diversidad de aplicaciones y software de forma más eficientes. Dos aplicativos dónde se conecten y cómo se conecten hace la diferencia del éxito o no del proyecto, es diferente la conexión de dos aplicativos en un mismo ordenador, donde se consume los recursos propios donde se ejecutan, el tiempo de conexiones son rápidas debido a que la conexión es interno (local) y depende de la velocidad de procesamiento del ordenador y de las memorias, mientras que al conectarse dos aplicativos en dos equipos, el procesamiento de hardware se divide entre los dos equipos, pero hay un consumo adicional, que son los recursos de las redes, el tiempo de conexión y transmisión.

Las aplicaciones o programas informáticas es un conjunto de instrucciones y reglas que son ejecutados para realizar tareas específicas en un ordenador. Los módulos o funciones son secciones o particiones dentro del aplicativo o programa, que realiza una tarea específica. Con este concepto, un módulo hace una tarea, y varios módulos de forma coordinada ejecutan una tarea general en el ordenador. Una aplicación se conecta con otros aplicativos, y todos los aplicativos se conectan para cumplir un objetivo específico del software. Existe también software que se conectan con otro software para cumplir un objetivo general. En todas las conexiones entre los elementos descritos hasta ahora se basan en redes. Desde este punto hablar de software, aplicaciones y programas con el enfoque de redes, son sinónimos, debido a que sus bases generales de conceptos de conexión en una red informática es la misma. Para las conexiones en la red, se debe conocer como mínimo las dos secciones anteriores del libro, teniendo estos conceptos claros, la programación o el uso de lenguaje de programación en el desarrollo de las aplicaciones que se conecten en la red es similar para todos los componentes o módulos de las aplicaciones, pero con conexiones internas. Las reglas de comunicación o protocolo de comunicación es la misma.

9.2. Tipos de aplicaciones

En el desarrollo de aplicaciones o software se determina con el uso directo del ordenador (hardware) y del sistema operativo. El sistema operativo es un software que controla el hardware y los recursos físicos (pantalla de video, discos, teclado, dispositivo de sonidos, tarjeta de red, etc.), adicional también controla, coordina y ayuda a otras aplicaciones a trabajar en el uso de los recursos disponibles en el ordenador. Existe una diversidad de software y clasificaciones desde el punto de vista informático, en el caso de uso de redes y a nivel de sistema operativo se puede clasificar de la siguiente manera:

- ✓ Aplicaciones para usuarios.
- ✓ Aplicaciones de servicios.
- ✓ Aplicaciones de librerías y bibliotecas.

9.2.1. Aplicaciones para usuarios

Las aplicaciones que dan la cara al usuario, la aplicación está construida y diseñada para que el humano interactúe con el computador. Estas aplicaciones no solo están en los ordenadores funcionando, están en cualquier dispositivo o equipo que el aplicativo detecta la entrada de datos u opciones de tareas permitidos o programados para ser usado por el usuario. Por ejemplos, estas aplicaciones existen en los equipos como los teléfonos móviles, ordenadores móviles o de escritorios, aplicaciones en la web o conexión en red, etc. Estas aplicaciones se pueden también clasificar como programas con conexiones a la red (como el navegador Web, por ejemplo) o aplicaciones locales sin conexión a otros equipos. Las aplicaciones locales pueden ser clasificadas en programas que se conecta con otro aplicativo en el mismo ordenador o aplicaciones que no se conectan a ningún otro programa del equipo como son los aplicativos de cálculos. Estas aplicaciones utilizan los recursos locales del equipo y si está en red usa también los recursos de otros equipos de la red. Su punto focal es el diseño de la interfaz e interacción con el usuario.

Las aplicaciones pueden trabajar solos que son los monolíticos, por ejemplos: de los videos juegos de un usuario y programas de cálculos; otras aplicaciones que depende de otros aplicativos o trabajan con otros aplicativos que solo uno de ellos es que interactúa con el usuario.

9.2.2. Aplicaciones de servicios

Las aplicaciones de servicios están escondidas a los usuarios, no se ve a simple vista en los ordenadores o equipos. Son también llamados procesos en ejecución, se detecta al verificar su funcionando en los equipos como el proceso de conexión a la red, detección de nuevos correos electrónicos, la ejecución de un antivirus, el mismo sistema operativo del ordenador, etc. Son aplicaciones que permiten realizar trabajo o tareas en el ordenador que no interrumpen al usuario cuando trabaja en la computadora, pero mantienen la operatividad de los diferentes componentes y funcionalidades del equipo, generalmente estas aplicaciones son los sistemas operativos, son servicios que presentan sus recursos de esta manera para que los aplicativos de los usuarios operen en el ordenador. Existe una clasificación en este tipo de aplicaciones de servicios: los locales en los ordenadores que opera sin la intervención del usuario, trabaja de forma automática, generalmente son aplicaciones que realiza proceso en lote o atención de los otros aplicativos en el manejo de recursos físicos de los equipos o tareas específicas que interviene en una cadena de un proceso, por ejemplo, el servicio de tareas programadas en el ordenador que revisa con frecuencia la agenda electrónica con la hora para dar las alertas; otros tipos son los servicios WEB, son similares a las páginas WEB pero son usados por otros aplicativos y no por los usuarios directamente, están disponibles en la inter red o en una red local, permite a los desarrolladores de software compartir la funcionalidad en la red con sus aplicaciones (otros servicios, aplicaciones Web, etc.), por ejemplo, un servicio que provee el DHCP (en el capítulo 8.2.5) donde asigna en la red privada la IP dinámica a los ordenadores. Generalmente estas aplicaciones inician su ejecución al encender el computador.

9.2.3. Aplicaciones de librerías

Estas aplicaciones no se ejecutan de forma independiente como los dos tipos anteriores de aplicaciones. Estos son construidos para ser usados en otros aplicativos, son los conjuntos de módulos o funciones (métodos de clases en algunos casos) que están construidos y disponibles para que los desarrolladores de software lo utilicen en sus aplicaciones, se tiene por ejemplos las librerías de usos de las redes TCP/IP, el manejo de las imágenes, etc., donde cada librería realiza una tarea en un área pre definida. En los ambientes de desarrollos existen dos tipos de librerías, las librerías de enlace dinámicos (DLL en sus siglas en inglés

Dynamic Link Libraries en los ambientes de Microsoft) y la biblioteca (lib del inglés Library aplica a la mayoría de los ambientes tecnológicos). Están construidas en un lenguaje de programación que son usadas al invocarse dentro de los aplicativos. Las librerías de enlace dinámico y la biblioteca como se sabe no son autónomos, las diferencias de los códigos de la biblioteca (lib) son llevada dentro del código del aplicativo que lo usa, por ejemplo, si hay 20 aplicaciones que usa la misma biblioteca (lib) se hacen 20 copias, una copia por cada aplicativo, queda inmerso la librería dentro de cada aplicativo; mientras que las librerías de enlace dinámicos (DLL) deben estar instalado en el sistema operativo o en el equipo donde los aplicativos ejecuten esta librería, los aplicativos solo hace referencia a esta librería dentro de su código de programación. Tienen sus ventajas y desventajas el uso de las librerías de enlace dinámico como el uso de la biblioteca. Tanto en tamaño de los archivos de los aplicativos (vista si se transmite por la red) varían, como la dependencia de la instalación o no de la librería de enlace dinámico en los equipos para los aplicativos que lo necesiten, existen otras ventajas como desventajas de ambos que no seguiremos el estudio en este libro. Un ejemplo de estas librerías sería "socket.lib" y "socket.dll", que permiten el uso de funciones para la transmisión en TCP/IP o UDP/IP en la red.

9.3. Cliente / servidor

Cliente / Servidor es un modelo de software que define dos aplicaciones conectados en una red, que reparte el trabajo entre ambos. El aplicativo que solicita un requerimiento se llama cliente; el aplicativo que despacha o realiza el requerimiento es el servidor, por medio de aplicativo de servicios. Generalmente el cliente realiza la interacción entre el usuario y el software. El servidor es el encargado de realizar trabajo y gestionar recursos compartidos con las otras aplicaciones, es el dueño del recurso que posee y lleva el control de esta.

El cliente puede ser un dispositivo móvil, un ordenador, o simplemente un hardware que realiza la interacción con el usuario, un aplicativo cliente sin interacción con el usuario es usado como autómata o recolector de datos en su ambiente (cámara, termómetro, etc.). Dependiendo de los recursos disponibles en el cliente, puede ser usado y ayudar al servidor en el objetivo de dar el resultado al usuario. Hay casos que los clientes se convierte en servidores, como servidores se convierte en clientes en momentos dados al responder a los requerimientos. El modelo de cliente / servidor permite compartir el trabajo entre las aplicaciones, se separan en tres trabajos que son: procesamiento de la presentación al usuario, procesamiento de análisis y lógicas, procesamiento y administración de datos. Entre los dos aplicativos se comparten los diferentes trabajos generando diferentes arquitecturas de cliente / servidor.

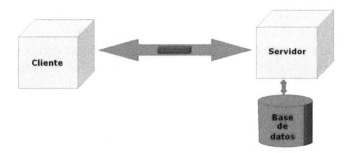

Figura 9.1 Cliente / Servidor

La interfaz de usuario ("front-end") es el equipo cliente y componente del software encargado de realizar la interacción con el usuario.

El extremo final ("Back-end") es el (los) servidor(es) donde puede contener los datos como el procesamiento o quién comparte el recurso a los demás aplicaciones.

Interfaz de programa de aplicación (API – "Application Program Interface", ver el capítulo 9.8 para más detalles) es el software que permite la conexión entre el "front-end" y el "back-end".

Como se indica en la Figura 9.1 el uso de este esquema es para compartir recursos en la red y procesamiento, en este ejemplo, varios clientes compartiendo la misma data en la red con un servidor. Como se indica todo momento que el cliente y servidor son aplicaciones, por lo tanto pueden estar ejecutándose en el mismo o en varias computadoras.

9.4. Arquitecturas de software

Existe una variedad de arquitectura de software, depende del diseño y la estructura interna formada por una diversidad de componentes, todos los componentes están ordenados e interactúan para que el software cumpla el objetivo para que es creado. Los componentes pueden ser aplicaciones o conjuntos de funciones que corren en una estructura ordenada y con sus propios objetivos a nivel de estilos arquitectónicos clásicos, los componentes internos y su organización poseen sus propios conceptos; se basa en dos ítems básicos, elementos de procesamiento de datos y sus conexiones. En el ámbito de redes se derivan en el flujo de información en los medios definidos por la arquitectura y el protocolo. En ellas se tienen según David Garlan y Mary Shaw [Gar01]:

- ✓ Tuberías y filtros.
- ✓ Orientado a objeto.
- ✓ Sistemas en capas.
- ✓ Interpretes.
- ✓ Repositorios.
- ✓ Eventos o invocación implícita.

9.4.1. Tuberías y filtros

Esta arquitectura lo integra dos componentes: filtros y tuberías. Los filtros que son los componentes que transforman los datos de entrada y es enviado hacia la salida; y las tuberías son las conexiones que realizan entre los filtros como se indica en la Figura 9.2. Es similar a los procesos de los sistemas operativos conocidos como UNIX, LINUX, Android, iOS, etc. En un enfoque de redes, todos los componentes pueden estar dentro de un mismo ordenador o puede que represente cada filtro o un conjunto de ellas en ordenadores diferentes. Las tuberías donde fluyen los datos de un filtro a otro, se representan en conexiones dentro de una red en el caso que son varias aplicaciones o procesos (en sus ordenadores y equipos). El caso que todos los componentes de esta arquitectura trabajan de la misma forma que el protocolo de comunicación debe ser ligero en el sentido que permite trabajar dentro de un ordenador o varios ordenadores como UDP o TCP en IP. Si esta arquitectura está en el mismo ordenador bajo IP, las conexiones serian con el mismo valor de IP para todos los filtros, pero debe conectarse con diferentes números de puertos. Si cada filtro está en diferentes ordenadores se combina entre los valores de la IP y los números diferentes de puertos.

Cada filtro se comporta como cliente y servidor al mismo tiempo. Permite la fluidez de datos con cualquier formato definido en el capítulo 2, una de las desventajas de este estilo de arquitectura son los mensajes que pueden tener una diversidad de formatos y reglas de envío – recepción, se recomienda que en todos los mensajes que se envían en las tuberías sean estándar para toda esta arquitectura. Tener un mismo protocolo de aplicación para todas las tuberías, con las mismas reglas y formatos; la recomendación adicional es el uso del mismo protocolo de comunicación si es posible. Los filtros pueden ser implementados por aplicaciones de servicios, o aplicaciones sin interacción con los usuarios. El protocolo de comunicación puede proponerse con TCP o UDP bajo IP. Se puede desarrollar bajo un solo ordenador; o en varios ordenadores en una red LAN o WAN. La arquitectura es ideal para procesos en lotes.

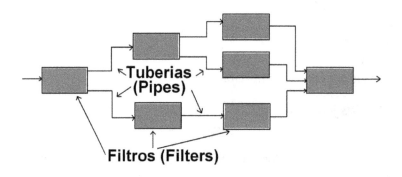

Figura 9.2 Filtros y tuberías

9.4.2. Orientado a objetos (remotos)

Las herencias y la reusabilidad en este estilo arquitectónico son las características fundamentales. En los objetos se describen las características de los atributos, las operaciones y los mensajes (forma como se conectan los objetos), se enfocan en las aplicaciones monolíticas, donde los objetos son utilizados dentro de los aplicativos y son operados internamente, como se indica en la Figura 9.3. Existen varias formas de interactuar cuando se realiza la conexión a otro equipo u otro aplicativo que posee el objeto de forma distribuida u objetos remotos. La implementación en la red se deriva en tener un solo equipo que posee el objeto, que contiene adicionalmente el estado y sus métodos. Los clientes que acceden al objeto por medio de mensaje en la invocación del objeto. Otras formas son implementadas, en vez de tener un estado persistente para todos sus clientes, existen las transitorias, donde el estado es válido en un momento dado cuando son invocados con un estado inicial. Existe también implementación de objeto estático y dinámico, el dinámico en el momento de ser invocado puede inspeccionar el objeto a nivel de ejecución los parámetros o valores de los atributos al cliente; mientras que el estático, la estructura del objeto al cambiar,

172

se debe recompilar en todos sus clientes, los cambios o la importación de esta para ser compilada depende de la tecnología utilizada. Este tema es muy estudiado en sistemas distribuidos y su forma de implementarla. En el caso de uso común, es la utilización de objeto encapsulado en las librerías y las bibliotecas, donde permite ser reutilizado en las aplicaciones cuando son heredadas con objetivos muy particulares. En los casos de los objetos distribuidos como en el uso local por medio de las librerías y bibliotecas, dependen de las herramientas y las tecnologías con los que son construidos y soportados.

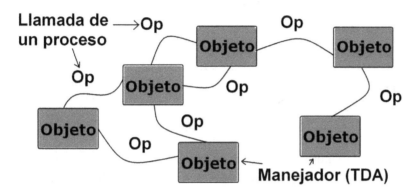

Figura 9.3 Orientado a objetos

Con la herencia permite transportar y reutilizar las reglas y normas de los diferentes protocolos de aplicación en el software.

9.4.3. Sistemas en capas

En el capítulo 3 se describe un modelo de referencia por capa OSI en los protocolos de comunicación, es un ejemplo de esta arquitectura. De la misma forma, existe estructura que se utiliza en este tipo de estilo o arquitectura para el diseño del software. La ventaja de trabajar en este estilo en el desarrollo de software es que continúa la misma filosofía cuando se desarrolla en componente de la red, respeta las capas definidas en los protocolos de comunicación hasta la capa de aplicación a partir de esta, en el desarrollo de la aplicación sigue construyendo las otras capas que permiten separar las funcionalidades de los aplicativos propios de cada diseñador de software. Pueden desarrollar hasta máquinas virtuales o capas que limita el rango de acción a otras aplicaciones de forma vertical (ver la Figura 9.4.a) u horizontal (ver Figura la 9.4.b), como el

173

ejemplo de conexiones entre aplicaciones del capítulo 8.10 de forma horizontal en conectarse a aplicaciones que provee servicios de redes; o de forma vertical como los sistemas operativos que deben soportar todas las aplicaciones de los usuarios en el ordenador.

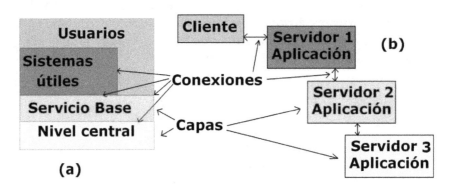

Figura 9.4 Sistemas en capas

Este esquema de la Figura 9.4.b, también se le conocen como sistemas de N-capas, 3 - capas (data, lógica de negocio y presentación) o modelo vista controlador (MVC), pero son ejemplos de la diversidad de diseño de software con esta arquitectura. Esta arquitectura se representa en la práctica en aplicaciones (a veces con ordenadores separados o equipos) con funcionalidades muy puntuales, donde cada capa es representada tanto por el hardware y el aplicativo que se ejecuta en cada capa. En caso de la Figura 9.4.a, a veces es difícil separar las capas y sus funcionalidades como sucede con una variedad de protocolos de comunicación realizando la referencia al modelo de capa OSI descrito en el capítulo 3.

9.4.4. Interpretes

Existen aplicaciones donde los códigos fuentes son leídos y ejecutados en el momento, hay una traducción previa a su ejecución del código fuente a código de máquina donde es ejecutado en el ordenador. En el momento que se ejecuta se realiza el proceso de la traducción a código de máquina directamente, implica verificación de la sintaxis y la aplicación de la semántica del código traducido, como se indica en la Figura 9.5. En el momento de la ejecución también utiliza datos de entradas como toda aplicación para generar la salida. En cambio, los compiladores existe una verificación previa de la sintaxis y traducción a código de máquina, donde luego el código de máquina es usado cada vez que se desea ser ejecutado sin volver a usar el código fuente, la traducción del código fuente a código de máquina se obvia al menos que exista cambio en el código fuente; mientras que en los interpretadores cada vez que se ejecuta debe hacer la traducción a código de máquina del código fuente.

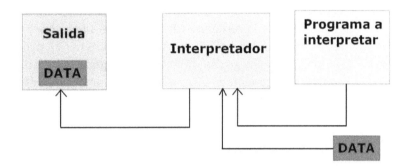

Figura 9.5 Interpretes

En este caso se presentan diferentes formas de utilizar este estilo de arquitectura del software, donde se envía la programación fuente que en teoría es menos información a transferir en la red que un aplicativo ejecutable binario (código de máquina); el envío de código fuente es similar a la data en los protocolos de aplicación. En la mayoría de los casos el enviar los mensajes en la red se centra en datos e información. Con este esquema permite también enviar aplicativos completos de una forma más ligera en vez de enviar un aplicativo binario (compilado). Tiene la ventaja de tener un interpretador en una diversidad de ambiente (sistemas operativos y hardware) que permite con el mismo código fuente (programa) ser ejecutado. La desventaja en este esquema en la red, es la inseguridad de la información de los diferentes equipos por las aplicaciones mal intencionados que se puede recibir y ejecutar en cualquier momento. Pero permite agilizar en una red privada equipos ociosos en diferentes labores, estos equipos pueden realizar una diversidad de actividades por la demanda que exigen en la red, y todo el proceso se puede realizar por la red de forma remota. Otra desventaja es el manejo de los errores de los programas fuentes, que con este esquema debe validar y realizar pruebas, donde el caso de los compiladores que verifican las sintaxis en el proceso de generar el código ejecutable, los interpretadores deben validar las sintaxis y la semántica a nivel de ejecución o en la misma corrida del programa; se debe prever errores de transmisión en cambio de la sintaxis del programa fuente. Otra desventaja es el tiempo de ejecución

175

donde cada vez que se ejecuta la aplicación debe traducir el código fuente a código de máquina que en los compiladores realiza de forma directa con el código de máquina.

El manejo de la red con este esquema, los elementos a transmitir de un equipo a otro, el equipo receptor debe tener instalado el interpretador para procesar el programa a interpretar y la data que a futuro va procesar. El programa con el protocolo de comunicación de la red debe recibir tanto el programa y la data, al recibir la información se ejecuta con el interpretador, debe tener el mecanismo de guardar los resultados, que luego se le envía al equipo que solicitó este requerimiento. La aplicación conectada en la red debe manejar diferente proceso, la propia del protocolo de comunicación, el proceso de ejecución del interpretador, gestión de los datos de entrada y de los resultados, debe tener el control de la Figura 9.5.

9.4.5. Repositorios

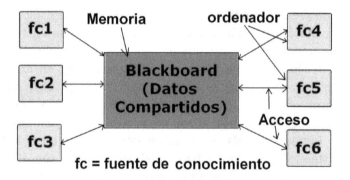

Figura 9.6 Repositorio

Consta de dos (2) tipos de componentes: una estructura central de datos que refleja el estado actual y una colección independiente de componentes que operan sobre el almacén central. Las interacciones entre los componentes pueden variar significativamente. El tipo de control seleccionado puede llevar a dos categorías: a) los componentes acceden a la estructura central para recibir, actualizar y procesar los datos que es compartido con los demás componentes, son los datos compartidos para todos los componentes; b) la estructura central se encarga de activar los diferentes procesos de los componentes, usados en semáforos, reconocimiento del habla o patrones, por ejemplo.

176

El repositorio se puede visionar en las redes como los componentes en la arquitectura de SNA en tener el control y estado centralizado (host) de todos sus elementos en la red (terminales, impresoras, dispositivos de comunicación, etc.); se realiza por medio de envíos de paquetes pequeños de mensaje en la red, para detectar la actividad u operatividad de cada componente. El otro ejemplo en el uso de la red en los datos compartidos son los manejadores de bases de datos en las empresas, donde todos acceden a los datos de un equipo central como por ejemplo, un host de SNA que contiene la base de datos; o una base de datos que es compartido por diversidad de aplicaciones dentro de una empresa; estas aplicaciones se conecta de diversas formas que será estudiadas más adelante con aplicaciones con conexión a bases de datos en el capítulo 14.

9.4.6. Eventos o invocación implícita

Esta arquitectura considera una técnica de integración conocida como invocación implícita. Los componentes son módulos cuyas interfaces proveen una colección de procedimientos y un conjunto de eventos. Los procedimientos se llaman de la manera usual de forma explícita, pero el componente también puede activar algunos de sus procedimientos con los eventos del sistema. Esto hará que estos procedimientos sean invocados cuando los eventos ocurren en tiempo de ejecución, tiene la labor de verificar condiciones en el ambiente, al determinar ciertas condiciones o eventos, el sistema comienza a ejecutar procesos en respuestas a esos eventos. Puede suceder una cadena evento que genere respuesta con llamadas **implícitas** a funciones del sistema. Un ejemplo de estos sistemas son los manejadores de bases de datos, dada ciertos eventos inicia el proceso de consistencia de datos, como activación de mecanismo de respaldo y disponibilidad de ellas cuando existen fallas. En las redes permiten un sin fin de uso de este tipo o estilo de arquitectura, por ejemplo, en el manejo de las fallas de redes permite mecanismo de evento de activar otros enrutadores de respaldo cuando uno de esto equipo falla, o desviar el camino de los paquetes sin existe cuello de botella en cierta parte de la red.

9.5. Usos de las redes de los sistemas centralizados y distribuidos

Los sistemas son diseñados y desarrollados según las necesidades de los usuarios; los diseños de las redes también se definen por los flujos de los datos de los sistemas, la distribución y acceso a los datos que depende del diseño del software.

Otras consideraciones como las tendencias tecnológicas, reducción de costo tanto de mantenimiento, operativos y administrativo, la infraestructura externa de la empresa (diferentes empresas de proveedores de servicios de comunicación, infraestructura del país, condiciones ambientales, etc.), la política de las empresas, la disponibilidad y tolerancia a falla de los sistemas. El diseño tanto del sistema y de la red conlleva principalmente estos diferentes puntos de consideración y la selección de la arquitectura de redes.

Depende de la selección de la arquitectura de las redes como del sistema conlleva ventajas y desventajas. En diferentes arquitecturas se presentan los sistemas centralizados y los sistemas distribuidos. El diseño denota una clara disposición de estas dos visiones, ya sea por seleccionar una de ellas o combinaciones de las dos. Para la vista del usuario del sistema no es importante la escogencia de una de ellas. Pero los costos y el trabajo técnico difieren. Para los diseñadores de las primeras computadoras, el sistema que plantearon es el sistema centralizado. En la actualidad se representa en un súper ordenador que responde a los requisitos de todos los usuarios; otro diseñador podría definir una granja o grupo de ordenadores, con ordenadores de menos capacidad como los servidores, pero todos están en el mismo lugar geográfico y distribuidos en una red LAN; donde cada servidor responde a un número limitado de peticiones de los usuarios, así podrán responder a todos los usuarios y tener la misma capacidad de respuesta simulando como si fuera un súper ordenador. La otra visión es de tener servidores en distintos lugares geográficos con la misma respuesta y capacidad de un super computador central.

Se definen dos tipos de sistemas: centralizados y distribuidos. Todas estas combinaciones dependerán de la selección de los diseñadores de la plataforma tecnológica. La selección de una de estas opciones, acarrean consecuencias posteriores en su uso y mantenimiento. La tendencia de diseño y las consecuencias de su uso. Para definir la selección y sus consecuencias, se debe estudiarse por separado. No es deseo del autor del libro definir que un sistema es mejor que el otro, los dos al final son necesarios, se debe considerar todos en los diseños, lo que hay que cuidarse es la mala aplicación o no definir acciones y consideraciones en el futuro por la selección, para evitar fallas o que no soporten tolerancia de fallas, esto afecta al final con la calidad del software y la red.

Hay otras consideraciones finales para el diseño, para los sistemas que trabajen en redes locales LAN o redes globales con la inter red, permite tener una idea del futuro que se puede encontrar en el proyecto, como medida de prevención o fortaleza en los refinamientos en los tipos de redes. En los siguientes capítulos se describen cada sistema por separado, describiendo en qué condiciones se usa uno o el otro y las consecuencias de su elección.

9.5.1. Sistemas centralizados

Los primeros ordenadores se definen como los primeros sistemas centralizados, los ordenadores desde su creación se concentran en un punto geográfico, desde su procesamiento y resultado se localiza en un solo punto. A escasos metros alejados del ordenador, está la sala continua donde se disponen de los dispositivos de entrada y salida. Con el avance de la tecnología, los dispositivos como terminales, impresoras, etc., se han alejado del ordenador, no solo llega a la sala continua, ahora llega al edificio contiguo, y aumentando su distancia hacia otras ciudades, y operar en otros países. El uso de las redes telefónicas y la creación del módem (dispositivo que convierte señales digitales del ordenador a señales analógicas que usan los teléfonos y viceversas), permitieron el uso de los ordenadores desde puntos lejanos, con la conexión de los usuarios por medio de sus terminales y dispositivos remotos. Con el crecimiento de la población las redes telefónicas y su tecnología, la creación de los satélites como conexión en lugares remotos que no permite el cableado físico de los teléfonos. Crece la cantidad de usuarios que es soportado en un solo ordenador; como ahora de los sistemas centrales que deben soportar muchas conexiones de todos los usuarios; las tareas son ejecutadas en forma concurrente o simultánea. En paralelo, los ordenadores personales aparecen con los módems instalados que permite la conexión no solo con estos ordenadores grandes, sino también la conexión con otros ordenadores personales, la aparición de las redes locales y globales, hizo que el crecimiento de los sistemas distribuidos (ver el capítulo más adelante 9.5.2) aumenten. Pero, aun así, los sistemas centralizados se han mantenido con el tiempo, los conocemos como ordenadores centrales ("Mainframe"), que es el resultado físico y soportado por la tecnología de los diseños de los sistemas centralizados. El nacimiento de los sistemas distribuidos es debido por algunas necesidades que también nacieron desde los sistemas centralizados, ambas necesidades son distintas e inclusive se afirman que son excluyentes, ambos cubren necesidades distintas. En la actualidad, existen investigaciones como grandes inversiones para diseñar y construir ordenadores del futuro con mayor procesamiento que soporte los sistemas centralizados.

La definición de los sistemas centralizados proviene de la misma arquitectura física (hardware) de los ordenadores, y los conceptos de los sistemas operativos. Un ordenador está compuesto por la memoria principal, la unidad central de procesamiento (CPU) y los dispositivos, para que uno o varios aplicativos se ejecuten; la ejecución de un aplicativo se necesita todo lo recurso dicho anteriormente, definido en un hardware. Hasta el momento no hay diferencia con un ordenador personal con los sistemas centralizados, la lógica es la misma para ambas. La diferencia es el software y el ambiente involucrado para su ejecución, todos los componentes que se ejecutan por un software se concentran en un solo ordenador, en un solo equipo. El software como su ambiente tiene el control de todos los dispositivos (terminales y periféricos), tiene todo el procesamiento y los cálculos en este punto central. El hardware como el sistema operativo debe soportar la concurrencia, diversidad de conexiones, asignaciones de prioridades de tareas, etc., y lo más importante de todo es de realizar las tareas con una velocidad de cómputo alta, se habla actualmente de la velocidad de cómputo es por números de transacciones por segundos, en vez de instrucciones por segundos de los ordenadores personales, la diferencia entre una transacción y una instrucción es, la transacción es la ejecución completa de una tarea (una consulta de un dato, modificar uno o varios registros o datos, eliminar una información de un cliente, o ingresar toda la información de una persona al sistema), una tarea puede tener miles de instrucciones, a diferencia de una instrucción, por lo general, es una línea de código de programación. El resultado en un sistema centralizado, es que debe realizar y responder a todos los usuarios conectados en ese momento en un solo punto central.

En base de crecimiento de las conexiones de los sistemas centralizados se apoya en las redes, desde las redes telefónicas analógicas o en los actuales momentos con componentes propios de redes electrónicos digital. Permite una amplitud de tanto en distancia como en cantidad de usuario a nivel mundial. Todas las conexiones centradas en un solo punto. Las recomendaciones son de utilizar flujo de mensajes de corta longitud, permitir diversidad de escenarios ambientales como conexiones de poca capacidad de transmisión en las estaciones, se debe utilizar el menor tráfico posible como modelo ideal para que el tiempo de solicitud y respuesta sea aceptable; uso de datos textos lo más deseable y los datos de imágenes o videos para este tipo de arquitectura no es recomendable, al menos que la infraestructura soporte la carga tanto en velocidad como en cantidad de datos y usuarios.

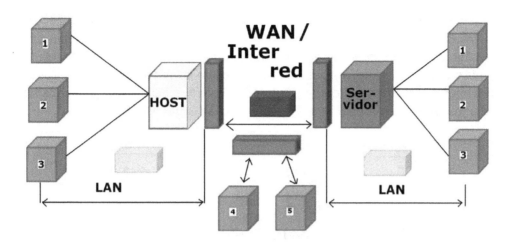

Figura 9.7 Sistema centralizado

El uso de la LAN, WAN e inter red se presenta en los sistemas centralizados, todos los clientes u ordenadores están conectándose hacia un solo punto geográfico, por esta razón, el equipo central debe tener una característica de alto nivel de procesamiento para soportar esta carga. Como se indica en la Figura 9.7 todos los equipos se conectan a un solo equipo que es "Host". Sabiendo que las diferentes velocidades que puede tener dentro de la LAN, WAN e inter red, depende de la capacidad de entrega y salida de los diferentes mensajes en todas estas redes. La diversidad de velocidades también se ve afectada por el recorrido del mensaje desde el cliente hasta el sistema central y su respuesta en una variedad de redes en la inter red, por supuesto el tipo de conexión de red existente entre el sistema central con el cliente.

9.5.2. Sistemas distribuidos

Un sistema distribuido es una colección de componentes separadas físicamente, conectadas entre sí y que trabaja coordinadamente, en donde el usuario lo perciba como un solo sistema. Los componentes pueden definirse como unidades básicas propios del software instalado en un ordenador o varios ordenadores, también se puede definir que un componente como un software que opera en un ordenador. El objetivo principal de este sistema es de ofrecer disponibilidad y/o tolerancia a fallas en los conceptos de confiabilidad. Otro concepto de los sistemas distribuidos, es el uso y operatividad de un software que funcione en dos o más lugares geográficamente separada.

En este sistema permite el uso de redes locales en cada punto geográfico, y el uso de redes que utiliza los sistemas centralizados que interconecta a nivel mundial. La característica primordial es el uso de las redes locales a su máxima capacidad y el poco uso de las redes amplias. Los conceptos de las redes locales y amplias se describen en capítulos anteriores. Los requerimientos del sistema de todos los usuarios están diluidos en diversos puntos en los sistemas distribuidos.

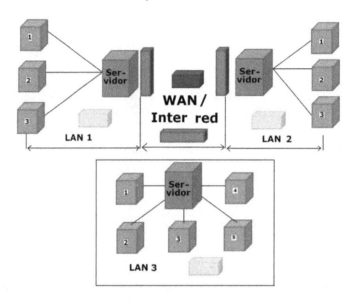

Figura 9.8 Sistemas distribuidos

Existe diversidad de arquitectura de red que se puede presentarse en este tipo de diseño. La clásica es tener varias redes LAN conectados en una WAN, cada LAN posee un servidor y diversos equipos como ordenadores conectados compartiendo los recursos del servidor; si los recursos que está en la red LAN no se encuentra, por ejemplo, una información que está ubicado en otra LAN, se direcciona la búsqueda a otra LAN por medio de la WAN de la empresa; en el caso de los datos es importante tener una buena distribución en todo este diseño; característica fundamental que permite datos distribuidos; tener en el servidor de la LAN los datos más usados; los menos usados o esporádicos están en otra LAN, permite rapidez de acceso y consulta, poco uso de la WAN y el tráfico se genera en la LAN y no en la WAN; en este esquema se asume que los clientes (ordenadores) están en una red privada en cada LAN. En caso de que los clientes están en la red pública o en la inter red; los servidores están distribuidos de forma regional, los clientes detectan el servidor más cercano a su zona geográfica para realizar las conexiones, por ejemplo, tener un servidor por cada país en un sistema internacional, a nivel de DNS se busca por cada país. Si el acceso y solicitudes son demasiados en un país, se debe ahora enfocar en servidores por regiones.

Los sistemas distribuidos deben tener ciertas condiciones para ser seleccionado, tener los datos y recursos distribuidos, procesos y tomas de decisiones locales. Pero hay también detalles técnicos como si una de las redes deja de operar, las demás se mantendrá operativo, a diferencia del centralizado que si falla el sistema central todo se detiene; una desventaja de los sistemas distribuidos, es realizar una mala distribución de los datos, el tráfico en la red va ser mayor que un sistema centralizado. Todos los clientes se conectan con su servidor para obtener los recursos de forma local, si el recurso no está en la red LAN, el servidor de la red debe direccionar y ubicar el servidor que posee el recurso en las demás redes LAN, estos casos deben ser pocos frecuente. La idea principal de esta arquitectura es usar lo máximo la red LAN y poco la WAN o la inter red. El uso de la WAN o inter red debe ser similar que los sistemas centralizados. Hay que recordar las diferentes velocidades de transmisión de una red LAN, WAN y la inter red; y que en una red LAN es ideal de transferir imágenes, videos y sonido.

9.6. Servicios Web

Un servicio Web es un aplicativo que está disponible con la tecnología de Internet, donde se cumple reglas y estándares para su uso o acceso en la red por los aplicativos clientes. Los servicios Web permiten un camino tecnológico para la construcción de SOA (Arquitectura Orientada a Servicio).

El uso de los servicios Web permite ser accedido vía URL (Uniform Resource Locator en sus siglas en inglés) específico con un protocolo para obtener y usar el servicio. Reúne el uso de XML y http para realizar su auto contenidos y modularidad en su desarrollo. Las características tecnológicas informáticas se tienen:

✓ Modularidad eficiente. Posee un alto nivel de cohesión definidos en el auto contenido; y acoplamiento bajo o débil, que es de fácil acceso por los aplicativos de cliente por medio de URL y en algunos casos importación de los objetos y clases.

✓ El servicio se entrega en base a la demanda. Cada vez que se desea acceder al servicio se invoca en el momento.

✓ Se basa en tecnología abierta y estándares. No importa en qué tipo de tecnología está desarrollado o implementado, cualquier plataforma puede accederlo de forma transparente con cumplir los estándares y reglas establecidas.

Pero también se tiene desventajas o inconvenientes el uso de los servicios Web como se indican seguidamente:

✓ Por tener estándares hay ciertos inconvenientes en el desarrollo con tecnología abierta en sistemas distribuidos. Entre ciertas tecnologías no permiten el uso total de las funcionalidades.

✓ El uso de XML no tiene eficacia de procesamiento, el uso de gran cantidad de data de transmisión en comparación a datas crudas de otros protocolos de aplicación de formatos fijos y mixtos; por el otro lado, el uso de la semántica de las etiquetas variadas que no todas las tecnologías soportan el protocolo de aplicación, por ejemplos, los casos de las diversas versiones de protocolos.

✓ La inseguridad del uso de http, donde permite el uso de pared de fuego (firewall) para el bloqueo o auditar los servicios Web. Generalmente, no están disponible los servicios web al público, sino, a una infraestructura interna de redes privadas de las empresas, uso de nivel de seguridad en la red de las organizaciones.

Los servicios Web son ampliamente utilizados con SOAP o REST, ambos trabajan con XML y http, ambos tienen reglas y estándares definidos, existen diferencias entre ambos donde el libro no tiene ninguna tendencia por alguno de los dos, pero en la tecnología informática todo tiene sus ventajas y desventajas, donde se refleja en sus características y principios. Recuerden, el problema no es la tecnología, el problema es el mal uso que se hace con ella.

9.6.1. SOAP

SOAP (Simple Object Access Protocol en sus siglas en inglés) es un protocolo de mensajerías basado con documentos XML. Tanto la solicitud como respuesta se realizan por medios de formatos XML. Los mensajes SOAP están constituidos por: la envoltura, el encabezado y el cuerpo SOAP. La envoltura define el contenido del mensaje; el encabezado SOAP es opcional y tiene información del mensaje; y el cuerpo de mensaje tiene los datos de la solicitud o respuesta.

Con XML también permite exponer las funciones (o lista de métodos) o la funcionalidad del servicio Web. Cada función o método también se maneja con documento XML, donde identifica el método y los parámetros que se usan en ellas; igual que la respuesta, XML da la flexibilidad de soportar muchos datos, el problema o ventaja es cuando se usa mensaje de gran longitud. Permite una libertad de sintaxis como semánticas por los desarrolladores de software. En cada solicitud se envía los datos necesarios y para la respuesta mantiene un estado asociado a la conexión. La libertad de sintaxis y semánticas tiene que tener una interpretación sencilla de los mensajes.

9.6.2. REST

REST (REpresentational State Transfer, en sus siglas en inglés) es una técnica de arquitectura para sistema hipermedia distribuidos. Originalmente era un conjunto de principios y reglas de una arquitectura, en la actualidad se usa en la interfaz web que utiliza XML y http, sin abstracciones de los protocolos basados en patrones de intercambio en los mensajes. Los sistemas que cumplen con los principios de REST se llaman RESTFul.

Con REST tanto el cliente que solicita el requerimiento como el servidor no tienen ningún estado de las comunicaciones entre los mensajes. Por esta razón, los mensajes de intercambio deben contener toda la información necesaria.

REST posee un conjunto de operaciones definidas como: POST, GET, DELETE y PUT. Posee una sintaxis universal para identificar los recursos, los recursos son direccionados por la URL. Con el uso de hipermedia permite acceso a la información como los cambios de estados en la aplicación por medio de la navegación en el recurso REST a otros recursos con solo el hecho de seguir enlaces sin el uso adicional de otra infraestructura.

9.7. Middleware

Middleware es una combinación de Hardware, Software y tecnologías de comunicación que soporta los datos, la presentación y el análisis, en un ambiente cliente/servidor de tres capas, etc.

El middleware es la solución informática que permite conectar los diferentes componentes de un sistema distribuidos o diversos softwares. Se puede definir como integradora porque tiene el poder conectar diferentes aplicativos. Para conectar dos aplicaciones, se estudia el caso extremo donde los aplicativos no usan la red, donde se abre camino de comunicación en la red por primera vez de las aplicaciones aisladas; el otro punto de vista de integración es de comunicar los aplicativos con protocolos de comunicación y/o protocolos de aplicación diferentes. Existen casos que el middleware solo se usa software (SW); otros casos que es solo hardware; y casos que se usan ambas.

9.8. API (Application Program Interface)

El API es un software que le permite a una plataforma de desarrollo programas específicos donde "front-end" puede comunicarse con un "motor" de base de datos particular, cuando las partes "front-end" y "back-end" no han sido construidas para ser compatibles se desarrolla para que ambas partes puedan comunicarse.

- ✓ **"MOTOR" DE BASE DE DATOS (Database engine).** La parte (back-end) del sistema de base de datos cliente/servidor que se encuentra en el servidor y provee el procesamiento de la base de datos y comparte las funciones de acceso.

- ✓ **CLIENTE.** La parte (front-end) del sistema de base de datos cliente/servidor que provee la interfaz del usuario y las funciones de manipulación de datos.

La extensión del concepto no solo se centra en el "motor" de base de datos, se usa también en lo que ofrece las diferentes funciones de un servidor, o las capas más profunda o inferior del software.

En el cliente tiene diferentes mecanismos de acceso al "back-end" como un conjunto de funciones, rutinas, servicios, etc., incluyendo estructuras de datos, objetos, métodos, etc.

Dependiendo del "back-end" y a su medio de conexión del "front-end" se puede clasificar de diversas formas como: API basadas en clases, API basadas en bibliotecas o librerías, API de funciones de los sistemas operativos (API de Android, API de OS/2, API de lectura de teclado, etc.), API de bases de datos (donde se definen los conceptos de este tema en los párrafos anteriores), API de aplicaciones (API de Google, API de Facebook, etc.), así sucesivamente.

El API facilita el trabajo de desarrollo de aplicaciones donde le permite de forma transparente la comunicación entre los recursos que dispone para su uso y el servicio que presta el "back-end".

10. Preparación del ambiente

10.1.   Introducción

Antes de iniciar el desarrollo del aplicativo en la red, previamente debe estar instalada la infraestructura en donde se va a desarrollar el proyecto. Es un ambiente aislado como una red privada, equipos y computadores apartados del resto de la red de la empresa. Esto permite trabajar en un área controlada para el proyecto, es una medida de seguridad para no dañar las otras áreas tecnológicas. Si el proyecto de desarrollo de un aplicativo en una red LAN, WAN o en inter red debe estar definido desde su inicio. Al principio se desarrolla el aplicativo en una LAN e intentar que funcione en este ambiente antes de irse a la WAN o inter red. La sencilla razón, si no funciona en una LAN, no va funcionar en una WAN o en la inter red. Pero si funciona en la LAN no garantiza que funcione en la WAN o en la inter red, y si funciona en la WAN tampoco es garantía que trabaje en la inter red; tampoco se garantiza que, si el aplicativo trabaje en la WAN, no indica que trabaja en la LAN. La idea es realizar el trabajo progresivamente debido a que los factores en las tres redes son diferentes y la solución del desarrollo del aplicativo debe ser única. Un ejemplo de las diferentes condiciones de las redes es el tiempo de transmisión en la red. En teoría en una red LAN es más rápida la transmisión de mensaje que una red WAN o inter red. Si el aplicativo corre en una red WAN con otros aplicativos, la empresa puede definir con la tecnología actual o deseada con la estructura definitiva al inicio del proyecto, como por ejemplo la estructura, características y configuración de la red donde se ejecutará el nuevo software, pero en un ambiente de desarrollo, igualmente aislada con las redes existentes en la empresa. El estándar de comunicación o protocolo de comunicación predomina gran parte en el proceso de conexión.

El ambiente de red debe estar definido antes del desarrollo del software. Inclusive una de las primeras pruebas de selección de la tecnología o de las empresas de tecnología de información en una licitación, es la prueba de conexión de los aplicativos con los sistemas existente en la empresa, si ese es el objetivo. Las pruebas de conexión física es la parte fundamental en el inicio de un proyecto informático de redes. Si no se puede realizar la conexión física, no vale la pena continuar con el desarrollo de la aplicación. La aplicación debe soportar el protocolo de comunicación definida desde el principio del proyecto. Después que se conecte físicamente, comienza la segunda parte de entender y desarrollar el protocolo de aplicación, luego el desarrollo de la aplicación completa en sí. Se tiene un protocolo de comunicación, por ejemplo TCP/IP, pero sobre este protocolo corren una cantidad de aplicaciones que se debe respetar las reglas, como se indica en la segunda sección de este libro sobre el protocolo de aplicación, por ejemplo, aplicaciones de correo o manejo de video y sonido; aplicaciones financieras que tiene un protocolo de aplicación específica, etc.

Existen dos fases fundamentales en la programación de aplicaciones en las redes, que son con un orden estricto de ejecución:

- ✓ Conexión física.
- ✓ Conexión de aplicación.

10.1.1. Conexión física

La verificación de una conexión física es tener un canal que permita ver un mensaje enviado desde un extremo a otro; en el equipo donde se desarrolla el aplicativo se envía un mensaje al destino final o el aplicativo servidor. Un mensaje de error, o un estado de conexión habilitado, cualquier señal que indique que existe una conexión en la capa de protocolo de comunicación. Generalmente se identifica la conexión en la capa física, enlace, red o transporte de la conexión, se utiliza inclusive un analizador de protocolo de comunicación (dispositivo que monitorea los datos que fluye en la red) o un aplicativo que permite monitorear la capa física de la red. En algunos servidores poseen estos aplicativos que permiten verificar las trazas de los mensajes de salidas y entradas en la tarjeta de la red del ordenador. En el caso de los protocolos de comunicación de SNA existen varios estatus o estados de la red como "SSCP" conexión a cierto nivel realizada, este estatus significa que la unidad física (PU) tiene un enlace hecho, el tener el estatus "UP" significa que está conectada la unidad lógica (LU). El simple hecho de tener un voltaje en los cables de red ya es una señal importante de conexión física. No solo el protocolo como por ejemplo SNA, también el tipo de protocolo soportado como tipo 0, 1, o 2, etc.

El análisis de conexión física se debe determinar las capas del modelo OSI que con estructura física de la red están conectados o disponibles hacia el equipo destino; permite identificar la capa necesaria o que faltan para conectarse completamente con la capa de aplicación del destino. El otro resultado del análisis es determinar la disponibilidad de la conexión en el otro punto, es decir, puede estar la infraestructura de red activa, pero el computador a conectar no está en la red o no está disponible.

Existen aplicaciones que permiten monitorear la red, como "Network Monitor" para ambientes Windows y para Linux. En los servidores generalmente poseen un aplicativo para monitorear la red, depende de los sistemas operativos para servidores proveen este aplicativo en su configuración básica. En cada solución o middleware para la conexión o manejo de mensajes en la red, en sus herramientas pueden tener el aplicativo para monitorear la actividad de la conexión en la red, por ejemplo, en el caso de HIS de Microsoft, posee en su aplicación de servidor la opción de captura de mensajes tanto de envío como recepción en el servidor de los mensajes de la arquitectura SNA. Se recomienda monitorear desde el cliente hacia el servidor, es decir, desde el equipo que realiza la petición, debido a la cantidad de tráfico en la red, es diferente analizar los mensajes de un cliente al de un servidor, debido a que el servidor tiene adicional otros aplicativos activos que interactúan en la red, el ubicar el mensaje que se desea a veces se hace trabajoso, al menos que tenga la opción en el aplicativo de monitoreo de la red de presentar o desplegar los mensajes de red de un solo equipo.

10.1.2. Conexión de aplicación

La conexión de aplicación es cuando interactúan ambos equipos, utilizando el protocolo de aplicación del software a desarrollar que utiliza en el otro extremo. Enviar con un formato sencillo del protocolo de aplicación en la conexión física creada u obtenida en el paso anterior. Es importante tener la conexión física antes de realizar la conexión de aplicación. La verificación del protocolo de aplicación es enviar una instrucción de consulta o mensaje que no afecte el estado del otro lado, generalmente se usa un formato de consulta sin afectación de los datos, por ejemplo, si es una transacción bancaria, debe ser una consulta que no tenga comisión que afecte el saldo de la cuenta. Mientras que la conexión física depende de dispositivos o equipos informáticos, esta conexión entra en el área de programación o desarrollo del software. Construir un mensaje entendible en el protocolo de aplicación para realizar la solicitud y esperar una respuesta, si la tiene. La otra forma de monitorear es de instalar el analizador de protocolo en el otro extremo para verificar que el mensaje enviado llegue a su destino. Generalmente esta prueba se realiza con una aplicación prototipo, donde se utiliza la herramienta de desarrollo, el lenguaje de programación, y otro elemento de la tecnología; la otra prueba es del formato definido en el protocolo de aplicación bajo el tipo de red propuesto en el proyecto. La herramienta y la tecnología deben soportar aplicaciones prototipos, si no, utilizar un mecanismo que se asemeje el ambiente propuesto en la comunicación.

Existen casos donde se deben programar y desarrollar adicionalmente las otras capas de referencia OSI junto al protocolo de aplicación; en el análisis de la conexión física se detecta las capas que faltan para completar la conexión de las sietes capas. La prueba de conexión de aplicación es activar el software en particular del lado del servidor por parte del cliente; puede existir una conexión física entre los dos equipos por diferentes razones, por ejemplo, que existen otros aplicativos que interactúan con el mismo servidor que trabajan con otro o el mismo protocolo de comunicación, pero el desarrollo de la conexión es a un software en particular, se verifica con la conexión y activación hacia el software en particular del servidor desde el cliente (en desarrollo); de esta manera se cumple el ciclo completo de conexión de las capas de aplicación de ambos equipos. El objetivo de la prueba es identificar la transmisión de tramas con formatos del protocolo de aplicación por medio del software.

10.2.   Forma de verificar la conexión física IP

Existen protocolos de comunicación que permiten detectar la conexión física con el uso de aplicaciones propias en los sistemas operativos. En el caso de TCP/IP y UDP/IP; con aplicaciones de los sistemas operativos permiten verificar que existe la conexión física o que está bien configurada la red para realizar la conexión entre dos computadores, esto es debido a que el aplicativo a desarrollar esta en el ambiente de red definido para su uso o es base del protocolo de comunicación a ser utilizado. Existen aplicaciones que permite validar la red para los protocolos de comunicación TCP/IP y UDP/IP que son:

   ✓ IPConfig (ifconfig en Linux).
   ✓ NetStat.
   ✓ Route.
   ✓ Tracert (traceroute en Linux, UNIX y Mac).
   ✓ Ping.

10.2.1. Comando "IPconfig" (Ifconfig en Linux)

En los sistemas operativos de Windows el comando en MS-DOS (en "Símbolos de Sistema" en el botón de "Inicio/Todos los programas/Accesorios") de "IPconfig – all" indica la dirección IP, direcciones físicas, máscaras, puerta de enlace, la IP del servidor DHCP y DNS del ordenador.

Como se indica en la Figura 10.1 el resultado del comando. En Linux el comando equivalente es "ifconfig". Este comando se debe aplicar en el equipo emisor y en el equipo receptor, sino se tiene información de los ordenadores.

```
C:\WINDOWS\system32\cmd.exe                                    - 🗗

C:\Documents and Settings\jacinto>ipconfig -all

Configuración IP de Windows

        Nombre del host . . . . . . . . . : jacinto
        Sufijo DNS principal . . . . . . :
        Tipo de nodo . . . . . . . . . . : desconocido
        Enrutamiento habilitado. . . . . .: No
        Proxy de WINS habilitado. . . . . : Sí
        Lista de búsqueda de sufijo DNS:    jalidie

Adaptador Ethernet Conexiones de red inalámbricas           :

        Estado de los medios. . . .: medios desconectados
        Descripción. . . . . . . . . . . . : Intel(R) PRO/Wireless 2200BG Network
 Connection
        Dirección física. . . . . . . . . : 00-12-F0-35-58-1F

Adaptador Ethernet Conexión de área local            :

        Sufijo de conexión específica DNS : jalidie
        Descripción. . . . . . . . . . : Broadcom NetXtreme 57xx Gigabit Cont
roller
        Dirección física. . . . . . . . . : 00-12-35-0F-3B-B8
        DHCP habilitado. . . . . . . . . . : No
        Autoconfiguración habilitada. . . : Sí
        Dirección IP. . . . . . . . . . . : 200.168.1.101
        Máscara de subred . . . . . . . . : 255.255.255.0
        Puerta de enlace predeterminada   : 200.168.1.1
        Servidor DHCP . . . . . . . . . . : 200.168.1.1
        Servidores DNS . . . . . . . . . .: 200.12.192.9
                                            200.12.192.12
                                            200.12.192.7
        Concesión obtenida . . . . . . . : Viernes, 02 de Febrero de 2018 11:04
:59 p.m.
        Concesión expira . . . . . . . . .: Sábado, 03 de Febrero de 2018 11:04:
59 p.m.
```

Figura 10.1 Comando "ipconfig –all" en MS-DOS

Este comando es importante cuando se desea verificar la información en la red del equipo, permite identificar los equipos de destino como el de origen, aplicando este comando en cada equipo. Esta información es utilizada en los próximos comandos. Permite identificar en una red LAN los datos que generan el servidor DHCP y el tipo de IP asignado al equipo en la red. Conoce la red donde está ubicado los servidores de DNS y DHCP que generalmente está en el mismo segmento de la red. Se determina también la cantidad de tarjeta de red que posee el ordenador.

Esto permite verificar la conexión física en la red LAN, se conoce el límite con el exterior con el servidor DNS, que es la dirección IP en la red interna con la red pública. Si no aparece ninguna de esta información el equipo no está conectado a la LAN.

10.2.2. Comando "Netstat"

El comando "Netstat" está presente en los ambientes de Linux y Windows. Permite tener un inventario de los puertos usados y conexiones establecidos en el ordenador en ese momento. Identifica los ordenadores que están conectados con el nombre del dominio o direcciones IP y el protocolo que se está utilizando.

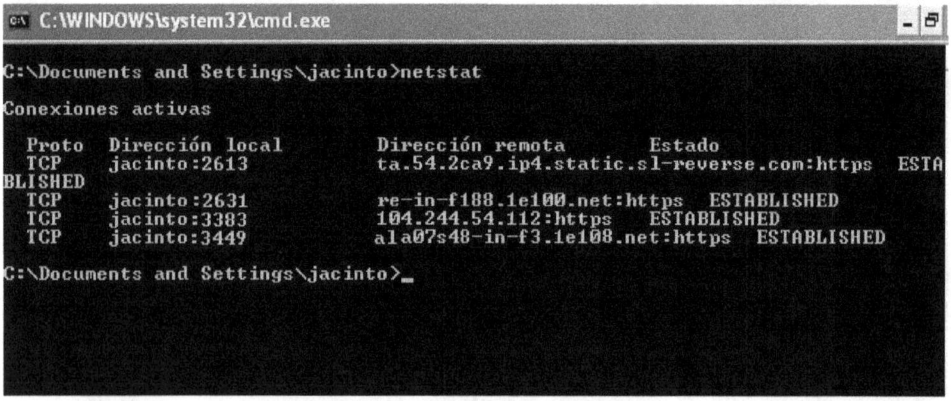

Figura 10.2 Comando "netstat"

El comando presenta las conexiones bajo TCP y UDP del equipo en ese momento. Como se indica en la Figura 10.2 permite verificar si el aplicativo que se está desarrollando existe la conexión a la aplicación remota cuando se realiza la prueba. En las columnas que se presentan los protocolos de comunicación, la dirección local (el equipo local y puerto origen), la dirección remota (equipo y el puerto remoto) y su estado de conexión en el momento de ejecutar el comando.

194

Se identifica un ejemplo en la Figura 10.2 que el protocolo de comunicación es TCP en la primera columna, en la columna de la dirección remota se detalla el nombre del equipo o el dominio, indicando el puerto de conexión, que en este ejemplo es https, donde es el puerto 443 que está definido de forma estándar. Con el nombre del dominio remoto o el nombre del equipo se puede convertir en una dirección IP conocida con el comando "ping" que se explica más adelante.

10.2.3. Comando "Route"

"Route" es un comando que permite administrar la tabla de enrutamiento del ordenador. En el ordenador posee almacenada las puertas de accesos que se conoce hasta el momento, esto permite enviar los paquetes a la IP destino, escoge el mejor camino para enviar el paquete. El ordenador se alimenta de la información cada vez que se envía o recibe un paquete de la red y lo almacena en esta estructura llamado tabla de enrutamiento.

Este comando puede realizar consulta, modificación, eliminación o ingresar el contenido en la tabla de enrutamiento. En la Figura 10.3 presenta el comando "route print" que es una consulta de la información que posee en ese momento en la tabla de enrutamiento. La sintaxis para el uso del comando está en la opción de ayuda del comando como parámetro (para más información del comando se debe invocar "route help").

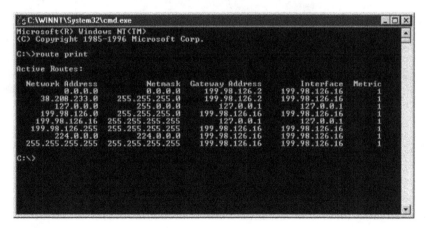

Figura 10.3 comando "route print"

195

10.2.4. Comando "Tracert" (traceroute en Linux, UNIX y Mac)

El comando "tracert direccion_IP" (en Windows o "traceroute" en Linux, UNIX y Mac) permite determinar el camino que toma para enviar un paquete desde un ordenador a otro equipo destino remoto, conociendo la dirección IP del equipo remoto (destino), se coloca en el comando, como resultado determina las direcciones IP que transita para que el mensaje llegue a la dirección IP destino, en la Figura 10.4 indica el comando con una dirección IP de destino ("tracert www.google.com").

En la Figura 10.4 da el resultado de las direcciones IP que hay entre el ordenador que se aplica el comando y la dirección IP de www.google.com (172.217.1.100), las direcciones IP que se presentan pueden ser ordenadores o enrutadores que reenvía el paquete desde el origen al destino; al menos hay más de 7 equipos que realiza el re envío del paquete.

```
C:\WINDOWS\system32\cmd.exe                                          _ 🗗

C:\Documents and Settings\jacinto>tracert www.google.com

Traza a la dirección www.google.com [172.217.1.100]
sobre un máximo de 30 saltos:

  1    1 ms    <1 ms    <1 ms   212.172.1.1
  2   25 ms    28 ms    17 ms   10.100.0.1
  3   12 ms    11 ms     9 ms   10.10.21.1
  4   12 ms     8 ms     9 ms   210.217.4.68
  5    *         *        *      Tiempo de espera agotado para esta solicitud.
  6    *         *        *      Tiempo de espera agotado para esta solicitud.
  7   80 ms    51 ms    50 ms   Google-level3-60G.Miami.Level3.net [4.68.71.178]

  8    *         *        *      Tiempo de espera agotado para esta solicitud.
  9   49 ms    50 ms    49 ms   216.239.57.131
 10   78 ms    81 ms    73 ms   mia09s17-in-f4.1e100.net [172.217.1.100]

Traza completa.
```

Figura 10.4 Comando "tracert www.google.com"

10.2.5. Comando "Ping"

El comando que permite acceder a la dirección IP destino deseado, con el comando "ping direccion_IP" está disponible en la mayoría de los sistemas operativos, donde se envía un paquete de 32 bytes a una dirección IP desde el ordenador origen, el comando soporta la IP versión 4 y 6. El comando permite validar el acceso a la dirección IP donde verifica la conexión física hasta la capa de transporte desde la dirección IP origen. Si al colocar la dirección IP en caso

172.217.8.100 que pertenece al equipo donde está definido el servidor de www.google.com. Se puede colocar en el comando "ping" tanto el nombre del equipo o del dominio, como la dirección IP. Si al colocar el nombre del equipo destino, y no da resultado, pero si responde al colocar la dirección IP, entonces el DNS no está funcionando o el equipo tiene otro nombre; este caso sucede cuando se utiliza el comando con el nombre del equipo en la red LAN para verificar si funciona el DNS o la red no tiene DNS. En la Figura 10.5 se realiza una verificación hacia www.google.com ("ping www.google.com ") y da como respuesta con la IP versión 4, actualmente se está trabajando con la IP versión 6 y el efecto es lo mismo.

Con este comando permite validar la conexión física descrita en el capítulo 10.1.1 con la dirección IP; y con el uso del nombre de los equipos para la verificación de un DNS activo. Si se realiza este comando con un ordenador en la red local, los valores de la columna de los lapsos como los tiempos aproximados de ida y vuelta de los paquetes son menores a un ordenador ubicado en la WAN o inter red.

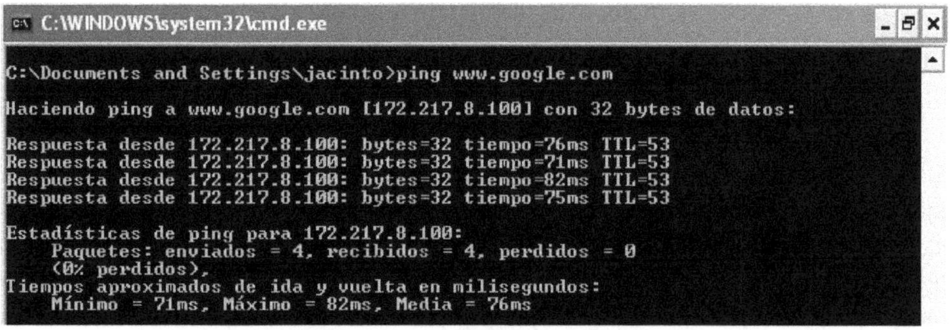

```
C:\WINDOWS\system32\cmd.exe                                    _ 🗗 ×

C:\Documents and Settings\jacinto>ping www.google.com

Haciendo ping a www.google.com [172.217.8.100] con 32 bytes de datos:

Respuesta desde 172.217.8.100: bytes=32 tiempo=76ms TTL=53
Respuesta desde 172.217.8.100: bytes=32 tiempo=71ms TTL=53
Respuesta desde 172.217.8.100: bytes=32 tiempo=82ms TTL=53
Respuesta desde 172.217.8.100: bytes=32 tiempo=75ms TTL=53

Estadísticas de ping para 172.217.8.100:
    Paquetes: enviados = 4, recibidos = 4, perdidos = 0
    (0% perdidos),
Tiempos aproximados de ida y vuelta en milisegundos:
    Mínimo = 71ms, Máximo = 82ms, Media = 76ms
```

Figura 10.5 Comando "ping www.google.com"

10.2.6. Comando "Telnet"

El comando "telnet dirección_IP puerto" permite acceder a una dirección IP y a un puerto (opcional). Al usar este comando con solo indicando la dirección IP, el comando intenta conectarse a la dirección IP destino y por el puerto 23 definido para el protocolo "telnet". Pero al utilizar el comando con un puerto ("telnet dirección_IP puerto") después de colocar la dirección IP, se puede conectarse de la misma forma como conectarse con el puerto de "telnet". Si el comando tiene éxito la conexión aparece una pantalla vacía. Este comando es similar que el "ping" en validar la conexión a una dirección IP, pero adicional verifica que el puerto esta activada para la conexión aun que no sea el puerto "telnet", por ejemplo, al colocar "telnet dirección_IP 80" y funciona, significa que la dirección IP remoto tiene habilitada el puerto http; ahora si se coloca el puerto 443 y funciona, entonces, el equipo con "dirección_IP" tiene habilitado el puerto para HTTPS. Este comando permite validar la conexión de la dirección IP y el puerto de un ordenador cuando está activo, se aplica cuando se desarrolla un servidor que soporte protocolo TCP o UDP en un puerto específico. Este comando complementa al comando "ping" en la validación de la conexión física descrita en el capítulo 10.1.1. Si este comando funciona, la conexión física y el aplicativo que responde al puerto específico está disponible. Si se desarrolla un aplicativo en la red, ahora debe abocarse a desarrollar el protocolo de aplicación que será enviado a la dirección IP y al puerto destino. El desarrollo del protocolo de aplicación debe ahora dedicarse al desarrollo de formato de envío y respuesta en el cliente, o en el servidor en la interpretación, procesamiento de la solicitud y su respuesta. La prueba de la conexión física TCP/IP o UDP/IP está finalizada, se tiene una parte validada para el desarrollo del protocolo de comunicación con uso en base de esta red, por ejemplo, el desarrollo de una conexión http o con "socket".

10.3.   Servidores Web

Existen diversas tecnologías que permiten facilitar el desarrollo y puesta de ejecución de las aplicaciones Web de forma rápida. La mayoría de las aplicaciones se desarrollan con todas sus características o funcionalidades, e inclusive con un ambiente de ejecución para las pruebas. En el ambiente WEB, el desarrollo de este aplicativo tiene una ventaja comparativa con respecto a las otras aplicaciones, como aplicaciones que trabaja solo con TCP o UDP sobre IP (como los servidores TCP/IP en el próximo capítulo 10.4). Depende de cada tecnología de desarrollo, existe una estructura en el ambiente de desarrollo que permite convertir el trabajo en un servidor Web temporal para las pruebas y ver el avance del desarrollo.

Los servidores WEB soportan el protocolo de aplicación HTTP, donde permite la creación, administración, configuraciones de las páginas y servicios web. Como se indica los protocolos de aplicaciones llevan reglas de formatos y ejecución descritas en capítulos anteriores. Permite una conexión para cada usuario o sesión de la página o del servicio web, que envía a los ordenadores clientes y despliega la información por las etiquetas, generalmente, es una sola conexión donde el cliente se conecta al servidor web y entrega la solicitud pedido. Estos servidores son localizados por el URL en los clientes con las aplicaciones de navegadores de internet o aplicaciones que usan los servicios Web. Cada página o servicio es un documento entregado con meta datos o datos que provee el servidor web, y culmina la conexión, al menos que la conexión sea de video o datos continuos entre el servidor al cliente que son otros protocolos diferentes a http o HTTPS.

Todos los servidores web tienen la administración del puerto 80 para http y 443 para HTTPS, si el servidor tienen estos puertos habilitados, por ejemplo, cada conexión se abre un canal independiente, una conexión por una instancia de la aplicación de cliente, todas las conexiones se manejan por un mismo puerto con varias conexiones de forma simultáneas (la misma IP y el puerto destino, pero los puertos e IP son diferentes en el origen). Cada conexión maneja la información del puerto y la dirección IP a donde se envía la respuesta de la solicitud de cada sesión, los servidores Web trabajan cada sesión independientemente de otras sesiones, y procesa todas las sesiones de forma simultánea. Pero internamente, cada sesión o conexión simultánea trabaja por medio de "hilo" que será descrito el concepto en el capítulo 11.7 más adelante. Tanto el servicio como la página Web trabajan con entrega del documento o transferencia del formato del documento hacia el cliente. La administración de "hilo" por parte de los servidores WEB es automática en algunas tecnologías; conlleva que el programador o desarrollador de las páginas o servicios WEB quede ignorante de ciertos desarrollos o controles que realizan con los "hilos"; en parte puedan generar fallas o deficiencias en el uso de estos servidores si se desconoce de estos mecanismos automáticos.

Las diferentes tecnologías que permiten la construcción de los servidores WEB, en el caso de los desarrollos de las aplicaciones para estos ordenadores que despachan las respuestas de las solicitudes de los clientes, generan incompatibilidad en el protocolo de aplicación siendo que todos trabajen bajo la misma regla y norma. El protocolo de aplicación en los documentos en que todas las tecnologías se respetan, como la sintaxis, pero el manejo de las semánticas de las etiquetas o la información dentro de los formatos hasta cierto punto son compatibles, cada tecnología lo implementa de forma diferente, el caso, por ejemplo, el manejo de videos y sonidos, el formato de datos que se envía son aceptadas, pero no son soportados en los aplicativos instalados en los clientes. El ejemplo sucede en las páginas web en un momento dado cuando los videos e imágenes se manejan diferentes en un ambiente de Windows, que en otras plataformas como Linux o Android no funcionan y viceversa; otro ejemplo, siendo UNIX, Linux y Android que provienen de la misma familia de sistema operativo, entre ellas existen también incompatibilidad. La técnica que se aplica en estos casos, es desarrollar una página web en cada tecnología o plataforma existente, se construye la página web en las diferentes tecnologías, y al detectar en la solicitud del cliente en el encabezado (formato de la solicitud) de la plataforma (tecnología) donde pertenece, se re direcciona a otro puerto (o IP) para que el documento que pertenece a la plataforma del cliente que la solicita sea enviado y ejecutado sin problema, es decir, para cada página web se tiene "n" versiones en "n" tecnología diferentes. Otra forma para solucionar la diversidad de plataforma y tecnología, tener un mecanismo de conversión o traductor de un documento a la tecnología que pertenece al cliente antes de ser despachado. El otro mecanismo que es una labor del desarrollador del aplicativo, el programador Web debe siempre usar datos y componentes estándar para todas las plataformas o tecnologías, por ejemplo, al principio en el uso de las imágenes con formatos bitmap y JPEG, solo era soportado en los ambientes clientes Windows, y por eso se utilizaba el formato TIFF porque tanto en ambiente Windows y no Windows soportan el despliegue de esta imagen con este formato; este escenario es difícil de cumplir y lo más sensato es de intentar de cubrir la mayor cantidad de las diferentes tecnologías; o con el uso de las estadísticas, de soportar las tecnologías más usadas por los clientes.

Los servidores WEB más populares están el uso de Apache, IIS (Internet Information Server en sus siglas en inglés) de Microsoft, Google Web Server, SUN Java System Web Server y Nginix, etc., cada uno posee diferente tecnología con el mismo formato en los protocolos de aplicación.

El otro aspecto es el cliente, el cliente tiene instalado un conjunto de aplicaciones que son utilizados por los navegadores de internet para manejar la diversidad de datos que provienen de los diferentes formatos de los protocolos de aplicaciones. Cada sistema operativo posee o no esta misma cantidad de aplicaciones que soporte la variedad de protocolo de aplicación. Pero estos casos mencionados tanto en el cliente como en los servidores web pertenecen a otra área de la informática que se debe solventar, pero en el caso que se estudia en este libro sobre las redes y transmisión de los datos es inmutable en permanecer los estándares definidos en el área y como consecuencia de los desarrollos en ellas. En esto estándares incluyen el manejo de diferentes versiones de aplicaciones en el ordenador. Los problemas pueden ser desde los formatos de los datos que son incompatibles con los aplicativos del cliente, o es la interfaz entre el navegador de internet y el aplicativo del cliente que son incompatibles y no la data. Existe también la incompatibilidad a nivel de hardware, como el controlador de los diferentes recursos que disponen los equipos en los clientes no es soportado a ciertas funcionalidades propias del protocolo de aplicación. Todo esto sin mencionar de las versiones de los protocolos de comunicación o aplicación que no son soportados por todas las aplicaciones Web.

10.4.   Servidores TCP/IP

El aplicativo del servidor TCP/IP está encargado de administrar un puerto donde espera la conexión y recepción del mensaje de un cliente, y la posible respuesta al requerimiento. La IP se define en el servidor o equipo donde se ejecuta el aplicativo servidor TCP/IP. Con la IP y el puerto anterior, cualquier equipo que tenga conexión a la IP se conectará. El desarrollo de software que contiene el aplicativo servidor, es la prioridad de realizarla antes que el cliente, en el sentido que debe haber un prototipo inicial para la conexión, no solo en los servidores de TCP/IP también en cualquier tipo de conexión o protocolo de comunicación, se debe tener el aplicativo preparado en el servidor como primer objetivo. Para los servidores se utilizan los aplicativos servicios que debe ser desarrollado e instalado, de esta forma permite el progreso del proyecto por varias razones y escenarios:

✓ Desarrollo en paralelo del servicio. Permite desarrollar tanto el cliente como el servidor de forma paralela. Los ajustes de protocolo de comunicación y el protocolo de aplicación son progresivos, el protocolo de comunicación se mantiene con pocos cambios desde su inicio, pero el protocolo de aplicación puede crecer en el proyecto.

✓ Servidor preestablecido. Existen proyectos que solo se debe desarrollar el lado del cliente, el servidor existe con el protocolo de comunicación y aplicación predefinido. Este caso se debe concentrar el proyecto del lado del cliente o estación de trabajo del usuario. Por ejemplos, estos casos son las instituciones financieras que poseen una infraestructura tecnológica que los proveedores de aplicaciones deben conectarse; como en servidores en la web con las conexiones de correo electrónicos o servicios en la Internet que provee diversas empresas.

La gestión depende de la naturaleza del proyecto informático, los requerimientos de los usuarios, de la empresa y el dominio del conocimiento que pertenece. El protocolo de aplicación como de comunicación está definida o se definirán con detalles en la etapa de diseño físico del ciclo de vida del software.

El servidor debe tener mecanismo de soportar varias conexiones de forma simultánea. En el caso de los servidores WEB poseen en sus aplicaciones de servicios el manejo de los "hilos"; en los servidores TCP/IP debe mantener esta misma característica de soportar varias conexiones. El desarrollador del aplicativo del servicio debe programar este mecanismo de "hilos" con el lenguaje de programación o con la herramienta de desarrollo que se dispone en el proyecto. En capítulo de conceptos con el uso de "hilos" se describirá en el libro más adelante. El desarrollo de este tipo de servidores no es tan estándar como los servidores Web; con un navegador de internet o desarrollo Web se conecta de forma transparente a un servidor Web, cuando el servidor Web es culminado; en este caso, se debe tener el protocolo de aplicación bien definido y orientado con característica muy particular a la aplicación del servidor que el aplicativo cliente debe conocer y adaptarse; se debe desarrollar tanto el cliente y el servidor con el protocolo de aplicación definido.

Los servidores pueden atender varias conexiones simultáneamente, pero hay servidores que atiende solo una conexión a la vez, éstos servidores son muy pocos, pero existen en el mundo, los clientes se pueden conectar con el protocolo de TCP/IP o UDP/IP pero el servidor de una conexión atiende a la primera conexión, el resto de la conexión no son atendidos a sus requerimientos hasta que se desconecte el primero, y así sucesivamente es atendido una petición a la vez. En el protocolo de comunicación define este tipo de conexión con o sin el uso de "hilo" a nivel de programación de la aplicación, se detallará más adelante en los códigos de programación de una conexión a la vez o de múltiples conexiones o sesiones en el capítulo 12.5, con el código de programa para un servidor TCP/IP.

Hay una gran diferencia entre estos servidores y los servidores Web, cada puerto de servidor TCP/IP maneja una aplicación (al menos que se desarrolle u multiplexor de aplicaciones en el puerto), mientras que los servidores Web por un puerto puede trabajar con varias aplicaciones web simultáneamente, la definición de la aplicación a ejecutar esta definida en la URL.

11. Conceptos de programación para redes

11.1. Introducción

Este capítulo no intenta cubrir todos los conceptos de programación o estilos de programación; tampoco se refiere a la gestión de desarrollos de los programas. En el libro se refiere a los puntos de programación que es vital para el desarrollo de código fuentes básicas, que se deben considerar dentro de un componente o módulo que se aplican a los protocolos de aplicación y de comunicación. Se realiza un refrescamiento de estos conceptos para ser aplicados en los capítulos siguientes en las implementaciones en los diferentes protocolos de aplicación en diferente arquitectura de software. El lector debe tener conocimiento básico de programación estructurada, que es fundamental en el desarrollo de los módulos de protocolos que serán usados como base en los aplicativos o software, el uso de estos módulos se utilizarán para la construcción de componentes con mecanismo de herencia en programación orientados a objetos o la continuidad misma en la programación estructurada. La mayoría de la programación de aplicaciones en el área de comunicación en las redes, se basa en la programación estructurada u orientada a objetos, también depende del mecanismo de comunicación de aplicaciones o servicios que prestan para el uso de la red en la conexión entre aplicativos que posee la plataforma tecnológica donde se desarrolla.

Existen básicamente dos escenarios de desarrollo, el primer escenario de programación en el uso de la red, donde el aplicativo a conectarse contienen los mecanismos básicos necesarios para hacerlo, es decir, contiene una conexión previa con otros aplicativos existentes en la empresa; el otro es más crítico, que depende de la tecnología para el desarrollo del aplicativo que debe proveer la base para la conexión, y no se tiene ningún fuente de código de programación en el aplicativo; pero la tecnología posee el mecanismo para poder conectarse con otros equipos, generalmente, este caso son las diferentes tecnologías de los aplicativos donde se va a desarrollar el protocolo de comunicación; este último caso, se tiene como ejemplo las conexiones de equipos u ordenadores personales con un mainframe o host, los mainframe poseen sus propios sistemas operativos con aplicaciones propios de su ambiente, mientras que los ordenadores

203

personales tienen aplicaciones con funciones diferentes y para objetivos diferentes del mainframe. En todos los escenarios se desprenden del uso de estándares para la comunicación entre los aplicativos como los estándares de programación de cada tecnología; y el uso de un estándar que permite conectar ambas aplicaciones.

En cualquiera de los casos anteriores, la recomendación es utilizar el modelo por capa, seleccionar la tecnología que tenga los medios para crear el componente de comunicación (factibilidad tecnológica), utilizar la herramienta o el mecanismo que dispone la tecnología, se debe seleccionar el lenguaje de programación que se adapte al protocolo de aplicación y de comunicación, o utilizar middleware que dispone para la comunicación entre los aplicativos. Generalmente la herramienta o mecanismo que se dispone en la tecnología para el desarrollo del protocolo de comunicación y del protocolo de aplicación, y todas las capas del modelo de referencia OSI si es posible. El otro caso, solo dispone un conjunto de las capas, desde la capa física hasta la capa de sesión o presentación, y no dispone la capa de aplicación, este último caso, se debe realizar el uso con el lenguaje de programación seleccionado que permita el desarrollo del resto de las capas que falten. Por lo general, la capa de aplicación a ser desarrollado, se utiliza el mismo lenguaje de programación base del software para la comunicación con otros aplicativos. Existe caso que el lenguaje de programación seleccionada para construir la capa de aplicación puede ser diferente, se utiliza como intermediario y de integración de los lenguajes de programación del protocolo de comunicación y del aplicativo, es decir, la tecnología o el lenguaje de programación del protocolo de comunicación es diferente al usado en el proyecto de desarrollo de software seleccionado en el diseño físico.

El lenguaje de programación seleccionado debe ser integrable entre el desarrollo completo del software con el lenguaje de programación del protocolo de comunicación. Las herramientas de desarrollo poseen diferentes lenguajes de programación y componentes que permiten mecanismos de integración, como las librerías o bibliotecas que se menciona en el capítulo 9.2.3 de aplicaciones, donde facilita importar o exportar funcionalidades y tareas en los diferentes proyectos, y una de ellas es de los protocolos de comunicación. Es vital que el lenguaje de programación o de la tecnología del aplicativo a desarrollar, permita el uso de estos mecanismos (API, por ejemplo). El uso de librería y biblioteca permite combinar diferente lenguaje de programación dentro del desarrollo, aplicaciones construidas con un lenguaje de programación donde utilizan librerías o bibliotecas con otra tecnología u otro lenguaje de programación (en este sentido, a priori no se sabe cómo están construidos las librerías como las bibliotecas); y el uso de la librería y biblioteca en diferentes proyectos con diferentes lenguajes de programación que trabajan y tiene la misma funcionalidad.

El desarrollo y el uso de capa para la comunicación, deben estar bien diferenciado con la capa de aplicación y cada capa diferente del modelo de referencia OSI, que en la mayoría de los casos están contenidos dentro de los aplicativos. En los aplicativos existen más código de desarrollo visible de protocolo de aplicación que protocolos de comunicación. Recordamos del protocolo de comunicación TCP/IP es base de una variedad de protocolo de aplicación (http, HTTPS, FTP, etc.).

La capa de aplicación a veces debe acceder información de las capas más bajas del protocolo de la capa OSI como sesión y presentación cuando se desarrolla en el aplicativo. El caso debe haber una sub capa en la capa de aplicación donde realiza la separación entre los formatos e interpretaciones de estas (mensaje o data del protocolo de aplicación) con los manejos de los diferentes encabezados de cada capa del protocolo de comunicación. Estas sub capas puede ser niveles por medios de un conjunto de funciones o llamadas a procesos de librerías o bibliotecas, que separa claramente los formatos de la capa de aplicación, debido que se ha notado que los casos de uso estándar de algunos protocolos de aplicación, poseen modificaciones de las reglas y generan versiones en los nuevos formatos como funcionalidades con el transcurrir del tiempo, es la naturaleza de crecimiento del software en el ciclo de mantenimiento. Este mecanismo permite enriquecer esta capa de aplicación sin modificar las capas inferiores por varias generaciones, que son las demás capas de comunicación.

En estos conjuntos de funciones o sub capas, se debe desarrollar y programar cada capa; para esto se mantienen varios conceptos de programación que se conocen y son necesarios. Comencemos en los próximos capítulos a recordar conceptos básicos de programación, pero pensando en el desarrollo dentro de las redes.

11.2. Lenguaje de programación para el protocolo de comunicación

Existe una diversidad de lenguaje de programación en el mundo, desde la segunda generación, tercera generación y hasta las últimas generaciones que soportan lenguaje orientado a objeto, como lenguaje de programación que soporta inteligencia artificial (sistemas basados en el conocimiento, redes neuronales y robóticas). Esta riqueza de lenguaje de programación permite también generar problema. La duda se genera en seleccionar el lenguaje de programación adecuado en los protocolos de comunicación o que permita el soporte de los diferentes formatos en la capa de aplicación. Este proceso sucede igual en el desarrollo del software, en escoger el lenguaje de programación principal o un conjunto de lenguaje de programación para el desarrollo del proyecto. Pero el caso de los desarrollos en los protocolos de comunicación es mucho más sencillo en seleccionar. La recomendación por año de experiencia en el desarrollo de componente de comunicación, es usar lenguaje de programación dependiendo de la capa que se está desarrollando, en el caso de la capa de sesión, presentación, transporte, etc., se utiliza un lenguaje de programación de bajo nivel, mientras sube de nivel superior a la capa de aplicación se utiliza lenguaje de las nuevas generaciones y actualizadas que son las más adecuadas. El punto que los niveles bajos de las capas son pocos modificables en los proyectos, son protocolos de comunicación estándar que inclusive que hasta cierto punto no se debe modificar en el ciclo de vida completa de un software, al menos que se publique nuevas versiones del protocolo. Mientras que las capas superiores como la capa de aplicación tienen una alta probabilidad de ser modificada en el futuro. Las características del lenguaje de programación a seleccionar en este tipo de desarrollo en las redes que debe poseer:

1) <u>Alto nivel de reusabilidad</u>. Permite con este lenguaje de programación ser utilizado en diversas tecnologías y ambientes. Un lenguaje de programación que sea soportado en todas las plataformas. En este caso, los compiladores deben existir en una diversidad de ambiente, esto es debido que los protocolos de comunicación estándar permiten conectarse dos equipos en la red independiente de la tecnología que pertenezca. La otra cara de la reusabilidad es el mismo ambiente tecnológico que permita una diversidad de mecanismo de ser usados en varios proyectos diferentes, manteniendo las reglas en todos los ambientes tanto en la misma tecnología como otras tecnologías. Los programas fuentes sean transportados y usados en una diversidad de ambiente, sin ningún esfuerzo de adaptación en su operatividad. En este caso podemos definir como ejemplo al lenguaje de programación "C", es un lenguaje que ha existido por un largo tiempo, desde ordenadores personales hasta el Mainframe con sistemas operativos muy especializados, utilizan este lenguaje de programación, como también en una diversidad de sistemas operativos y diversidad de tecnologías, los códigos fuentes han perdurado en varias generaciones de versiones de compiladores hasta nuestra

actualidad sin hacer ningún cambio y sigue funcionando; el código también es adaptable en el uso de sus nuevas generaciones de "C++" basado en objetos y clases.

2) <u>Interpretación correcta de los encabezados y mensajes en la red</u>. Existen en los lenguajes de bajo nivel o las primeras generaciones que respetan y manejan el contenido de los mensajes o paquetes en la red diferentes a los lenguajes de alto nivel. No le permite interpretar o sin traducción el contenido de los paquetes, solo es para transmitir datos e interpretar la capa de comunicación. Un lenguaje de programación que pueda interpretar los bytes o los bits de diferentes formas de la capa de aplicación, no debe ser interpretado en las capas bajas de comunicación, en capítulos anteriores se ha comentado de la interpretación de los mensajes o paquetes en las redes, caracteres "especiales" de separación en los formatos en el protocolo de aplicación y las capas bajas, por ejemplos, en algunos lenguajes de programación de la última generación no permite este tipo de interpretación, con ayudar a minimizar el tiempo de desarrollo, generan errores de otra índole como de interpretación de las tramas. En algunos lenguajes de programación el símbolo especial '\0' significa fin de una cadena de caracteres (o STRING), como en C, C++, C#, PASCAL, etc., pero el manejo de los lenguajes de programación orientado a objeto este símbolo especial se maneja de forma automática, el programador o desarrollador no necesita interpretar el carácter en una cadena de caracteres (porque el desarrollador no tiene control sobre la misma); este símbolo especial en otros lenguajes de programación clásica se deben considerar y genera una cantidad de código de programación en el solo hecho de trabajar con este carácter especial, para separar de un conjunto de caracteres de otra cadena de caracteres, en este mismo sentido, existen adicional muchos más caracteres especiales que en los lenguajes de programación de última generación toman acciones no esperadas en lenguaje de programación de las primeras generaciones. En el caso de la comunicación entre equipo, el solo hecho de aparecer ese carácter especial como datos produce en los lenguajes de la última generación corte de mensaje por no tener control de estos, y en ambientes de los Mainframe con conexiones a ordenadores personales es de muy alta ocurrencia estos caracteres por la diferencias de las tablas de símbolos que usan (EBCDIC, ASCII, etc.); generando el error cuando el mensaje que se transmite de extremo a extremo llega completo, pero por problema del lenguaje con el manejo de estos caracteres, el mensaje

aparece truncado; también existen casos por ejemplo de transmisión de imágenes y videos con un lenguaje de programación que solo soporte caracteres HTML, esto genera la conversión automática de los valores internos del mensaje generando corrupción de los datos transmitido, aunque el mensaje se transporta por completo. En cambio, el uso de lenguaje de programación que permite controlar y soportar cualquier tipo de caracteres, generalmente son los lenguajes de las primeras a terceras generaciones. El uso de los lenguajes de la última generación permite menos códigos de programación que de las primeras generaciones, pero el control de las cadenas de caracteres a veces no lo pueden controlar en el protocolo de comunicación, debe haber un equilibrio y seleccionar el lenguaje de programación adecuado para el protocolo de comunicación a utilizar y con desarrollo rápido.

3) Lenguaje de programación de alto nivel de procesamiento. Generalmente los lenguajes de programación cercano al lenguaje de máquina tienen un nivel alto rendimiento o de procesamiento comparado a los lenguajes de las nuevas generaciones. El usar un programa con un lenguaje cercano al lenguaje de máquina permite tener una cantidad controlada del tiempo de procesamiento como números de líneas de instrucciones por segundos. En cambio, los lenguajes de la última generación permiten con una cantidad pequeña de línea de código de desarrollo, en el fondo produce una cantidad enorme de línea de código de bajo nivel o línea de código de máquina, se evidencia con el uso de los compiladores. Si en el proceso de desarrollo se utiliza los dos lenguajes de programación y realiza la misma funcionalidad, pero el costo de procesamiento es mayor por la cantidad de líneas a ejecutar. Los lenguajes de programación de los niveles altos en su generación permiten un desarrollo rápido de aplicativos reduciendo el tiempo de desarrollo, pero en la mayoría de los casos tiene un costo de procesamiento, en este punto se debe considerar son los lenguajes ensambladores en el desarrollo de las capas inferiores de la comunicación.

4) Un lenguaje de programación para cada caso. Los orígenes de los lenguajes de programación fueron creados con un objetivo específico, en el caso de PASCAL permite la facilidad enseñanza y aprendizaje de programación estructurada, FORTRAN para realizar cálculos con mayor precisión, COBOL para aplicaciones de negocios y cantidad de datos, lenguaje "C" para desarrollar aplicaciones en diferentes hardware y sistemas operativos, etc. Seleccionar el adecuado lenguaje de

programación para el desarrollo de bajo nivel como el alto nivel de las capas OSI y del resto del proyecto de software permite un alto nivel de éxito.

Dado los puntos anteriores, en el proyecto se deben evaluar de forma individual, el desarrollo del componente de comunicación o el conjunto de funciones que realiza todo el proceso del protocolo de comunicación. Recordar que se desarrolla una sola vez el protocolo de comunicación y los posibles cambios en el futuro se realizarán en la capa de aplicación. Buscar un punto de equilibrio de reusabilidad, tiempo de desarrollo, tiempo de procesamiento, respetar la interpretación de la información del mensaje e integrable entre las capas de protocolo de comunicación. Los lenguajes de programación propuestos para el desarrollo de la capa de los protocolos de comunicación son entonces lenguaje "C" o el lenguaje ensamblador (este último lenguaje depende de cada modelo de procesador, y su debilidad es la reusabilidad). Por esta razón, la mayoría de los programas fuentes que se presenta en este libro de aquí en adelante estará en lenguaje "C". Un ejemplo de selección de lenguajes de programación en cada capa se presenta en la Figura 11.1. La selección del lenguaje de programación del proyecto es independiente a los lenguajes de programación indicados en la Figura 11.1. Por su transportabilidad de código de programa permite en ambos lados de la red ser usado por cualquier hardware.

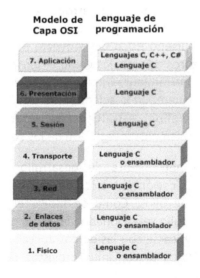

Figura 11.1 Ejemplo de selección de lenguajes de programación por capa

11.3.   Herramientas de desarrollos de software

Las herramientas de desarrollos de software es un conjunto de aplicaciones que permite ayudar en la creación, modificación, pruebas y entregas de aplicaciones de un software. Estas aplicaciones permiten soportar todo el ciclo de vida del software, no solo a nivel de producción de software, también ayuda en la gestión y administración del proyecto.

La mayoría de las herramientas proveen varios lenguajes de programación, que permite en la gestión seleccionar el lenguaje adecuado para el desarrollo de cada uno de los componentes. La diversidad de lenguajes de programación tiene otro objetivo como mecanismo de integración de los componentes desarrollados.

La selección del lenguaje de programación para cada componente sugiere la entrega de un software con diversidad de aplicaciones que internamente puede estar desarrollado por el mismo lenguaje de programación o una diversidad de lenguaje de programación; para el usuario o para la diversidad de tecnología que se conecte con este software sea transparente. El cómo está desarrollado internamente el software se puede discutir bajo una diversidad de estrategia, pero se conecta y funciona como uno solo.

La selección de la herramienta de desarrollo de software es similar a la selección de la tecnología como el lenguaje de programación en los proyectos, se define esta selección en el diseño físico del proyecto en el ciclo de vida del software. Depende de los factores adicionales como la parte económica, y el presupuesto de adquisición de la herramienta influye en la selección. Pero en la parte técnica de desarrollo del software, en la selección de una o varias herramientas para un proyecto, permite definir estrategia de selección de los lenguajes de programación y mecanismo de integración de los componentes creados.

La selección de la herramienta de desarrollo viene también dada por el mecanismo de comunicación entre los aplicativos de otras tecnologías u otras herramientas de desarrollos. Como se indica en capítulos anteriores que la herramienta de desarrollo seleccionado, desde un principio permite con todos sus recursos poder comunicarse con las demás aplicaciones de otra tecnología en las redes, sin el uso de los mecanismos provistos de las aplicaciones de la otra tecnología, donde tiene independencia tecnológica que soporta el protocolo de comunicación. La otra estrategia es la selección de esta herramienta que provee el mecanismo para el uso de los recursos de otras tecnologías, permite importación de componentes de otras tecnologías e integrando al propio.

Una herramienta que permite ambas estrategias de desarrollo, uso propio de sus recursos para realizar conexiones hacia otras tecnologías como permitir usar componentes de otras tecnologías, es una herramienta que permite desarrollar cualquier proyecto y son los recomendables.

Existen herramientas de desarrollos que están creados para un área en específico o muy especializada. El uso es más limitado para el desarrollo de aplicaciones en un área inclusive de un conocimiento específico, como herramientas de desarrollos de aplicaciones WEB, herramientas de desarrollos basados en el conocimiento (sistemas expertos) o en robótica; o más tradicionales como herramientas de desarrollos de aplicaciones financieras, etc. En el caso de una herramienta para desarrollo de protocolo de comunicación, se presentan como marco de trabajo ("Framework") para desarrollo de componentes para la comunicación o integración de aplicaciones.

Como se explica en los párrafos anteriores existe una diversidad de herramientas de desarrollos de aplicaciones, pero se debe detectar y clasificar las herramientas de desarrollos de software, y sobre todo saber para qué fueron creados, para luego seleccionar el adecuado en el desarrollo de los componentes para el protocolo de comunicación y aplicación del proyecto. Estos pasos son ejecutados en los diferentes modelos de desarrollos de software, en el caso del diseño físico del software se realiza este estudio y la selección de las tecnologías a usar.

11.4.   Variables globales y locales en la red

En la programación de aplicaciones, las variables son consideradas espacios de memorias que son utilizados para almacenar información y datos. Estas memorias son reservadas por los programadores y desarrolladores para diversos usos, como entrada de datos para ser procesados y entregar los resultados en la misma área reservada o en otras memorias, permite utilizarla como datos temporales para ayudar en los procesos intermedios y llegar a sus objetivos finales. Como indicamos en las redes se transmite datos o mensajes de un aplicativo a otro, los aplicativos debe tener una parte de la memoria para construir el formato de envío y debe recibir el mensaje de la red, en estos casos se utilizan espacios de memorias en el ordenador para luego tratarlo en la red.

En la Figura 11.2 se tiene un ejemplo de un programa principal que ejecuta dos veces la función "X" y una vez la función "Y". La variable "A" está definida como una variable global, mientras que las variables "B" y "C" son locales que tienen ámbitos en sus respectivas funciones, la variable local "B" se presenta tantas veces que se ejecuta la función "X", y cada uno conserva su propio valor independiente de las demás ocurrencias de esta variable en las demás ocurrencias. La variable "A" puede ser accedida para la consulta y ser modificada en cualquier punto del programa, en el programa principal o en sus diferentes funciones, y está reservada la memoria en un solo punto. En la gráfica 11.2 se tiene una idea de lo que ocurre en la memoria de un equipo u ordenador en la ejecución de un programa y las funciones que se ejecutan de forma paralela con múltiple ejecución de las funciones. Las diferentes variables que se tienen se describen en los próximos capítulos con más detalles.

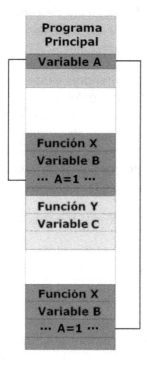

Figura 11.2 Ejemplo de variables

212

11.4.1. Variables globales

Las variables globales tienen efectos en todo el aplicativo, lo que indica que depende de los datos contenidos puede afectar en todo. En cualquier punto del programa puede modificar y consultar su contenido, si un punto cualquiera hace mal uso de esto, y es modificado de forma errónea, las consecuencias serán en el futuro incierto. Con las variables globales comparte la misma información para todos los módulos y funciones del aplicativo.

Ejemplo en PASCAL de variable global:

```
PROGRAM VariablesGlobales(INPUT, OUTPUT);

VAR
    VariableGlobal: INTEGER;  /* Variable global*/

  FUNCTION ValCuadrado(CONST N: INTEGER): INTEGER; /*Función cuadrática*/
  BEGIN
    ValCuadrado := N*N;
  END;


BEGIN /* programa principal */
    Write ('Ingrese valor: ');
    ReadLn (VariableGlobal);
    Writeln('Resultado = ', ValCuadrado(VariableGlobal));
END;
```
Algoritmo 11.1 ejemplo de variable global

El uso de la variable global en el desarrollo de los módulos o funciones relacionados en el proceso de protocolo de comunicación es importante, generalmente se usa en almacenar los datos de la configuración, características de la conexión, y otros datos que no cambian en el proceso de conexión y transmisión en la red. Las variables globales se actualizan al inicio cuando el aplicativo comienza ejecutarse y no se modifican jamás en este caso, al menos que la idea de la modificación afecte a todo en su conjunto y así debería funcionar el software; hay que cuidar que la información afecta a las conexiones actuales y futuras al modificar los datos, en conexiones múltiples sesiones se debe estudiar el impacto de cambio de información en mitad de una conexión o sesión. Lo recomendable es seleccionar un conjunto de datos que no sea alterado en el proceso de la comunicación o conexión, por ejemplo, si el aplicativo siempre se conecta con la dirección IP de un sistema central, esta dirección IP debería estar como un dato almacenado en una variable global. Las variables globales en una memoria que todo el software accede.

11.4.2. Variables locales

La variable local tiene un efecto limitado a una función o restringido en un rango específico dentro de una aplicación, o su vida útil se restringe a una función o un módulo. Esta variable tiene una vida finita dentro de la función (módulo) y no es usado en todo el programa.

En un ordenador que se conecta a un aplicativo central, el aplicativo cliente en el manejo de variables locales como globales en los protocolos de comunicación no tiene diferencia, debido que se realiza una sola conexión a la vez en el aplicativo. Pero en el caso de un servidor las cosas son diferentes, se debe tener cuidado con diferenciar las variables globales y locales en el desarrollo en un protocolo de comunicación, en el servidor se programa para varias sesiones o conexiones simultáneas, es decir, puede suceder que una función se ejecuta varias veces de forma simultánea, donde cada vez que se ejecuta la función es una sesión. El efecto es tener varias instancias de la misma función o módulo en la memoria del computador ejecutándose simultáneamente.

La variable local se debe ver desde otro enfoque, es una variable propia de cada proceso o sesión, en desarrollo de funciones con este tipo de variable en los protocolos de comunicación debe tomarse como las variables que es independiente a una conexión o sesión. En un equipo u ordenador que tiene un papel de cliente o estación de trabajo no se diferencia el manejo de una variable local con una variable global, debido a que todo el aplicativo se conecta a un punto, pero en un servidor deben estar bien definidas las variables locales a datos propios de cada conexión o datos que solo se interesa entre los dos equipos (el servidor y el cliente), un caso importante es la variable local de datos de envío y la variable que se usa en la recepción de mensaje en un servidor, aunque se use la variable en el 99,99% en el aplicativo, en un servidor debe ser tratado como variables locales, mientras en un cliente o estación se puede manejar como variable global. El caso que los equipos centrales o servidores, los aplicativos tienen varias conexiones simultáneas y no deben usar los datos de envío y recepción con variables globales, los efectos son impredecibles y errados.

La variable global como se indica en el capítulo anterior tiene un área reservada de memoria que es compartida por las funciones en todo el aplicativo, para

214

seleccionar un candidato para ser variable global es que se use en todo el aplicativo, pero en este caso se debe trabajar como variable local. Si se trabaja con variables locales, se hace una instancia de memoria u otra área de memoria diferente cuando sucede múltiple conexión simultánea de la misma variable local, el ejemplo es el uso de los servicios WEB de los servidores que tiene que considerar variables locales en estos tipos de datos, si hay cincos conexiones se generan de la misma variable local, debe haber cincos instancias de memoria diferentes. En cambio de las variables globales al tener varias sesiones o conexiones, todos los procesos acceden a la misma memoria definido como variable global.

La duda se genera de cómo tratar una variable local pero que trabaja y es usada en el 99,99 % del aplicativo y sea modificable en cada función (como si fuera una variable global), pero manteniendo las características de variable local, en la última sección del libro se describe en los diferentes algoritmos el uso de las variables locales con este tipo de situación, del mismo modo como se tratan las variables globales. En el próximo capítulo se describe la variable por referencia y por valor para definir la funcionalidad deseada.

Ejemplo en PASCAL de variable loca y global:

```
PROGRAM VariablesGlobales(INPUT, OUTPUT);

  FUNCTION ValCuadrado(CONST N: INTEGER): INTEGER; /*Función cuadrática*/
  VAR
    Variable_Local: INTEGER; /*Variable local, "N" es también una variable local*/
  BEGIN
    Variable_Local := 0;
    WHILE Variable_Local < N DO
    BEGIN
        Variable_Local := Variable_Local + 1;
        N:= N+1;
    END;
    ValCuadrado := N;
  END; /* fin de la función ValCuadrado */

VAR

    VariableGlobal: INTEGER;  /* Variable global*/

BEGIN /* programa principal */
    Write ('Ingrese valor: ');
    ReadLn (VariableGlobal);
    Writeln('Resultado = ', ValCuadrado(VariableGlobal));
END;
```

Algoritmo 11.2 Ejemplo de variable local

215

11.5.   Variables por valor y por referencia en la red

En algunos lenguajes de programación permiten el manejo de variable por valor y por referencia cuando se construye y se invoca una función, cuando se coloca variable en el llamado de las funciones o procedimientos en los lenguajes de programación, permiten diferenciar el uso de ambas variables tanto en la programación y su uso. El efecto de cómo se gestiona la variable, tiene un comportamiento diferente en los resultados de los cuales se detallan en los siguientes capítulos.

11.5.1. Variable por valor

Cuando se ejecuta una función o procedimiento con el uso de una variable por valor, la función internamente hace una copia de la variable y su valor (contenido), dentro de la función puede modificar el valor de la variable, pero al terminar la ejecución de la función, la variable queda inalterable su valor definido ante de llamar dicha función.

En el manejo de esta variable en una aplicación que se conecta en la red y se desarrolla en el protocolo de comunicación específicos, son ideales para los datos generales de la conexión en la red.

Ejemplo en PASCAL de variable por valor:

```
FUNCTION ValCuadrado(N: INTEGER): INTEGER; /*Función cuadrática*/
```

Ejemplo en C de variable por valor:

```
int function ValCuadrado(int x); /*Función cuadrática*/
```

11.5.2. Variable por referencia

Cuando se ejecuta una función con una variable por referencia, la función internamente puede modificar dicha variable, y al salir de dicha función, queda modificado al valor de la variable del último cambio dentro de la función.

216

Esta variable es muy usada en las aplicaciones que soporten múltiples conexiones en el manejo de los datos a enviar en la red, si detallan en el capítulo 3 de modelo de capa OSI en la Figura 3.1, el paquete es construido y modificado, agregando el encabezado en cada capa en el comienzo de la trama, el paquete es el candidato para ser utilizado como variable por referencia en las llamadas en los diferentes funciones y procedimientos de las capas de comunicación.

Con la combinación de llamadas de funciones y procedimientos por referencias de variables locales permiten trabajar los datos en programas que manejan múltiples conexiones, como el caso de los envíos y recepción de paquetes en los protocolos de comunicación que son utilizados casi el 99,99% en el aplicativo.

Ejemplo en PASCAL de variable por referencia:

```
FUNCTION ValCuadrado(var N:  INTEGER): INTEGER; /*Función cuadrática*/
```

Ejemplo en C de variable por referencia:

```
int function ValCuadrado(int &x); /*Función cuadrática*/
```

11.6.   Procesos

Los procesos son aplicaciones ejecutándose en la memoria del equipo u computador. Por esta razón un software puede estar compuesto por varios aplicativos que trabajen coordinadamente para llegar un objetivo. Existen diferentes modos que trabajen estos aplicativos, pueden ser varios programas distribuidos en una red o en un solo hardware que se ejecuten. Los aplicativos pueden provenir de varios softwares que se combinan, pero en todos tienen conexiones entre ellas con y sin la red. Algunos procesos son ejecutados en los sistemas operativos cuando los ordenadores comienzan a trabajar, en algunos los llamamos también demonios, en otros casos son aplicaciones servicios (capítulo 9.2.2) que son utilizados en la operatividad del ordenador. Algunas de estas aplicaciones son usadas por otros ordenadores con la conexión en la red, como otros programas en el mismo ordenador.

Los procesos también pueden crear nuevos procesos que son administrados o controlados por lo que se invocan o lo crean. Estos procesos que invocan a otros también pueden terminarlos o culminarlos. Depende de los diferentes sistemas operativos los administran con diferentes reglas, por ejemplos, los procesos (padres) de un sistema operativo pueden tener sub procesos creados (hijos) y estos pueden también crear nuevos, mientras que otro sistema operativo solo permite la creación de un proceso y puede transferir la administración a otro, como en Windows que en otro sistema operativo no se permite, y al terminar un proceso padre se terminan también los procesos hijos automáticamente.

Los procesos creados pueden ser desde el inicio del arranque de un sistema operativo o por demanda, en la ejecución de un proceso con la conexión con otro equipo se puede crear un proceso que realiza la conexión (por ejemplo el cliente), del otro lado, el equipo (servidor) que recibe el paquete que debe realizar el requerimiento, para cada requerimiento el servidor crea un nuevo proceso que al responder y terminar el requerimiento desaparece el proceso, el emisor de la solicitud al recibir la información de culminación del requerimiento, también desaparece. Esto se detecta con el comando "ls" en UNIX ("administración de tareas" en Windows) o en "netstat" descrito en el capítulo 10.2.2.

En UNIX se usa el comando de sistema "fork" para crear proceso, desde un aplicativo se ejecuta el comando del sistema operativo y el proceso se crea desde el ambiente. En cambio, en Windows se ejecuta la función "CreateProcess" desde los aplicativos, esta función tiene una variedad de opciones. Tanto en Windows como en UNIX los procesos tienen sus propios espacios cuando se ejecutan. Para terminar los procesos en UNIX se usa "exit" y en Windows "ExitProcess". Existe también culminación de los procesos que no solo es programado por el creador de los procesos; es la terminación voluntaria o programada, como la terminación por un error fatal que es controlado por el sistema operativo o el ambiente, y el otro modo, donde otro proceso hace la terminación ("kill" en UNIX y "TerminateProcess" en Windows).

La mayoría de los sistemas operativos administran todos los procesos que se ejecutan en su ambiente. Para el usuario y el programador de aplicaciones es transparente esta administración de los procesos. En el caso, de los programadores y desarrolladores de los componentes o el algoritmo del protocolo de comunicación como protocolo de aplicación deben estar conscientes de la administración y reglas de manejo de los procesos en el ambiente donde se ejecutan, sea por el sistema operativo o por la herramienta que lo administra. En el caso de los servidores WEB (indicado en el capítulo 10.3) como IIS o Apache maneja cada conexión con la creación de procesos de forma automática, cada conexión nueva se genera un nuevo proceso para atender las solicitudes en estos servidores como los demás servidores no WEB. En soluciones o software que trabaja con conexión entre aplicativos en las redes como SNA también trabajan de la misma forma de tener cada conexión como un proceso independiente. Para este tipo de programación o algoritmo de estos procesos que manejan otros sub procesos (hijos) se utilizan "hilos" que comparte cierto espacio de memoria para varios procesos.

11.7.   Hilos

Los "hilos" son usados por los sistemas operativos, aplicaciones con varios procesos y en los desarrollos de protocolos de comunicación. Cuando el aplicativo o proceso necesita manejar una cantidad de sub procesos concurrentes y en paralelos (o cuasi paralelos) que comparten una misma área de memoria. Estos sub procesos o mini procesos que trabajan de forma independiente, al programarlo o realizar el algoritmo se simplifica en pocos códigos de programación, con la visión de ser ejecutado varias veces, se alojan en memoria en espacio diferentes aun teniendo el mismo código y con datos diferentes, un ejemplo, es la Figura 11.2 con "función X" que es ejecutado dos veces. Depende de los sistemas operativos, hay casos donde se separan el código de programa y los datos; los datos contienen la información de la ocurrencia de la ejecución; mientras que hay sistemas operativos que trabajan en un solo bloque de memoria para todo un aplicativo en ejecución. En el caso de la Figura 11.3 es un ejemplo que los espacios de memorias están separadas, generalmente los programas y los datos están juntos, al ser ejecutados varias veces el mismo aplicativo, aparece tantas veces sean ejecutados en memoria como aparece en la Figura 11.3.a, este mismo bloque debe aparecer varias veces en la memoria pero en direcciones de memorias diferentes. Existe sistema operativo donde están juntos los códigos de los aplicativos (procesos) ejecutados y separados de los datos, y en el otro lugar están los datos de la ejecución; según en la Figura 11.3.b el "Programa B" fue ejecutado dos veces (ver las dos instancias de los datos de B, aunque el programa está en memoria una sola vez) y los demás programas están ejecutando una sola vez. En ambos casos de la Figura 11.3 la forma de conectarse entre los aplicativos es por medio de sus áreas de datos, comparte en memoria o un área de memoria los datos a transferir.

Existen otros aplicativos que operan de formas diferentes a los procesos y sus datos que se describen en la Figura 11.3. Lo principal es que un proceso se puede iniciar con un hilo, en un proceso que tiene uno o más hilos que controlar, este proceso se llamará hilo control, donde tiene compartido o no información con sus hilos que controlan, cada hilo contiene registro (datos) propios que administrar, como la próxima instrucción a ejecutar, e información para el manejo independiente de los datos con respecto a los demás hilos. Los hilos pueden compartir la información con el hilo de control o tener información independiente en ellas, todo depende de cómo están construidos los hilos. El control de los hilos lo tiene el sistema operativo que maneja la información compartida como no, existe forma que el desarrollador o el programador de software utiliza este mecanismo para compartir o no los datos. El hilo de control que tiene variables globales definidos por el programador en el código que usa los hilos, son los datos usados por todos lo que pertenece al hilo de control. Cada hilo que posee variables locales, estos pertenecen solo a él y no tiene acceso por otro (ver variables globales y locales en el capítulo 11.4).

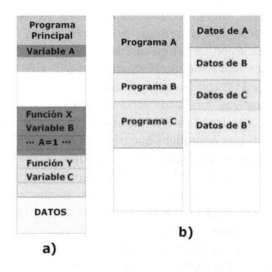

Figura 11.3 Ejemplo de uso de memoria

El uso de variables globales y locales en los hilos de control o en el hilo que se controla, permite el manejo de los datos compartidos o no entre ellos. En los procesos que se ven la Figura 11.2, no importa que mecanismo use el sistema operativo, los datos de los programas o aplicativos son compartidos o no por la definición en el lenguaje de programación que es implementada. El sistema operativo trabaja en otro nivel en administrar los hilos, se da el control o controla a cada hilo, cada hilo tiene registro propio que se maneja de forma independiente entre un hilo a otro, como controlar la cantidad de ocurrencia del mismo código de programa en memoria de forma independiente, aun compartiendo la misma información. El trabajar los procesos con los hilos es diferente con los procesos creados por aplicaciones o sistema operativos sin hilos, donde estos últimos tienen que definir el mecanismo de compartir información, sea por conexión entre ellas (se definen varios conceptos de comunicación entre aplicaciones) o un área común de datos (por ejemplo ver el capítulo 9.4.5 repositorios de las arquitecturas de software).

Generalmente existe en los diferentes procesos, el uso de los dos tipos de hilos: en espacio "kernel" y en espacios de usuarios. Los hilos "kernel" tienen costo alto en su creación y en su destrucción con el uso del recurso de hardware, mientras que los hilos usuarios son los ligeros que no son tan costosos a nivel de recursos, se pueden crear y destruir de forma ligera. En el espacio "kernel" se maneja la tabla de procesos y la tabla de hilos. La tabla de procesos contiene todos los procesos que se están ejecutándose en el momento. La tabla de hilos contiene la información de todos los hilos que se administran en su ejecución por el sistema operativo y los usados por los desarrolladores de software.

Las soluciones, middleware o software que administran el protocolo de comunicación, toma en consideración la regla de los procesos e hilos. Hay una relación en los diferentes casos, por ejemplos, la arquitectura de SNA o el protocolo de TCP/IP existe una parte que se mantiene activo todo el tiempo, la parte activa del protocolo de comunicación se asume que maneja el hilo del espacio de "kernel" y el resto que son las sesiones de conexión entre los equipos, son los hilos del espacio de usuario, que se activa y destruyen en cada sesión. En los próximos capítulos cuando se describen los desarrollos de los componentes del cliente, se detalla de cómo se crean estos hilos de espacios de usuarios; pero existe otra parte de forma general que no se detallan a los programadores, donde hay un componente que está siempre activo y que pertenece generalmente al espacio de "kernel", por ejemplos, el servidor de HIS de Microsoft debe estar activo este aplicativo para que las sesiones de los dispositivos se conecten. La razón, se explican en párrafos anteriores en el uso de los diferentes espacios que trabajan los hilos en la creación de los diferentes procesos y aplicaciones. En estos esquemas se aplican un esquema híbrido, donde combina la creación de los hilos "kernel" al iniciar el hilo de control, y dependiendo de la demanda se van creando o cerrando los hilos en los espacios de los usuarios, al finalizar (dejar de ejecutar el proceso) se cierra los hilos "kernel" (generalmente cuando se apague el computador). Aun en los dos tipos de espacios, el costo de uso de hilos es más económico que el mecanismo de manejo de procesos en el capítulo anterior. El control de los hilos en la mayoría de los casos son manejados de formas transparentes y automáticas para el desarrollador del software y el trabajo lo realiza el sistema operativo junto a la tecnología de las herramientas de desarrollos, son hilos creados por el sistema operativo por requerimiento de un aplicativo que son los ejemplos de las librerías o bibliotecas que son presentados en el código de programación de los diferentes algoritmos como el cuerpo de las páginas y servicios Web del libro, otros son hilos creados en el algoritmo como el caso del servidor de TCP/IP (ver algoritmo 12.2 del próximo capítulo) que se programa explícitamente.

El desarrollo de protocolo de comunicación con el uso de hilos, debe tener las consideraciones de las variables globales y locales descritas anteriormente, y su efecto se considera de gran importancia en el desarrollo del componente en los servidores que trabajarán con varias conexiones de forma simultáneas. En los clientes también se debe considerar cuando el aplicativo tiene una cantidad de más de una conexión con diferentes o los mismos ordenadores en la red, y cuando trabaje con diferentes tipos de protocolos de comunicación y aplicación, o trabajar varias conexiones con el mismo protocolo, en este caso debe seguir las recomendaciones del desarrollo del servidor con el uso de las variables locales y globales.

11.8.   Fichero de configuración

En cada tecnología como las herramientas de desarrollos de aplicaciones, permite en los lenguajes de programación el uso de archivo o fichero de configuración de datos. Las herramientas de desarrollos de software permiten mecanismos de lectura de archivo para iniciar la ejecución del aplicativo, un fichero que sea de lectura y dependiendo de los datos, el aplicativo se comporte o tome comportamiento diferente, la razón de la existencia del fichero de configuración permite flexibilidad de ambiente y escenario que puede soportar el software, por ejemplo, el aplicativo cliente se puede configurar el nombre del servidor a conectarse, el nombre del servidor puede cambiar con el tiempo.

En el caso de los componentes o aplicaciones que trabajen con protocolo de comunicación, permite inicializar los datos de los equipos clientes a conectarse en la red, como la ubicación de los servidores, mainframe o host, la identificación del equipo destino en la red dependiendo del protocolo de aplicación como de comunicación en los equipos origen. En los servidores, host o mainframe permite identificación de datos de los servicios que ofrecen a sus clientes. El archivo de configuración en los clientes y servidores detallan los parámetros de configuración de la conexión con el protocolo de comunicación.

El uso del archivo (fichero) de configuración permite la ventaja de cambiar información interna del aplicativo para que se comporte de una forma u otra, sin volver a reconstruir (compilación y enlaces en el caso de un lenguaje de programación con compilador, y volver a reconstruir el programa) todo el ambiente que está operando los aplicativos. Generalmente los datos que se utilizan en este archivo son usados para las variables globales del programa o algoritmo programado, como algunos casos inicializan las variables locales para los aplicativos de clientes. Dependiendo de los sistemas operativos tienen ciertas extensiones como en ambientes Windows "Proyecto.ini" o "Proyect.config", o en UNIX o Linux como "proyecto.conf" o los archivos contenidos en la carpeta "/etc/".

En cada desarrollo de aplicaciones de los diferentes protocolos de comunicación se mencionará el archivo de configuración con los datos candidatos que se utilizan dentro del código del programa, esto se describirá y detallará en los próximos capítulos. El uso del fichero de configuración permite en algunos proyectos definir el protocolo de comunicación a utilizar, por ejemplo, desde definir la arquitectura de SNA en sus diferentes tipos de LU hasta configurar en una red con el protocolo de comunicación TCP/IP con el mismo aplicativo, todo depende de cómo se diseñe, estructura y programe el software. El archivo de configuración activará o desactivará secciones del aplicativo para seleccionar los diferentes protocolos de comunicación que tiene programado; es como se estructura un aplicativo para que soporte los diversos protocolos de comunicación.

12. Desarrollo con protocolo TCP/IP y UDP/IP

12.1. Introducción

En este capítulo se centra en el desarrollo de aplicaciones con protocolos bajo IP tanto TCP y UDP. Se detalla el desarrollo a nivel de lenguaje de programación C con la capa de transporte del protocolo de comunicación que se provee en la biblioteca o librería, se describe el desarrollo de la capa de aplicación del cliente y luego el desarrollo del servidor, donde se envía el paquete que contiene el formato del aplicativo.

El protocolo TCP y UDP bajo IP, se basa en los puertos y las direcciones IP del destino y origen. Esta información es importante tanto para el cliente como el servidor. El cliente para conectarse con el servidor, el cliente debe conocer el puerto que está disponible y la dirección IP del servidor para enviar el requerimiento. Para el servidor debe tener el puerto disponible para esperar cualquier solicitud de cualquier cliente, el puerto del cliente como la dirección IP del cliente del requerimiento puede ser cualquier valor que el solicitante debe proveer; el control de estos valores para responder las solicitudes a los clientes por parte del servidor proviene del paquete que recibe, la asignación de un puerto libre y la dirección IP del cliente lo manejará el protocolo de comunicación en la capa de transporte del ordenador emisor del requerimiento (cliente), esta información del cliente es transparente para el programador donde la función usada en el código se le asigna automáticamente.

Existe librería o biblioteca en las herramientas de desarrollos o en los diferentes lenguajes de programación que permiten de forma transparente ser usado por el desarrollador del software, esta librería o biblioteca permite este tipo de conexión con este protocolo de comunicación o disponibilidad de la capa de transporte. Esta librería se llama "socket.lib" o "socket.dll" (en algunos casos en ambientes de Windows es "Winsock.dll"). El uso de la biblioteca "socket.lib" o "socket.dll" depende del compilador y enlazador ("link" de los aplicativos con las bibliotecas) del lenguaje de programación, también de la tecnología y el ambiente del ordenador donde se construye el aplicativo (Windows, Linux, UNIX, Android, iOS, mainframe, etc.). Todas las versiones de esta biblioteca lo llamaremos "sockets".

La librería "sockets" dispone el protocolo de comunicación desde la capa de transporte hacia abajo (red, enlace de datos y físico), por lo tanto, el manejo de la dirección IP y buscar un puerto libre del cliente se encargará la biblioteca y se libera el desarrollador del software este trabajo. En el servidor coloca la IP y el puerto de origen en el encabezado de la respuesta, así que el programador se centra en la parte del protocolo de aplicación. Las bibliotecas y librerías disponen de funciones y procedimientos que pueden ser llamados dentro de las aplicaciones con los lenguajes de programación que sean compatibles a estas.

Cuando el cliente envía la solicitud al servidor, el protocolo de comunicación tiene que tener identificado los valores del encabezado antes de salir en el paquete al servidor (IP y número de puerto del ordenador origen), una de la función que hace la biblioteca "sockets" es generar o buscar un puerto libre para la conexión TCP o UDP, buscar la dirección IP del cliente, y coloca estos datos en el encabezado del paquete; el servidor al recibir el paquete devuelve la respuesta al cliente con estos mismo datos, si existe respuesta. En el cliente para enviar el paquete se necesita con antelación saber la dirección IP y el puerto del servidor, en este caso el desarrollador o programador del software debe conocer e ingresar estos datos en la función de envío, que está definido en sus parámetros (variables) de entradas para la ejecución. La dirección IP del servidor se puede usar de forma cruda (con el formato versión 4.0 como XXX.YYY.ZZZ.WWW) o por el nombre del servidor, lo recomendable es usar el nombre del servidor, pero antes se debe verificar que el servidor con el uso del nombre tenga la resolución por un servidor DNS (ver el comando ping en el capítulo 10.2.5); la otra opción depende del ambiente donde se ejecute el aplicativo, el uso del nombre del servidor al no poder ser resuelto por DNS, se usa el archivo o fichero "host" del sistema operativo (ver capítulo 8.2.1 dirección IP fija en el uso del archivo "host"). De igual forma esta información debe ser trabajada desde los ficheros de configuración del aplicativo o del componente (ver el capítulo 11.8 de archivo de configuración) que maneje la comunicación. El número del puerto del servidor se debe conocer al menos, se debe conocer el protocolo de comunicación conocido con el uso estándar del puerto (ftp, http, https, etc.). La otra información que el programador de aplicación debe tener conocimiento es el protocolo de aplicación que se enviará en la trama de TCP o UDP sobre IP, tanto de requerimientos como todas las posibles respuestas.

12.2.   Caso de desarrollo

En las primeras versiones de TCP/IP tenía una capacidad máxima de enviar paquetes de 65.536 bytes, donde se indica en los dos bytes en la cabecera de IP Figura 5.1, con el tiempo la necesidad de enviar paquetes de mayor tamaño, se generó una versión donde se indicaba el tamaño del paquete, no en los encabezados de este protocolo, se indicaba en los primeros 4 bytes de los datos como se indica en la Figura 12.1, si se compara la Figura 5.4 en el capítulo anteriores en TCP/IP, la diferencia se presenta en la data de los 4 bytes, es decir, contiene 4 bytes adicionales del protocolo TCP/IP usado actualmente. Se reserva los primeros 4 bytes de la data para tener una capacidad doble de tamaño en los paquetes con el protocolo TCP/IP en ese momento, manteniendo la misma estructura de la cabecera de TCP/IP hasta la actualidad. Se generó en esa época cantidad de aplicaciones reglamentado en este formato, las aplicaciones se mantienen activo después de más de 20 años de su creación, pero la regla de los 4 bytes en la data desaparece. Actualmente con el uso de los nuevos protocolos de comunicación con http con TCP/IP en la capa de transporte, los 4 bytes no existen en la data, quedando los aplicativos de aquella época con un problema de incompatibilidad entre aplicaciones por diferentes versiones de TCP/IP. Los cambios de eliminar los 4 bytes en la data se cambia por varias razones, dos de ellas son: las aplicaciones que envían los formatos no necesitan tener gran tamaño para toda la información (en los sistemas centralizados por ejemplo se envía paquete de poco volumen de datos); la segunda, si existe gran cantidad de información en la transmisión, se generan los envíos con varios lotes de tamaños pequeños como en la capa de transporte o separar por el tipo de los diferentes protocolos de comunicación existente, en vez de enviar una sola trama de gran tamaño.

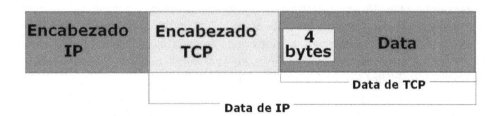

Figura 12.1 Versión de TCP/IP con 4 bytes en la data

La incompatibilidad de versiones se maneja en el uso del segmento de la data en el formato TCP, la data se usa para el manejo del protocolo de aplicación, convirtiendo, no en una incompatibilidad de protocolo de comunicación entre las versiones de TCP/IP, sino un problema de protocolo de aplicación. El cambiar todo el aplicativo que soporta los 4 bytes en la data es difícil y trabajoso, por la edad de la aplicación que aún funciona, por el otro lado, el cambiar el protocolo de aplicación el cliente que acepte los 4 bytes en los datos es más factible que modificar el sistema antiguo. No solo existe el servidor con este protocolo de aplicación que soporta los 4 bytes en la data, deben existir otros aplicativos clientes que se mantienen activos actualmente, al cambiar el protocolo del servidor, debe cambiar todos los aplicativos clientes que se conecte a este y el trabajo aumenta no solo en el servidor, sino también en todas las aplicaciones que accede a este.

En este capítulo trataremos de trabajar en colocar en la data los cuatros bytes para el sistema antiguo, y todos los datos que provienen del nuevo aplicativo cliente con la nueva versión de TCP/IP se colocará los 4 bytes en la data para el servidor, los 4 bytes indica el tamaño de la data en el paquete. El resultado del servidor al enviar la respuesta al cliente contendrá estos 4 bytes adicionales que se debe descartar, esta parte el libro no se encargará, al menos que el lector tenga la intención de colocar la solución de eliminar los 4 bytes de la data al cliente.

El objetivo de este desarrollo es interceptar la data de los clientes nuevos, agregar los 4 bytes antes de ser enviado al servidor, y la respuesta del servidor se envía al cliente intacto con esos 4 bytes en la data. En este caso se coloca una aplicación servicio TCP/IP desarrollado en C++ en un ambiente de Windows entre los nuevos clientes y el servidor.

Se asume que el modo de comunicación entre el cliente y el servidor es una conversación sencilla, por una solicitud al servidor solo hay una respuesta, solo se permite una conexión por cada cliente en el aplicativo hacia el servidor. El servicio a desarrollar debe soportar varias conexiones de clientes de formas simultáneas. El servicio puede soportar aplicaciones de servidores que se conectan todo el tiempo, es decir, desde que se ejecuta este servicio realiza la conexión física. La otra opción, solo se conecta físicamente cuando hay una solicitud de un cliente y el servidor al despacharla con una respuesta, cierra la conexión. Esta opción de comportamiento de conexión depende mucho de los requerimientos del servidor y el aplicativo central exige.

Seguidamente se necesita un fichero de configuración que depende de la característica del aplicativo del servidor, se coloca los datos para que el servicio a desarrollar se comporte como se desea y la configuración posible que puede variar con el tiempo. Este el caso que se aplica cuando no se desea modificar el servidor TCP/IP y el protocolo de aplicación. Cada cliente al conectarse con este servicio, se ejecuta la solicitud, en el servicio se retransmite el requerimiento y espera la respuesta del servidor, al recibir la respuesta del servidor se regresa esta información al cliente sin modificación. Por lo tanto, existe tres elementos en este proyecto: el cliente que desea un requerimiento, el servicio que realiza de traductor como intermediario (el desarrollo nuevo indicado en el capítulo 12.5 del servicio y su archivo de configuración) y el servidor.

12.3.   Fichero de configuración

El desarrollo del servicio que coloca los 4 bytes de tamaño en la data, donde el servicio modifica el requerimiento de un cliente ante de enviar al servidor, se necesita el puerto donde recibe el mensaje del cliente, también se necesita los datos del puerto y la dirección IP del servidor a donde se debe conectar para enviar los requerimientos de los clientes y recibir las respuestas. Por el otro lado, el cliente para acceder al servicio necesita el puerto y la dirección IP a donde conectarse para que se modifique la data a enviar al servidor. En resumen, el aplicativo servicio y el cliente necesita una dirección IP y el puerto a donde conectarse, y el servicio adicionalmente necesita el puerto de escucha para recibir los requerimientos de los clientes. Se define un solo archivo de configuración que permita ser usado por el cliente y por el servicio, ambos necesitan la misma información de conexión y varían los datos dependiendo de que sea el aplicativo cliente o el servicio. Este capítulo y el siguiente serán dedicados a los datos del archivo de configuración y su lectura; para la lectura estará la fuente de programa en C++ que será reutilizada en los aplicativos clientes y del servicio.

Los datos candidatos en este archivo dependerán si es un cliente o es el servicio, para realizar la conexión UDP o TCP en IP, por ejemplo, tenemos el archivo "proy.ini" de esta forma:

```
[Server]
HostName: ServidorBase
Port: 18500
AllTime: N
[Local]
PortServer: 7500
```

Archivo de configuración del servicio

El servicio a desarrollar usa este archivo y el contenido de la parte "[Local]", habilita el puerto indicado en el campo "PortServer:" y su valor es "7500" para realizar la conexión ya sea UDP o TCP, se indica dentro del código del programa que más adelante se describe el tipo protocolo de transporte a usar (UDP o TCP), este servicio va ser ejecutando en un ordenador, y en el ordenador se utilizará el puerto "7500" para recibir las peticiones de los clientes. Para el caso de los clientes es importante que deban indicar la dirección IP donde se ejecute el servicio y el número de puerto "7500" a que se debe conectarse para el uso del servicio, se debe indicar en la sección de "[Server]" con estos datos que más adelante se describe de "HostName:" y "Port:" para los clientes.

En el caso del servicio a desarrollar se utiliza el mismo archivo configuración "proy.ini", donde en la sección de "[Server]" indica el contenido "HostName:" el nombre del (dirección IP) servidor a conectarse (donde debe enviar los requerimientos de los clientes), se detecta la dirección IP del equipo es por nombre del "ServidorBase", la detección de IP se realiza con los códigos de líneas del programa con el uso de las funciones de la biblioteca "sockets" más adelante se le indicará, donde convierte internamente el nombre del servidor a una dirección IP; es como la forma de detectar la dirección IP del "ServidorBase" se realiza con el comando "ping" en el sistema operativo si el programador desea saberlo. El puerto a enviar la solicitud del servidor es por el "18500" indicado por "Port:". El campo "AllTime:" es para indicar el tipo de conexión que se desea en la ejecución, en el sentido que al iniciar el aplicativo o el componente (servicio a desarrollar) lee del archivo de configuración y si contiene "N" (No) significa que cada vez que envía una solicitud y recibe la respuesta, la conexión se abre en el envío y se cierra al recibir la respuesta hacia el servidor, se realiza la conexión por demanda por cada solicitud y respuesta. Si el valor es "Y" ("Yes" o sí en inglés) en "AllTime:", desde que se inicia la ejecución del aplicativo servicio estará conectada o habrá una conexión hacia el servidor hasta que el aplicativo deje de ejecutarse, este último caso, el aplicativo servicio al estar ejecutándose, está usando una conexión hacia el servidor todo el tiempo.

En el caso cuando un cliente que desea conectarse al servicio y utilizar el mismo archivo de configuración, los datos que se deben colocar y usar es en la parte [Server] donde el "HostName" es el nombre del computador donde corre el servicio del traductor y el puerto es 7500; la parte [Local] no es usado por el aplicativo cliente.

El fichero de configuración es un ejemplo de lo que desea desarrollar en el proyecto, existen otros parámetros como indicar el nombre del fichero de bitácora para guardar los mensajes de envíos y respuestas de la conexión. Los parámetros que se colocan en este fichero dependen de los requerimientos del proyecto y ser usado en el aplicativo internamente. Hay caso que el protocolo de comunicación varia en el aplicativo entre UDP o TCP, entonces, debe crear un campo adicional para indicar el protocolo de la capa de transporte que se desea. Nuestro caso solo se considera TCP.

El otro punto importante a considerar, que los puertos 7500 y el 18500 no son usados en el ambiente Windows, son escogidos por el desarrollador, la escogencias deben ser puertos donde los sistemas operativos no lo usen como estándar. Se utiliza estos puertos para la conexión hacia el servidor (se puede usar otros puertos, pero debe mantener la filosofía de uso). Mientras que el puerto de origen (cliente) no es considerado debido a que se maneja dentro de la biblioteca "sockets", de igual forma el puerto origen, dentro del archivo de configuración no es tomado en consideración por ese motivo. Lo que se desea con este servicio se ve gráficamente en la Figura 12.2.

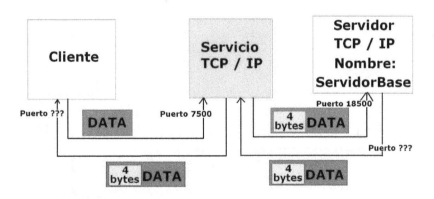

Figura 12.2 Servicio TCP/IP entre el cliente y el servidor

12.4.   Código de la lectura del fichero de configuración

En la aplicación tanto del servicio como del cliente debe contener la lectura del fichero de configuración del aplicativo, se mantiene el mismo ejemplo con el fichero indicado en el capítulo anterior.

Para no separar los códigos de programas del servicio o del cliente, se leerá todo el fichero y los datos se almacenan en las variables globales, el algoritmo es usado en el aplicativo servicio como en el aplicativo cliente. El código va a realizar con el Lenguaje C++ en un ambiente Windows. En el siguiente programa se define las variables globales del servicio.

```cpp
// declaraciones iniciales y variables globales

// Declaraciones de variables y estructuras de las bibliotecas a usar en el programa

#include "stdafx.h"
#include "resource.h"
#include <initguid.h>
#include <stdio.h>
#include <stdlib.h>
#include <string.h>
#include <winsock.h>
#include <atlstr.h>
#include <time.h>


// Variables globales del aplicativo

unsigned long iAddIp;


SOCKADDR_IN sin;
SOCKET afSocket;
WSADATA wsaData1;
struct hostent *host_server;
char size_ascii[20];
char buf_ascii[20];


TCHAR gcIniFile[12];            // Nombre archivo .ini
TCHAR gcPortRemote[15];                         // Puerto Remoto Ascii
TCHAR gcPortLocal[15];                          // Puerto Local Ascii
int iPortRemote;                    // Puerto Remoto numerico
int iPortLocal;                     // Puerto Local numerico
TCHAR gcNameHostRemote[51];                     // nombre del equipo al que se conecta
TCHAR gcAllTime[2];         // La conexion al Host es todo el tiempo o por transaccion (Y=yes, N=No)
CString strTemp;
FILE  *printer;
int iLog;
int iTypeMsg;  // 0=Msg Local App; 1 = Send Msg; 2 = Rcv MSg
```

```
#define MSGLocal 0
#define MSGSend 1
#define MSGRcv 2

CString strLogFile;
TCHAR sBuffer[250];

 fd_set master;  // conjunto maestro de descriptores
 fd_set read_fds; // conjunto temporal de descriptores de fichero para el uso del select()

//Actualización de parámetros de conexión
int CServiceModule::parametro_conexion()
{          // actualiza la parametrizacion de la conexion con el
           // archivo ini y valida su contenido.
           int ind;
           char cNum;
           char sNum[5];
           TCHAR sBuffer[250];

           // se coloca el nombre del fichero de configuración a leer
           strcpy(gcIniFile,"PROY.INI");

           // Lectura de cada parámetro
           GetPrivateProfileString( "Local",   "Port", "", gcPortLocal, 10, gcIniFile );
           GetPrivateProfileString( "Server", "HostName","",       gcNameHostRemote, 51, gcIniFile );
           GetPrivateProfileString( "Server",  "Port","", gcPortRemote, 10, gcIniFile);
           GetPrivateProfileString( "Server", "AllTime", "", gcAllTime, 4, gcIniFile);
...
           // Colocar aquí la validación los datos de entradas
           // Si hay error en algún dato debe devolver en esta función return(-1);
...
}
```
Algoritmo 12.1 Lectura de archivo de configuración

Como se detecta en la lectura de los parámetros dentro del fichero "Proy.ini" descrito en el capítulo anterior con la instrucción "GetPrivateProfileString()", la instrucción varia depende de la versión de C++, en nuestro caso pertenece a la librería de base de Windows.

Las variables globales declarados que son usados en la función "CServiceModule:: parametro_conexion()" son actualizados (lectura en el fichero de configuración), la información será usado posteriormente en el aplicativo ya sea en el cliente o en el servicio. La función debe devolver "cero" (0) si completa todas las instrucciones y las validaciones de los datos introducidos en el archivo de configuración fueron correctos. Al haber un dato erróneo esta función devuelve el valor (-1), no deberá seguir el proceso de comunicación en el caso del uso de esta función.

Hay diferentes modos de utilizar esta función: una de ella en donde la función es ejecutada al inicio del aplicativo y es utilizada una sola vez en toda la aplicación; el otro modo, donde la función es utilizada cada vez que se ejecute cualquier función relacionada al proceso de comunicación, es decir, se ejecuta todas las veces que se utiliza la red. El usar una sola vez la función de acceso al fichero de configuración en el aplicativo, al ejecutar el aplicativo, el usuario desea luego cambiar algún parámetro del archivo "Proy.ini", el aplicativo no va a tomar en consideración los cambios hasta que se reinicie el aplicativo de nuevo, se recomienda en este caso para el aplicativo de servicio, debido a que el acceso a disco y lectura de un archivo por cada requerimiento no es eficiente. Hay casos si este código fuente es aplicado dentro una librería o directorio, esta función se ejecuta en todas las demás funciones públicas y se debe declararse como una función privada; cada vez cuando se usa una función pública se utiliza esta función, de esta forma el aplicativo actualiza los parámetros si el usuario realiza cambio y no necesita reiniciar el servicio, es decir, mientras que está activo el servicio considera los cambios tomado del fichero, mientras el primer caso se debe detener el servicio e iniciar de nuevo para tomar los cambios; se recomienda al usarlo se haga solo en los clientes, hay que considerar que afecta la eficiencia del proceso de una lectura a disco (acceso a "Pory.ini") para cada conexión y requerimiento.

12.5.   El código fuente del servicio

El código que se desarrolla se usa como prototipo de pruebas, definen las variables locales del programa principal.

```
Void CserviceModule::Run()
{

    struct sockaddr_in myaddr;    // dirección del servidor
    struct sockaddr_in remoteaddr; // dirección del cliente
    int fdmax;      // número máximo de descriptores de fichero
    int newfd;      // descriptor de socket de nueva conexión aceptada
    int yes=1;      // para setsockopt() SO_REUSEADDR
    int addrlen;
    int i;

    WSADATA wsaData;
    SOCKET listener;
    Cstring strFirseq;

    LogEvent(_T("ejecución del servicio"));
        _Module.dwThreadID = GetCurrentThreadId();
```

```
HRESULT hr = CoInitialize(NULL);
CsecurityDescriptor sd;
sd.InitializeFromThreadToken();
hr = CoInitializeSecurity(sd, -1, NULL, NULL,
   RPC_C_AUTHN_LEVEL_PKT, RPC_C_IMP_LEVEL_IMPERSONATE, NULL, EOAC_NONE, NULL);

_ASSERTE(SUCCEEDED(hr));

hr=_Module.RegisterClassObjects(CLSCTX_LOCAL_SERVER|CLSCTX_REMOTE_SERVER,
    REGCLS_MULTIPLEUSE);
    _ASSERTE(SUCCEEDED(hr));

LogEvent(_T("TCP IP Servicio comenzo a ejecutar"));
if (m_bService)
  SetServiceStatus(SERVICE_RUNNING);

MSG msg;

  if (WSAStartup(MAKEWORD(1, 1), &wsaData) != 0)
                    return ;

  FD_ZERO(&master);   // inicializa los conjuntos maestro y temporal
  FD_ZERO(&read_fds);
  // obtener un socket para TCP/IP
  if ((listener = socket(PF_INET, SOCK_STREAM, IPPROTO_TCP)) == -1)
  {
     perror("No se obtuvo un socket");
     exit(10);
  }
  // obviar dirección que ya se este usado
  if (setsockopt(listener, SOL_SOCKET, SO_REUSEADDR, &"yes", sizeof(int)) == -1)
  {
     perror("error en setsockopt ");
     exit(20);
  }

 // Conectarme con el Host

 if ((gcAllTime[0] == 'Y') || (gcAllTime[0] == 'y'))
 {
                    if (WSAStartup(MAKEWORD(1, 1), &wsaData1) != 0)
                    {
                       perror("Inicializar socket a host");
                         exit(30);
                    }

                    if ((host_server=gethostbyname(gcNameHostRemote)) == NULL)
                   { // Obtener información del host
                           perror("error en gethostbyname en buscar el servidor");
                            exit(30);
                    }
```

```
                                sin.sin_family = PF_INET;

                                iAddIp = inet_addr(inet_ntoa(*((struct in_addr *)host_server->h_addr)));
                                if (iAddIp == INADDR_NONE)
                                {
                                    perror("socket");
                                    exit(21);
                                }

                                sin.sin_addr.s_addr = iAddIp;

                                sin.sin_port = htons(iPortRemote);

                                afSocket = socket (PF_INET, SOCK_STREAM, IPPROTO_TCP);

                                if (INVALID_SOCKET == afSocket)
                                {
                                    perror("socket 236nvalid");
                                    exit(30);
                                }

                                if (0 != connect (afSocket,(LPSOCKADDR) &sin, sizeof (sin)))
                                {
                                    perror("Error socket no se pudo conectar");
                                    exit(40);
                                }
            } // if ((gcAllTime[0] == 'Y') || (gcAllTime[0] == 'y'))

    // enlazar
    myaddr.sin_family = PF_INET;
    myaddr.sin_addr.s_addr = INADDR_ANY;

    // parametrización del puerto de lectura o recepción en el servidor
    myaddr.sin_port = htons(iPortLocal);

    memset(&(myaddr.sin_zero), '\0', 8);
    if (bind(listener, (struct sockaddr *)&myaddr, sizeof(myaddr)) == -1)
    {
        perror("error en el bind");
        if (closesocket (listener) != 0)
            {
            }
        if ((gcAllTime[0] == 'Y') || (gcAllTime[0] == 'y'))
            if (closesocket (afSocket) != 0)
            {
            }
            if (WSACleanup() != 0)
            {
            }

        exit(70);
    }
    // escuchar el puerto y espera una entrada o conexión
```

```
if (listen(listener, 10) == -1)
{
    perror("error en el listen");
    exit(80);
}
// añadir listener al conjunto maestro
FD_SET(listener, &master);
fdmax = listener;

// ciclo infinito principal

for(;;)
{
    read_fds = master; // realize una copia
    if (select(fdmax+1, &read_fds, NULL, NULL, NULL) == -1)
    {
        perror("error en el select");
        exit(93);
    }
    // explorar conexiones existentes en busca de datos que leer
    for(i = 0; i <= fdmax; i++)
    {
        if (FD_ISSET(i, &read_fds))
        { // ingreso datos de un cliente
            if (i == listener)
            {
                // gestionar nuevas conexiones
                addrlen = sizeof(remoteaddr);
                if ((newfd = accept(listener, (struct sockaddr *)&remoteaddr,
                                    &addrlen)) == -1)
                {
                    perror("erroro en accept");
                }
                else
                {
                    FD_SET(newfd, &master); // inicializar el conjunto maestro
                    if (newfd > fdmax)
                    {   // actualizar el máximo
                        fdmax = newfd;
                    }
                    printf("hay una nueva conexión desde %s sobre "
                        "socket %d\n", inet_ntoa(remoteaddr.sin_addr), newfd);
                }
            } // if (i == listener)
            else
            {
                //Función que se encarga de recibir y enviar el paquete del host remoto
                // agrega los 4 bytes de tamaño de la data en el paquete
                if (Send_recv(i))
                {
                }
            } //else if (I == listener)
        }
```

```
        } // for(i=0;I <= fdmax; i++)
    }
  }
}
```

Algoritmo 12.2 Programa principal de un servidor TCP/IP

El código anterior (algoritmo 12.2) del servicio representa el programa principal, donde existen variables públicas que no son desplegados en el código, esto son propios de la herramienta de desarrollo que automáticamente se coloca como el caso de la variable "m_bService" que es tipo "BOOL" (booleano) definido en C++ de Windows en Visual Studio Versión 6.0, definido en el archivo "stdafx.h", este archivo se crea automáticamente en la selección del proyecto de un aplicativo de servicio. Las variables no declaradas en el algoritmo 12.2 están definidas en el algoritmo y declaraciones de la lectura del fichero de configuración del algoritmo 12.1 del capítulo 12.4.

El servicio para trabajar varias sesiones (conexiones con los clientes) al mismo tiempo, se distribuye por la variable entera "i", donde es un valor diferente para cada conexión, se valida que no exceda de la cantidad máxima de conexión, en el caso que suceda, no se le atenderá las sesiones fuera de rango; la forma de trabajar una conexión a la vez se debe eliminar el "for" que controla cada sesión con la variable "i", este caso es muy raro pero existe.

La conexión y desconexión hacia el servidor que sea tipo continuo o por demanda, lo define la variable global "gcAllTime" definido su valor en la lectura del fichero de configuración, que también se utiliza en la función de envío y recepción de datos *"**Send recv(i)**"* para tratar el tipo de conexión. En el programa principal se abre la conexión una sola vez si el valor de "gcAllTime" es "Y", y deja la conexión abierta hacia el servidor, verificando luego en la función de envío y recepción. Al abrir la conexión se utiliza funciones propias de "Sockets" donde lo importante es la verificación del nombre del servidor y el puerto estén habilitados en el servidor para abrir la conexión.

A continuación, se describe *"**Send recv(i)**"* es una función que se encarga de leer los datos del cliente; donde coloca antes de enviar al host remoto, los 4 bytes en la data, y luego espera la respuesta del servidor donde lo transmite al cliente. En la función se verifica el tipo de conexión, la conexión esta activo todo el tiempo con el servidor; o se conecta y se desconecta al cumplir su envío y recepción del paquete como se valida en el código fuente del programa principal. Se asume que solo es un envío y una sola recepción hacia el host remoto (servidor).

```
// Función que realiza la recepción del paquete del cliente
// agrega los 4 bytes en la data y lo envía al host remoto, recibe la respuesta
// y se lo re envía al cliente

int Send_recv(IN int i)
{
  // Las variables locales de los paquetes recibido y enviado
  char bufLocal[70000];   // buffer para datos del cliente, máximo permitido 65.536 bytes
  int nbytesSize;         // Tamaño del buffer de datos del cliente


    // gestionar datos de un cliente, se lee el mensaje
    if ((nbytesSize = recv(i, bufLocal, sizeof(bufLocal), 0)) <= 0)
    {
      // error o conexión cerrada por el cliente
      if (nbytesSize == 0)
      {
        // conexión cerrada
        printf("error en selectserver: socket %d \n", i);
        perror("error en recv");
       // no hay mensaje o el tamaño del mensaje es cero
      }
      closesocket(i); // libero la conexión
      FD_CLR(i, &master); // eliminar del conjunto maestro
          return(-1);            }
    }
    else
    {
          // Carácter al momento
      if ((gcAllTime[0] == 'n') || (gcAllTime[0] == 'N'))
      {
                if (WSAStartup(MAKEWORD(1, 1), &wsaData1) i= 0)
                {
                    perror("error en socket iniciar la conexión");
                  return(-1);
                }
            if ((host_server=gethostbyname(gcNameHostRemote)) == NULL)
            { // Obtener información del host
                  perror("error en gethostbyname");
                  perror("Host no existe ¡¡");
                return(-1);
            }
            sin.sin_family = PF_INET;

            iAddIp = inet_addr(inet_ntoa(*((struct in_addr *)host_server->h_addr)));
            if (iAddIp == INADDR_NONE)
            {
                perror("error socket en la conexión");
              return(-1);
            }
            sin.sin_addr.s_addr = iAddIp;
            sin.sin_port = htons(iPortRemote);
            afSocket = socket (PF_INET, SOCK_STREAM, IPPROTO_TCP);
```

```
                  if (INVALID_SOCKET == afSocket)
                  {
                      perror("error en socket en conexión al puerto");
                      return(-1);
                  }
                  if (0 != connect (afSocket,(LPSOCKADDR) &sin, sizeof (sin)))
                  {
                      perror("erroro en socket en a conexión al servidor");
                      if (closesocket (afSocket) != 0)
                  {
                  }
                  else
                      return(-1);
             }
             else
                      logEvent("Host conectado\n", 15, MSGLocal);
         }

     // Colocar los 4 bytes en la data
     put4bytessize( bufLocal, &nbytesSize);


     if (send(afSocket, bufLocal, nbytesSize, 0) >= 0)
     {
     }
     if ((nbytesSize = recv(afSocket, bufLocal, sizeof(bufLocal), 0)) <= 0)
     {
             perror("error rcv host");
     }
             // Conexion al momento
             if ((gcAllTime[0] == 'n') || (gcAllTime[0] == 'N'))
             {
                 if (closesocket (afSocket) != 0)
                 {
                 }
                 else
                         if (WSACleanup() != 0)
                         {
                         }
             }
             if (send(l, bufLocal, nbytesSize, 0) == -1)
             {
                 perror("send");
                 return(-1);
             }
     }
     return(0);
}// Funcion de recepción y envio de paquetes
```

Algoritmo 12.3 Envío y recepción en TCP/IP del servidor

Las únicas variables locales son de los datos recibidos como los enviados (intercepción del paquete) del cliente para enviar al host remoto, y sus tamaños

240

("char bufLocal[70000]" e "int nbytesSize"), al leer los datos de los clientes son diferenciados por la variable de entrada de la función que permite trabajar de forma independiente de los mensajes o paquetes de otra sesión (diferentes valores de la variable "i"). Esta función puede ser ejecutada de forma concurrente e independiente por cada cliente que se conecta a este servicio, por esta razón, los datos de lectura y envío son de variables locales para que no se confundan con los datos o paquetes de los demás sesiones. Si se coloca un solo buffer en una variable global (la variable "bufLocal"), genera un error que todos los clientes conectados, al mismo tiempo, recibirá la misma respuesta de la última información que envió el host remoto, sin considerar los cruces de tramas respuestas entre los clientes; debido a que comparte la misma variable global para todas las sesiones. El comportamiento no se sabe, si no se utilizan las variables locales de los datos por cada conexión del servicio, solo se conoce la misma respuesta en la última trama en dos o más usuarios conectado concurrentemente. La demás información de la conexión está contenida en las variables globales que están definidas en el tipo de conexión del servicio hacia el host remoto que es común para todas las conexiones simultáneas. Otro punto de discusión, es la variable global "afSocket", que si hay una sola conexión cuando se inicia el servicio para todos los requerimientos de los clientes, que debe manejarse por cada cliente o uno en general hacia el host remoto. En la fuente del programa socket esta la conexión define cada cliente en el servicio con la variable "i", por supuesto con un valor diferente, y "afsocket" es una conexión del servicio hacia el host remoto que se genera con la variable "i", con ellas se recibe y envía los paquetes. Las diferentes ocurrencias simultáneas en el servicio se representan en cada variable "i" con valores diferentes. Lo recomendable es colocar "afsocket" como variable local junto a "char bufLocal[70000]" e "int nbytesSize" y la conexión obligatoriamente será por demanda, y se obtendrá para cada sesión una conexión hacia el servidor remoto, esto ocurre si hay varios requerimientos en una misma sesión con el cliente, en resumen, si "afsocket" es una variable global se tiene una conexión hacia el servidor remoto y con ella se atiende a varias sesiones de clientes de forma simultánea; si "afsocket" es una variable local en la función "Send_recv(i)" produce que para cada sesión de cliente se tiene una conexión remota al servidor, es decir, hay "n" conexión con clientes habrá "n" conexión con el servidor. Los algoritmos 12.2 y 12.3 está programada para varias sesiones de clientes con una sola conexión al servidor remoto.

Estos códigos de programación como se indica al principio se basan en el protocolo TCP/IP; de forma análoga se puede manejar esta misma fuente de programa con el protocolo UDP/IP. Si detalla el código de programa se encuentra la instrucción "afSocket = socket (PF_INET, SOCK_STREAM, *IPPROTO_TCP*)", donde uno de los parámetros es "*IPPROTO_TCP*", este parámetro identifica que el socket es definido para un protocolo TCP. Para definir una conexión UDP existe el parámetro "*IPPROTO_UDP*", donde se sustituye en todos los códigos del programa para definir el tipo protocolo deseado. Se puede con este mismo código transformar de una conexión UDP de los clientes hacia un host remoto con TCP o viceversa.

La conversión de ASCII en datos definidos para esta versión de protocolo TCP/IP, colocar el tamaño de la data en los primeros 4 bytes en el segmento TCP, se define en la representación numérico y no en la representación ASCII de la misma, es decir, en la data en el protocolo de TCP/IP en la mayoría de los casos son transmitido en los símbolos definidos en la tabla ASCII entendible al humano, pero el tamaño de los datos en el paquete se define de forma numérica, en el caso de la función "*put4bytessize*(bufLocal, &nbytesSize)" realiza este trabajo de colocar en los datos de protocolo TCP el tamaño de los datos transmitidos para el host remoto, ver Figura 12.2, se representa a nivel de código de programa en hexadecimal, para el entendimiento por el protocolo de aplicación ejecutado en el host remoto, por esta razón se indica en los siguientes códigos de programas de crear la data de mensaje de TCP, crear un espacio de 4 bytes en el formato deseado por este protocolo, para colocar el tamaño de datos a enviar y mover todos los bytes en 4 posiciones hacia la derecha para poder tener espacio para este, aumentando el dato de TCP 4 bytes adicionales.

```
Void CserviceModule::put4bytessize( char FAR * buf, int *nbytes)
{         // Entrada:
          //                    buf = data de carácter que se mueve cuatro bytes a la derecha
          //                         y colocar en los primeros 4 bytes el tamaño de la data
          //                    nbytes = tamaño del buffer, este se debe devolver con 4 bytes de mas
          int k, k1;


          k = 0;

          print(size_ascii, "%8.8X", *nbytes); // tamaño de dato original en ASCII el valor HEXA
          for (k = *nbytes; k >= 0; k--)
          {
                    buf[k + 4] = buf[k];
          }
          for (k = 0; k < 4; k++)
          {
                    buf[k] = 0;
          }

          k1 = 0;
```

```c
for(k = 0; k < 8; k++)
{
        if ((k % 2) == 0)
        {
                if (size_ascii[k] == '0')
                        buf[k1] = 0x00;
                if (size_ascii[k] == '1')
                        buf[k1] = 0x10;
                if (size_ascii[k] == '2')
                        buf[k1] = 0x20;
                if (size_ascii[k] == '3')
                        buf[k1] = 0x30;
                if (size_ascii[k] == '4')
                        buf[k1] = 0x40;
                if (size_ascii[k] == '5')
                        buf[k1] = 0x50;
                if (size_ascii[k] == '6')
                        buf[k1] = 0x60;
                if (size_ascii[k] == '7')
                        buf[k1] = 0x70;
                if (size_ascii[k] == '8')
                        buf[k1] = 0x80;
                if (size_ascii[k] == '9')
                        buf[k1] = 0x90;
                if (size_ascii[k] == 'A')
                        buf[k1] = 0xA0;
                if (size_ascii[k] == 'B')
                        buf[k1] = 0xB0;
                if (size_ascii[k] == 'C')
                        buf[k1] = 0xC0;
                if (size_ascii[k] == 'D')
                        buf[k1] = 0xD0;
                if (size_ascii[k] == 'E')
                        buf[k1] = 0xE0;
                if (size_ascii[k] == 'F')
                        buf[k1] = 0xF0;
        }
        if ((k % 2) == 1)
        {
                if (size_ascii[k] == '0')
                        buf[k1] = 0x00|buf[k1];
                if (size_ascii[k] == '1')
                        buf[k1] = 0x01|buf[k1];
                if (size_ascii[k] == '2')
                        buf[k1] = 0x02|buf[k1];
                if (size_ascii[k] == '3')
                        buf[k1] = 0x03|buf[k1];
                if (size_ascii[k] == '4')
                        buf[k1] = 0x04|buf[k1];
                if (size_ascii[k] == '5')
                        buf[k1] = 0x05|buf[k1];
                if (size_ascii[k] == '6')
```

```
                                buf[k1] = 0x06|buf[k1];
                if (size_ascii[k] == '7')
                                buf[k1] = 0x07|buf[k1];
                if (size_ascii[k] == '8')
                                buf[k1] = 0x08|buf[k1];
                if (size_ascii[k] == '9')
                                buf[k1] = 0x09|buf[k1];
                if (size_ascii[k] == 'A')
                                buf[k1] = 0x0A|buf[k1];
                if (size_ascii[k] == 'B')
                                buf[k1] = 0x0B|buf[k1];
                if (size_ascii[k] == 'C')
                                buf[k1] = 0x0C|buf[k1];
                if (size_ascii[k] == 'D')
                                buf[k1] = 0x0D|buf[k1];
                if (size_ascii[k] == 'E')
                                buf[k1] = 0x0E|buf[k1];
                if (size_ascii[k] == 'F')
                                buf[k1] = 0x0F|buf[k1];
                                k1 = k1 +1;
                }
        }
        *nbytes = *nbytes + 4;
}
```

Algoritmo 12.4 Agregar 4 bytes en la trama en hexadecimal

Los 4 bytes se separan en 8 números hexadecimales, que representan el tamaño en hexadecimal de la data que contiene el dato del protocolo TCP. La función "**put4bytessize** (bufLocal, &nbytesSize)" incrementa el tamaño de la data en 4 bytes con el cambio deseado para el protocolo TCP, trabajando de la posición par o impar del byte. En esta función modifica en el formato fijo y la representación del contenido en sus datos como el valor numérico al principio de la data, sin importar la representación y contenido original de los datos que se transmite (protocolo de aplicación). Al inicio de la función se transforma el tamaño decimal del mensaje en una cadena de caracteres ASCII pero en valor hexadecimal, que luego en el algoritmo verifica como un carácter ASCII que se sustituye hexadecimal dentro de la trama, es un ejercicio de traducción de ASCII a valores hexadecimal, hay algoritmo más sencillo de colocar el valor hexadecimal en la trama sin tanta línea de código de programa; el algoritmo 12.4 es un ejemplo de cambio de ASCII a hexadecimal y ambos formatos están en la misma trama.

12.6.   El código fuente del cliente

El caso del código fuente que se presenta en el desarrollo del aplicativo en el cliente, es una librería de enlace dinámica (dll o dynamic link library en siglas en inglés), donde es utilizada en los aplicativos que desea conectarse con este protocolo. Hay que considerar que, en el caso de este libro, las funciones son utilizadas en una librería de enlace dinámica o a su par en otras tecnologías como bibliotecas de funciones; este mismo código de las funciones implementadas y descritas a continuación, puede ser utilizada en aplicaciones para usuario final o procesos en lotes que permite con un programa conectarse a otro equipo, en C o C++, o cualquier lenguaje de programación que soporte DLL o biblioteca (.lib). Se puede trasladar este código fuente a los ordenadores centrales con compiladores C, sean hechos pruebas con resultados exitosos en IBM AS/400, el código fuente anterior (algoritmos 12.2 y 12.3) del servicio se utilizaron en aplicaciones de plataformas bancarias como en cajeros automáticos con conexión TCP/IP. La portabilidad del algoritmo 12.5 como los presentados en el lenguaje de programación en C son reusables en otros sistemas operativos. En el caso de los aplicativos en el cliente, puede ser también reusado con alta probabilidad de éxito. En nuestro caso del libro, asumiendo que el servidor a conectarse es con el servicio creado en el ordenador remoto, con protocolo TCP/IP en el capítulo anterior (ver la Figura 12.2). En esta sección se desarrolla la parte del cliente donde se conecta al servicio TCP/IP por el puerto 7500. En el protocolo TCP no se envía el tamaño en la data, pero el servidor del TCP que escucha el puerto 18500 si lo necesita, la conversión lo realiza el servicio que escucha el puerto 7500, el cliente envía la data al puerto de este servicio.

```cpp
// firmas_cliente.cpp : Define los puntos de entradas para la aplicación DLL.
//

#include "stdafx.h"
#include "firmas_cliente.h"
#include "stdio.h"
#include <winsock.h>
#include <sys/types.h>

// Variables Globales al modulo
SOCKET afSocket;
WSADATA wsaData;

BOOL APIENTRY DllMain( HANDLE hModule,
            DWORD ul_reason_for_call,
            LPVOID lpReserved
                                            )
{
  switch (ul_reason_for_call)
  {
                case DLL_PROCESS_ATTACH:
                case DLL_THREAD_ATTACH:
                case DLL_THREAD_DETACH:
```

```
                    case DLL_PROCESS_DETACH:
                            break;
    }
    return TRUE;
}

// Esto es un ejemplo de una variable a exportar
FIRMAS_CLIENTE_API int nFirmas_client=0;

// Este es un ejemplo de una función a exportar.
FIRMAS_CLIENTE_API int fnFirmas_client(void)
{
        return 42;
}

// Esto es una construcción de una clase que es exportado.
// see firmas_cliente.h for the class definition
CFirmas_cliente::CFirmas_cliente()
{
        return;
}

// Este es un ejemplo de una función a exportar.
FIRMAS_CLIENTE_API int fnConnect(IN const LPSTR sIp,IN const int iPort,IN const int iTypeConnect)
{       // Entrada:
        //              sIp = IP del equipo o Host a conectar
        //              sPort = es el numero puerto que sea diferente desde 1024 hasta 5000
        //              iTypeConnect =        0 - SOCK_STREAM (TCP)
        //                                    1 - SOCK_DGRAM (UDP)

        unsigned long iAddlp;
        SOCKADDR_IN sin;
        u_short alport = IPPORT_RESERVED;

        if (WSAStartup(MAKEWORD(1, 1), &wsaData) != 0)
                return (-1);

        sin.sin_family = PF_INET;
        iAddlp = inet_addr(sIp);
        if (iAddlp == INADDR_NONE)
                return (-2);

        sin.sin_addr.s_addr = iAddlp;
        sin.sin_port = htons(iPort);

        if (iTypeConnect == 0)
                afSocket = socket (PF_INET, SOCK_STREAM, IPPROTO_TCP);
        else
                afSocket = socket( PF_INET, SOCK_DGRAM, IPPROTO_UDP);

        if (INVALID_SOCKET == afSocket)
                return (-3);
```

```
                if (0 != connect (afSocket,(LPSOCKADDR) &sin, sizeof (sin)))
                        return (-4);

            return 0;
}

// Este es la rutina de envio del paquete
int sendall(int s, char *buf, int *len)
{
    int total = 0;      // cuántos bytes hemos enviado
    int bytesleft = *len; // cuántos se han quedado pendientes
    int n;
    int iMaxData;

    while(total < *len)
    {
      if (bytesleft > wsaData.iMaxUdpDg)
          iMaxData = wsaData.iMaxUdpDg;
      else
          iMaxData = bytesleft;

      n = send(s, buf+total, iMaxData, 0);
      if (n == -1) { break; }
      total += n;
      bytesleft -= n;
    }
    *len = total; // devuelve aquí la cantidad enviada en realidad
    return n==-1?-1:0; // devuelve -1 si hay fallo, 0 en otro caso
}

// Rutina de recepcion

int rcvall(int s, char *buf, int *len)
{
    int n;
    int iMaxData;

    iMaxData = wsaData.iMaxUdpDg;
    n = recv(s, buf, iMaxData, 0);
    *len = n;
    return 0;
}

// funcion para envio y respuesta hacai el servicio
FIRMAS_CLIENTE_API int fnEnviar(IN const LPSTR sRequeriment,OUT LPSTR sRespond, OUT int iTam)
{           // Entrada:
            //                      sRequeriment = data de envio
            // Salida:   sRespond = data de respuesta y
            //          iTam = el tamaño de la data de respuesta

    char buf[5000];
    char buf1[5000];
    int len;
```

```
        sprintf (buf,sRequeriment);
        len = strlen(buf);
        if (sendall(afSocket, buf, &len) == -1)
                return (-1);

        sprintf (buf1,"");

        if (rcvall(afSocket, buf1, &len) == -1)
                           return (-2);
        sprintf (sRespond,"%s\n",buf1);
        iTam = len;
        return 0;
}

// Rutina de cerrar socket
FIRMAS_CLIENTE_API int fnCerrar()
{
            if (closesocket (afSocket) != 0)
                        return (-1);
            if (WSACleanup() != 0)
                        return (-2);
            return 0;
}
```

Algoritmo 12.5 Cliente de TCP/IP

El código se puede representar en la Figura 12.3 para ser usado a futuro en otro aplicativo. Como se indica en la figura existe en el aplicativo las llamadas a las funciones de la DLL que internamente contiene el código anterior, donde más adelante se describirá con más detalle cada una de las funciones. El código fuente está definido en la Figura 12.3 en la DLL, la DLL es la capa más baja del aplicativo donde se encarga de enviar al servicio de TCP/IP al puerto 7500 en este ejemplo del cliente.

El código del cliente es reutilizable en diferente aplicativo, el código permite ser usado a diferente puerto, como en diferente protocolo de comunicación: UDP o TCP, y se debe indicar la dirección IP del servidor donde escucha por el puerto indicado o puerto destino. El código siguiente está en C++ en Visual Studio Versión 6 en un ambiente de Windows que puede ser trasladado a otro ambiente de C. Recordar que las variables no declaradas en el algoritmo 12.5 están definidas en el algoritmo 12.1 en la lectura del fichero de configuración.

En las llamadas en el aplicativo se detalla en el algoritmo 12.6, se describe la información a enviar al host remoto (puerto 18500) por medio del servicio intermedio del puerto 7500 (ver las Figuras 12.2 y 12.3). La llamada a la DLL es de la siguiente manera si es un solo envío y una sola respuesta. Como ha de notar el código fuente del cliente es similar al servicio de TCP/IP con el uso de las funciones de la librería "Sockets".

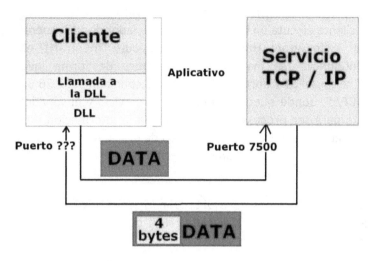

Figura 12.3. Estructura de las llamadas de la DLL

La llamada a la DLL es con el siguiente código en C++:

```
char sData[10000];
char sRespuesta[10000];
int iTamRespuesta;

// Realizar la conexión a la IP "192.26.3.2" al puerto 7500 protocolo TCP/IP
if ( fnConnect("198.26.3.2", 7500, 0) < 0)
    return(-1);
// Envia el requerimiento en "sData" y la respuesta está en "sRespuesta" y el tamaño de la respuesta es
// "iTamRespuesta"
if (fnEnviar(sData, sRespuesta, &iTamRespuesta) < 0)
    perror("error");
// Cerrar la conexión TCP/IP
if (fnCerrar() < 0)
    perror("error");
```

Algoritmo 12.6 Uso de la biblioteca o librería del cliente en TCP/IP

Como se indica la primera llamada de la comunicación del aplicativo en el cliente es "fnConnect" se realiza la conexión al servicio en el puerto 7500, se conecta a la dirección IP "192.26.3.2" con el protocolo TCP/IP indicado en los parámetros ingresados en la función. La dirección IP debe ser el equipo donde se ejecuta el servicio TCP/IP de la Figura 12.3, donde escucha el puerto 7500, esta dirección IP puede ser un ordenador remoto en la red o puede ser el mismo ordenador donde este ejecutando el cliente, es decir, este último caso, el aplicativo cliente como el servicio TCP/IP está en el mismo ordenador. Al realizar una llamada a esta función de la DLL, el cliente ejecuta un proceso en el ordenador donde espera la ejecución de "fnEnviar" o "fnCerrar". Hasta que no se ejecute "fnCerrar()" el proceso de conexión "fnConnect" se mantiene ejecutándose de forma indefinida. Con "fnConnect" se inicializa y abre un hilo hacia la conexión "192.26.3.2" al puerto 7500, tipo TCP/IP, donde quedan en esperas el servicio y el servidor remoto en enviar la data para ser procesada. Recordar que la información del puerto y la dirección IP puede ser colocada en un fichero de configuración y utilizar el código de lectura del archivo "proy.ini" como se identifica en el desarrollo del servicio en los párrafos anteriores.

En la llamada de las funciones de la DLL, cuando exista error en el envío, se debe cerrar la conexión con la función "fnCerrar()" que termina el uso del hilo de conexión de este protocolo.

Al enviar la información en "sData" hacia el servicio que escucha en el puerto 7500, este enviará como se indica en el código del servicio que este a su vez al host remoto por medio de la función "fnEnviar". Este último responde al cliente del requerimiento pedido, la respuesta se entrega en los parámetros de "sRespuesta" e "iTamRespuesta" que es la longitud del mensaje recibido. Dentro de enviar los datos, existen parámetros de protocolo de transporte de tener un máximo de datos de envío en la función "sendall" dentro de "fnEnviar". En "sendall" se detecta que el tamaño máximo de dato a enviar en la configuración de TCP/IP de la red donde se ejecuta, si esta cantidad máxima es menor a la data a enviar en "sData", este se enviará en varias partes hacia el servicio, del mismo modo sucede con la recepción de los datos, con la misma política de que si el tamaño de respuesta es mayor al tamaño máximo del protocolo, este se acumulará para ser dado a la aplicación o la capa de la DLL a la llamada a esta (en "rcvall").

El código de la librería del cliente como se indica todo son variables globales, el uso de estas funciones en un aplicativo hacia una conexión no hay problema, pero si el mismo aplicativo utiliza esta misma librería para la conexión dos servidores o aplicaciones de forma simultánea, no se sabe cuál es el comportamiento, por ejemplo, en el siguiente código no se sabe o no se garantiza las respuestas o envíos a los diferentes servidores:

```
char sData[10000];
char sRespuesta1[10000];
char sRespuesta2[10000];
int iTamRespuesta1, iTamRespuesta2;

// Realizar la conexión a la IP "192.26.3.2" al puerto 7500 protocolo TCP/IP
if ( fnConnect("198.26.3.2", 7500, 0) < 0)
   return(-1);


// Realizar la conexión a la IP "208.126.13.2" al puerto 13750 protocolo TCP/IP
if ( fnConnect("208.126.13.2", 13750, 0) < 0)
   return(-1);

// Envia el requerimiento en "sData" y la respuesta está en "sRespuesta" y el tamaño de la respuesta es
// "iTamRespuesta"
sprintf( sData, "Hola");
if (fnEnviar(sData, sRespuesta1, &iTamRespuesta1) < 0)
    perror("error");

// Envia el requerimiento en "sData" y la respuesta está en "sRespuesta" y el tamaño de la respuesta es
// "iTamRespuesta"
sprintf( sData, "No se que pasara");
if (fnEnviar(sData, sRespuesta2, &iTamRespuesta2) < 0)
    perror("error");

// Cerrar la conexiones TCP/IP

if (fnCerrar() < 0)
   perror("error");
if (fnCerrar() < 0)
   perror("error");
```

Algoritmo 12.7 ejemplo del mal uso de la librería TCP/IP

En el código del algoritmo 12.7 no se sabe que servidor da la respuesta, y si los requerimientos se enviaron correctamente a cada servidor. La apertura de dos conexiones TCP/IP con dos servidores con direcciones IP y puertos diferentes, pero los envíos y los resultados no sabemos, los envíos no se sabe a qué servidor se le realiza la transmisión (se asume que al último que se conectó). Los datos como las respuestas y de los requerimientos en el servidor son variables locales, pero las variables de conexión socket son variables globales. Internamente el uso de la librería dinámica o biblioteca, se crea un proceso independiente al proceso del aplicativo que hace la llamada a la librería o biblioteca, donde se crea los hilos necesarios para cada conexión hacia diferentes servidores con su control interno, pero la forma de la construcción de la librería no permite el uso independiente de varias conexiones a servidores de forma simultáneas desde el aplicativo cliente, el aplicativo cliente no posee este control y de la certeza de los mensajes enviados y recibidos. Se recomienda de usar la secuencia de una conexión a la vez, realizar el envío, recepción y cerrar la conexión antes de proceder con la otra conexión de otro servidor. En este caso las funciones de la DLL si funcionarán y serán más controlables las conexiones a cada servidor. La ventaja de este esquema es que no trabaja de forma paralela dos o más servidores remotos simultáneas que puede haber problema de sincronización entre los tres equipos (el cliente y los dos servidores). Si el objetivo es tener varias conexiones de servidores en el aplicativo cliente, se debe rediseñar las funciones de las DLL con el retorno del control (retornar el "afSocket" debe estar definido tanta veces como conexiones se necesiten), pero se debe aplicar otro nivel de componentes en el uso de la librería "sockets" donde en el algoritmo 12.7 debe usar y agregarse.

Es importante considerar las fuentes de los programas descritos anteriormente, donde permite enviar y recibir paquetes, dentro de los paquetes ("sData" y "sRespuesta") se construyen en otro nivel de la aplicación o se desarrolla todo el proceso de la capa de protocolo de aplicación, separando de las otras capas que es de comunicación de TCP/IP; en los próximos capítulos se describirán con más detalles algunos de estos protocolos. Este ejercicio de los 4 bytes en la data de dos diferentes versiones de TCP/IP, permite como ejemplo de indicar el límite entre el protocolo de comunicación y el protocolo de aplicación, donde afecta más en los protocolos de aplicación. Este es un ejemplo de protocolo de aplicación que tiene dependencia a los protocolos de comunicación. Tanto los algoritmos 12.6 y 12.7 están en el nivel de desarrollo del protocolo de aplicación, donde en todo este capítulo no se describe el contenido de la data que se transmite por los paquetes de TCP/IP ("sData" y "sRespuesta"). En el cliente se construye el protocolo de aplicación que se envía al servidor y al servicio en este ejemplo, se trata de enviar el mensaje que el servidor remoto entienda y responda el requerimiento del cliente. Al construir el mensaje con el protocolo de aplicación se envía y espera respuesta con las funciones de la librería que se construye para el servicio TCP/IP de colocar los 4 bytes en la data.

Una forma que el cliente se conecte directamente al servidor remoto sin el intermediario del servicio TCP/IP, es reusando parte del servicio de TCP/IP en construir los 4 bytes con la función "**put4bytessize**(bufLocal, &nbytesSize)". En el cliente al terminar de construir el protocolo de aplicación hacia el servidor remoto, se debe llamar la función "put4bytessize" y antes de realizar la conexión TCP/IP, esto se detectan en los algoritmos 12.6 y 12.7 con el uso de la función "fnConnect" para la conexión. El otro cambio en los algoritmos de construcción del protocolo de aplicación es de apuntar al servidor remoto con la dirección IP y el puerto desde el mismo cliente con la función de conexión "fnConnect"; de esta forma salta la conexión del servicio TCP/IP y el cliente irá directamente con el servidor remoto, con "fnConnect (ServidorBase, 18500);", "servidorBase" es la dirección IP del servidor remoto como se indica en el archivo de configuración al inicio de este capítulo.

El protocolo de aplicación que se desarrolla en el cliente para conectarse con el servidor, puede tener dos escenarios: adaptarse al protocolo de aplicación y comunicación desde el cliente; o tener un intermediario que realice la adaptación al protocolo de comunicación o de aplicación. Este último escenario se aplica cuando las aplicaciones clientes actuales poseen sus protocolos actualizadas con la tecnología y no interesa modificar el protocolo de comunicación o aplicación para un uso futuro por el cambio de servidores o computadores centrales; mientras tanto se debe utilizar con el protocolo de comunicación o aplicación actual que está operando; se realiza un intermediario temporal para luego ser desincorporado cuando se realice el cambio tecnológico. Como este caso hay muchas razones que se maneja el último escenario. Otro motivo del uso de este escenario de un aplicativo intermediario, es el impacto de cambio que puede producir en modificar todo el protocolo de comunicación o aplicación de un cliente o del servidor; en vez de cambiar los códigos de programas de un extremo, se realiza un pequeño cambio con un aplicativo intermediario que afecta a todas las salidas y entradas en la red; este ejemplo se da cuando existe en el aplicativo del cliente miles diferentes requerimientos al servidor (con el uso de protocolo de aplicación) y colocar en cada petición la función "***put4bytessize***(bufLocal, &nbytesSize)"; todo depende del diseño y la programación de las aplicaciones clientes y de los servidores; la idea es crear escenario de menos impacto al sistema actual.

13. Desarrollo de páginas WEB

13.1. Introducción

En el capítulo 8.6 de protocolo de aplicación, como en los capítulos 2.5 y 2.6 donde describen los diferentes formatos que viajan en la red, se inicia una combinación de estos temas para los manejos de la información en la red, con el uso generalizado de los aplicativos de interpretadores y navegadores en la red, permite que cualquier persona con conocimiento básico de ficheros y de la tecnología de los ordenadores, puedan desarrollar aplicaciones en la red o en la WEB. Los usuarios de las redes informáticas con conocimiento como el uso de las direcciones en la internet, permite desarrollar páginas que son leídas a nivel mundial. La creación de una página con formato HTML hasta aplicaciones WEB complejo son desarrolladas de diferentes formas; desde un editor de texto con conocimientos de las reglas de los formatos de los ficheros (formatos variables y mixtos descritos en capítulos anteriores) hasta el uso de herramientas de la última generación para desarrollar aplicaciones en la internet con complejidad imaginable, pasando desde los desarrolladores al uso de plantilla definida de creación rápida de sitios WEB en la Internet, actualmente con pocos minutos crean un sitio WEB que puede ser vista en la red mundial, existen muchos lugares en la Internet que dan este servicio para crear páginas WEB con formato pre definidos y con un dominio que esta también es pre establecido en la red mundial, disponible en tiempo real. La creación de página WEB sin conocimiento de un lenguaje de programación y de contratación de desarrolladores de aplicaciones, con solo realizar los pasos necesarios en estas páginas WEB, pasos que se indican para crear las páginas en ese dominio específico.

Desde aplicaciones complejas, blogs, páginas web personales o corporativas, se manejan y gestionan de diferentes formas, el desarrollo sea con o sin herramientas de la última tecnología, pero al final posee casi los mismos formatos que se reglamenta en el protocolo de aplicación. Todo es basado en reglas en el formato que se desea trabajar. Comenzaremos con diferentes niveles de dificultad, desde las herramientas básicas hasta desarrollo con herramienta de Windows como Visual Studio .Net.

El caso más sencillo es de trabajar con las aplicaciones que tenemos a la mano, que son los navegadores de internet, y construir en un fichero o archivo con cualquier editor de texto disponible en el sistema operativo, para crear páginas Web a parte de los documentos conocidos, a continuación, es el tema del próximo capítulo.

13.2.   Formato HTML

Como se indica en capítulo 2.5 sobre el manejo de formato variable, se puede construir un fichero que puede ser leído e interpretado por un navegador de internet (como Google Chrome, Internet Explore de Windows, Mozilla Firefox, etc.). En este caso se determina la regla de creación del contenido del fichero para que sea interpretado por los navegadores de internet. En esto se necesita un editor de texto que posee en su sistema operativo, por ejemplo, en los ambientes de Windows se tiene instalados varios como "notepad.exe" (conocidos como Bloc de notas) o "wordpad.exe" (conocidos como WordPad) en la parte de accesorios del sistema operativo; en los ambientes de UNIX y Linux posee una cantidad de editores de texto como "vi", "vim", "gedit", etc. La creación de los ficheros o archivos con el formato HTML sigue ciertas reglas que se deben conocer, este libro no incluye la descripción total del formato como las reglas de construcción del formato de HTML, pero si daremos un ejemplo simple de la creación de este fichero y su utilidad en el futuro. Del mismo modo se puede aplicar para el formato HTML5 que posee reglas adicionales de HTML, existen diversas versiones de HTML como la versión 2 o 4. Hay que recordar que estamos en el nivel de aplicación en el protocolo de comunicación basado en TCP/IP, es decir, para la interpretación de la capa de aplicación HTML, que son interpretadas por los diferentes navegadores de internet. Para la creación de un fichero HTML se dispone de un cuerpo general que va incluyendo las etiquetas, que en los formatos fijos, variables y mixtos los llamamos símbolos especiales, en este caso, las etiquetas son conjuntos de símbolos especiales (sintaxis) que depende de cada versión de HTML son válidas para su interpretación (semánticas).

Como se indica en el capítulo 8.8 con HTML, se detalla con el formato y su contenido en un archivo. En este capítulo permite crear con ejemplo una página Web con este formato.

En el ejemplo siguiente se crea un fichero con contenido HTML en un ambiente de Windows. Se usa cualquier de los dos editores disponibles en los diferentes sistemas operativos Windows. En la línea de comando en MS-DOS o en "ejecutar" de "Inicio" de Windows colocar "notepad.exe prueba.html" e introducir la tecla "Intro" o "Enter". Si el fichero "prueba.html" es nuevo, se pregunta al usuario que "¿Desea crearlo?", en este caso escoger la opción de "Si". Dentro de ella debe colocar el contenido de las siguientes líneas que se indica en el recuadro siguiente, y finalmente guardar el archivo. Se recomienda tener la extensión del archivo con "html", posteriormente se debe acceder con un navegador de internet, por ejemplo, con Mozilla Firefox y acceder al fichero por "Archivo" ("Fichero") con "Abrir Archivo" (fichero). El recuadro del contenido del fichero "prueba.html" es:

```
<!DOCTYPE HTML>
<html>
 <head>
  <title>Ver el titulo aquí</title>
 </head>
 <body>
  <p>Este es el cuerpo de la página web de ejemplo</p>
 </body>
</html>
```

En el navegador al abrir el archivo se presenta la siguiente Figura 13.1 como se indica a continuación.

Figura 13.1 La página Web creada

El contenido de "prueba.html" que se construye, se interpreta con etiqueta donde se rodea de los símbolos "<", ">" y "/", donde el inicio de la etiqueta se indica como "< etiqueta >" y finaliza con "</ etiqueta >" (ver el capítulo 8.8. HTML), entre ambos contiene el cuerpo o data a interpretar. Cada versión de HTML como se indicó anteriormente tiene un conjunto de etiqueta, de los cuales en nuestro ejemplo del cuadro anterior significan:

- ✓ <html>. Define el inicio del documento de HTML, le indica al navegador de internet que los códigos siguientes son de un documento HTML y termina el documento en </html>.

- ✓ <head>. Define la cabecera del documento HTML; donde se puede colocar información del documento, como por ejemplo en nuestro caso el título. Este termina con </head>. En la cabecera podemos colocar las etiquetas de:
  - o <title>. Se indica el título del documento HTML. Culmina su contenido por </title>.
  - o <link>. Vincula a otro documento.
  - o Otras etiquetas.

- ✓ <body>. Define el cuerpo principal del documento a desplegar. Se indica el fin del cuerpo del documento con </body>.

- ✓ <p>. Indica que a continuación contiene un párrafo que termina en </p>.

Existen muchas más etiquetas que se interpretan en los diferentes navegadores de internet como por ejemplos: <table> ... </table> que indica una tabla con su fila en <tr> ... </tr>, y <fd>... </fd> con sus celdas dentro de la fila, etc. Cada etiqueta y su fin deben ser ingresado de adentro hacia fuera, o respetar el orden con las otras etiquetas, en el siguiente ejemplo se identifican los números como etiquetas válidas de HTML (por ejemplo, <1> = <head> y </1> = </head>) y el orden de creación como modo indicativo; ejemplo: <1> </1> <2> <3> </3> <4> </4> </2>, como se señala que cada fin de etiqueta no se mezcla con otro fin de etiqueta, si se desea colocar un final más externo, no debe haber una etiqueta abierta sin su par al final en lo interno; en este caso siguiente está mal creado como <1> </1> <2> <3> </3> <4> </2> </4>; en este caso no se puede cerrar con </2> debido a que el <4> está abierto, o que la etiqueta </4> no se encuentra su par de inicio dentro de su cuerpo; si se analiza el <4> existe una etiqueta (</2>) sin su par cuando se cierra. Para cerrar o colocar una etiqueta final, todas las etiquetas internas deben estar finalizadas o completas con su par. En este ejemplo se destaca dos cosas: primero, que el acceso a la página Web es local al navegador de internet que lee el formato, no interviene la red y por lo tanto el HTML pertenece al protocolo de aplicación, la última capa de comunicación con interfaz al usuario; segundo, como es local y solo vista en el computador donde se crea el archivo, se debe usar la red para ser vista por otro computador, por lo tanto, se necesita publicar la página Web en la red (local o en la inter red) donde más adelante se describe.

Lo que se realiza dentro del contexto de un fichero HTML, es la organización de etiquetas que definen el formato deseado por el usuario o el programador de las páginas web. Lo que se realiza es la construcción con la regla de formato definido por HTML. No se necesita una herramienta clásica de programación como un compilador para realizar las páginas web. Lo que se debe tener un servidor con una IP pública y con esta página web copiada en el área de un IIS (Internet Information Server en sus siglas en inglés) de Microsoft, Apache, Google Web Server, SUN Java System Web Server o Nginix, un servidor Web en la red pública para que los demás equipos puedan acceder a esta página Web. En este ejemplo de la página web es estática por su información y estructura, que no revela cambio con el tiempo, al menos que se modifique su contenido con el editor de texto y se publique de nuevo en la IP pública. Si no se posee una IP pública, lo que tiene de alcance es en la red local (LAN), donde se accede en un área restringida como en la red local de la empresa o institución que puede con el permiso del administrador de la red local compartir estas páginas web. Existen en la red pública generadores de páginas web y blog tanto gratis y con un pago mensual o anual, que realiza la publicación de las páginas web con formato o plantilla definida en estos generadores, que realiza copia de las plantillas que el usuario escoge para ser publicado, luego el usuario debe ingresar el contenido deseado; si el usuario desea una plantilla con diseño propio, no será posible hacerlo, debido que estas páginas públicas generadores poseen un conjunto de plantilla definida previamente en un dominio público (IP pública) donde permite desplegar al mundo; es una forma rápida de hacer y publicar un blog o una página Web sin la intervención de los especialista en el área de la informática.

El usuario puede desear un diseño de una página web a su gusto, pero son pocos los generadores de páginas web que se encuentra en la red mundial que pueda soportar estas necesidades de los usuarios, por esta razón, existen los diseñadores y desarrolladores de páginas web. Este es el inicio de realizar de páginas Web complejas, donde se accede a datos que se pueden actualizar de forma dinámica, como el cambiar los contenidos por medio de manejadores de bases de datos, actualizar los videos u otro mecanismo que la información interna de la página web se actualiza de forma automática, sin volver a editar la página Web, los programas realizan las creaciones en el momento que son accedidos por el usuario, es decir, la página web se construyen con la plantilla en el momento cuando el usuario accede pero con datos y contenidos actualizados, e inclusive se tiene memoria con el uso de los "cookies" para recordar al usuario donde estaba en la página web en la última visita en el dominio. Las páginas web dinámicas están pre definidas a nivel de estructura como las páginas web estáticas, pero no los datos a desplegar. A continuación se describe de algunas herramientas de desarrollos y conexiones desde las páginas web hacia otros equipos, donde existe más que una conexión de un cliente remoto hacia un servidor, puede haber conexiones de varios equipos en un despliegue de un formato de un archivo HTML.

13.3.   Uso de herramientas de desarrollo en la Web

En el caso de diseño muy específico y diversidad de conexión con otros equipos en una misma página web, se necesita utilizar una herramienta de desarrollo como Windows Visual Studio .Net, NetBeans, Eclipse, etc., que comprende un conjunto de lenguaje de programación como java, C++, C, java script, etc., y en algunos casos, ambientes de pruebas para los códigos de programación que se desarrollan. En esta herramienta posee las librerías y bibliotecas que tienen diversidad de uso, desde manejo y conexión de base de datos, manejo de imágenes, sonidos y videos, librerías de conexión en las redes, uso de componentes que posee una página web o aplicaciones de escritorios entre otros, donde cada librería o biblioteca posee una función específica que el desarrollador utiliza en cada ocasión; existen librerías que son adquiridos en el mercado por los proveedores de tecnologías que permiten usar sus productos tecnológicos o hacer conexiones con ellas en la internet.

En las herramientas de desarrollo de aplicaciones, contienen los componentes y los estándares de los formatos que son necesarios en este caso de las aplicaciones Web o páginas Web. La herramienta permite con los lenguajes de programación, enviar el formato a los navegadores de Internet de los equipos en los clientes de una forma dinámica, es decir, construye la página web con la estructura diseñada y la información deseada en el momento para poder cubrir sus necesidades. Para lograr este objetivo, algunas páginas web utilizan recursos de otros servidores como bases de datos, con contenido de videos y películas, sonidos, etc., donde envían los enlaces de estos recursos en los formatos que soportan los navegadores de internet (ver los capítulos MIME 8.5 de los diferentes protocolos y 8.8 de html). Una razón importante en el uso de los lenguajes de programación en la construcción del formato de las páginas web es el nivel de seguridad, en el caso de los formatos HTML del capítulo anterior, donde el contenido es siempre fijo y la información es pública, existen páginas web donde la información como el contenido es privado, no todo el público debe saber la información de un usuario en la red, como el nombre del usuario y su clave de acceso, la información de la cuenta bancaria de un usuario, etc. En el caso de las redes informáticas, la información transmitida de un punto a otro también es restringida la información a todo el público. Con el uso de librerías como el uso de lenguaje de programación en las páginas web permite de alguna forma cuidar o esconder la información en las redes donde es transmitido. El nivel de seguridad es tal que no se permite a los desarrolladores de aplicaciones de tener cualquier tipo de esa información o poder obtener la información de los usuarios, existe el mecanismo de monitoreo del flujo de las redes, pero aun con este mecanismo, los creadores de las aplicaciones no pueden descifrar la información que se transmite. En caso de seguridad y protección de la información a nivel de informática es bien tratado e inclusive por leyes, normas y reglas internacionales. Como existe mecanismo de seguridad debido a que las tecnologías como los lenguajes de programación permiten generar diferentes algoritmos de seguridad y ocultamiento de información en las tramas de flujo en la red, agregar estos mecanismos adicionales a lo aplicado en la capa de comunicación de sesión, presentación y aplicación del protocolo de comunicación escogido para transmitir los datos. Recordar que algunos protocolos de comunicación poseen su propio nivel de seguridad y ocultamiento de información en la red.

En el caso de la página web el solo estar en un servidor público puede ser consultado desde las estaciones o equipos clientes con un navegador, pero la página puede como se indicó anteriormente, acceder a otros servidores o equipos, ubicado en la red local o en la red pública. Hay diversidad de arquitectura que puede estar detrás de un diseño de una página web, esta área es estudiada en la arquitectura del software; donde permite desarrollar diferente componente que interactúan con otros u otro software. Se puede considerar diversos casos, como el uso de la librería o el algoritmo desarrollado en los capítulos anteriores en el protocolo TCP/IP o UDP/IP dentro de una página web, donde se desea transmitir información o un fichero desde un equipo a otro. El transferir fichero desde un servidor por una página web es el uso diario, la página web permite de alguna forma transmitir los requerimientos del usuario al servidor, con el protocolo de aplicación HTML pero la transferencia de los ficheros se realiza por medio de TCP/IP puro sin el formato HTML, como los casos que se encuentra en la Internet, por ejemplo, en la transmisión de las señales de una emisora de radio en un país extranjero, pero se escucha por medio de la internet o por medio de una página web; lo que se realiza es la retransmisión de las señales FM o AM de una emisora de radio por las redes públicas, y puede ser escuchados a miles de kilómetros y al otro lado del mundo a través de la Internet, en cambio, por su señal de frecuencia normal solo tiene el alcance a la ciudad donde se genera la transmisión y donde alcancen las repetidoras. La página Web con HTML permite enlazar con otros protocolos de aplicación y comunicación para la transmisión de datos, como el caso de las señales AM y FM de la radio que viaja en la red con otro formato de protocolo de aplicación bajo TCP o UDP en IP.

Existen diversas formas de comunicarse desde un servidor a otro, la página web solo permite la presentación al usuario, mientras internamente se realizan diversas conexiones e inclusive con diversidad de protocolo de comunicación para llegar el objetivo de entregar el requerimiento al usuario o la funcionalidad deseada. En el caso de la herramienta de proteger el código del programa o la fuente de los programas, tener seguridad y ocultar las conexiones, o para evitar con el conocimiento de los formatos, tener accesos a esta información, algunas herramientas colocan las estructuras o el diseño de la página Web conocido en los ficheros fuentes (ejemplos de los formatos HTML), pero el código de programación se oculta en librerías o bibliotecas para evitar ser visto, como las validaciones de datos de entradas, generar datos de salidas y sus fuentes de datos, comunicación con diferentes equipos, etc.

En este capítulo se detalla el algoritmo similar al usado en los capítulos anteriores de TCP/IP para realizar la transferencia de información por este protocolo aun teniendo un aplicativo con formato HTML en una página web. En el siguiente código de programación se detalla en VJ# dentro de un aplicativo desarrollado en NetBeans, donde realiza transferencia de datos con otro lenguaje, porque en el lenguaje de programación Java no permite ciertos caracteres especiales que no es soportado en sus versiones pasadas. En el caso de transmitir una imagen (JPEG o TIFF por ejemplo) con el código de programación Java, en las versiones de años anteriores cambian los valores de los datos que se transmiten, donde corrompe el fichero de la imagen o el contenido de su formato, que al final el resultado no se puede utilizar la imagen por tener información no válida para los aplicativos de despliegue de la imagen, por este motivo se utiliza otro tipo de protocolo de comunicación como el FTP (File transfer Protocol, o protocolo de transferencia de ficheros o archivos en su siglas en inglés). Otra forma de transferir ficheros, es la utilización de VJ# donde permite transmitir la data sin cambio en sus valores y contenidos, por medio de TCP/IP. En los siguientes códigos se presentan una clase que es utilizada dentro del aplicativo cliente donde recibe la información del tamaño de datos y los datos; al inicio de la trama contiene 5 caracteres ASCII que indica el tamaño de la data a recibir, en lo que se debe cambiar a valores numéricos para controlar los datos que se espera recibir. El código del cliente es un ejemplo de conexión en el mismo ordenador por el puerto 50103 a otro aplicativo que se ejecuta y se comporta como un servidor, es un ejemplo de un software que contiene dos componentes, un aplicativo cliente y un servidor en el mismo ordenador al usar la IP "127.0.0.1"; si el aplicativo que se comporta como servidor está ejecutándose en otro equipo, se debe colocar la nueva dirección IP en el siguiente código de programa cliente, en la variable "host".

```
/*
 * To change this template, choose Tools | Templates
 * and open the template in the editor.
 */

package pruebaTCP;

import java.io.BufferedReader;
import java.io.IOException;
import java.io.InputStreamReader;
import java.io.PrintStream;
import java.net.Socket;
import java.net.UnknownHostException;

/**
 *
 * @author jacinto.fung
 */
public class ModServerComm {

    public String SendPacket = new String();
    public String RecvPacket = new String();

    private Socket    s;
    private PrintStream        send;
    private BufferedReader   recv;

    private String        host = "127.0.0.1";
    private int    port = 50103;

    private int cRecv, iTam1,iTam2, iTam3, iTam4, iTam5, iTamTotal;

    public ModServerComm() {
```

```
}

// Proceso principal de envio y 264ecepción de datos
public int SendRcvRequest(){

  //Referencia a la entrada por consola (System.in)
  //   BufferedReader   in = new BufferedReader(new InputStreamReader(SendPacket.toString()));

  try {

    //Creo una conexión al socket servidor
    s = new Socket(host,port);

    //Creo las referencias al canal de escritura y lectura del socket
      try
      {
        send = new PrintStream(s.getOutputStream());
        recv = new BufferedReader ( new InputStreamReader ( s.getInputStream() ) );

        System.out.print("Mensaje a enviar: ");

        //Escribo en el canal de escritura del socket
        send.println( SendPacket );
      }
      catch (UnknownHostException e) {
        System.out.println("No puedo conectarme a " + host + ":" + port);
        return(-1);
      }
      catch (IOException aa)
      {
        return(-1);

      }

      int i  = 0;
      //Espero la respuesta por el canal de lectura
      try
      {
        iTam1 =  recv.read()-48;
        iTam2 = recv.read()-48;
        iTam3 = recv.read()-48;
        iTam4 = recv.read()-48;
        iTam5 = recv.read()-48;
        iTamTotal = (iTam5)+(iTam4*10) + (iTam3*100) + (iTam2*1000) + (iTam1*10000);
        cRecv = recv.read();
        while ((cRecv > 0) && (i < iTamTotal))
        {
          RecvPacket = RecvPacket + (char)cRecv;
          cRecv = recv.read();
          i++;
        }
      }
      catch (UnknownHostException e) {
```

```
            System.out.println("No puedo conectarme a " + host + ":" + port);
            return(-1);
      }
      catch (IOException aa)
      {
            return(-1);
      }

      while  (i < 122)
       {
            RecvPacket = RecvPacket + " ";
            i++;
       }

    System.out.println("TAMAÑO: "+ i+" ["+RecvPacket+"]");
    send.close();
    recv.close();
    s.close();

  } catch (UnknownHostException e) {
      System.out.println("No puedo conectarme a " + host + ":" + port);
      return(-1);
  } catch (IOException e) {
      System.out.println("Error de E/S en " + host + ":" + port);
      return(-1);
  }

  return (0);
 }

} // end class
```

Algoritmo 13.1 ejemplo de uso Socket con VJ#

El código anterior (algoritmo 13.1) permite estar activo en la conexión hacia un servidor y este le enviará información. El uso de los métodos de la clase "ModServerComm" permite recibir de una trama con un tamaño específico. El aplicativo al usar esta clase debe estar en combinación con lo que se desea recibir por el servidor. La regla entre el cliente y el servidor de lo que se espera o lo que se envía en la red es un protocolo de aplicación. El protocolo de aplicación está definido en el envío dos datos: el tamaño de la data a recibir y la data, ambos datos están en caracteres ASCII. Todo bajo protocolo de comunicación TCP/IP.

```
/*
 * To change this template, choose Tools | Templates
 * and open the template in the editor.
 */

package Servidor;
import java.io.BufferedReader;
```

265

```java
import java.io.IOException;
import java.io.InputStreamReader;
import java.io.PrintStream;
import java.io.FileInputStream;
import java.io.FileOutputStream;
import java.net.Socket;
import java.net.UnknownHostException;
import java.net.Inet4Address;

/**
 *
 * @author jacinto.fung
 */
public class TransmitCommFiles
{
    public String SendPacket = new String();
    public String RecvPacket = new String();
    public String pruebaP = new String();

    private Socket      s;
    private PrintStream        send;
    private BufferedReader   recv;

    private String       host = new String();
    private int     port ;

    private int cRecv;
    private long iTamTotal;
    private String temp = new String();

    public TransmitCommFiles()
    {
    }

    // Proceso principal de envio y recepción de datos
    public int SendFilesRequest(String NameFile, String Pathh, String PathDest, long length, String IP, int Puerto )
    {
        int iTamFileS;
        try
        {
            FileInputStream FileSend = new FileInputStream(Pathh);

            //Referencia a la entrada por consola (System.in)

            host = IP;
            port = Puerto;

            //Crear las referencias al canal de escritura y lectura del socket
            try
            {
            //Escribo en el canal de escritura del socket
                // tamaño de la ráfaga total
                iTamTotal = 118 + (int)length;
```

```
        temp = String.valueOf(iTamTotal);
        SendPacket = formateo(10, temp);
        SendPacket = SendPacket + String.format("%-50s", PathDest); // para la prueba
        SendPacket = SendPacket + String.format("%-50s", NameFile);

        temp = String.valueOf(length);

        SendPacket = SendPacket + formateo(8, temp);
        System.out.println("Header:"+SendPacket);

        iTamFileS = 0;

        while (iTamFileS <= length)
        {
          cRecv = FileSend.read();
          if (cRecv < 0)
            break;
          pruebaP = "";
          pruebaP = String.format("%3s", cRecv);
          pruebaP = formateo(3,pruebaP);
          pruebaP = relleno(3, pruebaP);

          SendPacket = SendPacket + pruebaP;
          iTamFileS = iTamFileS + 1;
        }
        send.print( SendPacket);
        System.out.println("Termine de enviar");
    }
    catch (UnknownHostException e) {
      System.out.println("No puedo conectarme a " + host + ":" + port);
      return(-1);
    }
    catch (IOException aa)
    {
      return(-1);
    }

    int i  = 0;
    //Espero la respuesta por el canal de lectura
    try
    {
       RecvPacket = recv.readLine();
    }
    catch (UnknownHostException e)
    {
      System.out.println("No puedo conectarme a " + host + ":" + port);
      return(-1);
    }
    catch (IOException aa)
    {
      return(-1);
    }
```

```java
        System.out.println("TAMAÑO: "+ RecvPacket.length()+" ["+RecvPacket+"]");
      } catch (IOException e)
        {
            System.out.println("Error de E/S en " + host + ":" + port);
            return(-1);
        }// try FileStream
    return(0);
}// Send


// Metodo para abrir la conexion al cliente
public int OpenCommFiles(String IP, int Puerto)
{
    host = IP;
    port = Puerto;

    try
    {
        //Creo una conexión al socket servidor
        s = new Socket(host,port);

        send = new PrintStream(s.getOutputStream());
        recv = new BufferedReader ( new InputStreamReader ( s.getInputStream() ) );

    }
    catch (UnknownHostException e)
    {
        System.out.println("No puedo conectarme a " + host + ":" + port);
        return(-1);
    } catch (IOException e)
    {
        System.out.println("Error de E/S en abrir la conexiÃ³n " + host + ":" + port);
        return(-1);
    }

    return(0);
} // OpenCommFiles

// Metodo para cerrar la conexión al cliente
public int CloseCommFiles()
{

    try
    {
        send.close();
        recv.close();

        //Cierra la conexión al socket servidor
        s.close();
    }
    catch (UnknownHostException e)
    {
        System.out.println("No puedo cerrar la comunicaciÃ³n");
```

```
        return(-1);
    } catch (IOException e)
      {
        System.out.println("Error de E/S en cerrar la trasnmisiÃ³n " +e.getMessage());
        return(-1);
      }

    return(0);
} // CloseCommFiles

// construye el texto en un tamaño definido colocando ceros "0"
protected String formateo(int espacios, String texto)
{

    if (texto.length() > espacios)
      {
      }
    else
      {
        for (int I = texto.length() + 1; I <= espacios; i++)
        {
            texto = "0" + texto;
        }
      }
    return texto;
} // formateo

// los espacios vacios se coloca con ceros "0"
protected String relleno(int espacios, String texto)
{
    if (texto.length() > espacios)
      {
      }
    else
    {
        texto = texto.replace(" ", "0");
    }
    return texto;
} // relleno
} // end Class
```

Algoritmo 13.2 Construcción de los métodos de la clase con Socket

El algoritmo 13.2 es el servidor que se encarga de enviar ficheros o archivos a los clientes cuando se conecta, de forma que envía solo el tamaño de la trama y su contenido. El servidor utiliza la función "**SendFilesRequest**", donde se le indica el nombre del archivo a enviar por la red, el directorio o carpeta donde se ubica el archivo en el disco del servidor, el puerto y la dirección IP a donde se enviará el contenido del archivo; la función lee el archivo a transmitir y lo envía a la IP y puerto señalado. Si se detalla en el código de conexión TCP/IP en capítulo anterior (capítulo 12), no hay gran diferencia en el algoritmo de programación, la diferencia es la funcionalidad que toma o como maneja el formato interno de la trama o data que se envía de un equipo a otro. En el servidor que usa en el código de la capa de aplicación estos métodos de la clase, esta predefinida el contenido de la información a enviar y a recibir, como se indica en los capítulos anteriores, comienza el límite entre el protocolo de comunicación en el uso de TCP/IP y el protocolo de aplicación. El uso de la librería de "sockets" (en el código de programa es identificado en "import java.net.socket") es para el envío en el protocolo de comunicación, pero los algoritmos tanto del cliente como el servidor definido en los párrafos anteriores bajo VJ# inicia el proceso de los protocolos de aplicación, el aplicativo del servidor como el cliente le falta más fuente de programación; pero lo importante es el uso de estos métodos en su algoritmo, falta en el servidor los algoritmos de cómo definir la lectura y escritura de los ficheros a enviar o recibir en los mensajes de la red, el seleccionar a donde se debe almacenar en el disco duro del ordenador como en el servidor, el nombre y directorio del archivo a enviar al cliente, etc., pero con algo se comienza; del mismo modo el aplicativo del cliente falta el algoritmo de cómo se llama el archivo que recibe, en dónde guardar la información, etc. Se define en los métodos en el servidor de iniciar la conexión, envío y recepción de datos, y finalmente el método de cerrar la conexión. El algoritmo que use estos métodos de las clases definidas debe contemplar otros detalles adicionales para definir el protocolo de aplicación como, si la conexión de la red es permanente o temporal entre los dos equipos, las políticas del manejo del flujo de los datos entre los dos equipos, etc.

13.4. ASPX

En Microsoft en los entornos de aplicaciones Web, se utiliza en el desarrollo de sitios web dinámicos o estáticos, donde las extensiones de los archivos o ficheros con extensiones ASPX, que contienen formatos HTML. En la mayoría de las herramientas de desarrollos existen combinaciones de diferentes lenguajes de programación, permite utilizar un lenguaje de programación en las librerías o bibliotecas para realizar la conexión entre los equipos, y utilizar otro lenguaje para el programa principal, es decir, utilizar dos o más lenguaje de programación. En el caso de las páginas Web no solo se puede combinar diferentes lenguajes de programación, como se detectan en capítulos anteriores donde se combinan hasta diversos protocolos de comunicación. Es factible trabajar en diferentes lenguajes de programación en un aplicativo, del mismo modo con los diferentes protocolos de comunicación (cada uno con un lenguaje diferente). Es caso común en usar el código de programación en el capítulo 12 en C++, como librerías o bibliotecas en el uso de clases y métodos, y combinar en el caso de Windows con ASP. NET con el lenguaje de programación C# o el mismo C++. La variedad no solo es el desarrollo de las páginas Web, sino también en el desarrollo de aplicaciones de servicios y aplicaciones de escritorios que reutilizan los códigos existentes en el manejo del protocolo de comunicación.

Se describe a continuación el contenido de un fichero con extensión "aspx" que es similar al contenido del capítulo 13.2. Formato HTML.

```
<%@ Page Language="C#" %>
<!DOCTYPE html PUBLIC "-//W3C//DTD XHTML 1.0 Transitional//EN"
http://www.w3.org/TR/xhtml1/DTD/xhtml1-transitional.dtd>

<script runat="server">
  Protected void Page_Load(object sender, EventArgs e)
  {
    Label1.Text="Hola";
  }
</script>
<html xmlns="http://www.w3.org//1999/xhtml">
<head runat="server">
  <title>Ver el título aquí</title>
</head>
<body>
  <form id="form1" runat="server">
    <div>
      <asp:Label runat="server" id="Label1" />
    </div>
  </form>
</body>
</html>
```

Algoritmo 13.3 formato HTML

Cada fichero con extensión "aspx" tiene su correspondiente archivo con el mismo nombre, pero con la extensión "cs" (o CSharp – C#) o "vb" (o Visual Basic), donde se colocan los métodos de validación y acciones al realizar en la clase que se deriva en el formulario o documento "aspx" (HTML) que se va a desplegar al usuario. Los métodos derivados de la clase del documento, permite de una forma escondida y por seguridad tiene el control del documento en la página web. En el caso de conexión a otro equipo con el uso de la librería o biblioteca de TCP/IP definido anteriormente en C++, realizan las combinaciones del uso de las páginas Web con otros recursos de diferentes equipos con protocolos diferentes. En los capítulos siguientes se utilizarán este tipo de conexión con protocolo diferente a TCP/IP, pero el mecanismo y uso es idéntico. En el caso de Visual Studio .net, el código de programación con los lenguajes C#, C++ y Visual Basic se convierte en DLL para tener la fuente del programa escondido y encapsulado al usuario de las páginas Web. Su función es ayudar en la construcción del contenido de la página Web en el momento que es invocado antes de desplegarse en el ordenador del cliente. Con este mecanismo la página Web como en el capítulo anterior de desarrollo en la Web, en el computador del usuario al desplegar la página web, se conecta con los diferentes servidores en internet directamente y usar los recursos del computador del usuario para lograr cubrir el requerimiento pedido.

13.5.   Servicios Web

Los servicios Web es el caso de las páginas web que no son para usuarios finales, tienen las mismas tecnologías y filosofía, pero son utilizados para compartir los servicios o recursos que puede ser usado en la red. Estos son los servicios Web, es una página que presenta los métodos o funciones que están disponibles en la red local o pública para ser usado por los desarrolladores de software. Un mecanismo de conexión entre equipos por medio de internet. En este sentido, las personas con conocimientos de los servicios web pueden acceder en sus aplicativos informáticos por la red. Permite comunicarse dos aplicativos, un servicio Web que es usado por otro aplicativo, similar mecanismo de acceso a las bibliotecas o librerías aplicada con los lenguajes de programación disponible en uso de clases y objetos, pero estos están disponibles en la red y no en un fichero. Existen varios tipos de servicios web, pero los más usados para desarrollar un servicio Web son: REST (Representational State Transfer) y SOAP (Simple Object Access Protocol), ambos utilizando http y XML. Los servicios Web permiten modularmente separar la funcionalidad de los aplicativos que lo utilicen, por supuesto el mantenimiento de estas se hace en estos puntos de forma modular e independiente a los mantenimientos de los aplicativos que se conectan. Los formatos usados como se mencionan son XML y http, cada una de ellas se han descritos de forma breve en los capítulos anteriores. En las herramientas de desarrollos se utilizan mecanismos de acceso a los servicios Web construidos y disponibles, el servicio Web se enlaza por medio de un URL como se hacen los navegadores de internet, pero en las herramientas de desarrollos los etiquetan o lo identifican de forma variada. Existen casos en los servicios Web REST que debe previamente importar la estructura y la descripción del objeto (o clase) con que se enlaza con el servicio web, este objeto permite ser el mecanismo de comunicación entre el servicio Web y el aplicativo (por ejemplo, una página Web o un aplicativo móvil), al tener una diferencia en la estructura del objeto, no se completa el enlace porque la definición del objeto no coincide con el servicio Web para la entrega de los resultados. Una ventaja de importar la definición del objeto es por medida de seguridad (se debe autorizar su uso con la entrega de la estructura del objeto), la desventaja que existe con un nivel de acoplamiento alto entre el aplicativo que usa el servicio Web con la importación del objeto o clase. En el caso de SOAP sucede lo contrario, permite un acoplamiento sencillo o bajo entre el aplicativo y el servicio Web, pero el nivel de seguridad es baja por esta razón. Tanto SOAP y REST trabajan de forma diferentes y poseen sus propias características, la intención del autor no es evaluar cuál de los dos es mejor, ambos poseen características que dependen de los tipos de proyectos como las necesidades del proyecto informático o del usuario, ambos pertenecen a tecnologías diferentes, se debe escoger una de ambos o utilizar ambos si es necesario.

En el ámbito de la materia del libro se presenta dos desarrollos, donde se detallan los tipos de conexiones y la forma que el protocolo de comunicación trabaja entre los aplicativos. El primer desarrollo es un servicio Web y el otro el aplicativo para el usuario final (una página Web) que utiliza dicho servicio, se definen dos tipos de aplicaciones distintas, pero todo bajo TCP/IP y http que es común para ambos, el uso de los formatos XML para la transferencia de los datos. Seguidamente se describe el código de un servicio Web desarrollado en Visual Studio .Net bajo el lenguaje de programación C# con SOAP. Para crear el proyecto de un servicio web debe escoger en la opción en Visual Studio .net del tipo de proyecto que se desea crear. En la clase pública del servicio, se crea dos métodos como se indica en el algoritmo 13.4.

```
using System;
using System.Collections.Generic;
using System.Linq;
using System.Runtime.Serialization;
using System.ServiceModel;
using System.ServiceModel.Web;
using System.Text;

Public class Service : Iservice
{
        public string GetData(int value)
        {
                return string.Format("You entered: {0}", value);
        }

        public CompositeType GetDataUsingDataContract(CompositeType composite)
        {
                if (composite == null)
                {
                        throw new ArgumentNullException("composite");
```

```
                }
                if (composite.BoolValue)
                {
                        composite.StringValue += "Suffix";
                }
                return composite;
        }

    public string pepe(string k)
    {
      return ("hola");
    }

    public string devolver(string k)
    {
      string h = "hola: " +k;
      return (h);
    }
}
```

Algoritmo 13.4 fuente de un servicio Web

La creación y el despliegue de los métodos ("pepe(string k)" y "devolver(string k)") descritos en el código del servicio Web (algoritmo 13.4) en la red se mantiene de la misma forma que desplegar y publicar una página Web, se necesita una IP pública para que el servicio Web sea visto en la internet, o en un servidor en una red local, para que sea accedido por los equipos de la LAN. En caso general donde se desea aplicar seguridad en las empresas, se coloca estos servicios en una red local que solo es accedido por las aplicaciones de la empresa, y las aplicaciones de las empresas están publicadas en la Internet o en WAN para que todo el público o empleados lo acceda, pero no directamente a los servicios Web.

Los servicios Web son usados en las empresas para estandarizar los procesos, normas y reglas para todos sus aplicativos informáticos, es una manera de separar responsabilidades en el funcionamiento de las aplicaciones en la red de los ordenadores dentro de una empresa. En las aplicaciones que consumen o utilizan estos servicios Web, deben referenciarlos para crear una clase u objeto en su algoritmo de programación y ejecutarla. Una forma de trabajar con MVC (modelo de vista y controlador) o arquitectura por capas, donde cada servicio representa una capa, separa el aplicativo del usuario con los datos y lógicas de negocios.

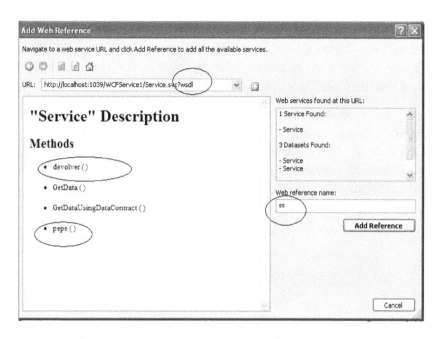

Figura 13.2 Agregar un servicio Web a un proyecto

El código de programación siguiente está definido en otro proyecto de un sitio Web en Visual Studio .Net con C#, dependiendo de la versión, este proyecto está separado del proyecto de servicio web; en la pantalla se tiene la opción de realizar la referencia a un URL (la opción es "Add Web Reference", el URL a colocar es el resultado de la ejecución del proyecto del servicio web como "http://localhost:1039/WCFService1/Service.svc") del servicio Web descrito en el código de programación anterior, en la Figura 13.2 se identifica el campo URL para ingresar la referencia Web y se selecciona dando la pantalla indicada. Se debe conocer previamente el URL donde está ubicado el servicio Web similar a colocar una página Web en un navegador de internet, conociendo el dominio o servidor y el puerto por defecto es ochenta (80) como las páginas web. Se debe agregar al final de la URL donde se indica en la pantalla y colocar manualmente al final de la dirección de internet URL el siguiente post fijo "?wsdl" como se indica en la Figura 13.2, al ubicar el URL y presionar al botón de acceso, aparecerá en la pantalla los métodos que posee el servicio Web a ser usado en el futuro (los mismos métodos que se presentan en el código de programa de los párrafos anteriores del algoritmo 13.4), luego se coloca el nombre del objeto al cual será referenciado en el código del programa del sitio web (en el ejemplo se coloca "ss" en el nombre de referencia Web). En caso de prueba, se identifica que el URL del servicio web está ejecutándose en el mismo equipo ("localhost" es la IP 127.0.0.1 que es la misma IP del ordenador donde se ejecuta el servicio web) donde se desarrolla el sitio Web bajo Windows y en el puerto 1039. Finalmente se presiona el botón de agregar referencia ("Add Reference") en el proyecto del sitio web.

Para usar los métodos "pepe()" y "devolver()" del servicio Web, se debe regresar a la pantalla de código fuente en el proyecto del sitio web donde se agrega la referencia web con "ss" (para ser usado en el algoritmo 13.6 por la herencia de clase y definido la referencia en la Figura 13.2). Se presenta seguidamente el código de programa de la página Web del proyecto (ver algoritmo 13.5).

```
<%@ Page Title="Home Page" Language="C#" MasterPageFile="~/Site.master" AutoEventWireup="true"
  CodeFile="Default.aspx.cs" Inherits="_Default" %>

<asp:Content ID="HeaderContent" runat="server" ContentPlaceHolderID="HeadContent">
</asp:Content>
<asp:Content ID="BodyContent" runat="server" ContentPlaceHolderID="MainContent">
  <h2>
    Welcome to ASP.NET!
  </h2>
  <p>
    To learn more about ASP.NET visit <a href="http://www.asp.net" title="ASP.NET
Website">www.asp.net</a>.
  </p>
  <p>
    You can also find <a href="http://go.microsoft.com/fwlink/?LinkID=152368&amp;clcid=0x409"
      title="MSDN ASP.NET Docs">documentation on ASP.NET at MSDN</a>.
  </p>
  <p>
    <asp:TextBox ID="TextBox1" runat="server"></asp:TextBox>
    <asp:TextBox ID="TextBox2" runat="server"></asp:TextBox>
  </p>
</asp:Content>
```

Algoritmo 13.5 contenido del archivo aspx o página Web

En el código del programa el uso de los métodos de la clase de la página Web del proyecto (se presenta en el algoritmo 13.6), al validar con los métodos de la página web por defecto, se abre un archivo con el mismo nombre del proyecto pero con extensión del lenguaje que se usa en el proyecto que se eligió, en este caso C# (su extensión es "cs"), se ingresa la creación de la referencia agregada del servicio Web "ss" en una clase llamada "prueba" y seguidamente se invoca los dos métodos del servicio Web (para crear la referencia se debe declarar la línea de programa "ss.Service prueba = new ss.Service();" como se indica en el algoritmo 13.6).

```
Using System;
using System.Collections.Generic;
using System.Linq;
using System.Web;
using System.Web.UI;
using System.Web.UI.WebControls;

public partial class _Default : System.Web.UI.Page
{
    protected void Page_Load(object sender, EventArgs e)
    {
        string j;

        ss.Service prueba = new ss.Service();

        j = prueba.devolver("prueba 1");
        TextBox1.Text = j;
        j = prueba.pepe("prueba 2");
        TextBox2.Text = j;

        TextBox1.Visible = true;
        TextBox2.Visible = true;
    }
}
```

Algoritmo 13.6 uso de un servicio Web en el sitio web

Al ejecutar esta página web se obtiene la siguiente Figura 13.3 donde se accede en ese momento al servicio Web y realiza la ejecución de los dos métodos, finalmente son desplegados los resultados en las dos cajas de texto definidos en la página web. Como se describen en los métodos "pepe()" y "devolver()" es ejecutado en el servicio Web (ver algoritmo 13.6) y desplegado en la página Web (ver algoritmo 13.5). Este es un ejemplo, donde tanto el servicio Web y el aplicativo (página Web) están en el mismo equipo ejecutándose, en realidad este tipo de conexiones se realizan en dos equipos diferentes en una red con el cambio de la URL, al crear la referencia Web donde se ubica el servicio Web y el ordenador remoto en una red LAN, WAN o en la inter red.

Este caso donde conectarse con otros ordenadores en la red u otros aplicativos con el mecanismo de un servicio Web, es transparente para el desarrollador de las páginas Web como el servicio Web con el manejo de las redes, pero en el fondo está escondido todo el protocolo de TCP/IP bajo http y los formatos de XML sin nombrarlos, es similar con el uso de las librerías y bibliotecas que realizan conexiones a nivel de la red que se mencionan en las secciones anteriores del libro, los componentes de comunicación, protocolos de comunicación, protocolos de aplicación, etc., que no se mencionan en realizar estos pasos sencillos con las herramientas de desarrollos existentes en el mercado. El ejemplo descrito

277

anteriormente, es con el uso de un servicio Web bajo el concepto de SOAP, en el caso de REST hay una analogía con las herramientas de desarrollos propias de su tecnología.

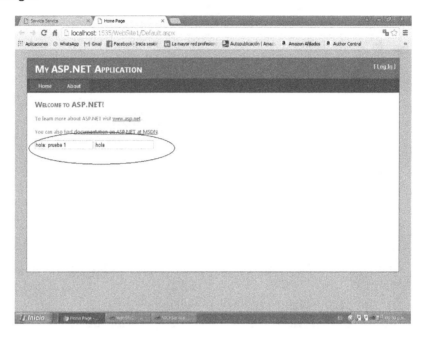

Figura 13.3 Resultado de la página Web

En los servicios Web como en las demás arquitecturas de redes, como los sistemas centrales, define de cierta forma el protocolo de aplicación que se debe utilizar, en el caso de SOAP como REST tiene en su formato de requerimiento enviado por el cliente o el aplicativo del cliente que debe cumplir el protocolo, un aplicativo cliente al usar un servicio Web REST, si se envía una petición con SOAP, este jamás se conectará o se enlazará para ser usado, y en el mejor de los casos, al ejecutar los métodos dará un problema que no se sabe los resultados.

Un buen ejercicio de lo que tenemos en estos momentos en los diferentes temas, es usar TCP/IP como medio de transporte en la red pero usando en la data formato XML que sea aceptado por SOAP, es decir, hacer una simulación, usar solo "socket" y enviar en la data el formato XML que sea aceptado por el servicio Web, es trabajar con las uñas pero es factible realizarlo, solo conociendo lo que espera el servicio Web de los requerimientos. El caso de hacer una simulación de un requerimiento cumpliendo el protocolo de aplicación es válido, en épocas pasadas los proyectos de conexión entre los equipos de diferentes tecnologías lo hacían de esta forma.

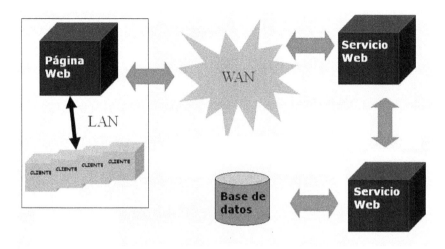

Figura 13.4 Arquitectura de N capas

Con este tipo de esquema de servicios Web o manejo de protocolo TCP/IP o UDP/IP con el uso de librería o biblioteca de conexión, permite tener diferentes esquemas y arquitecturas donde se presenta en la Figura 13.4, por ejemplo, la arquitectura por capas. El desarrollador de aplicaciones no detalla en su labor conceptos de protocolos de comunicación, pero se tiene una idea que al usar una URL o una librería puede hacer conexiones en la red de forma transparente, pero imaginando el gran trabajo que hay por dentro para realizar la comunicación.

14. Desarrollo de aplicaciones con conexión a Base de datos

14.1. Introducción

Existen diversas aplicaciones que se apoyan de una gran cantidad de información, desde aplicaciones de usuarios para la atención al público que producen información muy detallada, como aplicaciones que soportan en las tomas de decisiones de los altos cargos de una empresa o institución. El procesamiento de información será tan complicado dependiendo de cada nivel de escalafón de las gerencias de las empresas; un presidente de una empresa posee información procesada con muchos cálculos y datos; la gerencia media con los procesamientos de información con menos cálculos o con menos datos; y en la gerencia operativa puede tomar decisiones con solo ver los datos sin procesar. En todos ellos se basan en conexiones a un volumen de información que es almacenada en ordenadores de gran capacidad de procesamiento. Desde aplicaciones que solo ingresa información detalladas o datos muy particulares en diversos puntos de la empresa, hasta el estudio de grandes cantidades de datos generando proyecciones o estudios estadísticos que permiten en un aplicativo informático determinar cierto apoyo en las tomas de decisiones en los procesos de negocios y futuro de una empresa. En varios puntos son alimentadas por las bases de datos informáticos, y desde varios puntos se extraen y procesan los datos, inclusive información fuera de la empresa. Para esto es necesario determinar las conexiones a las grandes bases de datos de las empresas. La otra forma de extraer información es por el acceso a diferentes aplicativos existentes en las empresas o instituciones que a su vez se conecta con sus bases de datos. Este libro no considerará el tema de bases de datos de cómo crear, modificar, extraer y eliminar bases de datos ni la información o datos (registros de los ficheros), existe una rama en la ingeniería de informática que se dedica el estudio completo de las bases de datos, los conceptos, las normalizaciones y todas las teorías que se presentan en este tema. Este libro solo abarcará las conexiones entre ordenadores con el uso de las bases de datos actuales. Se maneja de forma transparente por los desarrolladores de aplicaciones y software, con este tipo de conexiones a las bases de datos, internamente los manejadores se basan sus conexiones en las teorías y prácticas de los protocolos de comunicación y aplicación. Existe diversidad de mecanismo que el desarrollador de software posee para conectarse a otros ordenadores que poseen información o datos almacenados que son las bases de datos. Las empresas e instituciones de desarrollos de sistemas de manejadores de bases de datos se fundamentan en sus propios protocolos de comunicación como en los protocolos de aplicación. Las diferentes tecnologías de bases de datos también utilizan las herramientas como las librerías o bibliotecas para hacer acceso a la información, como a nivel de sistemas operativos o sistemas de operaciones existente en el mercado que permiten también facilitar las conexiones a las bases de datos, con su misma tecnología y abiertas a conectarse a otras tecnologías. Las herramientas de desarrollos de aplicaciones y de software toman en consideración este tipo de conexiones de forma transparente para que los desarrolladores de software sean seguidores o tengan preferencias en estas tecnologías.

Sean que las empresas informáticas desarrolladores de manejadores de bases de datos como las tecnologías de los sistemas operativos poseen este gran reto, en este sentido de facilitar las conexiones a las bases de datos, pero el trabajo interno se refleja en las capas superiores donde los desarrolladores de aplicaciones observan. Desde el punto de vista de expertos de comunicaciones y redes, como protocolos de aplicación, los manejadores de bases de datos poseen una gran responsabilidad en el manejo de la seguridad, integridad y tolerancia de fallas para mantener activos las bases de datos que es vital en toda organización que se apoyan en esta tecnología.

El libro se centra en los diferentes tipos de mecanismo de conexiones existentes en el mercado, por lo menos los más conocidos, para realizar de forma transparente la conexión en el software. La conexión de dos computadoras basados en estos mecanismos y esquemas permiten tener idea de lo que hay por dentro en su construcción aplicando los conceptos de comunicación y protocolos de aplicación.

14.2.   Uso de las librerías y bibliotecas

En los lenguajes de programación de las diferentes tecnologías permiten utilizar funciones básicas de conexión hacia diferentes bases de datos, estos son los casos de los lenguajes de tercera generación que han perdurado en el tiempo, por medio de librerías y bibliotecas que se adaptan al ambiente de desarrollo de las aplicaciones. Existen también librerías y bibliotecas que permiten usar la característica de la herencia en los objetos y clases, los métodos usados para el manejo para estas conexiones. Todo tiene una similitud o analogía con las bibliotecas o librerías usadas en los capítulos anteriores de "sockets". Generalmente estas librerías y bibliotecas son desarrolladas por la empresa creador del manejador de base de datos, que distribuye en diversos sistemas operativos o herramientas de desarrollos de software, existen también empresas e instituciones que proveen estas librerías que no son los creadores de los sistemas operativos ni los manejadores de base de datos. Se pueden realizar debido al cumplimiento de los estándares de las diferentes tecnologías, hay casos que los dueños o desarrolladores de la tecnología de los sistemas operativos como las herramientas de desarrollos de software debe crearla o adaptarse a las necesidades del mercado. La otra forma es definir estándar del mercado de la tecnología de los manejadores de bases de datos, tener un mínimo de similitud en el uso y desarrollo de las librerías y bibliotecas.

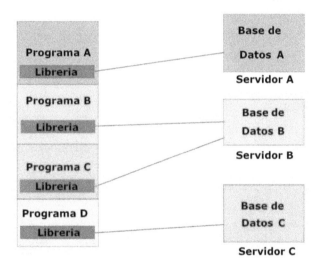

Figura 14.1 Librería incorporada en el código de los aplicativos

En cualquiera de los casos, los parámetros que se colocan en las funciones y métodos de acceso a las bases de datos, poseen parte de manejo de redes, los parámetros que son necesarios para las conexiones a las bases de datos contienen un subconjunto de datos que se puede identificar qué tipo de protocolo de comunicación a nivel de las redes informáticas usan, casos como nombre del servidor o IP, puertos de conexión de la base de datos, da un ejemplo claro del uso de TCP o UDP bajo IP en su conexión de las funciones o métodos hacia el servidor donde está el manejador de la base de datos en ejecución.

En este capítulo también podemos detectar el uso de estándares para acceso a base de datos, que son los formatos de envío de requerimientos hacia los manejadores de bases de datos, donde posee tanto la sintaxis como las semánticas que definen en los envíos de los comandos hacia los servidores, los formatos son definidos con ciertas reglas en esta tecnología similar por ejemplo de un fichero HTML en las páginas web, como también se describe en los capítulos de formatos en el 2 y 7.

El manejo de las librerías como la biblioteca permite conjuntamente con el sistema operativo que trabaje de una forma u otra, pero para el programador es independiente y transparente las conexiones a las bases de datos con respecto a otros aplicativos de otros desarrolladores. Una forma que trabaja la librería en el aplicativo es indicada en la Figura 14.1, donde cada aplicación tiene en su código la librería para conectarse a la base de dato. Todos los aplicativos están ejecutándose en un solo ordenador, pero en un mismo ordenador se puede conectar a diferentes servidores de bases de datos, esto se realiza por medio de la red tanto local o remoto.

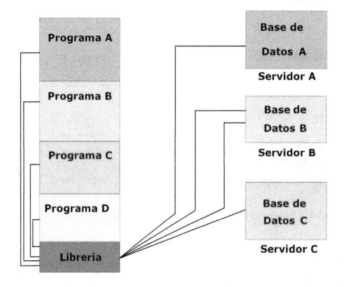

Figura 14.2 Librería compartida en varios aplicativos

La otra opción, la librería trabaja conjuntamente con el sistema operativo, es la librería compartida, donde cada aplicativo accede a la base de datos como la Figura 14.1 pero el sistema operativo y la librería se presenta en memoria una sola vez, tiene la ventaja de no consumir memoria, pero la construcción es más compleja. En la Figura 14.2 se presenta las librerías compartidas, este tipo de esquema es utilizado por diversas tecnologías no solamente para manejadores de bases de datos. En el mismo ordenador utiliza una sola área de memoria para la librería que acceden todos los aplicativos que lo usan, a diferencia del esquema anterior, la librería se ejecuta con el mismo código de programa a todos los aplicativos, y se mantienen un contador en cada aplicativo para el estado de ejecución y un área de memoria para los datos que utiliza en la librería.

En el caso de la red informática es controlado por la librería y biblioteca del manejador de base de datos, los instaladores de aplicaciones y software deben tener en consideración el ambiente donde se ejecuta esta tecnología, o tener una lista de requerimiento con la configuración de la red para que las librerías y bibliotecas puedan funcionar. El otro punto, los administradores de servidores como de las bases de datos son los responsables del acceso de estas aplicaciones, tener mecanismo de seguridad de acceso a los datos.

El desarrollo de aplicaciones o programas con conexiones a servidores de bases de datos con el uso de librerías donde se definen un conjunto de funciones para realizar las conexiones a los servidores y otras funciones que permiten interactuar con las bases de datos. En el caso siguiente se da un ejemplo de conexión con un servidor de base de datos con el uso de la librería "sqlext.lib" y su cabecera "sqlext.h". La librería "sqlext.lib" se coloca en el enlace de lista de librería, esto es después de hacer la compilación en el lenguaje "C" del aplicativo (este lenguaje se compila, y luego se enlaza para generar aplicaciones ejecutables, caso de la Figura 14.1). El archivo "sqlext.h" es colocado en la declaración de las variables y al inicio del código fuente de los programas, esto permite importar las declaraciones de las funciones como las variables y estructuras de datos predefinidas que son usados en la conexión con las bases de datos y a la red. A continuación, se presenta la fuente de programa en el lenguaje de programación "C" y compatible "C++" que realiza una conexión a una fuente de datos (puede ser un servidor, o una estructura definida que identifica y localiza el servidor y la base de datos) o lo llamamos "DataSource".

```
#include "resource.h"
#include "sqlext.h"

// definición de variables utilizando los tipos de datos de "sqlext.h"

extern HENV     henv;            // ODBC ambiente
extern HDBC     hdbc;            // ODBC base de datos
```

```
extern HSTMT        hstmt;                          // ODBC apuntador
extern RETCODE      rc;                             // ODBC codigo de error

TCHAR gcDataSource[51];            // Fuente de datos
TCHAR gcUser[51];                  // User de la base de datos
TCHAR gcPassword[51];              // Password de la base de datos

BOOL OnNewDataBase ()
{
        rc = SQLAllocEnv(&henv);
        if (rc != SQL_SUCCESS)
        {
                AfxMessageBox( ID_FAILED_OPEN_DATABASE, MB_ICONHAND | MB_ICONSTOP );
                return FALSE;
        }

        rc = SQLAllocConnect(henv, &hdbc);
        if (rc != SQL_SUCCESS)
        {
                AfxMessageBox( ID_FAILED_OPEN_DATABASE, MB_ICONHAND | MB_ICONSTOP );
                return FALSE;
        }

        SQLSetConnectOption(hdbc, SQL_LOGIN_TIMEOUT, 10);

        rc = SQLConnect(hdbc, (UCHAR FAR*) gcDataSource, SQL_NTS,
                        (UCHAR FAR*) gcUser,        SQL_NTS,
                        (UCHAR FAR*) gcPassword,   SQL_NTS);
        if ((rc != SQL_SUCCESS) && (rc != SQL_SUCCESS_WITH_INFO))
        {
                AfxMessageBox( ID_FAILED_OPEN_DATABASE, MB_ICONHAND | MB_ICONSTOP );
                return FALSE;
        }
        return TRUE;
}
```

Algoritmo 14.1 conexión a fuentes de datos

En el código "C" anterior (algoritmo 14.1) se determina que todas las funciones y constantes que son declarados y usados que posee el prefijo "SQLxxxxx" proviene de las declaraciones incluidas en "sqlext.h" que permite acceder a las bases de datos. La función "SQLAllocEnv" define una localidad de ambiente para la conexión a la base de dato, "SQLAllocConnect" define la conexión con el ambiente. Definido la conexión a la base de dato se configura colocando opciones por medio de la función "SQLSetConnectOption". Para culminar se realiza la conexión con la base de datos definido en el "gcDataSource", colocando el usuario ("gcUser") y la clave de acceso ("gcPassword") a la base de datos, estos dos últimos datos se utilizan por varios motivos, una de ellas es que permite el acceso o no a la base de datos; cuando el usuario accede a la base de datos tiene ciertos privilegios, permisos e inclusive se puede definir a un sub conjunto de tablas o registros que puede operar. En el caso de "DataSource" se discutirá en los capítulos más adelante.

Con este ejemplo no permite detectar como se comunica y cuál es el protocolo de comunicación que usa para realizar la conexión al servidor de base de datos en la red. Todas las conexiones en las redes como el acceso a la base de datos se hacen por el uso de las funciones de la librería definida en "sqlext.lib". Internamente el desarrollador de software no sabrá cómo está construido por dentro la librería o biblioteca. Pero es un gran alivio de trabajo en conectarse en la red con el uso de estas funciones y tipos de datos. El desarrollador del software solo debe saber que funcionalidad tiene cada procedimiento y estructura de datos definidos en "sqlext.h". Lo que se conoce es el orden de las llamadas de las funciones "SQLxxx" en el algoritmo que se asemeja a las llamadas de las funciones de "sockets", donde el orden es: asignar un apuntador de la conexión, configurar la conexión y realizar la conexión. En el algoritmo 14.1 no presentan las llamadas de las funciones para el envío, recepción de la trama, y cierre de la conexión; más adelante se detallará el envío y recepción de las tramas, y el manejo de abrir y cerrar la conexión hacia la base de datos se tratará como las conexiones en la red.

Cuando la función de conexión tiene éxito, lo que sigue es operar y realizar lo que se desea en la base de datos, para esto se necesita tener una función de ejecución sobre la base de datos, se tienen diferentes funciones para operar las tablas, registros y campos, como otras funciones importantes que son de cerrar y liberar la conexión, más adelante se detalla en los capítulos siguientes de cada uno de estas operaciones. El caso presentado anteriormente en el algoritmo 14.1, es el tipo de apertura y conexión vía ODBC que se detalla en el capítulo de ODBC (Open DataBase Connectivity en sus siglas en inglés).

14.3.   ODBC (Open DataBase Connectivity)

En los párrafos anteriores damos una introducción básica del concepto de ODBC. Para operar con ODBC conforma de llamadas a funciones de la librería que permite conectar a los ficheros como DB Access, MS SQL Server, ODBC para Oracle, Paradox, Excel, etc., hay que diferenciar entre manejadores de bases de datos y manejador de ficheros. Los manejadores de base de datos tienen ciertas características que los manejadores de ficheros no lo tienen, como soportar tolerancia de fallas, mecanismo de recuperación en caso de errores o problemas, etc., este tema se discute en el área de Bases de Datos.

La característica fundamental de ODBC es de manejar conexiones a bases de datos o ficheros de una forma transparente en las diferentes aplicaciones de un ordenador por medio de "DataSource". Cuando se habla "DataSource" se identifica el recurso de fuentes de datos en el ordenador, donde las aplicaciones accede y lo utilicen, similar a la Figura 14.2 donde se centra en un área del ordenador el uso de las bases de datos o ficheros. En este caso se llama "DSN" o "DataSourceName" (nombre de la fuente de los datos), donde se identifica para ser usado en la librería y biblioteca de los diferentes programas o aplicaciones del ordenador. Al identificar una fuente de datos como Access, por ejemplo, y en el futuro puede ser cambiado a MS SQL Server o un ODBC Oracle, el cambio es factible realizar hasta cierto punto con un proceso de migración de datos, sin cambiar el código de los programas en los aplicativos. La configuración se hace en los equipos con sistemas operativos Windows, donde se encuentra en "Panel de Control" donde se realiza el acceso a la base de datos e inclusive al servidor (otro equipo) en la red. ODBC identifica la base de datos y el servidor que está configurado por el administrador del ordenador o de la base de datos. El aplicativo accede a este recurso con solo el nombre de fuente de datos, este puede estar inclusive de forma local en el ordenador, con el "DataSource" permite definir conexiones a otros servidores y otras bases de datos que son utilizados en uno o más aplicaciones. ODBC hace la conversión del formato y la comunicación hacia el servidor en la red donde se encuentra el manejador de archivo (fichero) o el manejador de base de datos. Cada ODBC se conecta con un equipo y una fuente de datos, si existen dos o más servidores de base de datos, se debe hacer una "DSN" por cada servidor o base de datos diferentes. Por lo tanto, el aplicativo al usar un "DSN" con ODBC no sabe que hay en esta configuración y es transparente en usarlo, no se sabe el tipo de base de datos o manejador de base de datos cuando realiza con llamadas de las funciones, solo hay que acceder con el usuario y la clave de acceso. Mientras que en el punto del "DSN" del computador es donde se define todas las características de la conexión física como el nombre del servidor de la base de datos, tipo de manejador de bases de datos, etc., en la configuración de "DSN" se tiene una idea de la conexión de red entre los equipos.

En el caso de realizar una conexión ODBC que se describe en el código de programación en "C" en capítulo 14.2. Con la conexión a ODBC se puede operar con las bases de datos, para esto se ejecutan los requerimientos como actualizar, ingresar, eliminar y consultar registros en los diferentes archivos, tablas o ficheros; finalmente se cierra la conexión.

En el siguiente código de programación en "C" se identifica la consulta a la tabla "Profiles" en una base de datos, donde se busca los datos del usuario que son: la fecha y la hora de la última visita en el sistema, el nivel de autoridad y la clave de ingreso del usuario. Realiza la llamada a la función de apertura de la conexión a la base de datos, realiza la consulta a la tabla y finalmente se cierra la conexión. Hay que diferenciar el usuario y la clave (password) del algoritmo 14.1 que son datos para acceder a la "DataSource" de ODBC, limita el uso de la base de datos (tablas, registros, etc.); el usuario y la clave del algoritmo 14.2 son datos para acceder al aplicativo que se desarrolla, que limita al usuario la funcionalidad del software por medio de registro en la tabla "Profiles" con el valor del campo "Autoridad".

```c
#include "sqlext.h"
#include "apiclass.h"

extern HENV henv;                    // ODBC ambiente
extern HDBC hdbc;                    // ODBC base de datos
extern HSTMT hstmt;                  // ODBC apuntador
extern RETCODE rc;                   // ODBC codigo de error

TCHAR gcDataSource[51];              // Fuente de datos
TCHAR gcUser[51];                    // User de la base de datos
TCHAR gcPassword[51];                // Password de la base de datos
TCHAR select[380];
TCHAR sUsuario[380];

void fOnOK()
{
        CString strUserData, strFileData;
        CString strTemporal;
        CEdit *pEdit;
        char tmpbuf[128], ampm[] = "AM";
        TCHAR sPassw_encr_user[300];
        int i, iAutoriza;
        TCHAR sAutoriza[2];

        // Obtiene el nombre del usuario
        Encrypt(m_strPassword, strUserData);

        strFileData = "";

        sprintf(sPassword,"");
        sprintf(sPassw_encr,"");

        if (OnNewDataBase () == FALSE)
        {
             return;
        }

        rc = SQLAllocStmt(hdbc, &hstmt);
```

```c
if (rc != SQL_SUCCESS)
{
        SQLDisconnect(hdbc);
        SQLFreeConnect(hdbc);
        SQLFreeEnv(henv);
         return;
}
sprintf( select, "SELECT %s,%s,%s,%s FROM Profiles WHERE Usuario = \'%s\' AND Activo = '1'",
                "PassWord",
                    "Autoridad",
                    "Fecha",
                    "Hora",
                    sUsuario);

rc = SQLExecDirect(hstmt,(UCHAR FAR *)select, SQL_NTS);
switch( rc )
{
        case SQL_SUCCESS_WITH_INFO:
                AfxMessageBox("Se localizó más de un registro");
                break;
        case SQL_ERROR:
        case SQL_INVALID_HANDLE:
                AfxMessageBox("Se presento un problema armando el criterio de busqueda");
                SQLTransact(henv, hdbc, SQL_COMMIT);
                SQLFreeStmt(hstmt, SQL_DROP);
                SQLDisconnect(hdbc);
                SQLFreeConnect(hdbc);
                SQLFreeEnv(henv);
                return;
}
SQLBindCol(hstmt, 1, SQL_C_CHAR, sPassw_encr,      (SDWORD)251, &cbPassword);
SQLBindCol(hstmt, 2, SQL_C_CHAR, sSupervisor,      (SDWORD)2,  &cbSupervisor);
SQLBindCol(hstmt, 3, SQL_C_CHAR, sFecha,           (SDWORD)21, &cbFecha);
SQLBindCol(hstmt, 4, SQL_C_CHAR, sHora,            (SDWORD)21, &cbHora);

rc = SQLFetch(hstmt);
switch( rc )
{
        case SQL_ERROR:
        case SQL_NO_DATA_FOUND:
        case SQL_INVALID_HANDLE:
                AfxMessageBox("Usuario no existe");
                SQLTransact(henv, hdbc, SQL_COMMIT);
                SQLFreeStmt(hstmt, SQL_DROP);
                SQLDisconnect(hdbc);
                SQLFreeConnect(hdbc);
                SQLFreeEnv(henv);
                return;
}

SQLTransact(henv, hdbc, SQL_COMMIT);
SQLFreeStmt(hstmt, SQL_DROP);
SQLDisconnect(hdbc);
```

```
            SQLFreeConnect(hdbc);
            SQLFreeEnv(henv);

} // fOnOk()
```
Algoritmo 14.2 con el uso de ODBC en acceso a fuente de datos

En el algoritmo 14.2 se tiene un ejemplo de acceder (consultar) a la base de datos. El siguiente caso descrito en el algoritmo 14.3 se realiza una actualización de un registro con la fecha, hora y clave encriptada. El código anterior y la siguiente se definen el orden de los datos de los registros, que no necesariamente está en el orden como se crea la tabla (archivo) en la base de datos, es típico de errores de asumir el orden de los campos de un registro por la creación de la tabla y no definir el orden de uso en el algoritmo cuando se realiza los accesos. El otro detalle, al usar la fuente de datos siempre se utiliza en el algoritmo 14.1 en los algoritmos 14.2 y 14.3.

```
void fOnUpdate()
{
            TCHAR update[250];
            CString strUserData, strFileData;
            CString strTemporal;
            CEdit *pEdit;
            char tmpbuf[128], ampm[] = "AM";
            TCHAR sPassw_encr_user[300];
            int i, iAutoriza;
            TCHAR sAutoriza[2];

            strTemporal = sPassw_encr;
            strFileData = sPassw_encr;
            sprintf(sAutoriza,"%-.2hX", sSupervisor[0]);

            if (OnNewDataBase () == FALSE)
            {
                  return;
            }

            rc = SQLAllocStmt(hdbc, &hstmt);
            if (rc != SQL_SUCCESS)
            {
                        SQLDisconnect(hdbc);
                        SQLFreeConnect(hdbc);
                        SQLFreeEnv(henv);
                         return;
            }

            sprintf( update,
            "UPDATE PROFILES SET PassWord = ?, Fecha = ?, Hora = ?  WHERE Usuario = \'%s\' AND Activo = '1'",
                                           sUsuario);
            if (SQLPrepare(hstmt, (UCHAR FAR*)update, SQL_NTS) != SQL_SUCCESS)
```

```
                {
                        AfxMessageBox("No pudo preparar la actualización de la Clave");
                        SQLDisconnect(hdbc);
                        SQLFreeConnect(hdbc);
                        SQLFreeEnv(henv);
                        return;
                }

                // Mueve los valores a los campos

                sprintf(sFecha,_strdate( tmpbuf ));
                sprintf(sHora,_strtime( tmpbuf ));
                Encrypt(m_strPassword, strFileData);
                for (i = 0; i < MAX_PASS; i++)
                {
                        sPassw_encr[i] = strFileData[i];
                }
                sPassw_encr[i] = '\0';

                // Setea los campos en la base de datos
                rc = SQLSetParam(hstmt, 1, SQL_C_CHAR, SQL_CHAR, 251, 0, sPassw_encr,NULL);
                rc = SQLSetParam(hstmt, 2, SQL_C_CHAR, SQL_CHAR,  21, 0, sFecha,        NULL);
                rc = SQLSetParam(hstmt, 3, SQL_C_CHAR, SQL_CHAR,  21, 0, sHora,         NULL);

                // Ejecuta el comando de SQL
                rc = SQLExecute(hstmt);

                SQLTransact(henv, hdbc, SQL_COMMIT);
                SQLFreeStmt(hstmt, SQL_DROP);
                SQLDisconnect(hdbc);
                SQLFreeConnect(hdbc);
                SQLFreeEnv(henv);

                if (rc == SQL_ERROR)
                {
                        AfxMessageBox("ODBC error general");
                        return;
                }

                if (rc != SQL_SUCCESS)
                {
                        AfxMessageBox("No pudo actualizar la clave de acceso");
                        return;
                }

} // fOnUpdate()
```

Algoritmo 14.3 actualización de los datos

En el caso de borrar un registro se define en conjunto de instrucciones similar
para la consulta de un registro (ver comando de "select" dentro del código previo
a ser ejecutado "SQLExec..."). La instrucción que se detalla dentro de la ejecución

de las diferentes funciones que operan en el uso de la biblioteca y librería de ODBC. En ellas están el formato de comandos de SQL (Structured Query Language en sus siglas en inglés o Lenguaje de consulta Estructurada) como "select" y "update" que se describe en los párrafos anteriores en la ejecución en "SQLExecDirect" (única instrucción) y "SQLPrepare" con "SQLExecute" (ambos son equivalente a "SQLExecDirect") son estándares para diversos manejadores de archivos como manejadores de bases de datos relacionales. Las necesidades cambian con el tiempo, de las mismas formas de los estándares cambian con el transcurso de las versiones, los comandos SQL fueron variando y dependiendo de la tecnología generan diversos estándares por las revisiones constantes de mejoras, dando como resultados diferentes versiones. El punto que también es competencia del área de base de datos que no se profundiza en este libro, solo se menciona debido que los comandos poseen una estructura definida (sintaxis) para ser enviado en una cadena de caracteres hacia el manejador de archivo como manejador de base de datos, dando la concordancia de un modelo de protocolo de aplicación entre el software que envía el comando SQL y el servidor que interpreta y recibe este formato para realizar los requerimientos sobre la base de datos. La parte de protocolo de comunicación queda escondida para el desarrollador de aplicaciones en las funciones usadas para el manejo del protocolo de aplicación (comandos SQL), funciones de conexiones y desconexiones hacia la base de datos, etc.

14.4. OLE DB (Object Linking and Embedding for Data Bases)

OLE DB es una tecnología desarrollada por Microsoft (MS) para realizar conexiones a fuentes de información y bases de datos. Se desarrolla esta tecnología para acceder bases de datos y acceso universal de datos como ficheros de hojas de cálculos, correos electrónicos, planeadores de proyectos ("MS Project"), etc. En el caso del libro realizamos conexiones a bases de datos relacionales como ejemplo, conociendo la tecnología del párrafo anterior que es de ODBC; en el acceso a fuentes de datos como hojas de cálculos, correos electrónicos, etc., también deben de tener su propio protocolo de aplicación para accederlas, donde se procede de la misma forma que las bases de datos relacionales. La estructura y filosofía es la misma que ODBC, es el manejo de librería de enlace dinámica (dll o dinamic link library en sus siglas en inglés). A su vez realizan varias conexiones por medios de sus identificadores únicos globales (GUID) al mismo tiempo. Una gran diferencia entre ODBC y OLE DB se deriva que no es necesario configurar el componente ODBC en el sistema operativo del ordenador para todos los aplicativos que se ejecutan en ellas, no dependerá de esta configuración y solo es necesario usar las librerías instaladas en ella. Cada aplicativo se encarga de hacer su conexión a la diferente fuente de información, mientras que ODBC concentra en un punto del sistema operativo las conexiones hacia otros lugares de la red, si falla el componente de ODBC, las conexiones a las fuentes de datos no se pueden lograr por ningún aplicativo que se ejecute en ese ordenador. Con OLE DB, existe una diversidad de conexiones que se realiza en un ordenador que solo depende de las librerías y bibliotecas instaladas en el sistema operativo y los recursos de la red que esté disponible. Otra gran diferencia de OLE DB, debe ser aplicada en programación orientada a objeto, en ODBC puede ser aplicada en programación estructurada, pero de alguna forma se puede trabajar conjuntamente con un lenguaje de orientada a objeto y clases, pero debe aplicar ciertas normas de uso. El OLE DB está definido para trabajar en un lenguaje orientado a objeto, se aplica la herencia de las clases y permite el reúso de los componentes desarrollados para tal fin, ODBC aplica el reúso de las funciones creadas para realizar sus trabajos, son dos formas de ver el reúso. La base fundamental de OLE DB en el manejo en la red es también transparente para el desarrollador como en ODBC, pero OLE DB se conecta de forma directa desde el aplicativo hacia el manejador de base de datos, por lo tanto, existe indicio de la manera de conectarse en la red con el servidor. Los ejemplos desarrollados en C# con OLE DB permite hacer la comparación entre ODBC como la transparencia de uso de la red. Solo en un punto se determina una idea general del uso de la red, es el manejo de la cadena de conexión "Connections Strings" (en vez de "DSN") que deriva la diversidad de manejadores de bases de datos como manejadores de archivos, y realiza la conexión en la red con otro ordenador. El siguiente código se usa "System.Data.OleDb" en C# en la herencia de clase para OLE/DB.

```csharp
Using System;
using System.Data;
using System.Data.OleDb;  // Uso de la clase de OLEDB
public class Test
{
    public static void Main(string[] args)
    {
        // Se define la conexión de la fuente de los datos por la cadena de caracteres hacia un archivo MS Access
        string sConnectionString = "Provider=Microsoft.Jet.OLEDB.4.0;"+
            "Data Source=C:\temp\temp\DB_TEST.mdb;User Id=YYYYYYY;Password=XXXXXXX;";
```

```
IdbConnection dbconnect;
dbconnect = new OleDbConnection(sConnectionString);
dbconnect.Open();
IdbCommand dbcommad = dbconnect.CreateCommand();
string sExecSQL = "Select UserName, LoginID From Profiles";
dbcommad.CommandText = sExecSQL;
IdataReader sData = dbcommad.ExecuteReader();
while(sData.Read()) {
    string sUser = (string) sData["UserName"];
    string sLoginID = (string) sData["LoginID"];
    Console.WriteLine("Nombre del Usuario: "+sUser+"   Usuario: "+sLoginID);
}
// cierre de conexión y liberar recursos
sData.Close();
sData = null;
dbcommad.Dispose();
dbcommad = null;
dbconnect.Close();
dbconnect = null;
}
}
```

Algoritmo 14.4 Uso de OLE DB

El código anterior (algoritmo 14.4) es un ejemplo de uso de OLE DB conectado con el manejador de fichero (archivo) MS Access, que está ubicado en el mismo ordenador en el disco duro en la carpeta "C://Temp//temp" y el fichero MS Access llamado "DB_TEST.mdb", donde el acceso se debe tener permiso con el usuario "YYYYYYY" y su clave es "XXXXXXX" (similar con ODBC); toda esta información está identificado en la variable de la cadena de conexión "sConnectionString" que detalla un acceso a un archivo y su ubicación en la red (que es una carpeta el mismo equipo en este ejemplo, pero puede haber una conexión red a otro equipo a una carpeta y archivo remoto) que en ODBC no se detalla. El manejador de la conexión en la red se debe apoyar con el sistema operativo, por un lado, el acceso a la carpeta (en este caso es local al ordenador) donde se ubica el fichero con los datos y el permiso a la carpeta con el usuario que lo accede, el proveedor es la empresa de Microsoft con OLE DB y la versión con que conecta. La seguridad y el acceso en la red en caso de haber otro equipo se define y se resuelve entre los ordenadores vía sistema operativo, si el fichero de MS Access se ubica en otro ordenador, los permisos en las redes informáticos se manejan a nivel más bajo entre los equipos. El caso diferencial se detalla en el uso de clase y métodos definidos para acceder a las fuentes de datos por SQL que se encarga la herencia de clases. El uso de OLE DB como ODBC tiene la semejanza de su operatividad, por un lado, la utilización de métodos y el otro con funciones predefinidas. La secuencia y el orden en ambos son similares en aplicar las funciones o métodos, como son de preparar el ambiente, conectarse, realizar el requerimiento, recibir la respuesta, cerrar la conexión y liberar los recursos. En el caso de las redes es una conexión de un envío y una respuesta, hay una espera de respuesta después de enviar el requerimiento, existe una comunicación síncrona (capítulo 6.5), y el orden de ejecución es similar a los protocolos de comunicación.

Existen casos de la conexión y la liberación de los recursos como desconectarse a la fuente de datos, similar a los protocolos de comunicación, donde existen dos formas:

- ✓ se realiza una sola vez, o
- ✓ cada vez que se realiza un requerimiento a la fuente de datos.

En ambos casos se realizan de la misma forma la conexión; si se conecta a la fuente una sola vez en el inicio del aplicativo y durante todo el tiempo de la ejecución del aplicativo no se desconecta hasta que termine y finaliza de ejecutar el programa; el otro caso, cada vez que se desea un requerimiento a la fuente de datos, se realiza la conexión y al terminar el requerimiento se desconecta. El uso de las dos formas y escoger una de ellas depende de la naturaleza del aplicativo como los procesos que se realizan en los aplicativos.

En los grandes ordenadores poseen características similares, hay conexiones y desconexiones por cada requerimiento o en una sola conexión desde su inicio y cierra la conexión al salir del aplicativo; esto es debido a que los inicios de las conexiones se tardan o consumen muchos recursos para realizar la conexión en la red, en este caso debe seguir la recomendación de la tecnología que pertenece; también influye el diseño de la arquitectura del software que presenta en el proyecto. La cantidad de requerimientos realizados por horas y el uso constante de la conexión es otro factor de estudio, si existe una cantidad inmensa de requerimientos, se debe estudiar en una sola conexión en su inicio y desconexión al final de la jornada. En el caso de conexión y desconexión por cada requerimiento es recomendable en el ambiente de Internet o en la Web. La mayoría de las conexiones generalmente se realiza la conexión cuando se desea enviar el requerimiento y al dar la respuesta se desconecta, el uso de las páginas y servicios Web trabaja de esta forma, por cada requerimiento se debe realizar la conexión y su desconexión, la tecnología que lo soporta, como el manejo http, como otros tipos de conexiones, se basan en formatos que se descargan en los navegadores de internet; hay pocos casos que se mantienen la conexión como video y música que se gestiona como datos, pero en texto como la información extraída en la fuente de datos y manejadores de bases de datos permite un solo requerimiento a la vez, y se debe despachar la respuesta lo más pronto posible para atender otras solicitudes, no permite que el aplicativo del cliente mantengan por tiempo prolongado la conexión bloqueado o utilizado. En los siguientes ejemplos de códigos de programas en C# para realizar una consulta a la misma fuente de datos que el ejemplo anterior, pero sin OLE DB, ni ODBC, es una combinación de ambos en el uso de "System.Data" y uso de "DataSet", el uso de "DataSet" permite el uso interno de los formatos XML, si denota que cada función devuelve los datos requeridos con este formato; la otra característica donde todos los requerimientos es que realiza la conexión, luego se desconecta y libera los recursos. Si vemos más adelante se indicará porque se realizan esta forma de programación. El siguiente algoritmo usa "System.Data.SqlClient" con C# en el ambiente de Microsoft.

```
// este archivo es un ejemplo de C# con conexion a MS ACCCESS, el archivo de MS ACCESS es "DB_TEST.mdb",
// no tiene clave ni usuario para accesarlo y fisicamente esta en "c:\temp\temp\",
// la tabla incluida en este archivo es "PROFILES" con los siguientes campos y son string:
// USERPASSW, NUMBER_ID, LoginID, USERNAME, AUTH


    // reportes de informacion de usuarios
    public DataSet GetInfoUserAll()
    {

      string sDataSource =  System.Configuration.ConfigurationSettings.AppSettings[
        "Provider=Microsoft.Jet.OLEDB.4.0;" +
        "Data Source=C:\temp\temp\DB_TEST.mdb;User Id=YYYYYYY;Password=XXXXXXX;"];
      SqlConnection sqlconn = new SqlConnection(sDataSource);
      SqlCommand sqlcom = new SqlCommand("Select  Number_ID, LoginID, USERNAME from Profiles ",
          sqlconn);

      SqlDataAdapter da = new SqlDataAdapter(sqlcom);
      DataSet ds = new DataSet();
      da.Fill(ds);
      sqlconn.Close();
      return ds;
    }

    // borrar de usuarios
    public DataSet DeleteUser(string loginid)
```

```
    {
         string sDataSource =
System.Configuration.ConfigurationSettings.AppSettings["Provider=Microsoft.Jet.OLEDB.4.0;Data
Source=C:\temp\temp\DB_TEST.mdb;User Id=YYYYYYY;Password=XXXXXXX;"];
         SqlConnection sqlconn = new SqlConnection(sDataSource);
         string sqlText = "DELETE FROM PROFILES WHERE LoginID = '" + loginid + "'";
         SqlCommand sqlcom = new SqlCommand(sqlText, sqlconn);

         SqlDataAdapter da = new SqlDataAdapter(sqlcom);
         DataSet ds = new DataSet();
         da.Fill(ds);
         sqlconn.Close();
         return ds;
    }

    // consulta de todos los datos de usuarios
    public DataSet GetAllDataUser(string loginid)
    {

         string sDataSource =
System.Configuration.ConfigurationSettings.AppSettings["Provider=Microsoft.Jet.OLEDB.4.0;Data
Source=C:\temp\temp\DB_TEST.mdb;User Id=YYYYYYY;Password=XXXXXXX;"];
         SqlConnection sqlconn = new SqlConnection(sDataSource);
         string sqlText = "SELECT  NUMBER_ID, LoginID, USERNAME, AUTH FROM PROFILES WHERE LoginID = '" +
loginid + "'";
         SqlCommand sqlcom = new SqlCommand(sqlText, sqlconn);

         SqlDataAdapter da = new SqlDataAdapter(sqlcom);
         DataSet ds = new DataSet();
         da.Fill(ds);
         sqlconn.Close();
         return ds;
    }

    // Modificar un usuario

    public DataSet ModifyUser(string passwd, string number_id, string username,  string codauth, string
loginid)
    {
         string sDataSource =
System.Configuration.ConfigurationSettings.AppSettings["Provider=Microsoft.Jet.OLEDB.4.0;Data
Source=C:\temp\temp\DB_TEST.mdb;User Id=YYYYYYY;Password=XXXXXXX;"];
         DataSet ds = new DataSet();
         ds = null;

         SqlConnection sqlconn = new SqlConnection(sDataSource);
         string sqlText = "UPDATE Profiles SET USERPASSW = '"+passwd+"', Number_ID = '"+number_id+
             "', USERNAME = '"+username+"', AUTH = '"+codauth+"' WHERE LOGINID = '"+loginid+"'";
         SqlCommand sqlcom = new SqlCommand(sqlText, sqlconn);

         sqlconn.Open();
         sqlcom.ExecuteNonQuery();
         sqlconn.Close();
```

```
      return ds;
   }

   // Insertar un usuario
   public void InsertUser(string nameUser, string passwd, string number_id)
   {
      string sDataSource =
System.Configuration.ConfigurationSettings.AppSettings["Provider=Microsoft.Jet.OLEDB.4.0;Data
Source=C:\temp\temp\DB_TEST.mdb;User Id=YYYYYYY;Password=XXXXXXX;"];

      SqlConnection sqlconn = new SqlConnection(sDataSource);
      SqlCommand sqlcom = new SqlCommand("INSERT INTO Profiles (LoginID, USERPASSW, Number_ID)"+
         " VALUES ('" + nameUser + "','" + passwd + "','" + number_id + "')", sqlconn);
      sqlconn.Open();
      try
      {
         sqlcom.ExecuteNonQuery();
      }
      catch (Exception ex)
      {
         throw ex;
      }
      finally
      {
         sqlconn.Close();
      }
   }
}
```

Algoritmo 14.5 Uso de las conexiones antes y después de acceso

Las llamadas de las funciones en el algoritmo 14.5 son realizadas en el manejo de
los botones de una pantalla de la página web, la construcción de los botones está
reflejada en el siguiente código de programa donde se ejecutan cuando el usuario
escoge un botón, en el caso de la página Web posee por lo menos dos botones:
consultar ("Button_Click_Consultar") y agregar datos ("Button_Click_Agregar").

```
using System;
using System.Data;
using System.Configuration;
using System.Collections;
using System.Web;
using System.Web.Security;
using System.Web.UI;
using System.Web.UI.WebControls;
using System.Web.UI.WebControls.WebParts;
using System.Web.UI.HtmlControls;

public partial class MenuUsaurios : System.Web.UI.Page
{
   protected void Page_Load(object sender, EventArgs e)
   {
```

```csharp
    DataAccess.User authUser = null;
    if (Session["user"] == null)
    {
        Response.Redirect("Default.aspx");
    }

    DataAccess.DML data = new DataAccess.DML();
    DataSet ds = data.GetInfoUserAll();

    ds.Tables[0].Columns[0].ColumnName = "Num. ID. Usuario";
    ds.Tables[0].Columns[1].ColumnName = "Login";
    ds.Tables[0].Columns[2].ColumnName = "Nombre del Usuario";

    gvUsers.DataSource = ds.Tables[0];
    gvUsers.DataBind();
}


protected void Button_Click_Consultar(object sender, EventArgs e)
{
    string strLogin;
    long iValue;

    lblError.Visible = false;
    lblError.Text = "";

    strLogin = lblLoginID.Value;
    iValue = strLogin.Length;
    if (iValue == 0)
    {
        lblError.Visible = true;
        lblError.Text = "Debe ingresar el Login del Usuario. Es obligatorio ";
        return;
    }

    DataAccess.DML data1 = new DataAccess.DML();
    DataSet ds1 = data1.GetAllDataUser(strLogin);

    // NUMBER_ID, LoginID, USERNAME, AUTH
    ds1.Tables[0].Columns[0].ColumnName = "Num. ID. Usuario";
    ds1.Tables[0].Columns[1].ColumnName = "Login";
    ds1.Tables[0].Columns[2].ColumnName = "Nombre del Usuario";
    ds1.Tables[0].Columns[3].ColumnName = "Nivel Autorizacion";

    gvDataUsers1.DataSource = ds1.Tables[0];
    gvDataUsers1.DataBind();
}


protected void Button_Click_Agregar(object sender, EventArgs e)
{
    DataAccess.DML data1 = new DataAccess.DML();
    DataSet ds1 = data1.InsertUser (lblNombreUsuario.Value, lblClave.Value, lblCodAgencia.Value);
```

```
    }
}
```
Algoritmo 14.6 uso de los métodos de acceso a fuentes de datos

El uso de un botón ejecuta una acción de extracción de datos (consultas) o de ingreso de información (agregar datos a la base de datos); en ambos casos al ejecutar se realiza un envío y una recepción de datos donde se conecta a las funciones indicadas como "GetAllDataUser" y "InsertUser", cada función debe realizar de forma independiente de abrir y cerrar la conexión a la fuente de datos. En el caso que el usuario de la página Web no use ningún botón, la conexión a la fuente de datos desde su inicio sería un desperdicio. El otro punto a nivel de programación modular, se realiza de una forma controlada y donde cada función se encargue de la conexión y su desconexión. El caso de usar la conexión y desconexión en la fuente de datos en una página web desde su inicio y finalizar el uso de la página Web, el control de manejar las conexiones es difícil, por un lado, las páginas Web se conecta al servidor y extrae la información para el cliente en el navegador de Internet y se desconecta luego de haber bajado al ordenador del cliente toda la información, si en el caso, la información no ha terminado de completar en el navegador de Internet, el servidor cierra de forma obligatoria cuando sucede uno de estos casos: cada requerimiento y respuesta tiene un periodo de tiempo máximo determinado, si el cliente pierde la conexión o no tiene señal de vida con el cliente. Al final, el resultado de la página Web es de no poseer la información completa. Por esta razón, las conexiones de las funciones que accede a la fuente de datos debe cumplir este mismo esquema de cerrar la conexión al tener la información completa y entregarla a la página Web; recordar que estas funciones se ejecutan en el servidor de la página Web; esto sucede no solo con la página Web, se aplica también en los Servicios Web (capítulo 13.5). Los procesos de extracción o gestión de los datos de las fuentes de datos deben ser lo más corto posible de tiempo, debido que a priori no se sabe si en la ejecución habrá muchas más consultas o requerimientos a la fuente de datos o a otra base de datos, que en la suma debe construir la página Web en un lapso de tiempo corto. En los mismos programas de las páginas Web tienen opciones de realizar un conteo de tiempo en un lapso muy corto, si el tiempo se agota debido a cualquier causa (retardo en la red por consumo o, el procesamiento del servidor está a su máxima capacidad con otros requerimientos y no da tiempo necesario al requerimiento pedido, etc.), el mismo programa cliente solicita una cancelación del requerimiento para pasar a otro proceso, es una medida aplicada en la tolerancia a falla. Es una forma de verificar que el requerimiento sea tratado con las normas de la buena comunicación entre dos aplicativos en la web, garantiza que los datos incompletos o no recibidos sean tratados como una respuesta incorrecta; se debe recibir una respuesta completa del emisor, en este caso, es el servidor o fuente de los datos que no ha podido completar el requerimiento en un lapso de tiempo prudente.

En los diferentes códigos dispuestos anteriormente, posee lo que indicamos un modelo de comunicación síncrono basado en las instrucciones o comandos utilizados en los métodos y las funciones, la preparación de conexión, la conexión, un envío de requerimiento y una recepción de la respuesta, finalmente el cierre de la conexión. Existen casos que los códigos de los programas no existen la desconexión hacia los servidores o recursos, pero estos son aplicaciones que utiliza en su inicio la conexión y mantiene esos recursos hasta que termine de ejecutar el aplicativo, en este caso el sistema operativo se encarga de cerrar y liberar los recursos por la gestión de los aplicativos y los procesos hijos que en ellas tienen, en el mejor de los casos, la recomendación es que siempre cierre y libere los recursos de la fuente de datos antes de salir del aplicativo a nivel de los lenguajes de programación. Algunos sistemas operativos que no liberan o no se desconecta los recursos, aun cuando el sistema operativo aplica la liberación de estos, se presentan como procesos fantasmas que se mantienen activos en el ordenador ocupando recursos y una conexión a la fuente de datos en algunos casos.

La otra característica que se presenta en todas las fuentes de los programas, es la aplicación de un lenguaje en la data (trama) que se envía en los requerimientos, están definidos por formatos que se entienden entre el ordenador que envía el requerimiento y el servidor, este es el lenguaje de SQL que en los libros de bases de datos hablan con muchos detalles. El lenguaje SQL se debe tratar en el ámbito de protocolo de comunicación como cadenas de caracteres del área de protocolo de aplicación de gestión de datos (crear, modificar, eliminar y consultar registros). Se describen varias maneras de conectarse a la base de datos y el uso de diferentes librerías como funciones de estas, pero el contenido de la operatividad de las tablas y registros son las mismas para la misma base de datos, donde surge que hay cambio de conexión en la red y estructura de conexión pero se mantiene el mismo lenguaje (SQL) en la trama (protocolo de aplicación).

En el caso de OLE DB y ODBC, existe el manejo de las cadenas de caracteres de conexión, que permite a las librerías y bibliotecas de realizar las conexiones en la red y el mecanismo de flujo de datos entre el que pide el requerimiento y la fuente de datos. El próximo capítulo se describe algunos de ellos.

14.5.   Cadena de caracteres de conexión (Connection String)

La cadena de caracteres de conexión es usada en ODBC, cliente de Oracle, OLE DB y ADO (ActiveX Data Object) que permite realizar la comunicación hacia los servidores SQL. La diferencia con ODBC, permite realizar configuraciones y opciones antes de usarla, esta previamente configurado y conectado a la fuente de datos. En ODBC el nombre de la fuente de datos (DSN Data Source Name en sus siglas en inglés) está presente en algunos casos, en las fuentes de los programas hace la ubicación del nombre del recurso de los datos y la seguridad. En la cadena de caracteres de conexión permite la seguridad como en ODBC, en restringir el acceso de los usuarios a estas fuentes. En el caso de OLE DB se aplica de la misma forma, pero se revisa y se validan la conexión y la seguridad al momento de ejecución en el aplicativo. Adicionalmente de la seguridad, permite de escoger el tipo de comunicación en la red con una variedad como: TCP/IP y el puerto 1433, IPX/PSX, Banyan Vines, Apple Talk, entre otros; como las relaciones de uso de los recursos del ordenador, verifica si está disponible la fuente de los datos de forma remota o local; en caso local, lo administra el mismo sistema operativo. En la parte de seguridad se tiene la opción de encriptado de los datos a transmitir entre el cliente y el servidor; los otros puntos de seguridad en el manejo de las contraseñas o claves de los usuarios en cada requerimiento, etc.

Todas estas variantes y muchos más en el manejo de cadena de caracteres de conexión dependerán del servidor que debe soportar y permitir la configuración del cliente cuando se conecte.

Existe una variedad de cadena de caracteres de conexión, depende del servidor dónde y cómo se conecte al manejador de archivo o manejador de base de datos. En el caso de MS SQL Server se definen hasta las versiones del manejador. Existen versiones de manejadores de base de datos del 2005 y superiores que no soportan estas cadenas de conexiones para OLE DB y ODBC, deben utilizar "SQL Server Native Client" de MDAC (Microsoft Data Access Componentes) debido a que el comportamiento es diferente en el uso de SQL.

Seguidamente se muestra algunas cadenas de caracteres de conexión en ODBC, OLE DB y ADO, la idea es representar algunas de ellas y explicar cómo se trabaja el tipo de conexión en la red. Existen muchas más combinaciones y bases de datos, que describirla aquí no es suficiente y se debe tener un arduo trabajo de realizar actualizaciones con las nuevas versiones de los diferentes manejadores de ficheros, fuentes de datos y manejadores de bases de datos. Existen en las últimas versiones de MS Visual Studio .Net como herramientas de desarrollos que contienen la generación automática de las cadenas de caracteres de conexión cuando se realiza el ingreso de las funciones o métodos de conexión de la misma. Para gestionar la existencia de la diversidad de casos, se recomienda utilizar la Internet para ubicar la cadena de caracteres de conexión acorde a las siguientes características que se debe conocer a priori antes de la búsqueda:

- ✓ conocer si se está usando OLE DB, ODBC, ADO (.Net) u otro mecanismo;
- ✓ tener la información del manejador de la base de datos o fuentes de datos (ORACLE, MS SQL Server, MS Access, DB2, MySql, etc.), como la versión del manejador de la base de datos;
- ✓ si la fuente de datos está en otro ordenador (servidor), debe conocer la dirección IP o el nombre del ordenador (asignado por el dominio), información para la ubicación en la red;
- ✓ nombre de la base de datos; los manejadores de bases de datos puede administrar una cantidad de base de datos de forma paralela, se debe identificar la base de datos a conectar para el uso de sus datos;
- ✓ conocer el usuario y clave del usuario, el caso que las conexiones de las bases de datos, como el acceso a nivel de red entre los ordenadores existen restricciones para utilizar los recursos, el mismo recurso del ordenador que accede por el aplicativo, se debe ingresar el usuario y su clave; en los peores casos, se debe tener mínimo tres (3) usuarios y sus claves; uno para acceder al ordenador, otro para acceder a la red y otro para la fuente de los datos; para estos casos se debe considerar que usuario y clave es para cada acceso (ordenador, red y base de datos). Por esta razón, hay administradores de redes como administradores de bases de datos que trabajan de forma independiente, sus trabajos son de garantizar la seguridad en cada área que controla. En el caso de las cadenas de caracteres de conexión se utilizan el usuario y clave definido para acceder a las bases de datos o fuentes de datos. En los mejores de los casos, el mismo usuario y clave son usados para ingresar al ordenador (sistema operativo), es el mismo usado para la red y bases de datos.

Luego de tener toda esta información se debe investigar la cadena de caracteres de conexión que cumpla con tipo de tecnología (ODBC, OLE DB o ADO), manejador de base de datos y la versión. El resto de los datos son lo que se le agregan en la cadena de caracteres de conexión, más adelante hay algunos ejemplos.

En la variedad de MS SQL Server 2000, 2005, 2008 2012, 2014, 2016 y 7.0 tenemos diversidad de conexiones como:

Con seguridad estándar, la cadena de caracteres de conexión es la siguiente:

```
"Server=DireccionServidor; Database=BaseDeDatos; User Id=NombreUsuario; PassWord=Clave"
```

Conexión de confianza, la cadena de caracteres de conexión es la siguiente:

```
"Server=DireccionServidor; Database=BaseDeDatos; Trusted_Connection=true"
```

En los dos casos anteriores, existe una relación del sistema operativo que permite llevar a la segunda parte de acceso con el usuario y clave para acceder a la fuente de datos o la base de datos. En el primer caso, el usuario y clave es obligatorio y no necesariamente sea el mismo usuario y clave que accede a los recursos del ordenador por el sistema operativo, el segundo caso si es el mismo usuario. En ambos casos necesitan ubicar el servidor, sea por el nombre asignado por el DNS (Sistema de Nombre de Dominio) o una IP fija para poder acceder a la fuente de los datos en la red o en el mismo equipo, se describe en ubicar el ordenador donde está la base de datos. Ubicado el servidor de la base de datos en la red, se accede a la base de datos deseado con el usuario y clave. Se asume que los ordenadores (servidor y cliente) en la red están bajo ambiente Microsoft. Hay que notar que existe más información que permite acceder no solo base de datos MS SQL, hay para otras fuentes como se indican en los párrafos anteriores y ejemplos en las fuentes de programas que se muestra, se agrega dos ejemplos más, pero en esta variedad no solo es por las bases de datos y fuentes de información, existen también configuraciones en las conexiones, cómo se desea realizar la comunicación, se colocan esta información en las cadenas de caracteres de conexión.

Para Oracle con seguridad estándar es:

```
"Provider=OraOLEDB.Oracle; Data Source=OracleDB; User Id=NombreUsuario; Password=Clave;"
```

Microsoft OLE DB para Oracle con seguridad estándar:

```
"Provider=msdaora; Data Source=OracleDB; User Id=NombreUsuario; Password=Clave;"
```

Microsoft ODBC para Oracle se tiene la cadena de caracteres de conexión:

```
"Driver={Microsoft ODBC for Oracle}; Server=DirecciónDelServidor; Uid=NombreUsuario; Pwd=Clave;"
```

Proveedor de Oracle para OLEDB con seguridad estándar, se tiene lo siguiente:

```
"Provider=OraOLEDB.Oracle; Data Source=OracleDB; User Id=NombreUsuario; Password=Clave;"
```

Proveedor de Oracle XE, C++ ADO se tiene:

```
"Provider=OraOLEDB.Oracle;    DataSource=localhost:1521/XE;    Initial    Catalog=OracleDB;    User
Id=NombreUsuario; Password=Clave;"
```

Proveedor de data de DB2 .Net se describe:

```
"Server=DireccionServidor:NumeroDePuerto; Database=DB2DataBase; UID=NombreUsuario; PWD=Clave;"
```

Se definen configuraciones como "Max Pool Size=100; Min Pool Size=10" o deshabilitando con "Pooling=false" si no se desea lo anterior, ambas son opciones que se agregan al final de lo descrito para DB2.

Proveedor MS OLEDB para DB2 se tiene con el uso de TCP/IP:

```
"Provider=DB2OLEDB;    Network    Transport    Library=TCPIP;    Network    Address=XXX.YYY.ZZZ.WWW;
InitialCatalog=InitCtlg; Package Collection=PkgCollect; Default Schema=Esquema; User ID= NombreUsuario;
Password=Clave;"
```

Proveedor MS OLEDB para DB2 se tiene para conexiones APPC:

```
"Provider=DB2OLEDB; APPC Local LU Alias=LocalAlias; APPC Remote LU Alias= RemoteAPPC; Initial
Catalog=InitCtlg; Package Collection=PkgCollect; Default Schema=Esquema; User ID= NombreUsuario;
Password=Clave;"
```

En los últimos ejemplos anteriores se aplican para ORACLE y DB2 que no necesariamente están en los servidores de las fuentes de datos o manejadores de bases de datos en los ambientes de Microsoft. Como se indican cada una tiene cadena de caracteres definido para una conexión específica y su opción de configuración. Como en el caso en el ambiente de Microsoft, el lector puede darse cuenta que la información básica para el uso de la red entre los ordenadores están impregnado en los datos que se colocan, todos los ejemplos se puede detectar que está en una red TCP/IP, inclusive el último caso que es una conexión APPC, que es una conexión de red en una arquitectura de SNA. Se asume que se utiliza en un ambiente Microsoft como cliente que realiza una conexión APPC a una base de datos DB2 de IBM; se asume que el servidor de la base de datos es un ordenador de mediana o de gran tamaño (IBM 3090, AS/400, iSeries, etc.) que posee un sistema operativo propio de los grandes ordenadores. En el caso de APPC de SNA puede convivir con TCP/IP en una red aparte o reusar el protocolo

TCP/IP para encapsular APPC (la data de TCP/IP lleva los datos en formato APPC) y este contienen los requerimientos de SQL.

Toda la información que trata los desarrolladores del software es lo indicado en el uso de la cadena de caracteres de conexión (DSN), sin conocer de lo que conlleva por detrás en el manejo de la red y el flujo de los datos de la data que es SQL. Todo es transparente y fácil de usar, que inclusive no se da cuenta que maneja una diversidad de tecnología diferente en varios ordenadores en la red, en el caso del ejemplo de uso de DB2 con uso de "Mainframe" como servidor de manejadores de bases de datos. Recuerde que existe más fuentes de datos y manejadores de bases de datos como: MySQL, Informix, Progress, PostgreSQL, Sybase, etc. La selección de la cadena de caracteres de conexión depende de los datos que se posee del ambiente y las características del manejador de base de datos; es la labor que debe realizar para desarrollar la conexión en el software. Con la cadena de caracteres de conexión seleccionada y construida, seguidamente se selecciona el comando de conexión de ADO, OLE/DB u ODBC para realizar la conexión a la fuente de dato o base de datos; la cadena de caracteres de conexión es utilizada en los parámetros de entrada de la función, comando, procedimiento o método de la clase, objeto, librería o biblioteca respectiva. Luego de la conexión se interactúa con SQL hacia el servidor para el manejo de los datos.

El caso de SQL o data que se envía en el requerimiento a acceder la fuente de datos después de realizar la conexión con éxito. Se debe usar un lenguaje lo más estándar que soporte los diferentes manejadores de bases de datos relacionales, es decir, sucede lo mismo como los lenguajes de programación que sea soportado en diversos sistemas operativos como diferentes tecnologías, SQL sucede lo mismo. SQL es un lenguaje que permite realizar requerimiento a las fuentes de datos, al usar un manejador de datos que su sintaxis no es estándar, puede conllevar a volver a traducir al nuevo SQL o las nuevas versiones del mismo manejador de base de datos, es volver a escribir todas las fuentes de los programas. No permite llevar este mismo programa a otro manejador de base de datos, aun teniendo la misma estructura de sus ficheros y nombres de la base de datos. Este tema se le endosa al área de la informática de Base de Datos. Para las redes es un cambio de protocolo de aplicación de un software.

15. Desarrollo bajo HIS (Host Integration Server - Protocolo SNA)

15.1. Introducción

Los casos de estudio en este capítulo de HIS (Host Integration Server) se enfocan en el ambiente de Microsoft para el desarrollo de aplicaciones de clientes que se conectan en una arquitectura SNA, se tiene un marco de referencia de desarrollo del cliente o un componente del cliente, que por su característica puede afectar en la ejecución en el servidor. En la mayoría de los casos se utilizan el lenguaje de programación C++, que permite trabajar con el mismo código de programa en otro ambiente diferente a Microsoft, la fe de errata en el manejo de C++ bajo Microsoft de estos fuentes depende mucho de la biblioteca a usar en el ambiente en otra tecnología, lo que varía en tal caso es el uso de las funciones que distribuye el proveedor de la librería y biblioteca de SNA en el otro ambiente. En caso de Microsoft contienen HIS 2000 (Host Integration Server) provee el conjunto de biblioteca para realizar las conexiones diversas bajo una red TCP/IP, Novell NetWare o Banyan VINES bajo diferentes sistemas operativos de Microsoft como (Windows NT, Windows 2000 Windows 3.X y MS-DOS), para versiones superiores de HIS 2000 como HIS 2003 por ejemplo, soporta los sistemas operativos que indican en los manuales como Windows XP; y en la versión HIS 2016 soporta Windows 10, Windows Server 2016, Windows Server 2019, IBM z/OS 2.2 y 2.1 entre otras plataformas. En las diferentes versiones de HIS o del sistema operativo se hace transparente con el manejo del lenguaje "C", no importa si el algoritmo es de años atrás, en la experiencia con este lenguaje con la misma herramienta de desarrollo, se actualiza o mantienen su espíritu (funcionalidad).

La instalación de HIS en el servidor y el cliente se debe seguir según los manuales y las recomendaciones de Microsoft. Se menciona poco de la instalación y configuración en el libro porque todo depende del ambiente SNA y sus aplicaciones a conectarse con el cliente de Microsoft junto con el aplicativo a desarrollar. Se menciona algo de la configuración e instalación para cubrir los requerimientos iniciales de la arquitectura SNA para poder desarrollar el componente necesario en cada escenario. Se menciona poco del protocolo de aplicación que es la construcción obligatoria del aplicativo del cliente y el análisis de las respuestas, que en este proyecto es la gran parte del trabajo, todo este trabajo se basa en pocos detalles que se debe considerar que es común en los diferentes protocolos de aplicación existentes.

15.2.   La arquitectura de un nodo

El desarrollo de aplicaciones sobre HIS en los ambientes de Microsoft, se tienen varios puntos a considerar, se debe instalar un ambiente acorde a los requerimientos de la arquitectura del software a desarrollar; seguir las recomendaciones de los manuales de HIS para la instalación y configuración; tener una comunicación o acuerdo de configuración con los administradores del Mainframe o del mini computador que contiene la aplicación central a donde se desea realizar la conexión. Estos requerimientos son las características de la conexión que se desea realizar entre el aplicativo que usa el HIS y el computador central. En el libro se describirá de forma breve dos tipos de conexiones, una LU tipo 0, y otra conexión LU tipo 6.2 (APPC) sobre la arquitectura de SNA, estás dos son la más usadas a nivel mundial. En cada tipo de LU, las conexiones y sus filosofías son diferentes (como se describen en el capítulo 4 de SNA) aun tratándose de la misma arquitectura. El proceso de realizar la conexión física y su configuración es la misma, lo que se define también en la instalación del HIS en la red para el aplicativo o la arquitectura necesaria para el software, este último lo define el arquitecto de software. Los procesos a realizar son similares, pero el desarrollo del software es la mitad de la labor en el proceso del uso de SNA. La instalación de HIS es la misma en los diferentes LU, lo que se diferencia es la configuración en el servidor de HIS a nivel de parámetros y datos.

Una mitad del trabajo es realizar la conexión correcta entre los ordenadores, es decir, la conexión física y las configuraciones con el ordenador central o área central de la arquitectura de SNA, definir las PU y las LU, el tipo de cada una de ellas en el ordenador central como en los concentradores, las conexiones del cableado, si se usa modem, enrutadores, etc., el uso de una tarjeta de red SDLC en el servidor donde se instala el HIS, o el uso de la misma tarjeta de red del servidor vía TCP/IP; en el primer caso, el ordenador servidor del HIS posee dos tarjetas: SDLC y la red local con TCP/IP, el primero es para realizar la conexión hacia el computador central de forma directa con el uso del HIS y la otra tarjeta será para la conexión en la LAN con los clientes que usarán el HIS. En el caso del ordenador donde se instala el servidor de HIS solo posee la tarjeta de red local, se asume que el medio de protocolo de comunicación es TCP/IP y encapsulando el SNA. El uso de estas tarjetas se realiza en el ordenador del servidor de HIS (donde se instala el HIS server). En el servidor del HIS se configura las PU´s y LU's definido también en el ordenador central, con la misma configuración tipo de la PU y LU. La configuración de los terminales (LU) son para realizar las conexiones que deben ser utilizados por el aplicativo cliente; cuando se culmine el desarrollo del componente de comunicación, esta última es la otra mitad del trabajo a realizar. La culminación de la configuración es cuando este desarrollado el aplicativo que use el HIS, pero por el momento se termina temporalmente cuando en la pantalla administrativa o el panel de control del servidor del HIS indica que esté conectado a la PU o el controlador en estado activo o en línea hacia el computador central. La instalación y las opciones de configuración están indicadas en los manuales de HIS.

El siguiente paso es la instalación del HIS en el cliente, es la instalación de los componentes HIS en el ambiente de Windows. La forma que se conoce para realizar la conexión es el uso de las librerías (.lib) de HIS; para definir la conexión hacia el computador central es con la selección de la librería de HIS del caso. La utilización de la herramienta de desarrollo, con el lenguaje de compilación y el enlace con esta librería, o uso de la biblioteca y librería dinámica (.dll) seleccionada para ser usada en el aplicativo a desarrollar; el solo hecho de invocar los componentes en el sistema operativo por medio de las librerías, permite realizar la conexión hacia el ordenador central. Por lo tanto, el punto principal del desarrollo del componente es la selección correcta de la librería para usar el HIS, hay diversidad de librerías que permiten las diferentes conexiones a las diferentes arquitecturas de SNA. La selección de una de ella o un conjunto de ellas depende de la configuración definida en el servidor de HIS (tipo PU y LU) y en el ambiente que se desarrolla el componente de comunicación.

Se recomienda instalar el aplicativo de la pantalla administrativa en el ordenador del HIS en el cliente, este aplicativo es la simulación de los terminales 3270 y 5250 con PU y LU definido tipo 2 y 6.2 respectivamente, con solo la conexión y configuración hacia el ordenador central, donde se habilita el canal para estos terminales. El uso de estos aplicativos permiten verificar que la conexión física está correctamente instalado el HIS, la configuración de las LU tipo 2 (terminales 3270) o LU tipo 6.2 (terminales 5250) también funcionan en el caso que se necesiten en el futuro. El funcionamiento del aplicativo de simulación por medio de la pantalla administrativa garantiza la conexión del cliente al servidor de HIS y este al ordenador central, con esto se culmina y verifica la instalación física de la comunicación entre el cliente y el ordenador central. Si es necesario realizar otras pruebas, las pantallas administrativas por medio de estas aplicaciones pueden ser usadas directamente vía TCP/IP, donde dependerá si hay una conexión física TCP/IP hacia el computador central, las aplicaciones se pueden configurar conectándose hacia el servidor de HIS o directamente al computador central, pero no garantiza que la instalación hacia el servidor de HIS este correcta.

Existen dos tipos de instalaciones clásicas con el HIS como se indica en las siguientes figuras.

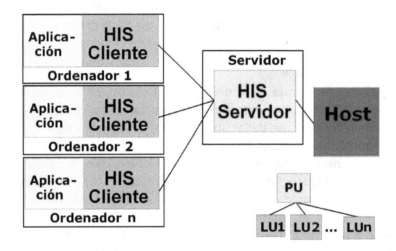

Figura 15.1 HIS en cada ordenador

En la figura anterior (15.1) define en un servidor la instalación de HIS (HIS Server), donde está definida y configurada la conexión entre el HIS y el ordenador central (Host). En el servidor se instala la tarjeta de comunicación donde el HIS utiliza como medio físico de conexión hacia el ordenador central (por ejemplo, una tarjeta SDLC). En cada ordenador cliente se instala los componentes (HIS cliente) que se conecta hacia el servidor HIS, ya sea por TCP/IP, IPX/SPX (NetWare), Banyan VINES, AppleTalk entre otros. El aplicativo utiliza el componente de HIS (librerías o bibliotecas) en el cliente para conectarse al HIS servidor y este al ordenador central. Cada vez que el aplicativo utiliza el componente de HIS en el cliente se utiliza una LU definida en la PU en el servidor de HIS. Hay una relación de la PU definido en el servidor de HIS y la LU en cada conexión generado por la

312

ejecución del aplicativo que utiliza el componente de HIS en el cliente por medio de la red local hacia el servidor. La conexión con el protocolo de comunicación SNA, el flujo de datos entre ambos, el cliente y el ordenador central dependerá de la aplicación que se ejecuta en el mainframe (Host), las aplicaciones como financieras, comerciales, administrativas, etc., se desarrolla el protocolo de aplicación o capa de aplicación. Dependiendo de la aplicación en el ordenador central (Host), los aplicativos de los clientes deben acoplarse y debe haber un entendimiento entre ellas por medio de los protocolos de SNA.

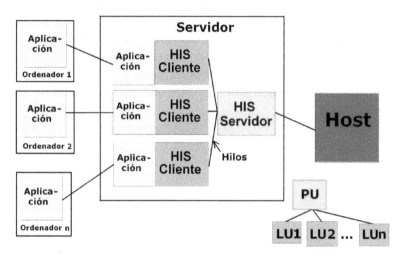

Figura 15.2 HIS instalado solo en el servidor

Existe otro modelo de instalación del HIS como se indica en la Figura 15.2, se instala el HIS cliente y los componentes del aplicativo en el mismo servidor de HIS, solo en el servidor HIS está definido todo el protocolo de SNA. Los aplicativos a desarrollar están solos en los ordenadores clientes que se conectan hacia el servidor por el mismo software, como una página Web, un aplicativo cliente – servidor, etc., los aplicativos en el servidor de HIS tendrán un módulo que utiliza el componente del HIS cliente, este módulo se ejecuta varias veces en el servidor por cada conexión que se realiza desde los ordenadores clientes, ya sea por ejemplo hilos, que se activa en memoria un proceso por cada activación o ejecución del aplicativo en el cliente, conlleva a utilizar "n" veces el componente cliente del HIS y el efecto es de tener varias conexiones (LU) en el componente central (HIS Servidor) que se conecta al ordenador central (Host). La diferencia entre la Figura 15.1 y la 15.2 es el lugar donde se ejecuta el componente cliente de HIS, el manejo de la concurrencia de diversas conexiones lo administra el HIS del servidor y la segunda arquitectura es el aplicativo que debe manejar las diferentes conexiones simultáneas; más el esquema y arquitectura es idéntica en ambos casos de forma lógica en el uso de HIS, como capas: aplicación - HIS cliente –HIS servidor. En ambas arquitecturas el mecanismo es el mismo, utilizar en los aplicativos las funciones de la librería de HIS.

La instalación, configuración y conexión entre el cliente al servidor de HIS está documentado en los manuales que provee la solución. Para cada componente que posee HIS se describe qué soporta y cómo configurarlo, para definir los diferentes tipos de PU como LU, en caso de usar impresoras, y terminales, se recomienda leer los manuales respectivos de cada componente. En los documentos dan ejemplos de configuraciones que puede soportar el servidor de HIS, como configuración de VTAM, la PU que soporta, etc. En el siguiente caso es la configuración de los parámetros en VTAM para una conexión APPC.

```
        VBUILD TYPE=APPL,
--> REMTLU  APPL AUTH=(ACQ,PASS,VPACE),
        MODETAB=MSMODE,
        DLOGMODE=DEPMODE,
        PARSESS=NO,
        APPC=YES,
        SONSCIP=YES,
        ACBNAME=REMTLU,
        VERIFY=NONE,
        SECACPT=CONV
```

La otra información que suministra HIS son los ejemplos de algoritmos en diferentes lenguajes de programación, con los casos más recientes que se utilizan en el mercado. Caso del uso de LU 6.2 existen diversidad de algoritmos, desde realizar las conexiones iniciales, como el enlace del controlador y la unidad lógica.

En caso de LU tipo 0 es los primeros terminales como IBM 4700 o terminales administrativos IBM 3270 con LU tipo 2 definido, estos terminales físicamente dejaron de ser fabricados desde hace mucho tiempo, pero se mantiene en alguna parte del mundo este tipo de conexión y su uso, en vez de usar terminales físicas son sustituidos por software. En las Figuras 15.1 y 15.2 SNA en el lado derecho inferior, se representan los terminales y controladores de un nodo final y sus periféricos en la arquitectura, y lo que representan cada componente de SNA en las gráficas con ordenadores, servidores, aplicaciones y componentes de HIS. Los terminales físicos se representan por los LU's en SNA y la PU por el controlador en la arquitectura SNA; en la actualidad se representan las diferentes funcionalidades con las tecnologías física de ordenadores personales y servidores, por ejemplo. Las aplicaciones con el uso de los componentes del HIS del cliente realiza la sustitución de los terminales, en este sentido, las aplicaciones pueden estar definidas uno o más terminales en un mismo equipo, por ejemplo, tener en el mismo ordenador dos terminales (IBM 4700 y con un IBM 3270) con la ejecución de dos aplicativos que realizan estas funcionalidades. Para el Mainframe se mantienen diferente configuración para cada dispositivo y el aplicativo central existente con una misma configuración y conexión física hacia los terminales físicos, pero estos terminales físicos no existen y son sustituidos por el software y hardware actuales, que hoy en día tienen funcionalidades adicionales. Las aplicaciones en los clientes (LU's) deben comportarse de la misma forma que los terminales físicos. En ellas siempre se mantienen el mismo protocolo de comunicación entre el aplicativo central y el aplicativo del cliente, este último se apalanca con el uso de HIS en los ambientes de Microsoft.

Definido la instalación de HIS cliente, la utilización de una arquitectura SNA definida conlleva al uso de las librerías de HIS correspondiente a la configuración de la PU y LU en el servidor de HIS, la utilización de estas librerías sería ya por parte del desarrollador de software de enviar y recibir tramas por esta estructura definida. Existe en la cabecera de las tramas de SNA que indican la diferencia entre un requerimiento y una respuesta, la cabecera es el RH, donde contiene seguidamente RU que posee los datos de la respuesta o requerimiento (ver la Figura 4.2 en el capítulo de SNA). El manejo de los paquetes de envío y recepción bajo el esquema de SNA se identifica para el control del flujo de los datos. El control se identifica claramente tanto el que envía como el que recibe los paquetes e indica por la trama las acciones futuras o el estado que se debe definir cada aplicación (terminal) con respecto al flujo de datos. De esta forma se coordinan entre ambos equipos quien envía y quien recibe, no debe haber un mismo estado en ambos ordenadores (o aplicativos) debido a que se genera problema en el flujo de datos; si ambos están esperando datos no habrá actividad de flujo de datos; si ambos están enviando datos, nadie lo recibirá. Seguidamente se estudia de forma general el desarrollo del módulo que se encarga la conexión del cliente con el ordenador central bajo SNA en los dos tipos de LU´s como tipo 0 (cero) y la LU tipo 6.2. El desarrollo y la configuración del envío como la recepción dentro de un aplicativo se realiza una sola vez en esta capa, se desarrolla una sola vez por cada ordenador central que se conecta, no todos los ordenadores centrales con el mismo aplicativo central poseen la misma configuración en cada empresa, varían su infraestructura como modelo equipo (controladores centrales en la arquitectura SNA) y dispositivos en los nodos.

15.3. Definición de RH (Request – Response Header)

En todas las tramas que se envía y recibe en SNA se definen una coordinación de estado (emisor / receptor) para poder realizar los diferentes flujos indicados en el capítulo 6, entre dos entes debe haber un receptor y un emisor; ambos debe cambiar de estados en un momento dado, el receptor se convierte en emisor y viceversa, esto también se aplica en los formatos de cabeceras de SNA como en el flujo de datos en el aplicativo teniendo el control de esta por sus algoritmos, en nuestro caso está incluido en la capa de aplicación del protocolo de comunicación o la capa superior.

En el caso de SNA se indica en la trama de la cabecera como se muestra en la Figura 4.2 en el formato RH (Request / Response Header en sus siglas en inglés) y RU (Request / Response Unit en sus siglas en inglés) que se transmite junto los datos del aplicativo (o el protocolo de aplicación). Si la cabecera indica un requerimiento al otro ordenador, la data del aplicativo debe contener la información del requerimiento, en el caso de SNA LU tipo 0 indica el tipo de comunicación que se está realizando y el estado que se está transmitiendo el mensaje en la cabecera, por esta razón, el combinar el protocolo del aplicativo (sea financiero o administrativo por ejemplo) se debe coordinar de la misma forma con el encabezado de protocolo de comunicación en la arquitectura de SNA dentro de los RH y RU. Como se nota en la Figura 4.2 se tiene tres bytes para el RH donde se indica seguidamente la información de su formato (ver Figura 15.3).

El RH contiene la información de requerimiento y respuesta:

- ✓ RRI (Request / Response Indicator), es un bit, donde RRI = 0 es requerimiento; y RRI = 1 es respuesta.
- ✓ RU Categoría (Request / Response Unit Category), donde está compuesto de dos bits que representan: 00 = FM Data (FMD); 01 = Control de red (NC Network control); 10 = Control de flujo de datos (DFC Data Flow Control); 11 = Control de Sesión (SC Session Control).
- ✓ FI (Format Indicator), es un bit, cuando es 0 = no usar FMH (Function management Header); y 1 = usar FMH.
- ✓ SDI (Sense data Included), es un bit, donde 0 = no incluir; 1 = incluido.
- ✓ BCI (Begin Chain Indicator), es un bit, donde 0 = no es el primero en la cadena; 1 = es el primero de la cadena (BC).
- ✓ ECI (End Chain Indicator), es un bit, donde 0 = no es el último de la cadena; 1 = es el último de la cadena.

- ✓ DR1I (Definite Response 1 Indicator), es un bit, donde 0 = no DR1; 1 = DR1.
- ✓ LCCI (Length Checked Compression Indicator), es un bit, donde 0 = el RU no está comprimido; 1 = el RU esta comprimido (LCC).
- ✓ DR2I (Definite Response 2 Indicator), es un bit, donde 0 = no DR2; 1 = DR2.
- ✓ ERI (Exception Response Indicator), es un bit, donde combinan este valor con DR1I y DR2I para indicar el requerimiento, la respuesta requerida, los valores posibles de (DR1I, DR2I, ERI) son: 000 0 no requiere respuesta; 100-010-110 = se requiere respuesta definitiva; 101-011-111 = se requiere respuesta de excepción.
- ✓ RTI (Response Type Indicator), es un bit, donde 0 = positivo (+); 1 = negativo (-).
- ✓ RLWI (Request Larger Window Indicator), es un bit, donde 0 = no requiere RLW; 1 = si requiere RLW.
- ✓ QRI (Queued Response Indicator), es un bit, donde 0 = respuesta evita la cola del control de transmisión (TC queues); 1 = se coloca en la cola la respuesta en control de transmisión (QR).
- ✓ PI (Pacing Indicator), es un bit, donde 0 = no PAC; 1 = PAC.
- ✓ BBI (Begin Bracket Indicator), es un bit, donde 0 = no BB; 1 = BB.
- ✓ EBI (End Bracket Indicator), es un bit, es el indicador de finalización de la conversación o está en la mitad de la conversación. 0 = no EB; 1 = EB.
- ✓ CDI (Change Direction Indicator), es un bit, es el indicador de cambio de dirección en el control del flujo de enviar / recibir. 0 = no cambiar la dirección; 1 = cambiar la dirección (CD).
- ✓ CSI (Code Selection Indicator), es un bit, donde 0 = código 0; 1 = código 1.
- ✓ EDI (Enciphered Data Indicator), es un bit, donde 0 = la RU no está cifrado; 1 = RU está cifrado (ED).
- ✓ PDI (Padded Data Indicator), es un bit, donde 0 = RU no está rellenado; 1 = esta rellenado (PD).
- ✓ CEBI (Conditional End Bracket Indicator), es un bit, donde 0 = no está condicionado el EB; 1 = está condicionado finalización la conversación (CEB).
- ✓ R (Reservado), donde no tiene uso para el desarrollador.

Como se indica en la Figura 15.3 donde cada bit tiene un significado en el flujo de datos y el estado de la trama de SNA, este debe estar coordinado con el mensaje de requerimiento o respuesta que sea el caso.

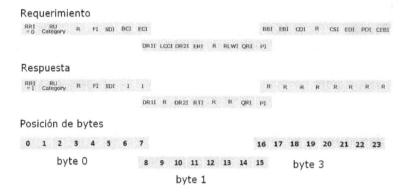

Figura 15.3 Formato RH

La configuración de las tramas de envío y recepción se realiza generalmente una sola vez en el desarrollo de aplicaciones, pero la configuración inicial no es fácil de definir para el RH. Al conseguir la configuración que funcionen, son muy pocas veces que se modifican en el futuro, la labor mayor es al principio de obtener los valores en cada bit para cada proyecto a desarrollar. Generalmente la configuración del RH varía dependiendo también del aplicativo que se conecte en el ordenador central, no solo la configuración y el tipo de controlador, también depende de la configuración en el Host. El aplicativo central que trabaje de forma transaccional, controla el flujo de datos entre el ordenador central y el cliente, es decir, la configuración de las tramas de RH depende de:

✓ Protocolo SNA propiamente dicho, que es el tipo de controlador, tipo de nodos, y definiciones de las PU y LU, el protocolo de comunicación, etc.

✓ Protocolo de aplicación del ordenador central, existen diversos tipos de aplicaciones que trabajan de forma similar, pero cada uno tiene pequeñas diferencias, y esas pequeñas diferencias puede generar un dolor de cabeza a los desarrolladores de aplicaciones en el cliente. En el ordenador central existen diversidad de aplicaciones financieras, como aplicaciones administrativas que son muy conocidas por el manejo comercial. Pero cada aplicativo dentro de una empresa o institución tienen modificaciones propias que se diferencian con otra empresa, siendo el mismo aplicativo. Esto se refleja en el respeto de los formatos que son aceptados por el aplicativo central.

Teniendo ambas informaciones deben tomar en consideración en las conexiones iniciales, lo primordial es el protocolo SNA que debe mantenerse sus estándares, luego se debe adaptar y configurar de forma local en cada aplicativo para comunicarse con el ordenador central.

En este punto se debe tener a priori la conexión entre el servidor del HIS con el Host indicado en las Figuras 15.1 o 15.2, la conexión debe estar en estado activo. El hecho de tener la conexión del servidor HIS al Host no garantiza que la conexión con el cliente está completa. En el uso de las librerías y bibliotecas que proveen HIS, el manejo de RH desde el aplicativo del cliente es otra gran labor para el personal del área de informática o del personal de desarrollo con conocimiento de redes. El siguiente capítulo se debe considerar las dos condiciones que se debe respetar: el protocolo de comunicación SNA y el protocolo de aplicación del host. En el caso particular es el flujo de control de los datos entre los dos aplicativos: el cliente y el aplicativo del computador central. El servidor de HIS es ahora el intermediario entre ambas aplicaciones.

15.4.   Modo de comunicación con el uso de RH

Existen diferentes formas de controlar el flujo de datos entre los ordenadores (central y cliente), permite definir los modos de comunicación entre los aplicativos en cada ordenador. En el manejo de aplicaciones en el cliente cuando se desarrolla se debe tener dos consideraciones básicas para el manejo del flujo de datos en los diferentes tipos de LU, y son:

- ✓   Uso de la cabecera de RH de SNA.

- ✓   Uso de protocolo de aplicación.

Como se indica en la Figura 15.4 de la ubicación de la información en manejo del flujo de datos. La "Data" es el protocolo de aplicación que se envía entre ambas software y el encabezado de SNA donde contiene el RH. Existen dos formas de manejar el flujo de datos entre los aplicativos (central y cliente), el caso de 15.4.a se hace con el uso de RH, y en la Figura 15.4.b se usa los indicativos de RH en la data, en el protocolo de aplicación administra los indicativos (como por ejemplo el final de la trama) y se deshabilitan los indicadores del protocolo de comunicación. Ambos elementos en la trama deben estar sincronizados para enviar el mismo mensaje, en algunos casos se usa uno de ellos y otros casos son con ambos que se maneja el flujo de los datos (en la figura 15.4 no aparecen, que son las combinas o las duplicadas de información de flujo de datos).

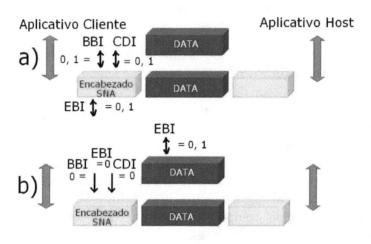

Figura 15.4 Finalización de envío de paquetes

15.4.1. Uso de RH de SNA

El manejo de RH en el protocolo en la arquitectura de SNA es fundamental en la conversación entre aplicación del cliente y del Mainframe. El RH se considera conjuntamente con el protocolo de aplicación del computador central en administrar la comunicación entre el cliente y el Mainframe. El RH permite el flujo de datos o el control de la conversación donde los aplicativos de los Mainframe sincronizan, indica el estado, si es una respuesta o un requerimiento, etc., todo con el RH con el protocolo de aplicación. Por lo tanto, existe una parte del protocolo de SNA que se debe programar o sincronizar en el aplicativo del cliente, en el caso de los envíos y las respuestas entre los dos ordenadores. El enviar un mensaje al otro se considera emisor, donde se cataloga la trama como un requerimiento o una respuesta, puede ser un único mensaje o puede ser varios mensajes que se transmite en cada conversación, el momento de cambio de estado (flip-flop) y otra información de la sesión que es interpretado en los RH por el receptor. Los indicadores (bits) en el RH deben ser interpretados en las respuestas, o definir el encabezado de RH para el envío de la trama hacia el ordenador central, en este caso, el programador de aplicaciones debe interpretar cada bit y en su conjunto; como se indica en la Figura 15.4.a. Se derivan los diferentes casos a considerar definido en el capítulo 6. Entre el ordenador central y el aplicativo del cliente se define uno de los modelos de flujos, por ejemplo, de forma síncrono o asíncrono.

Entre el ordenador central y el aplicativo del cliente se determina un flujo de datos donde no varía o existe un patrón de conversación para todas las tramas de los envíos y respuestas, el modelo de control de flujo se define como mandatorio por el aplicativo del ordenador central, donde se determina el protocolo de aplicación del desarrollo. El control del flujo se debe indicar y ser evaluado en el RH de las diferentes tramas por parte del aplicativo del cliente, por ejemplo, en el caso del bit EBI (End Bracket Indicator en su siglas en inglés) en RH del encabezado de SNA indica que es el último de las tramas que recibe desde el ordenador central, el aplicativo cliente debe colocarse en modo indicado del CDI (Change Direction Indicator en sus siglas en inglés) de su estado actual, como emisor de trama (cambia de receptor a emisor) o continúa como un receptor de la trama de respuesta del ordenador central. El EBI no indica finalización del servicio, comunicación o conexión, EBI se utiliza para indicar la finalización de un conjunto de tramas consecutivas que son enviados desde el ordenador central, al menos que sea una conexión temporal para cada requerimiento, por ejemplo en las Figuras 6.4 y 6.5 en el capítulo de modos de comunicación, donde culmina con uno o más mensajes enviados por el emisor; el caso de CDI donde indica el ordenador de cambiar en el estado emisor a receptor y viceversa, estos mecanismos se aplican en el manejo de todo el capítulo 6 en el envío de una o varias tramas y cambio de estados (receptor o emisor) en la arquitectura SNA. En el siguiente ejemplo de un envío y recepción con el manejo del encabezado de SNA con el uso de RH.

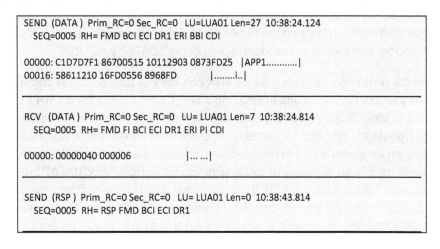

```
SEND (DATA) Prim_RC=0 Sec_RC=0  LU=LUA01 Len=27  10:38:24.124
   SEQ=0005  RH= FMD BCI ECI DR1 ERI BBI CDI

00000: C1D7D7F1 86700515 10112903 0873FD25   |APP1............|
00016: 58611210 16FD0556 8968FD      |........i..|


RCV  (DATA) Prim_RC=0 Sec_RC=0  LU= LUA01 Len=7  10:38:24.814
   SEQ=0005  RH= FMD FI BCI ECI DR1 ERI PI CDI

00000: 00000040 000006          |... ...|


SEND (RSP) Prim_RC=0 Sec_RC=0  LU= LUA01 Len=0  10:38:43.814
   SEQ=0005  RH= RSP FMD BCI ECI DR1
```

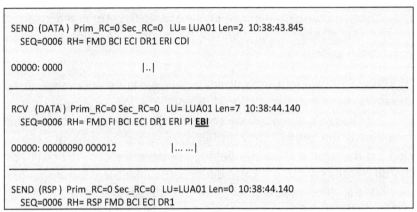

```
SEND  (DATA )  Prim_RC=0 Sec_RC=0   LU= LUA01 Len=2  10:38:43.845
   SEQ=0006  RH= FMD BCI ECI DR1 ERI CDI

00000: 0000                              |..|


RCV  (DATA )  Prim_RC=0 Sec_RC=0   LU= LUA01 Len=7  10:38:44.140
   SEQ=0006  RH= FMD FI BCI ECI DR1 ERI PI EBI

00000: 00000090 000012                   |... ...|


SEND  (RSP )  Prim_RC=0 Sec_RC=0   LU=LUA01 Len=0  10:38:44.140
   SEQ=0006  RH= RSP FMD BCI ECI DR1
```

Trama 15.1 ejemplo de envío y recepción de tramas

En el ejemplo anterior (trama 15.1) se identifican seis tramas en la comunicación desde el cliente hacia el Host, las tramas son capturadas desde el ordenador del cliente, cada trama se identifica si es un envío (SEND) o una recepción (RCV) por el indicativo del RRI de la Figura 15.3, el código de respuesta primaria y secundaria, el capturador del mensaje describe en la trama la información de la LU donde se conecta, el tamaño del mensaje, la hora y secuencia de la trama, luego coloca el resto del RH con los indicadores activos, seguido de la data del RH se presenta la trama (es el protocolo de aplicación) en hexadecimal y su representación en la tabla ASCII. En este ejemplo de captura, el aplicativo cliente envía dos tramas "SEND (DATA)" y recibe dos respuestas "RCV (DATA)" en la conexión con el aplicativo central; existen dos envíos adicionales por el cliente "SEND (RSP)" que indica al ordenador central el estado actual y confirmación de la recepción de la respuesta, el segundo envío de datos "SEND (DATA)" con valores "0000", indica al aplicativo del ordenador central que el cliente está preparado para recibir la siguiente respuesta, este es un envío por parte del protocolo de aplicación y no de comunicación, por esta razón es identificado como "DATA" y no "RSP".

Cada trama contiene el encabezado de SNA con RH y el tipo de trama como datos de envío y recepción como una afirmación a la respuesta, cada bit del RH tiene un valor, en la identificación de la trama solo se indican lo que posee valores 1, la información de los bits que no aparece en el RH poseen valores 0, por esta razón no aparecen en su totalidad los indicadores señaladas en la Figura 15.3, en el RH se obtiene un EBI en el paquete de la segunda recepción "RCV(DATA)", después de enviar un requerimiento (SEND), se nota que el RH está definido los valores con 1 en EBI de las seis tramas, este EBI le indica al aplicativo del cliente que es el último paquete que va recibir o la última respuesta del requerimiento, con el

322

último envío "SEND (RSP)" del cliente, el aplicativo se coloca como emisor y el ordenador central (aplicativo) como receptor, y dependiendo del tipo de conexión libera la comunicación y se desconecta de la red; o se mantiene conectado para el próximo requerimiento.

En todas las tramas, como es un solo envío y una recepción intercalada poseen el BCI y ECI indicando que es la única trama (de envío o respuesta). El indicador CDI realiza el cambio de emisor a receptor y viceversa, al enviarla o recibirla en uno el próximo mensaje está en el estado contrario. La última trama enviada de respuesta se indica en el bit de EBI para el requerimiento inicial, hay que notar que junto al EBI no hay un CDI, pero el efecto de EBI hace que este encendido el CDI, para el programador del aplicativo debe tener en consideración este bit para terminar de procesar la respuesta y no esperar más nada por parte del ordenador central, para esto el programador del aplicativo debe tener la información para poder llevar el control del flujo de la data entre ambos ordenadores y entregar el control a otro módulo del aplicativo terminado la conversación con el host.

15.4.2. Uso de protocolo de aplicación

Existen casos en el uso de la LU tipo 0 y 6.2 que tanto CDI, BBI y el EBI está siempre inhabilitados (es decir, su valor siempre es cero), en este caso como se indica en la Figura 15.4.b, el manejo del RH del encabezado de SNA es diferente, el control del flujo de datos de indicar el fin del último paquete está definido en el formato del protocolo de aplicación (data) y no en el encabezado de RH de SNA. En algún lugar del dato dentro del protocolo de aplicación existe un indicativo que sustituye el EBI, no solo indica fin de conversación, también al recibir esta señal debe cambiar su condición de receptor a emisor y viceversa (es también el CDI dentro de RH). En la mayoría de los casos se aplican en los ordenadores centrales AS/400 de la IBM, por ejemplo, donde el envío de los paquetes en LU tipo 0 con RH donde indica con estos dos bits encendidos (valor en 1 dentro de CDI y BBI), el ordenador central rechaza el paquete y genera un error en la consola del operador central al enviar una trama desde el aplicativo cliente; el error indica que no soporta este tipo de trama en la configuración en estas conexiones. La razón es sencilla, el protocolo de aplicación se encargará del flujo de control de datos y no el protocolo de comunicación (RH). Para poder tener este tipo de configuración depende también del tipo de conexión que está definido en el controlador como en las definiciones de la PU y LU del nodo, con una conexión "full-dúplex" es transparente este tipo de protocolo de aplicación, pero en el caso de "half-duplex" debe tomar ciertas consideraciones con respecto a las demás capas del protocolo de comunicación, se debe sincronizar entre los dos equipos. En este caso predominante es el protocolo de aplicación donde la configuración de RH en el encabezado sea transparente en el manejo del flujo de datos por parte del aplicativo tanto del cliente como del ordenador central. La mayoría de los casos definidos, el flujo de control por el protocolo de aplicación son los que se basan en LU tipo 6.2 que se menciona en los próximos capítulos.

El uso del indicador de la finalización de paquete de la conversación (EBI) dentro de la data y no en la cabecera del protocolo de comunicación, significa que el protocolo de aplicación o el formato de la data deben contemplar este indicador en sustitución del EBI del encabezado de SNA. Con este indicador permite llevar el control del flujo de datos entre los aplicativos de los ordenadores, en vez de revisar el RH del encabezado SNA en el protocolo de comunicación, la revisión se realiza dentro de la data o en el protocolo de aplicación, donde se debe indicar la posición, el tamaño y el valor dentro de la data del protocolo de aplicación donde varía según la aplicación del computador central. Esto tiene consecuencia en los aplicativos de los ordenadores centrales que dependan del encabezado RH de SNA, donde los aplicativos que se apoyan sus flujos de datos en el protocolo de comunicación, al cambiar el protocolo de comunicación de SNA a TCP/IP por ejemplo, se debe agregar estos indicadores en la data para poder reutilizar el aplicativo del ordenador central en otro protocolo de comunicación, también tiene como consecuencia en el cambio del protocolo de aplicación o en la data para considerar estos indicadores. Mientras que los protocolos de aplicación que consideran estos indicadores en sus tramas, serán transparentes cuando existan cambios de protocolo de comunicación en el futuro o pueden ser usados en diversos protocolos de comunicación al mismo tiempo.

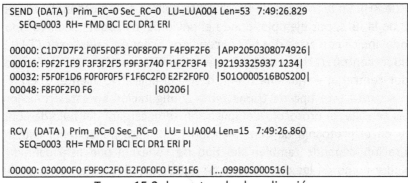

Trama 15.2 de protocolo de aplicación

Cuando los protocolos de aplicación llevan el control del flujo en los datos de envío y recepción, como en la que se identifica en las dos tramas 15.2, el estado del emisor o de escucha está indicada en la data de la recepción de datos "RCV (DATA)" y del requerimiento indicado en "SEND (DATA)", las indicaciones del estado de receptor o emisor están definidos en los mensajes por la programación de las aplicaciones de ambas partes de la comunicación. Al indicar al receptor desde el cliente en "APP2205030807" (ver la primera línea de la primera trama, estudiando un ejemplo de protocolo de aplicación), le indica al ordenador central que el requerimiento es para un aplicativo llamado "APP2", en este aplicativo "APP2" entiende que se debe realizar la operación "205030", y adicionalmente indica que el estado "807", donde el estado señala que es el único paquete que se envía y otros indicativos de la trama dentro del protocolo de aplicación, puede que "807" de tres bytes sustituya el RH en el encabezado de SNA, y permite realizar la misma función y analogía del RH en el protocolo SNA, pero dentro de la data y no en el encabezado RH propiamente dicho. El resto de la trama de envío es la información necesaria para procesar la operación "205030". En la respuesta del requerimiento que se recibe en la data "…099B0S000516" (ver la segunda trama de 15.2 en "RCV(DATA)"), el proceso de control de flujo de datos contiene en la respuesta misma, el recibir por ejemplo "099" en la posición 3 comenzando con el byte 0 y tamaño de 3 bytes de la data, indica que es una sola trama en la conversación y la operación es un éxito realizado en el ordenador central, similar al uso de RH en tres bytes pero dentro de la data, y el resto de la respuesta es información para el aplicativo del cliente que debe ser procesado y entregado al usuario de forma entendible y amigable; por ejemplo, la respuesta al operador es "Operación exitosa con número de referencia y control: 000516" en vez de "B0S000516"; hay que notar que los tres bytes de sustitución al RH están en diferentes posiciones en la data, sea de una respuesta o de un requerimiento. El manejo del flujo de control descrito en el capítulo 6 de "Modos de comunicación" puede ser definido y transmitido por el emisor como el receptor como las condiciones del protocolo de comunicación, supeditados por el protocolo de aplicación, donde puede o no en sus tramas en llevar este control, la diferencia en la arquitectura SNA se define este flujo en su cabecera, sino, se debe controlar por medio de la data del protocolo de aplicación con la programación de la comunicación (manejo de algunas capas de OSI de comunicación en la data). El protocolo de aplicación donde contiene el flujo de control en sus datos (en su trama) y no en su cabecera de su protocolo de comunicación, debe controlar su propio estado (como emisor o receptor en un momento dado) e indicar con respecto al otro aplicativo que debe estar en el estado contrario. El protocolo de aplicación debe tener en sus operaciones el manejo de cambio de estado para sincronizarse entre ambos sin datos como sustituto de protocolo de comunicación; al menos, que se sincronice al primer envío de requerimiento del cliente hacia el host donde se notifica. Recordar que existen numerosos protocolos de aplicaciones que operan en los ordenadores centrales y sus diferentes versiones, por cada aplicativo de un ordenador central hay un protocolo de aplicación diferente, incluso al enviar un solo requerimiento por el emisor es suficiente para el cambio de estado sin indicarla en la trama. La mayoría de los protocolos de comunicación como de aplicación el que inicia la conversación es el cliente o quién necesita algo del ordenador central; esta última regla depende del protocolo de aplicación que este ejecutando en el computador central. Lo indicado hasta ahora es el flujo de datos o es el control de la conversación a nivel de comunicación y el protocolo de aplicación, ahora se debe considerar del flujo de control propio del protocolo de aplicación, como por ejemplo, indicar el estado del procesamiento del requerimiento por el computador central; si se realizó de forma correcta o hubo problema en el procesamiento de los datos; si hay una falla de acceso a recursos como la base de datos, falta un dato para procesar el requerimiento, o hay un dato de entrada erróneo, etc., donde el aplicativo del cliente y el computador central deben administrar y comunicarse.

El control de flujo que se maneja tanto con el uso de RH se describirá en el desarrollo de los componentes de SNA que utilicen el aplicativo del cliente como se indica LU tipo 0 en el próximo capítulo. En el caso de LU tipo 6.2 se maneja generalmente el flujo de control por la data o mejor dicho por el protocolo de aplicación. Al tener este tipo de LU tipo 6.2 como algunos casos de LU tipo 0, donde se debe tener como mínimo el indicativo de fin de conversación o el equivalente del indicador EBI (End Bracket Indicator y el CDI usado para el cambio de estado, ambos en un mismo indicativo) en la parte de la data en el mensaje. Existe protocolo de aplicación que posee el control de flujo de dato y el encabezado RH sincronizado, es decir, tiene duplicado la información de control de flujo, la recomendación que el aplicativo cliente utilice los indicadores del protocolo de aplicación para futuros cambios en el protocolo de comunicación y permita tener una amplitud de tipos de redes que puedan soportar.

Existe una gran cantidad de pasos en las arquitecturas SNA que no se presentan o no se consideran en el proceso de desarrollo del software del cliente con el uso de HIS. Las consideraciones dependerán de la arquitectura de software a desarrollar, o si la arquitectura del software está diseñada con HIS, y solo se necesita el componente de comunicación con el Host bajo la arquitectura SNA; también dependerá el tipo de LU que se desea usar para la conexión. Al tener el servidor de HIS conectado al Host en un estado activo (sin conexión de LU), gran cantidad de los pasos o el proceso de conexión se han realizado en parte entre ambos, donde se debe conectarse el controlador local al Host (controlador remoto desde el punto de vista del computador cliente), conlleva varios pasos de inicialización y enganche entre los dos equipos, el servidor del HIS y el Host. Esto se indica debido a que los manuales de procesos de conexión y configuración hacia el Host es muy estricto en la arquitectura de SNA, donde el protocolo de comunicación entre el controlador local de SNA hacia el Host se debe mantener transparente con o sin el uso de HIS. Los manuales de SNA presentan los procesos completos cuando se realiza la conexión de la LU al controlador local, luego el controlador local se conecta con el controlador y LU remoto, de los cuales el desarrollador de software solo detecta parte de esta inicialización y activación que ayuda a la activación de la LU local. Esta información también está contenida en los manuales de HIS.

En los siguientes capítulos se describe en el uso de HIS en el proceso de activación de LU en el cliente, significa que ya han pasado muchos procesos que se han ejecutados previamente, como la conexión del controlador local (PU) de SNA hacia el Host, y mantiene esta conexión sin activar ninguna LU en el controlador local, el proceso de activar las LU es cuando las aplicaciones clientes hagan uso de las LU local. Si no se tiene está conexión de la PU o controlador local (por el servidor de HIS) con el controlador remoto, los siguientes capítulos de los usos y programación de las LU's no tiene sentido. Para activar la LU existen también procesos que se debe respetar en la arquitectura de SNA, todo depende de la configuración y el tipo de PU como LU definido en el controlador local y como el Host está definido.

15.5.   Consideraciones del aplicativo cliente con LU tipo 0

El caso de la LU tipo 0 donde se inicia la comunicación por el ordenador central en el protocolo de comunicación, la aplicación del cliente debe esperar el momento de iniciar la comunicación, pasa por diferente estados (no solo existe el emisor y receptor, existen muchos más estados en la arquitectura SNA) hasta que esté en un estado operativo, luego en este estado activo o en línea, el cliente puede enviar el requerimiento, o que inicie la conversación con la solicitud de algo, el papel fundamental en pedir el requerimiento desde el aplicativo del cliente como los demás protocolos de aplicación se mantiene en la LU tipo 0. Luego de que este activo la comunicación, el requerimiento se inicia en el aplicativo cliente, la diferencia que el controlador como el ordenador central en una arquitectura de SNA que lleva el control y estado de todos los equipos que esté conectado en la red, el host es que inicia la comunicación y no el aplicativo cliente. En el caso de LU tipo 0 está activo la comunicación entre el aplicativo cliente y el ordenador central, la LU esta activo cuando el aplicativo cliente inicia la ejecución y la LU se desconecta cuando el aplicativo cliente deja de ejecutarse. Este tipo de inicio de comunicación se caracteriza por el costo de inicio de comunicación entre el aplicativo cliente y el ordenador central. El costo es alto a nivel del ordenador central al iniciar la comunicación, se crea una sesión por cada LU en una PU, luego de conectarse entre ambas aplicaciones, el costo de mantenerse conectado es menor que iniciar cada vez la comunicación cuando el aplicativo del cliente desea un requerimiento (el uso de componente físico similar a los módems hace que la conexión física este activo todo el tiempo). Otra razón de uso de este tipo de LU tipo 0, es cuando los terminales o los usuarios tienen un alto número de requerimiento hacia el ordenador central y el nivel de ocupación de la red es alto hacia el Host. El otro punto, la LU tipo 0 esta activa mientras que el aplicativo del cliente esta activa, mientras que la PU siempre está conectado continuamente con el Host, con o sin LU conectado. A diferencia de la LU tipo 0, la LU tipo 6.2 se encarga de realizar la conexión y su desconexión después de recibir la respuesta del requerimiento, es decir, cada vez que se necesita un requerimiento hacia el ordenador central, el cliente inicia la conexión y la comunicación, luego el envío del requerimiento, pero al finalizar y cumplir el requerimiento, se desconecta la LU, dejando libre la LU para otro cliente que pueda utilizarla. El punto que se diferencia que el aplicativo cliente con conexión LU tipo 6.2 puede que este activo todo el tiempo, pero activa y desactiva la LU solo cuando necesita realizar un requerimiento al computador central, llega un momento que el aplicativo cliente está activo pero tiene su LU tipo 6.2 desactivado, no ocupa la LU si no lo utiliza, mientras que la LU tipo 0 está ocupado cuando el aplicativo del cliente está operativo aun cuando no hay requerimiento de la comunicación hacia el Host.

La LU tipo 0 tiene el uso de la cabecera del protocolo de comunicación sincronizado con el protocolo del aplicativo, ahorrando espacios en la trama de datos en algunos casos (hay la duplicación de información en otros casos del RH en el protocolo de aplicación). El uso de flujo de control de datos dentro del protocolo de aplicación se permite en la LU tipo 0, pero depende siempre del aplicativo del ordenador central y el cliente que puede soportarlo. En el capítulo anterior se describió las tramas de los tipos de controles de flujos en esta arquitectura de SNA.

Para que la conexión este operativo con o sin el uso de cabecera de SNA en la LU tipo 0, ambos deben definir antes la configuración del nodo a nivel de PU y LU en el Host. Para esto se necesita la configuración de las LU's donde es importante destacar si es auto conectable o no. La LU tipo 0 auto conectable tiene la definición donde al activar la LU al Host de forma automática se realiza el camino hacia el host, tiene definido el controlador central a donde conectarse al Host, se debe enganchar a un punto de control de los servicios del sistema (SSCP- System Services Control Point, en su siglas en inglés) que debe autorizar la conexión y activar una LU en el ordenador central con un LU en el controlador local, y realizar la conexión de LU-LU; en este caso la definición se realiza de forma transparente por la configuración definida en los controladores. Existe otra configuración en las LU que es sin auto conexión donde el tratamiento en el aplicativo del cliente es diferente a la configuración auto conectable. En resumen, existen dos tipos de configuraciones para las LU tipo 0 en el Host:

- ✓ Auto conexión.
- ✓ Sin auto conexión.

Más adelante se describirán estas dos configuraciones y sus efectos en el desarrollo de las aplicaciones en los clientes son diferentes. De aquí en adelante existe estado de conexión, cuando se describe el estado de conexión "SSCP", significa que se realiza una conexión de la LU al SSCP.

15.5.1. LU con Auto conexión

Al tener una configuración de LU tipo 0 con auto conexión, las tramas internas que se realizan dentro del cliente que recibe desde el Host son:

```
RCV (DOWN ) Prim_RC=0 Sec_RC=0  LU=LUAPOOL Len=0  8:22:20.169
    SEQ=0000 RH=?


RCV  (SSCP ) Prim_RC=0 Sec_RC=0  LU=LUAPOOL Len=0  8:22:20.417
    SEQ=0000 RH=?


RCV  (SDT ) Prim_RC=0 Sec_RC=0  LU=LUAPOOL Len=1  8:22:20.526
    SEQ=0000 RH= ?

00000: A0                     |.|
```

```
RCV  (UP ) Prim_RC=0 Sec_RC=0  LU=LUAPOOL Len=0  8:22:20.560
  SEQ=0000  RH=?
```

Trama 15.3 ejemplo de una LU con auto conexión

Cuando se enciende el terminal en la arquitectura SNA (un aplicativo se ejecuta y da señal al controlador local de su actividad) comienza generar diferentes mensajes desde el controlador remoto por medio del controlador local, donde recibe la última trama en el cliente de la activación de la LU; el aplicativo cliente de condición de receptor se debe colocarse en condición de emisor; el Host al terminar de enviar el estado de activo "RCV (UP)" se debe colocar en el estado de receptor. En el servidor de HIS se define un grupo de LU ("LUAPOOL") que son asignados por demanda, con la LU que este en ese momento libre, primero que llegue es asignado por la LU que esté disponible cambiando en sus diferentes estados de "DOWN", "SSCP", "SDT" y "ACTIVE" ("UP"). En el HIS servidor se puede configurar para cada LU a una estación específica, esto es opcional para el administrador de HIS.

Las tramas 15.3 son los que recibe el cliente al tener actividad la LU, se recibe un mensaje que esta desconectado la LU (DOWN); seguidamente está en conexión con SSCP por el estatus del mensaje recibido; el cliente recibe el siguiente mensaje de "SDT" para detener todas las solicitudes y respuestas del flujo de control e iniciarla (limpiarla), colocando la secuencia en cero (0) de la LU y VTAM, por supuesto, cuando exista una desconexión este mensaje puede no aparecer cuando se active la LU de nuevo, la secuencia debe mantenerse durante un día operativo; y finalmente recibe el mensaje que está conectado u operativo la conexión por la LU asignada. Hay casos donde los cuatros mensajes no llegan y solo llega hasta el "SSCP" o "SDT", esto significa que faltan procesos que no se realizaron desde los controladores y por algún problema la LU no se puede activar, es caso que se debe manejar desde administrador o del controlador de SNA hasta que solucione el problema, mientras tanto la LU queda sin ser activada y no se puede usar.

Cuando las tramas 15.3 anteriores definen que está operativo la LU tipo 0 (activo), el estado de levantado significa que la línea de transmisión o el protocolo de comunicación de SNA está operativa, desde este punto se inicia las tramas del protocolo de aplicación, como los mensajes de los ejemplos en las tramas 15.1 y 15.2. Antes de estar operativo o activo la LU tipo 0, entre el cliente y el Host debe intercambiar información a nivel de protocolo de comunicación SNA, en el caso de LU configurado auto conectado o auto conexión se detalla este cambio de información entre el cliente y el Host en los mensajes recibidos en la trama 15.3.

Las mayorías de las configuraciones tienden a seleccionar al "no auto conexión" por medida de seguridad y flexibilidad de conexión con los recursos del computador central, el próximo capítulo se detalla del porque su selección. El detalle se identifica cuando la LU tipo 0 no está definido auto conectado, donde cada LU debe generar una conversación entre el cliente y el Host para tener una LU activa. En el próximo capítulo se indica la LU tipo 0 no auto conectado.

15.5.2. LU con no auto conexión

La arquitectura SNA con LU tipo 0 tiene un proceso previo para estar activo o activar una LU, está dentro del protocolo de comunicación SNA y no en el protocolo de aplicación, cualquier sea el caso de uso de RH o no en el control de flujo de datos, en la trama 15.4 se presentan una secuencia de tramas con una configuración de la LU no auto conectado, el programador o desarrollador de aplicación encargado del módulo de comunicación con SNA debe considerar con el uso de la cabecera RH del protocolo de comunicación, e inclusive donde hay caso que solo se envía la cabecera, y hay casos que los datos son necesarios que el desarrollador debe proveer en la trama para activar la LU. En las siguientes tramas se describen la inicialización de una LU tipo 0 sin auto conexión.

```
RCV (DOWN ) Prim_RC=0 Sec_RC=0  LU= LUAPOOL Len=0  7:52:25.169
   SEQ=0000  RH=?

RCV (SSCP ) Prim_RC=0 Sec_RC=0  LU= LUAPOOL Len=0  7:52:27.417
   SEQ=0000  RH=?

SEND (SSCP_DATA ) Prim_RC=0 Sec_RC=0  LU= LUAPOOL Len=25  7:52:27.526
   SEQ=002C  RH= FMD FI BCI ECI DR1

00000: 01068100 C1D7D7D5 C1D4C540 F308C3C9   |..a.APPNAME 3.CI|
00016: C3E2D5C1 D4C50000 00          |CSNAME...|

RCV  (RSP ) Prim_RC=0 Sec_RC=0  LU= LUAPOOL Len=3  7:52:27.526
   SEQ=002C  RH= RSP FMD FI BCI ECI DR1

00000: 010681          |..a|

RCV  (BIND ) Prim_RC=0 Sec_RC=0  LU= LUAPOOL Len=40  7:52:27.526
   SEQ=6132 RH= SC FI BCI ECI DR1

00000: 31010404 B1B07080 00018585 80000000   |..........ee....|
00016: 00000000 00000000 00000005 C3C9C3E2   |...........CICS|
00032: D5C1D4C5 D7E4F0F2          |NAMEPU02|
```

```
SEND (RSP ) Prim_RC=0 Sec_RC=0  LU= LUAPOOL Len=40  7:52:27.526
  SEQ=6132  RH= RSP SC FI BCI ECI DR1

00000: 31010404 B1B07080 00018585 80000000  |..........ee....|
00016: 00000000 00000000 00000005 C3C9C3E2  |............CICS|
00032: D5C1D4C5 D7E4F0F2                     |NAMEPU02|

RCV (SDT ) Prim_RC=0 Sec_RC=0  LU= LUAPOOL Len=1  7:52:27.558
  SEQ=6133  RH= SC FI BCI ECI DR1

00000: A0                         |.|

SEND (RSP ) Prim_RC=0 Sec_RC=0  LU= LUAPOOL Len=0  7:52:27.558
  SEQ=6133  RH= RSP SC FI BCI ECI DR1

RCV (UP ) Prim_RC=0 Sec_RC=0  LU= LUAPOOL Len=0  7:52:27.558
  SEQ=0000  RH=?

SEND (DATA ) Prim_RC=0 Sec_RC=0  LU= LUAPOOL Len=17  7:52:56.083
  SEQ=0001  RH= FMD BCI ECI DR1 ERI BBI CDI

00000: C1D7D7F1 99130515 00120030 0900FD00  |APP1............|
00016: FD                         |.|

RCV (DATA ) Prim_RC=0 Sec_RC=0  LU= LUAPOOL Len=7  7:52:56.098
  SEQ=0001  RH= FMD FI BCI ECI DR1 ERI PI EBI

00000: 65400040 000501            |... ...|

SEND (RSP ) Prim_RC=0 Sec_RC=0  LU= LUAPOOL Len=0  7:52:56.098
  SEQ=0001  RH= RSP FMD BCI ECI DR1
```

Trama 15.4 ejemplo de LU sin auto conexión

En las tramas anteriores (trama 15.4) se determinan la comunicación entre el aplicativo cliente y el Host desde el punto de vista del ordenador del cliente. El tipo de LU tipo 0 sin auto conexión entra en condición activo, el cliente solo debe recibir la trama de diferentes pasos y condiciones que se generan antes de estar activo. El aplicativo del cliente solo debe actualizar y estar pendiente de los procesos que se generan con el ordenador central, y al final debe considerar el estado activo (en el libro se nombra como el estado de "UP"). El estado activo en el cliente debe cambiar de condición a emisor y el ordenador central considera el cambia al estado de receptor, y el proceso esta completado para iniciar las numerosas conversaciones entre el cliente y el Host. Desde este punto el cliente es el encargado de iniciar la conversación (cada requerimiento se inicia por el cliente). El proceso de sincronización y activación del protocolo de comunicación esta culminada y operativa para darle paso al protocolo de aplicación, se inicia las conversaciones entre el cliente y el Host, pero de aplicación a aplicación.

En el conjunto de tramas 15.4 que se presentan, es la conversación inicial entre el cliente y el ordenador central, pero con la configuración de LU 0 sin auto conexión. Para poder realizar esta conversación de estas tramas desde el cliente, se debe considerar el conocimiento de algunos datos y el proceso que se realiza. El aplicativo en el cliente debe tener conocimiento del nombre del modo y la unidad lógica dependiente (DLU Dependent Logical Unit en sus siglas en inglés) a conectar, aunque la configuración está definida en el ordenador central, el aplicativo del cliente debe confirmar el nombre del modo y del DLU, estos datos se indican en una secuencia de pasos para iniciar el diálogo entre los dos ordenadores, en la arquitectura de SNA se debe comenzar una conversación de LU a LU donde se realiza con una sesión, esta sesión se necesita la información indicada, en otros casos se sustituye los datos del usuario en la RU, de los cuales se indican ciertas características de la conexión:

- ✓ Datos sin formatos (también es soportado en LU tipo 6.2).
- ✓ Nombre de la red de la LU primaria (PLU) o secundaria (SLU). También es soportado en LU tipo 6.2.
- ✓ Calificador de sesión (Qualifier Session en sus siglas en inglés).
- ✓ Nombre del modo (mode name).
- ✓ Identificador de instancia de sesión (Session instance identifier). También es soportado en LU tipo 6.2.
- ✓ Datos aleatorios, es usado en el nivel de sesión para la verificación de seguridad, cuando el nivel de seguridad está presente.
- ✓ Datos cifrados. Usado para el encriptado de clave de la conexión LU-LU.
- ✓ Recurso a conectarse.

Esta información se debe considerar dependiendo del caso, la trama 15.4 presentada anteriormente es una conexión LU tipo 0, donde la mayoría de los casos en diferentes equipos como IBM 3090 o AS/400 con diferentes aplicaciones centrales, el proceso inicial son los mismos pasos a seguir en el aplicativo del cliente con el uso de HIS. En la configuración sin auto conexión LU tipo 0 se considera generalmente el nombre de modo, el nombre del aplicativo o el nombre de la red para el envío de la respuesta de un cambio de estado de estar sin activación (DOWN) ha estado SSCP o una sesión SSCP-LU (existe un SSCP-PU pero se maneja este estado en el servidor de HIS con la conexión hacia el Host antes de un estado de activo "UP" en el controlador local, ver trama 15.4). El cambio al estado SSCP le indica al aplicativo cliente que se requiere iniciar la sesión (conocido como "INITIATE SELF" o "INIT-SELF", ver el capítulo 15.5.3) en el controlador local hacia la dirección del ordenador central (nombre del aplicativo o de la red que se desea conectar el cliente). Se verifica la inicialización de la sesión con la información indicada en los datos enviados y si se confirma o se acepta la sesión por parte del Host (en caso contrario, se queda en el estado SSCP e inhabilitado la LU para el aplicativo del cliente para realizar requerimiento al Host, hasta que envíe los datos correctos como medida de seguridad), se envía una aprobación por parte del computador central, y seguidamente se indica que la aprobación de la sesión es aceptada por el cliente con los datos con el nombre de la PU que está conectado (en algunos casos no aparece el nombre) y el dominio, esto indica la confirmación por parte del host, los datos donde se indica la confirmación con el cambio de estados de SSCP a BIND; el aplicativo del cliente automáticamente debe enviar la misma información recibida como indicativo de afirmación del cambio de estado. Seguidamente responde la secuencia de cambio de estado de BIND por activado la LU ("UP" ver en la trama 15.4) por el Host, desde este punto el cliente tiene que colocarse igual como en la configuración de auto conectado en modo emisor y el Host que está en modo receptor para los requerimientos del cliente, en este punto se inicia el protocolo de aplicación; las dos últimas tramas son el envío y recepción de un requerimiento al aplicativo central (con el protocolo de aplicación de un requerimiento). Al tener el estado de activo, en este momento se interactúa entre el aplicativo del cliente y el aplicativo central del Host por medio de HIS. El aplicativo cliente puede también realizar un requerimiento de "UNBIND" y este genera que la LU del cliente quede en estado de SSCP, pero esta opción casi no se programa o no se considera debido a que es un estado no normal para el funcionamiento del protocolo de comunicación con SNA, lo más simple es salir del aplicativo del cliente donde produce que la LU se desconecte y es detectado por su PU. En resumen, los pasos y estados de conexión en el protocolo de comunicación son de forma ordenada como sigue:

- Down -> SSCP (1. Host -> Cliente)
- SSCP -> BIND (1. Cliente -> INIT-SELF -> Host / 2. Host -> BIND -> Cliente)
- BIND -> UP (1. Cliente -> BIND -> Host / 2. Host -> UP -> Cliente)

Como se indica en cada cambio de estado del aplicativo en el cliente, con el envío y recepción de mensajes hacia el Host y viceversa de los requerimientos entre los estados. Los envíos en las tramas que se presentan en el libro se identifican como "SEND" que se debe realizar por el aplicativo cliente por el desarrollador del aplicativo, y los "RCV" son las respuestas del Host que debe estar pendiente para

334

actualizar los estados de la comunicación. La presencia de la instrucción del "SDT" en la trama 15.4 que se recibe, determina en inicializar la sesión con la secuencia en cero (ver en la trama los valores de "SEQ=" al recibir "SDT", la misma instrucción usada en la trama 15.3 de auto conexión, el efecto se produce cuando esta activa la LU con la secuencia en cero).

Tanto la LU auto conectado y no auto conectado, debe estar en estado activo para trabajar con el protocolo de aplicación; si en algún proceso existe un error y no llega a su condición activo, no se puede operar con la LU hasta solventar el problema. El estado actual de la LU indica el proceso culminado con éxito, pero también indica los procesos que faltan por realizar, por ejemplo, la LU está en el estado SSCP, donde sugiere que el problema está en el envío del "INIT_SELF" o algún dato de está que no permite avanzar al próximo estado "BIND"; o si está en "BIND" falta enviar la confirmación por el cliente o que el host tiene problema en activar la LU (este último problema, el desarrollador del cliente no tiene control, pero los anteriores casos puede ser resuelto por el programador).

Los puntos críticos en este tipo de conexión están en los datos de configuración y en la programación de los aplicativos en la secuencia de pasos. Al usar LU tipo 0, el problema se centra en el envío de los requerimientos, tanto el uso del RH y los datos en cada estado, tener el conocimiento del estado en que se encuentra el proceso en la recepción como en el envío, los datos o información que se debe enviar desde el aplicativo del cliente y los cambios de estados de la conexión, con el orden pre establecidos en los párrafos anteriores. En concreto de verificar el RH de los envíos en las diferentes tramas, como el envío del "INIT-SELF" para la configuración de la comunicación, y finalmente, al tener el canal activo, es cuidar el envío y recepción de RH y las tramas en el protocolo de aplicación. Si se verifica en la trama 15.4 los valores de los RH son diferentes en cada tipo de mensaje.

15.5.3. Inicialización de sesión en LU tipo 0 (INIT-SELF)

La inicialización de sesión ("INIT_SELF") lo realiza el aplicativo del cliente como un requerimiento hacia el Host en el caso de LU sin auto conexión. Existen dos tipos de formatos de inicialización de sesión en SNA, el utilizado en el LU tipo 0, que es aplicable a otro tipo de LU menos al LU tipo 6.2, que es el formato 0; es el más sencillo de programar y posee poca información que manejar, y se aplica con gran éxito en más de 90% de los casos. El otro caso es el formato 1 que se utiliza propiamente para LU tipo 6.2, en el libro tratará este tipo de conexión de otra forma en los capítulos siguientes, pero la filosofía es la misma si desea desarrollar el aplicativo o el componente de comunicación con HIS como se desarrolla LU tipo 0. El desarrollador de aplicación debe enviar esta trama con la información necesaria para la conexión, se debe envía en la data en este caso en la RU (request/response unit).

Lo que se describe ahora es la RU de la inicialización de sesión ("INIT-SELF", ver la trama 15.4 en el envío descrito en "SEND (SSCP_DATA)") que no es aplicable a LU tipo 6.2, donde se tiene en formato 0 aplicable para la LU tipos 0, 1, 2, 3 y 4:

Bytes	Tamaño en bits	Significado	Función o valor
0 - 2	24	Encabezado	Valor en Hexadecimal fijo '010681'

3	8		Bits 0-3 (tipo formato):
			  0000: formato 0
			  0001: formato 1 (ir a "INIT-SELF" con formato 1)
			Bits 4-5: reservados

Bytes	**Tamaño en bits**	**Significado**	**Función o valor**

3	8		Bit 6 (indica si es PLU o SLU):
			  0 el DLU es LU primaria
			  1 el DLU es LU secundaria
			Bit 7 (colocar en cola):
			  0 solo inicializa y no colocar en cola.
			  1 inicializa y colocar en cola si no hay satisfacción de respuesta inmediata

4 - 11	64	Nombre del modo	Nombre de ocho caracteres (en EBCDIC) para identificar la sesión que es utilizado por SSCP de la LU secundaria para seleccionar la imagen BIND que usara la LU primaria para construir el CINIT.
12	8	Tipo LU	Valor fijo en Hexadecimal 'F3'
13	8	longitud del nombre de DLU (K)	En binario
14 - K		Nombre de DLU	Cadena de caracteres en EBCDIC del nombre del DLU
K+1 - K+2	1	Reservado	
K+3	8	Tamaño del Campo del Usuario	Si el valor es '00' no tiene dato de usuario
K+4 - n	variado	Dato del usuario	Información que es pasado a la LU primaria en el requerimiento CINIT
K+4 - n	variado	Clave del usuario	Uso de sub campos estructurados o no. Utilización de posible información que sustituye los datos del usuario en la RU descrito en párrafos anteriores.
	variado		Resto de la estructura de datos de usuarios

Figura 15.5. INIT SELF Formato 0

Lo siguiente es el formato de inicialización de sesión ("INIT-SELF") para las LU tipos 6.2, de los cuales tiene la siguiente estructura:

Bytes	Tamaño en bits	Significado	Función o valor
0 - 2	24	Encabezado	Valor en Hexadecimal fijo '810681'
3	8		Bits 0-3 (tipo formato): 0001: formato 1 (ir a "INIT-SELF" con formato 1) Bits 4-7: reservados

4	8		Bits 0-1 (colocar en cola):
			    00 solo inicializa y no colocar en cola.
			    11 inicializa y colocar en cola si no hay satisfacción de respuesta inmediata
			Bits 2-5 reservados
			Bit 6 (indica si es PLU o SLU):
			    0 el DLU es LU primaria
			    1 el DLU es LU secundaria
			Bit 7 Reservado

Bytes	Tamaño en bits	Significado	Función o valor

5	8	Uso de cola para DLU	Bit 0:
			    0 no poner en cola si se excedió el límite de la sesión;
			    1 poner en cola si se excedió el límite de la sesión;
			Bit 1:
			    0 no se pone en cola si DLU no puede cumplir con la especificación de PLU / SLU (como se indica en el byte 4, bits 5-6);
			    1 colocar en la cola si DLU no puede cumplir con el PLU / SLU actualmente especificación;
			Bits 2-4: Reservado;
			Bits 5-6:
			    00 Reservado;
			    11 Reservado;
			    01 colocar en cola esta solicitud FIFO, es decir, la solicitud será cancelada después de las solicitudes que ya están en la cola (solo el valor definido para LU 6.2);
			    10 colocar en cola esta solicitud LIFO, es decir, la solicitud será cancelada antes de las solicitudes que ya están en la cola;
			Bit 7: Reservado;

6	16	Reservado para LU 6.2	
8 - 15	64	Nombre del modo	Un nombre de ocho caracteres (implementación y depende de la instalación) que identifica el conjunto de reglas y protocolos para ser utilizado para la sesión; utilizado por el SSCP (SLU) para seleccionar la imagen BIND eso será utilizado por el SSCP (PLU) para construir la solicitud CINIT
16	8	Tipo LU	Valor fijo en Hexadecimal 'F3'
17	8	longitud del nombre de DLU	En binario
18 - K		Nombre de DLU	Cadena de caracteres en EBCDIC del nombre del DLU
K+1 - K+2	8	Reservado	

K+3	8	Tamaño del Campo del Usuario	Si el valor es '00' no tiene dato de usuario
K+4 - n	variado	Dato del usuario	Información que es pasado a la LU primaria en el requerimiento CINIT
K+4 - n	variado	Clave del usuario	Uso de sub campos estructurados o no. Utilización de posible información que sustituye los datos del usuario en la RU descrito en párrafos anteriores.
	variado		Resto de la estructura de datos de usuarios

Figura 15.6. INIT SELF Formato 1

Como se indica en las tramas sin auto conexión (ver la trama 15.4) y las Figuras anterior 15.5 y 15.6 con la estructura del "INIT SELF", se representa claramente en un formato sencillo donde el aplicativo del cliente debe enviar no solo el contenido que significa el requerimiento de inicializar la sesión con los datos indicados, hay que cuidar el envío de RH y el tipo de trama que se envía.

El contenido es una cadena de caracteres que representan de esta forma con su significado en la Figura 15.5 y se puede identificar en la trama 15.4 en el primer envío desde el aplicativo cliente "SEND (SSCP_DATA)", donde:

- ✓ El encabezado es '01068100' en hexadecimal, indica el requerimiento.
- ✓ El nombre del modo con "APPNAME " de 8 caracteres en EBCDIC o el valor en hexadecimal 'C1D7D7D5C1D4C540'.
- ✓ Hexadecimal fijo 'F3'.
- ✓ Tamaño del nombre del recurso de 8 caracteres representado en hexadecimal '08'.
- ✓ Nombre del recurso "CICSNAME" de 8 caracteres EBCDIC o el valor en hexadecimal 'C3C9C3E2D5C1D4C5'.
- ✓ Finalmente '000000' en hexadecimal que representa que no hay dato del usuario.

Esta cadena de caracteres como inicialización de sesión fue utilizado en los diferentes ambientes IBM 3090 como AS/400 con sus respectivos valor de nombre del modo y el nombre del recurso en la configuración con alto nivel de éxito del 90% para los casos de LU tipo 0 en la arquitectura de SNA para la activación de la LU del cliente. Llamamos STRINGINITSELF a esta cadena de caracteres definidos en los párrafos anteriores o que se identifica en la trama de "INIT SELF", donde será usado en el algoritmo 15.1 que se detalla más adelante.

El segundo punto a considerar, el envío de inicialización de sesión "INIT SELF" debe estar en el estado o estatus de SSCP en el aplicativo del cliente, para poder

338

enviar este requerimiento es obligatorio estar en este estado. Se envía al Host en el encabezado de la trama como datos, pero en el estado SSCP. Para esto se debe tener en cada aplicativo cliente un controlador de estado (variable en el código de programación en el algoritmo) o recordatorio del estado de la conexión en la red actual con el Host. El Host envía en el encabezado al aplicativo del cliente por medio del HIS, una notificación del cambio de estado a SSCP con "810620" (valor hexadecimal "X810620") en su trama (no se identifica en la trama el contenido de la notificación para el cambio de estado SSCP, ver la trama 15.4). Este controlador de estado (variable por cada LU) permite también validar en el futuro que solo se puede enviar el protocolo de aplicación cuando este un estado activo "UP", después que el proceso de inicialización de sesión sea completado con el "BIND". En resumen, es una variable de programación que tiene la memoria del último estado que está definido entre la conexión de los dos equipos, adicional con la variable al estado emisor o receptor para cada sesión.

En el tercer punto a considerar en el envío de los requerimientos, es el manejo del encabezado de RH, los valores de RH varia por envío, dependiendo del modelo de Mainframe, si es un AS/400 o un IBM 3090. Si consideramos una función de envío y otro de recepción dentro del código de programación para el manejo de las tramas en SNA debe tener los siguientes:

✓ Función de envío como "Send_SNA(tipo_envío, RH, Data)"; donde "tipo_envío" es identificado como el estado a enviar de los datos en las tramas, se consideran los cuatros estados (DOWN, SSCP, BIND, UP). El RH donde está el encabezado de la trama a enviar, y la "Data" donde al principio en el estado en "SSCP" se considera la RU, para poder llegar estar operativa la sesión ("INIT SELF" y el "BIND").

✓ Función de recepción como "Recv_SNA(tipo_recepcion, RH, Data)"; donde es análogo al "Send_SNA", pero el aplicativo debe estar en modo de receptor; recordar de la misma forma que se envía el cambio de estado de "SSCP" a "UP" (o activo), puede venir una trama de cerrar sesión con un "UNBIND" (se envía para desactivar una sesión activa entre las dos LU) desde el lado del Host. El proceso contrario del "Down" –> "SSCP" -> "BIND" ->"UP" es "UP" -> "UNBIND"->"SSCP" -> "Down"; existe caso que la caída de la línea sea abrupta de cambiar el estado de "UP"-> "Down", por ejemplo, la caída de fuente de poder en el servidor de HIS o se apaga de forma abrupta el servidor. La analogía de "INIT SELF" para cerrar la conexión es el "TERMINATE SELF" o "TERM SELF" para pasar al estado

SSCP, esta RU (encabezado en hexadecimal es '010683') no es recomendable a la programación en el aplicativo del cliente de enviarla porque es un estado no deseable, pero hay que considerarla en las recepciones para el cambio de estado como mandatorio desde el host, que el computador central tome la decisión. Las variables "tipo_envio" y "tipo_recepcion" se define el estado del cliente con las operaciones que se está realizando en el momento, y es lo que define el estado actual del cliente (actualiza el controlador de estado).

Asumiendo que las dos funciones esta desarrollado en lenguaje C, el uso que se hace es de esta forma

```c
int Funct_Send_INIT_SELF(int iState_Line)
{
  Int iRH;
  // iStatte_Line = 0 Down; 1 SSCP (LUA_SSCP_FLOW); 2 UP (active)
  if ( iState_Line == 1)
  {
     // RH = LUA_BCI|LUA_ECI|LUA_FMD
     iRH = x30000;
     if (Send_SNA(1, iRH, STRINGINITSELF) == 0)
        return(0);
  }
  return (-2);
}

int Funct_Recv_SNA(IN int iState_Line, OUT char FAR * buf, OUT int iNew_State_Line)
{
   int  iRh;

   If (Recv_SNA(iNewState_Line, iRh , buf) == 0)
   {
    If (iState_Line != iNew_State_Line)
       MessageBox(NULL, _T("Hay cambio de estado de comunicación ¡¡"), MB_OK);
      If ((iState_Line == Down) && (iNew_State_Line == SSCP))
         return(Funct_Send_INIT_SELF(iNew_State_Line)); //enviar INIT SELF
    return (0);
   }
   return (-2);
}
```

Algoritmo 15.1 envío de INIT SELF

En el caso de envío del "BIND" desde el cliente al Host es enviar la misma trama que es recibido en el aplicativo del cliente, para la confirmación del enlace de la sesión y aceptándolo.

En este punto cuando la LU esta activa, el trabajo de conexión del protocolo de comunicación ha concluido, todo lo realizado hasta el momento no se tocará en el futuro. La mayoría de los desarrollos sobre LU tipo 0 donde el mayor trabajo está en el manejo del RH y RU en el momento de trabajar con la trama del protocolo de aplicación. El desarrollador del aplicativo o programador debe mantener el uso de los encabezados del protocolo de comunicación de SNA y el protocolo de aplicación como se indica en los párrafos anteriores, traducido en tiempo de trabajo es de conocer el protocolo de aplicación y el uso de formatos del encabezado de SNA (RH y RU) que lo soporte. En su inicio del protocolo de comunicación con este tipo de programación, se realizaba con los componentes de los dispositivos de los clientes que eran configurar de forma electrónica con compuertas físicas para el envío de las tramas.

En la mayoría de los casos que se presentan en el uso de los ordenadores centrales se resumen en las familias de los modelos de IBM 3090 y AS/400 (actualmente son los modelos de las "iSeries" de la IBM), este tipo de protocolo de comunicación de SNA con LU tipo 0 se centran en los envíos previos al protocolo de aplicación, que es realizar una comunicación estable (estado activo "UP") y todo lo que se describe en el envío del "INIT SELF" y el "BIND". Luego de establecer la comunicación de LU-LU entre los dos ordenadores con el estado activo, se inicia el desarrollo de protocolo de aplicación, donde el desarrollador de la aplicación y el equipo del proyecto se deben centrar en ella desde este momento. En esto se debe establecer el uso de RH en los dos procesos hasta ahora visto:

- ✓ Establecer la comunicación SNA (inicializar la sesión).
- ✓ Comunicación entre aplicativos por el protocolo de aplicación.

En los dos casos que se presentan seguidamente esta referenciado en los dos ambientes de ordenadores centrales IBM 3090 y AS/400, en donde se definen cuatros casos, resultado de todas las posibles combinaciones.

Se indica seguidamente los RH para cada ambiente tanto para un IBM 3090 como para AS/400 en el envío del "INIT SELF", y luego se indica cómo se envía el RH en el protocolo de aplicación, en los diferentes casos no varían el RH tanto para el requerimiento como recepción cuando la LU esta activa, todas las tramas deben tener la misma RH como el RH para el establecimiento de la sesión de la LU activa.

15.5.4. RH AS/400 en el envío de inicialización de sesión (INIT SELF)

Se debe enviar en el RH del "INIT SELF" con FI, BCI, ECI, FMD activo y con el estado de SSCP en la LU del cliente. El valor en hexadecimal de los 3 bytes del RH es X'B0000' para el RH, en binario de los 3 bytes sería B'0000 1011 0000 0000 0000 0000', el valor decimal es "720.896"; en la siguiente Figura 15.7 se presenta los indicadores que están con los valores en "1" (binario activo).

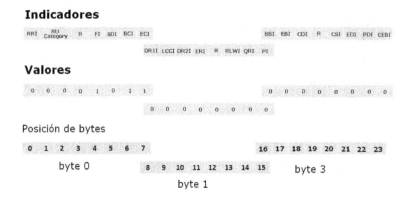

Figura 15.7 RH INIT SELF para AS/400

Se ha llegado a esta configuración en varios proyectos por las pruebas realizadas cuando se inicia la comunicación entre los aplicativos del computador central y del cliente. En las pruebas iniciales se realizaron con problemas, donde se monitorean desde la consola principal del ordenador central y se estudiaron en las diferentes bitácoras que son almacenados y reflejadas al realizar las conexiones en el servidor de HIS. En los demás casos que se describen más adelante siguieron el mismo proceso de configuración, y en algunos casos son monitoreados desde el mismo ordenador del cliente. Para caso práctico en el algoritmo 15.1 se cambia el valor del encabezado de RH por "iRH = X30000;", se modifica por "iRH = XB0000;" para el envío del "INIT SELF", donde en el lenguaje C se define en un valor de un entero en una variable con diferente formato para ayudar el mantenimiento del código de programa, para identificar su valor en hexadecimal se define con "X" frente al valor; si desea colocarlo en formato entero largo (formato decimal) sería el valor "iRH = 720.896;".

15.5.5. RH IBM 3090 en el envío de inicialización de sesión (INIT SELF)

Se debe enviar en el RH del "INIT SELF" con BCI, ECI, FMD activo y con el estado de SSCP en la LU del cliente. El valor en hexadecimal de los 3 bytes del RH es X'30000' para el RH, en binario de los 3 bytes sería B'0000 0011 0000 0000 0000 0000', el valor decimal es "196.608"; en la siguiente Figura 15.8 se presenta los indicadores que están con los valores en "1" (binario activo).

Indicadores

RRI	RU Category	R	FI	SDI	BCI	ECI		BBI	EBI	CDI	R	CSI	EDI	PDI	CEBI
			DR1I	LCGI	DR2I	ERI	R	RLWI	QRI	PI					

Valores

0	0	0	0	0	0	1	1		0	0	0	0	0	0	0	0
			0	0	0	0	0	0	0	0						

Posición de bytes

0	1	2	3	4	5	6	7		16	17	18	19	20	21	22	23
		byte 0				8	9	10	11	12	13	14	15		byte 3	
								byte 1								

Figura 15.8 RH INIT SELF para IBM 3090

Para este caso está definido en el algoritmo 15.1, el valor del encabezado de RH por "iRH = X30000;" para el envío del "INIT SELF", donde en el lenguaje C se define en un valor de un entero en una variable de diferente formato para ayudar el mantenimiento del código de programa, para identificar su valor en hexadecimal se define con "X" frente al valor; si desea colocarlo en formato entero largo (formato decimal) sería el valor "iRH = 196.608;".

15.5.6. RH AS/400 en el envío de la trama que contiene el protocolo de aplicación

Se debe enviar en el RH con FMD, BCI, ECI, DR1I, ERI activo y en estado dentro de la sesión "UP" (Activa). El valor en hexadecimal de los 3 bytes del RH es X'039000' para el RH, en binario de los 3 bytes sería B'0000 0011 1001 0000 0000 0000', el valor decimal es "233.472"; en la siguiente Figura 15.9 se presenta los indicadores que están con los valores en "1" (binario activo). El RH definido para las tramas de protocolo de aplicación.

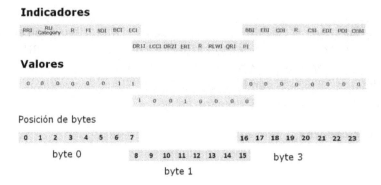

Figura 15.9 RH envío de trama de protocolo de aplicación para AS/400

15.5.7. RH IBM 3090 en el envío de la trama que contiene el protocolo de aplicación

Se debe enviar en el RH con FMD, BCI, ECI, BBI, CDI activo y en estado dentro de la sesión "UP" (Activa). El valor en hexadecimal de los 3 bytes del RH es X'0300A0' para el RH, en binario de los 3 bytes sería B'0000 0011 0000 0000 1010 0000', el valor decimal es "196.768"; en la siguiente Figura 15.10 se presenta los indicadores que están con los valores en "1" (binario activo). El RH definido para las tramas de protocolo de aplicación.

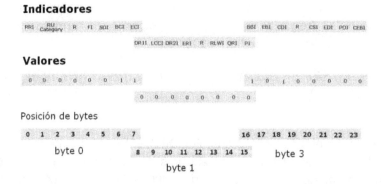

15.10 RH envío de trama de protocolo de aplicación para IBM 3090

15.5.8. La trama que contiene el protocolo de aplicación (FM-RU)

La RU (Request/Response Unit, Unidad de requerimiento/respuesta en su siglas en inglés) es la unidad de datos o información que viaja en la red, que depende de RH (Request/Response Header, descrita en capítulos anteriores) donde indica si hay contenido de información en la RU. FM, FMH y FMD (Function Management, Function Management Header y Function Management Data en sus siglas en inglés respectivamente) es el mecanismo de seleccionar la función, fuente o destino para la transmisión de información.

En todos los casos anteriores de las tramas de SNA, el FM (Function Management en sus siglas en inglés) y el valor de los casos expuestos es de FMD (Function Management Data en sus siglas en inglés) están sin formato en el encabezado de FM, como se indica en "RU Category = 00" en binarios para todos los casos de las tramas descritas anteriormente. Casos de estudio en el libro con LU tipo 0 con tipos de nodos 1, 2 y 2.1. Existen diferentes usos de FM que depende por parte del programador o definido por SNA donde se incluye en una solicitud de datos enviada a una LU. Estas opciones indican a VTAM como debe establecer el bit de formato en el encabezado en el RH de un requerimiento o respuesta de datos.

Cuando se establece la sesión como activa, el programa de aplicación y la LU determinan si los encabezados de FM se pueden usar para las solicitudes de datos. Esto se especifica en los parámetros de la sesión BIND. Los protocolos SNA no utilizan el indicador de encabezado FM en las respuestas de datos para las sesiones de LU-LU. Al igual que con otros protocolos de control de flujo de datos descritos, VTAM no impone la forma en que se utilizan los indicadores.

Desde este punto de la conexión, los diferentes procesos de comunicación entre los dos aplicativos determinan el flujo de datos por el protocolo de aplicación del ordenador central. La diversidad de un mismo aplicativo central por múltiples versiones o plataformas que se ejecutan (como el sistema operativo de los Mainframe), se presentan diferentes flujo de datos, desde modos de comunicación (capítulo 6), donde lo que se han visto en diversos casos de la LU tipo 0. El uso de RH o en el manejo de los encabezados de las tramas del protocolo de aplicación, derivan diversidad de algoritmo en los aplicativos a nivel de los desarrollos en los ordenadores de los clientes. El uso de RH y la data que conlleva a tener el sentimiento de trabajar con data cruda, pero manteniendo la filosofía y el estándar de manejar los diferentes encabezados de los niveles de las capas en el esquema OSI (capítulo 3), con esto permite detallar la construcción de los encabezados y datos para los mensajes en la red. En el caso de LU tipo 0 se centra en el protocolo de aplicación con el uso de la arquitectura de SNA donde se apalanca con el flujo de datos definidos por la aplicación del ordenador central, como las políticas y reglas de conversar con sus aplicativos clientes o dispositivos. Recordar que el protocolo de comunicación es el medio que utiliza la capa o nivel mayor (aplicación) para conectarse con otro equipo. En los próximos casos del libro se centra en el manejo de las herramientas de comunicación y como trabaja el protocolo de aplicación con ellas, la prioridad sigue siendo este protocolo, donde el uso de la disponibilidad y la flexibilidad del protocolo de comunicación permiten operar sobre ella, en los casos anteriores de la LU tipo 0 se mantienen un estándar en el inicio de sesión hasta llegar el estado de activo ("UP"), para todos los protocolos de aplicación se aplica este proceso de inicio en SNA, pero una vez al tener la sesión, el protocolo de comunicación trabajará como el protocolo de aplicación lo indique.

15.6.   Protocolo APPC (Advanced Program-to-Program Communication)

El APPC (Advanced Program-to-Program Communication en sus siglas en inglés) soporta la comunicación de datos entre un ordenador central con diferentes plataformas. Permite interfaz en una arquitectura SNA con una LU tipo 6.2 y el nodo tipo 2.1.

El HIS soporta diferentes conexiones en la arquitectura SNA, en estas incluyen las conexiones para la LU tipo 6.2 (como para la LU tipo 0); el manejo de controlador local lo realiza el ordenador del servidor de HIS, y los dispositivos son los HIS clientes que se conectan al servidor, debido a que HIS soporta ambas conexiones de LU (tipo 0 o tipo 6.2), donde varían es en la creación del tipo de controlador y su LU asociada, y la configuración de estos. En la arquitectura de SNA, el servidor del HIS representa la unidad física o PU (Physical Unit), se definen en la PU las diferentes LU conectadas a ella, como LU tipo 6 que se define como la LU tipo 6.2, provee el APPC y CPI-C (Common Programming Interface for Communications en sus siglas en inglés), LU tipo 7 para los terminales IBM 5250 usado solo en los sistemas 3.X y no para los AS/400, para AS/400 el tipo de LU para los terminales administrativos son otros. La configuración del servidor del HIS dependerá mucho del tipo de conexión que se establezca con el Host por el medio físico, como se indica anteriormente, depende de las tarjetas físicas de comunicación que posee el servidor.

En el servidor del HIS existe una aplicación que administra la configuración de la PU, lo llamaremos "HIS Manager", donde define la conexión hacia el Host y las LU que se deben usar y su tipo (LU tipo 0 o LU tipo 6.2, ver los manuales de HIS). Se encarga también de realizar la conexión activa de la PU hacia el Host y permite que las LU utilice la PU para conectase hacia el Host desde la LU. El "HIS Manager" se define las LU local de la PU y las LU remotas APPC con el cual hace los enlaces hacia el ordenador central, de este modo se identifica en ella el nodo local y el nodo remoto a donde se conecta, cada nodo posee una identificación, el nombre del nodo y el nombre de punto de control. Por lo tanto, tenemos identificados en el "HIS Manager" seis parámetros que es utilizado para la conexión aparte de otras informaciones que se detalla en la configuración del servidor del HIS, estas son:

Nodo Local:

- ✓ Nombre de la red.
- ✓ Nombre de punto de control (Control Point Name).
- ✓ ID del nodo local.
- ✓ Tipo de formato (XID Type), siempre debe ser "Format 3".

Nodo remoto:

- ✓ Nombre de la red.
- ✓ Nombre de punto de control (Control Point Name).
- ✓ ID del nodo remoto.

Estos parámetros están descritos y configurados en el servicio de HIS que deben tener un estado de activo ("Active"), que significa que tiene la conexión hacia el Host. En este mismo servicio se define las LU locales como las remotas. Una forma de verificar la conexión hacia el Host es utilizar un terminal IBM 5250 administrativa, que el mismo HIS lo tiene para simular un terminal físico, pero como aplicativo, el aplicativo se instala tanto en el ordenador del servidor o en el HIS cliente. Para estar activo el servicio del servidor de HIS, realizan conexiones entre el servidor de HIS y el Host similar a las conexiones realizadas en la LU tipo 0 entre LU-LU en capítulo 15.5.2, pero este caso es la inicialización de sesión de PU-PU, el PU remoto y el PU local en la arquitectura SNA, que es transparente para el desarrollador, debido a que no se refleja en las tramas hasta ahora presentada en el libro.

En el ordenador donde el aplicativo del cliente estará ejecutándose, se debe instalar el HIS cliente, donde permite no solo conectarse al servidor de HIS (en el mismo equipo o por la red), adicionalmente permite tener los elementos necesarios de las bibliotecas o librerías que poseen los métodos o funciones que son usados en el aplicativo del cliente dentro de su código con el lenguaje de programación. Es el mismo proceso de instalación en el HIS cliente en la LU tipo 0.

Hay que aclarar que en este libro definen bibliotecas o librerías como un mecanismo de utilizar funciones, clases o métodos, como que provee el HIS para realizar las conexiones hacia la PU utilizando las funciones de acceso con las LU's, en capítulos anteriores tenemos varios ejemplos de uso de bibliotecas o librerías como el uso de funciones o métodos de ODBC, OLE/DB y SOCKET. En términos de ordenadores centrales y Mainframe, existe también el concepto de librerías, que es un área del ordenador central que posee una cantidad de aplicaciones, también se interpreta como sinónimo de ambiente de desarrollo y ambiente de producción que poseen en los Mainframe que se determinan como los CICS (Customer Information Control System en sus siglas en inglés), que al final es la zona donde el aplicativo central está operativo, para acceder al aplicativo central se debe conectarse primero (en este caso de APPC) a la librería del ordenador central que contenga la aplicación. Para evitar el uso del concepto de la librería de los ordenadores centrales, lo llamaremos "RemoteTPName", que en términos de los manuales de HIS de Microsoft lo nombra como "Programa de transacciones remotas" (Remote Transaction Program en términos en inglés), son los aplicativos disponibles en el CICS para ser utilizado desde el cliente, de cual se utilizará un solo aplicativo a la vez para cada conexión; en caso análogo de la LU tipo 0, es la información que se envía en el "INIT SELF" con el nombre de la aplicación y el CICS (librería en el concepto del mainframe) donde se ubica el aplicativo en el computador central.

En término general las Figuras 15.1 y 15.2 trabajan de la misma forma en las LU tipo 6.2, la LU tipo 6.2 en el HIS permite usar una cantidad de ejemplos de algoritmos sencillos, estos ejemplos están disponibles al instalar el ambiente de desarrollo de HIS Cliente. La mayoría de los ejemplos está en lenguaje de programación C++, donde se utilizan las librerías de que provee HIS.

15.6.1. Información necesaria en la construcción en HIS cliente

En el ordenador del cliente (puede ser el mismo servidor de HIS, ver las Figuras 15.1 y 15.2) donde está ubicado el aplicativo o el componente que realiza la conexión de comunicación SNA hacia el Host. Generalmente está localizado el componente en la misma red local entre el cliente HIS y el servidor HIS, por medida de seguridad y mantenimiento. La ubicación del componente de conexión SNA del aplicativo dependerá de la arquitectura del software definido en el proyecto, la importancia en considerar el lugar del componente de comunicación dependerá del tipo del ordenador, velocidad y capacidad de procesamiento de los ordenadores que se proponen, la tecnología que lo soporte, uso de recurso de red, y muchos más consideraciones para colocar el componente de red del aplicativo en la arquitectura de la red y la arquitectura del software para el objetivo propuesto del proyecto.

El cliente de HIS se conecta hacia el servidor de HIS por la red local (ver el manual de HIS Cliente de Microsoft de soporte de conexión), esta conexión en la red es soportada como otras opciones que dependerá de las versiones de HIS. Por lo general, en el uso de la red local es usando TCP/IP, donde el cliente HIS se conecta hacia el servidor HIS (es el controlador local según la arquitectura SNA) y el controlador se conecta hacia el Host. Para configurar la conexión del cliente HIS al servidor HIS en TCP/IP, para TCP/IP se necesita conocer el puerto y el nombre del servidor HIS (en el caso de tener DNS) o su IP en su defecto (si no tiene DNS y depende de la versión de HIS que lo soporte), en el caso de la conexión de HIS cliente se configura con el nombre del servidor HIS o la IP, el puerto se maneja de forma interna entre el cliente y el servidor de HIS. La configuración se realiza en usar la opción "Inicio / HIS End-User Client / Applications and Tools / SNA Resource Location Wizard" en la versión de HIS 2003 en el ordenador del cliente. En el caso de los terminales ("5250 Client" o "3270 Client") se manejan como se indica en capítulos anteriores con aplicaciones que proveen el HIS. Estas aplicaciones se comportan como un terminal administrativo y se define como defecto el puerto 80 como conexión hacia el puerto del servidor HIS, existen casos de arquitectura que el aplicativo cliente que simula el terminal que se conecta directamente al puerto Telnet pero del Host, si el Host tiene disponible y operativo este puerto, este último caso se debe tener una conexión WAN desde la red local al Host con nivel de seguridad y privacidad.

En los párrafos anteriores se da una idea de la conexión física en la red desde el cliente al servidor HIS, pero todavía falta para terminar la conexión de los aplicativos, el que usa las herramientas de HIS cliente y el aplicativo en el ordenador central (en el Host) por medio el controlador local (servidor de HIS) y con protocolo de arquitectura SNA. Para terminar de conectarse hacia el Host, el aplicativo cliente debe proveer información y datos al servidor HIS para que se conecte a ella, luego que se conecta al controlador local (servidor HIS), y finalmente se conecta hacia el Host; los datos suministrados permiten pasar desde el servidor HIS y luego al Host, en caso de no ser correcto, este no permite la conexión, todo esto funciona cuando la conexión física exista y está operativo. El último proceso es una conexión lógica con la verificación de los datos en el camino hacia el Host, este proceso es una medida de seguridad.

En el proceso de desarrollo del componente de comunicación con LU tipo 6.2 se debe conocer dos grandes rasgos fundamentales para tener la conexión entre el aplicativo central del Host y el aplicativo cliente, y son:

- ✓ Conocer los datos para la conexión lógica.
- ✓ Conocer el protocolo de aplicación.

15.6.2. Datos para la conexión lógica LU tipo 6.2

Para poder realizar la conexión hacia el Host de forma lógica, se debe conocer datos que solo los administradores de redes y administradores del Host conocen, es el personal que controla los usuarios como conexiones de terminales (lógicos) para interactuar con el aplicativo central. Los datos son identificados como se indica en el capítulo anterior, donde contienen información de conexión hacia el servidor del HIS como hacia el Host. Los datos son:

- ✓ **LocalTPName**: es el nombre del "Local Transaction Program" que se asocia a una LU (logical Unit en sus siglas en inglés) tipo 6.2. Este permite acceder a la red local desde el ordenador central. Este parámetro es local al servidor del HIS, generalmente es el nombre del servicio activo en la configuración en "HIS Manager".

- ✓ **RemoteTPName**: es el nombre del "Remote Transaction Program" que se asocia a una LU (logical Unit en sus siglas en inglés) tipo 6.2. Este permite acceder a la red del ordenador central. En el ambiente APPC es la librería que se conecta en el ordenador central para realizar la transacción. Es importante conocer este parámetro donde se define un ambiente de desarrollo o un ambiente de producción (librería de desarrollo o librería de producción en el Host). Este parámetro es suministrado por el administrador del Host. Es la zona en el ordenador central donde se ejecuta las aplicaciones requeridas por el ordenador cliente (usuario). En párrafos anteriores se define como una librería en el Host.

✓ **User**: Usuario autorizado para el acceso a la librería en el ordenador central. Este parámetro es suministrado por el administrador del Host. El usuario permite acceso a todas las LU definidas, es decir, el usuario se define por cada PU, esto es negociable con el administrador del Host.

✓ **Password**: Clave del usuario autorizado para el acceso a la librería en el ordenador central. Este parámetro es suministrado por el administrador del Host.

✓ **RemoteLUAlias**: Alias de la LU en el ordenador central. Este parámetro está identificado en el servidor de HIS. Se debe acceder al "HIS Manager" del servidor de HIS. Ubicar el parámetro "Remote Node Name" en "Control Point Name". Este parámetro es suministrado por el administrador del Host o del HIS. Está definido en el capítulo 15.6 en los parámetros en el nodo remoto para la conexión hacia el Host.

✓ **LocalLUAlias**: Alias de la LU en el servidor SNA. Este parámetro está identificado en el servidor de HIS. Se debe acceder "HIS Manager" del servidor de HIS. Ubicar el parámetro "Local Node Name" en "Control Point Name". Este parámetro es suministrado por el administrador del Host o del HIS. Está definido en el capítulo 15.6 en los parámetros en el nodo local definido en el servidor local.

✓ **ModeName**: Es constante y debe ser "QPCSUPP". El cambio de valor depende de la configuración del nombre del modo definido en la LU y PU en los controladores. Este parámetro es suministrado por el administrador de Host.

La información anterior puede estar almacenada en un fichero local en cada ordenador cliente o en el manejador de bases de datos de forma de que ambos casos no sean accedidos por los usuarios de la aplicación en el ordenador cliente. Si se define un usuario por cada controlador o por cada PU para el acceso a la "RemoteTPName", se debe definir a nivel de aplicación o protocolo de aplicación la identificación del usuario por cada sesión de LU diferente, debido a que en una sola sesión al "RemoteTPName" puede haber varios usuarios accediéndolos. Como medida de control de los accesos en cada sesión por LU y no por PU. Existe una razón en usar fichero de configuración en cada ordenador cliente en vez de usar la base de datos, es definir físicamente el computador cliente a la sesión "RemoteTPName" o el usuario del computador central.

15.6.3. Protocolo de aplicación en LU tipo 6.2

Una característica fundamental en este tipo de comunicación con LU tipo 6.2, es el modo de usar la conexión hacia el ordenador central. El aplicativo cliente al utilizar la conexión hacia el Host, este debe abrir la sesión y luego de ser usado, cierra la sesión; es una diferencia con la conexión de LU tipo 0 donde el aplicativo del cliente debe estar conectado con el Host todo el tiempo, aunque no utilice la conexión. El aplicativo central no interactúa todo el tiempo con el aplicativo del cliente, es decir, existe momento que no habrá comunicación entre ambas aplicaciones en las LU tipo 6.2, mientras que la LU tipo 0, en cualquier momento el ordenador central puede (aplicando ciertos mecanismos) enviar al aplicativo del cliente información en tiempo real, mientras que la LU tipo 6.2 se conecta cuando el aplicativo cliente desea realizar un requerimiento al ordenador central. Si el aplicativo central no interesa estar conectado todo el tiempo con el aplicativo del cliente y viceversa, la LU tipo 6.2 es lo ideal, existe mecanismo que se puede aplicar para conectarse en ambas direcciones en cualquier momento con la LU tipo 6.2, pero no es su flujo de datos natural.

Se debe conocer otros puntos del aplicativo en el ordenador central, no solo el tiempo de conexión física; el formato en la trama que es fundamental para su interacción con el aplicativo del cliente, se debe conocer el nombre de la aplicación o como está catalogado en el ordenador y su acceso a ella, como se llama el "RemoteTPName" (parámetro que se menciona en capítulo anterior), conocer el flujo de datos entre el ordenador central con el aplicativo del cliente y viceversa, este punto se menciona en el capítulo 6 del modelo de conversación. Las políticas del flujo de datos del protocolo de aplicación permite tener una idea de la característica de la conversación entre ambos aplicativos y los estándares que se deben respetar, este último se define en los formatos que cada protocolo de aplicación que posee, en rasgos generales, que aun teniendo el mismo aplicativo central en dos ordenadores de dos empresas similares (por ejemplo los bancos o instituciones financieras que están en la misma área económica), el protocolo de aplicación pueden variar, debido a que puede tener diferentes versiones del mismo aplicativo o que las configuraciones o recursos físicos son similares mas no son exactamente iguales con sus variaciones. Teniendo el mismo aplicativo que se maneja en dos ordenadores diferentes con configuraciones similares, puede que existan diferencias en el protocolo de aplicación. Solo se conocerá que tanto es la diferencia o similitud en la realidad cuando se inicia el proceso de desarrollo en el ordenador del cliente. Debe haber documentación de todas las tramas del aplicativo central, es la base fundamental para el desarrollo del aplicativo del cliente. En este caso existe una diversidad de mecanismo de detectar las diferencias y similitudes; el trabajar el día a día con el avance del proyecto se utilizan por lo menos de dos formas:

✓ Uso de herramienta de monitoreo (los aplicativos "Trace" que provee HIS o "Network Monitor" de los sistemas operativos).

✓ Uso propio de la conexión.

El manejo de herramienta de monitoreo se aplica en capturar información que se envía y recibe desde el ordenador del cliente. Con el uso de los sistemas actuales que se desea sustituir, o cuando este tipo de conexión LU tipo 6.2 es utilizado en las aplicaciones actuales, se investiga lo que se desea realizar en la conexión, se recolecta una cantidad representativa de información que son capturadas. El programador de aplicaciones tendrá una idea general del tipo de desarrollo que se necesita. En ella se buscan patrones de formatos, como flujos de datos tanto de envío y recepción desde el cliente. Este tipo de trabajo es como empezar desde cero. Esta forma de investigación es laboriosa, pero se puede hacer cuando se desea aprender nuevos protocolos de aplicación y no se tiene todos los manuales del protocolo de aplicación. En los flujos de datos se identifican el proceso de envío y recepción de las tramas, identificación y en qué condiciones cambia el estado, en la trama o formato del protocolo de aplicación que se envía y recibe también se identifica estos indicadores que permiten estos cambios de estados, similar a los que representa RH en la LU tipo 0. Habrá casos que el protocolo de aplicación no contenga todos los indicadores que se define en el RH o existan muchos más indicadores que del RH; el cualquier caso el mínimo de indicador que se debe considerar es el fin de la conversación del requerimiento (en su equivalencia del EBI en RH).

En el uso de herramienta de monitoreo permite ver los formatos en vivo de los sistemas actuales que se deben realizar de la misma forma en el desarrollo del nuevo aplicativo, se sustituye el aplicativo cliente, pero se mantienen el mismo formato y protocolo, de esta forma se mantiene el estándar en los protocolos tanto de comunicación y aplicación. En el caso de no existir en la organización esta conexión con el aplicativo central, es decir, es la primera vez, con el uso de la herramienta de monitoreo permite verificar el envío y recepción de las nuevas tramas, donde se puede identificar problemas en el avance de desarrollo de la comunicación entre los aplicativos. Hay que notar donde el mover un solo bit en una cadena de caracteres, el tener un bit de más o de menos en la trama puede generar problemas en el protocolo de aplicación como en la de comunicación. Por esta razón, el uso de la herramienta de monitoreo es fundamental desde el inicio del proyecto. Este tipo de herramienta de monitoreo existe en el mercado tecnológico que varía de costo como de interfaz, existen aplicaciones que realizan monitoreos donde detecta alguna anormalidad, reconociendo el tipo de trama y protocolo de comunicación existente de forma automática; como aplicaciones de monitoreos que solo señalan los datos de las tramas de forma cruda, en este caso, se debe tener conocimiento por parte del usuario de esta herramienta, de los diferentes formatos (protocolo de comunicación y aplicación) como información del tipo de estándares de caracteres que se encuentran (EBCIDIC o ASCII) en las tramas. En los capítulos siguientes definen en cada trama diferentes tipos de datos, como se menciona en las tramas anteriores de combinación de números con caracteres en EBCDIC en una misma trama. En todos los casos de SNA con conexiones a ordenadores centrales se usan generalmente los caracteres que son en EBCDIC para cualquier tipo de LU. En el caso del protocolo de aplicación con ambientes y tecnologías diferentes, se debe considerar el uso de traducciones de caracteres como de EBCDIC a ASCII y viceversa, por ejemplo, una conexión con Host IBM 3090 o AS/400 (EBCDIC) hacia la aplicación cliente en un ambiente de Windows (ASCII). La traducción se debe realizar por las funciones o métodos que proveen el HIS o realizar una función o método que el desarrollador del software implemente, pero ambos casos se necesitan cuando los ambientes o tecnologías son diferentes, en caso contrario no es necesario usarla o no implementar el traductor.

En resumen, se debe conocer en el desarrollo del componente de comunicación en SNA con LU tipo 6.2 lo mismo que se necesita saber en el manejo de la LU tipo 0, donde se debe considerar:

- ✓ Nombre de la aplicación a ejecutar en el ordenador central.
- ✓ Formato del protocolo de aplicación (estructura de las tramas de los requerimientos y respuestas hacia el Host).
- ✓ El flujo de la data del protocolo de aplicación (ver capítulo 6).
- ✓ Uso del traductor o no de caracteres (ASCII, EBCDIC, etc.) en ambientes diferentes.

✓ Indicadores de flujo de control en la trama del protocolo de aplicación (similar RH en la LU tipo 0).
✓ Uso constante o no de la aplicación central. Solo se permite conectarse cuando el cliente tenga un requerimiento al Host.
✓ Arquitectura del software define el cómo desarrollar el componente de comunicación (una librería, un aplicativo servicio, un servicio web, etc.).

Conociendo los diferentes puntos anteriores, se debe iniciar la construcción del componente de comunicación SNA con LU tipo 6.2, en ella se debe conocer las estructuras de datos como las funciones o métodos que provee la librería de HIS para ser usado en el aplicativo del cliente.

15.6.4. Caso de desarrollo del componente de comunicación LU tipo 6.2

Existen diversos casos que se pueden encontrar en el desarrollo de componentes de comunicación con la arquitectura SNA con LU tipo 6.2. Este caso es un ejemplo hipotético que se puede presentar en vida real, todo depende del aplicativo central que impone con su formato y su estructura para la conexión, recordando que el mandatorio es el flujo de datos del aplicativo del ordenador central. Este mismo modelo de desarrollo se puede presentar en los casos de LU tipo 0 como en el siguiente capítulo con el manejo de IBM MQ (versión actual de MQ WebSphere) y en el uso de TCP/IP; siempre el modelo mandatorio que se debe mantener es del ordenador central o del servidor dependiendo del caso de los proyectos. El caso que se desarrolla ahora es con código de programación en lenguaje C++ bajo HIS en un ambiente de Windows. Se define en el caso que los requerimientos hacia el Host son transaccionales, es decir, se envía el requerimiento y se espera la(s) respuesta(s), es una espera de respuesta síncrono (ver capítulo 6). No es necesario que el aplicativo cliente esté conectado todo el tiempo hacia el Host, se pueda abrir la sesión y cerrarla cuando se necesite para realizar un requerimiento al Host. El flujo de dato es múltiple respuesta (ver capítulo 6.6 de forma asíncronas) donde se envía desde el aplicativo del cliente el requerimiento y se convierte en estado receptor, el cliente no sabe cuántas respuestas va recibir por el requerimiento y en qué momento lo va recibir; en teoría debe ser inmediato las respuestas porque es un tiempo real, el aplicativo cliente espera la(s) respuesta(s) del aplicativo central hasta que lo indique su finalización (el cliente debe estar síncrono en la última respuesta), el ordenador central indica que es la última respuesta en la misma trama en la parte de la data, donde estará en los tres primeros caracteres como indicadores de la trama (en diferentes protocolos de aplicación, el indicador de la última respuesta puede estar definidas en cualquier lugar de la trama, no hay un lugar definida, pero cada protocolo de aplicación debe informar en qué lugar estará el indicador, en este caso lo tomaremos en los tres bytes inicial de la trama como ejemplo), en ella indica el estado del procesamiento del requerimiento como: si la respuesta es errada, es la última respuesta, respuesta correcta, etc. Seguidamente del indicador del estado de la trama, es la información de la respuesta del requerimiento. La espera de respuesta es síncrona, puede que no envíe más respuesta desde el ordenador central y que no se ha enviado el indicativo de la última respuesta por diversas razones o por error, pero al estar en un ambiente IIS (es una aplicación web) tiene un lapso de tiempo permitido de ejecución del componente, donde realiza la culminación de la espera por falta de tiempo, esto evita espera de respuesta de forma infinita. En este caso no se considera mecanismo de terminar la sesión por error o tiempo indefinido; pero en otros casos se deben considerar.

El componente a desarrollar va ser usado en el IIS (Internet Information Server) de Microsoft en Windows. Por esta razón, el componente estará trabajando en conjunto con el IIS, implica que el IIS trabaja varias sesiones al mismo tiempo, de lo cual generan hilos en cada ejecución de las funciones o métodos, para cada sesión es un hilo, es decir, el código de programa a desarrollar serán varias veces instanciados y ejecutados en la memoria, por cada LU activo que se conecte de forma simultánea hacia el Host se genera una nueva instancia en memoria del componente a desarrollar, puede haber caso de dos o más LU activas, enviando y recibiendo datos por el HIS, ver Figura 15.2. En este caso, todas las variables deberían ser locales o por lo menos las variables que manejan la trama de envío y recepción del protocolo de aplicación hacia el Host.

En este caso el uso de HIS en el ambiente de Windows y el aplicativo central es un IBM 3090, por esta razón debe haber una traducción de la tabla EBCDIC a la tabla ASCII y viceversa. En el caso de los ambientes de Windows se basa en el uso de la tabla de ASCII, mientras que los IBM 3090 se basa en la tabla EBCDIC.

En el protocolo de aplicación se definen los requerimientos y la(s) respuesta(s), el requerimiento se basa en el nombre del aplicativo definido en el ordenador central (se llama "APPCENTRAL1"), el aplicativo central contienen en su cuerpo diversidad de operaciones para ser usados, para ejecutar la operación, el método o la función definida en el computador central, se identifica la operación colocando en los primeros ochos (8) caracteres de la trama del requerimiento, cada operación o requerimiento posee su propio formato en el manual del protocolo de aplicación (en este caso no se dispone en este libro por ser un caso hipotético, que solo importa la parte de comunicación y parte de protocolo de aplicación, y su relación), existen una diversidad de protocolo de aplicación como aplicativo en los ordenadores centrales (cada uno con su propio formato). La operación lo llamaremos "OPERAXXX", donde "XXX" tienen valores desde "000" al "999", e inclusive letras alfabéticas, esto se define entre el desarrollador del aplicativo central y el desarrollador del aplicativo del cliente. Por ejemplo, la operación en el aplicativo central "APPCENTRAL1" indicado como "OPERACON" es una consulta de un cliente, el cliente se identifica por quince (15) caracteres alfanuméricos, con estos dos datos se envían al computador central en la operación de consulta; en la respuesta del host se puede definir el indicador "000" que significa que es la última respuesta ubicado en los tres primeros bytes de la trama; al recibir esta respuesta indica al aplicativo del cliente no solo es la última respuesta, también significa fin de la conversación, cierre de conexión hacia el Host y colocar al aplicativo del cliente como emisor y el Host como receptor. Si la respuesta es diferente a "000" debe identificar la acción a seguir. ¿Qué sucede con la operación que se realizó en el Host, fue correctamente ejecutada o hubo un error?, ¿la respuesta que tengo es válido? Si se define que el "000" es la última respuesta, no se sabe si las respuestas previas sean correctas o hubo error. En el diseño del protocolo de aplicación en la respuesta del Host debe estar claro y bien definido estos tipos de respuestas, puede haber un fin de conversación con respuesta correcta o con respuesta con errores, el aplicativo del computador central define estas divergencias en colocar opciones en las respuestas, se presentan dos sugerencias para el protocolo de aplicación como:

✓ Definir que "000" es la última respuesta sin errores o solo última respuesta. En el caso de definir "000" última respuesta sin errores, debe haber otro valor que signifique última respuesta con errores, y el valor podría ser "001" por ejemplo, pero no se sabe en detalle el error. La otra opción es de enviar un código con el significado de la respuesta con error ("001" por ejemplo), pero hay errores que significa la última trama y otros donde hay más tramas (peor de los casos a escoger, debido a que hay mucha programación a realizar y de catalogar los errores, que puede generar errores de programación); la otra opción es enviar dos o más mensajes, una con la respuesta con el error diferentes a "000" (por ejemplo "999"), y la última trama se envía solo "000" que indique solamente que es la última respuesta.

✓ Definir en el "000", donde el primer cero "0" de la izquierda indica que es la última respuesta, y los otros dos para indicar que fue correcto la ejecución o no, asuma que "00" se ejecutó correctamente, y diferentes a "00" hay un error de ejecución, de esta forma se tiene de interpretar las respuestas "0XX" como última respuesta y "1XX" hay más respuestas que el Host va enviar al aplicativo cliente. En realidad, solo se necesita un bit para indicar la última respuesta como en RH y no un byte o tres para indicar esta condición. Lo recomendable es el uso de este esquema.

El lector tendrá más sugerencias para representar o indicar la formación de la trama de respuesta en el protocolo de aplicación. Existen muchos más formatos que provienen de la creatividad de los autores de las aplicaciones centrales, como separar errores de comunicación y los errores de aplicación, donde los primeros 3 bytes definen los errores de comunicación (como encabezado de RH) y en otro lado del cuerpo de la trama, fuera de los 3 bytes de estados o errores de comunicación, colocar los errores de aplicación. En el caso hipotético del libro se define que "000" como el indicativo de fin de respuesta solamente, esta regla se presenta en el protocolo de aplicación para ser utilizado en el desarrollo de los componentes futuros. Falta en definir si el requerimiento se realizó correctamente en el computador central o no, se notará en la programación en los componentes de este tipo de detalle. Tomar en cuenta que todo depende del protocolo de aplicación en el ordenador central que es mandatorio para el desarrollo y política de flujo de datos, incluyendo el manejo de errores de la ejecución del requerimiento en el computador central. En los diferentes protocolos de aplicación en los ordenadores centrales, están bien definidos los tipos de respuestas, esto se encuentran en los manuales de dichos protocolos de aplicación o manuales de la aplicación. Los tipos de respuestas generalmente definen los tipos de errores que son producidos en la ejecución de la operación en el aplicativo ("APPCENTRAL1") dentro de los diferentes "RemoteTPName" y lo que se debe realizar al encontrar algún error. Como se nota hay tres niveles o capas (la operación, aplicativo y el "RemoteTPName"), donde existen los errores de operación dentro del aplicativo, del aplicativo o del "RemoteTPName" mismo, y adicionalmente los errores del protocolo de comunicación. Los errores del aplicativo y operativo se detectan dentro del mismo protocolo de aplicación (se notifica en la trama del protocolo de aplicación), lo detecta el "RemoteTPName" generalmente; pero el error de comunicación está en el caso dentro de la arquitectura SNA en LU tipo 6.2, estos errores son detectados y enviados al aplicativo del cliente con el uso de las funciones o métodos de HIS, más adelante detallaremos estos tipos de errores y niveles de errores.

15.7. Uso de bloque de control del verbo (VCB-Verb Control Block)

En ambos casos del HIS para desarrollar los componentes de comunicación utilizando LU tipo 0 y LU tipo 6.2, establece un formato para cada uno de los tipos de LU. Cada formato de la trama tiene un significado en cada bit que se envía como el que se recibe, existe un proceso de inicialización del canal de comunicación y establecer un estado (en ambos casos se tienen que estar en estado activo en las LU tipo 0 y 6.2) habilitado para que el protocolo de aplicación inicie su trabajo en tener un flujo de datos entre el aplicativo del cliente con el aplicativo central del Host. Ambos poseen las mismas características en el proceso de tener una inicialización de conexión y establecimiento a nivel de protocolo de comunicación, para luego dar paso al protocolo de aplicación, que es la capa superior de toda conexión entre dos aplicativos según el estándar OSI.

En los casos de TCP/IP y en las arquitecturas de SNA, las tramas se desarrollan a nivel de lenguaje de programación en las aplicaciones de los clientes; donde se debe cuidar cada posición de los bits, respetando siempre el orden y la posición de cada bit y bytes. En el caso de usar un lenguaje de programación que permita trabajar con una estructura de datos que pueda definir diferentes tipos (numéricos, alfanuméricos, etc.) y tamaños de campos (respetar una zona fija de la trama y que posee un significado), el trabajo de los desarrolladores y programadores de aplicaciones se facilita y mejora en mantener el estándar del formato y evitar equivocaciones en el manejo de las tramas; por el otro lado, no se preocupa tanto el orden de ingreso de los datos en el mensaje cuando se programa en el desarrollo del componente, debido a que la estructura respetará el orden con que se envía los datos dentro de la trama, es decir, se tienen los bytes y bits definidos en una estructura de datos con un orden específico con sus significados para la interpretación de quien lo reciba, por ejemplo, la definición de los tres bytes de RH en la LU tipo 0, donde cada bit tiene un significado, y este son colocados en la estructura con los nombres de los indicadores, como por ejemplo "EBI" en una estructura para ser operado asignando valor de cero o uno, sin estar pendiente que es el segundo bit de posición del tercer byte del RH; el llenado de la estructura no necesariamente tiene que ser en el mismo orden en el código de programación, el uso del bit no será por la posición en los tres bytes, sino por su nombre en la estructura (como "estructura->EBI"), genera menos errores por la posición en los tres bytes y fácil de entender para los próximos programadores que deban mantener el código del programa.

En el caso de HIS para el desarrollo de aplicaciones en los clientes con el uso de las librerías que provee, viene con ella en los ficheros de definición y declaración de las estructuras de datos, funciones y métodos para ser utilizados en los aplicativos clientes (en el caso de lenguaje C son los ficheros que tiene sufijo ".h", por ejemplo "WinAPPC.h"). Existe un conjunto de librería que es utilizado dependiendo del caso, en desarrollar componentes de comunicación bajo SNA con LU tipo 0 o LU tipo 6.2, se seleccionarán solo estos dos casos para efecto del libro como ejemplo, con los manuales y las bibliotecas de HIS existen desarrollos de otros casos, no solo para desarrollar los indicados en este libro, permite realizar conexiones de terminales, dispositivos como impresoras, etc. En el caso particular de los manuales de desarrollo de los componentes de comunicación están descritos en los manuales "APPC Applications. HIS 2000" [Misc007] para el caso de LU tipo 6.2 y "LUA Applications. HIS 2000" [Misc008] en el caso LU tipo 0. Las librerías o bibliotecas a usar en el caso de LU tipo 0 son los RUI, SLI, WinRUI y WinSLI. También están presentes las bibliotecas para desarrollar las conexiones LU tipo 6.2, donde se usan WinAPPC, WinAPPC32, WinCSV y WinCSV32. El desarrollador del componente de comunicación debe escoger una de ellas (librerías y sus declaraciones) según los objetivos y características del ambiente de desarrollo (y producción) del aplicativo cliente, conjuntamente con la configuración del HIS por el tipo de conexión al computador central. En las versiones actuales de HIS se deben presentar WinAPPC64 y WinCSV64 o su equivalente librería para los diferentes modelos de computadores y versiones de sistemas operativos Windows.

En los manuales de HIS y en los archivos de declaración de la librería (.h) presentan estructuras de datos para ser utilizados en los envíos y las respuestas desde el aplicativo del cliente hacia el Host. En los manuales describe en cada caso lo que es "Bloque de control del verbo" (VCB - Verb Control Block, en sus siglas en inglés) donde define la estructura de la trama de envío y de recepción a nivel de protocolo de comunicación; donde a nivel de la capa de aplicación, el desarrollador debe también cuidar la capa de sesión (control de flujo de datos) y la capa presentación (uso de traductor de caracteres ASCII a EBCDIC y viceversa) dentro de la trama para el protocolo de aplicación. Por lo tanto el "Bloque de control del verbo" (VCB) es la estructura de datos que se encarga la trama del protocolo de aplicación y de comunicación en la arquitectura SNA usando HIS. El

"Bloque de control del verbo" por lo tanto se encarga de manejar los diferentes encabezados de las capas a nivel del cliente HIS y se complementa con los encabezados que se agregan al llegar al servidor de HIS (controlador local en la arquitectura de SNA) que maneja y controla las capas inferiores como la capa de red, control de enlaces de datos y capa física. El programador de aplicaciones debe actualizar los diferentes datos como consultar la información que posee el "Bloque de control del verbo" dependa de la situación con la trama.

15.7.1. Bloques de control del Verbo en LU tipo 0

Tanto en los "Bloques de control del verbo" de LU tipo 0 como LU tipo 6.2, tiene dos grandes conjuntos de verbos, en el caso de iniciar la comunicación en LU tipo 0 esta todo el proceso de llevar la comunicación al estado activo (LU activo), donde se indica en los capítulos anteriores de LU tipo 0 de cómo realizar una inicialización de sesión entre las LU's, son con los verbos de los RUI, y en ellas también contienen el manejo de los datos de envíos y recepción en el protocolo de aplicación. La estructura "Bloques de control del verbo" (ver la Figura 15.11) propuesto en el HIS maneja una cantidad de categoría de comandos en los diferentes estados como se indica ahora en la Figura 15.12.

```
struct LUA_COMMON {
unsigned short lua_verb;
unsigned short lua_verb_length;
unsigned short lua_prim_rc;
unsigned long lua_sec_rc;
unsigned short lua_opcode;
unsigned long lua_correlator;
unsigned char lua_luname[8];
unsigned short lua_extension_list_offset;
unsigned short lua_cobol_offset;
unsigned long lua_sid;
unsigned short lua_max_length;
unsigned short lua_data_length;
char FAR * lua_data_ptr;
unsigned long lua_post_handle;
struct LUA_TH lua_th;
struct LUA_RH lua_rh;
struct LUA_FLAG1 lua_flag1;
unsigned char lua_message_type;
struct LUA_FLAG2 lua_flag2;
unsigned char lua_resv56[7];
unsigned char lua_encr_decr_option;
};
```

Figura 15.11 Bloque de control del verbo en LU tipo 0

Existen formas de usar la estructura de datos dentro del HIS donde representan los diferentes campos en los encabezados de SNA en la LU tipo 0, la estructura de la Figura 15.11 es manejada por las funciones o métodos que proveen el HIS que da una idea de los posibles encabezados de cada capa que maneja en la arquitectura SNA, en el caso del manejo de TH ("Transmission Header") y RH ("Request or Response Header") dentro de ella (ver "struct LUA_TH lua_th; struct LU_RH lua_rh"), son estructuras que sabemos que el RH son de tres bytes de tamaños y dentro de ellas están definidos los diferentes bits que el RH está descrito en el capítulo 15.3 como la descripción del RU, que tiene el control por parte del desarrollador de software. El caso de estado de la conexión está en "unsigned char lua_message_type;" que se indica en el proceso de colocar la conexión en activo o los diferentes estados (SSCP = LUA_MESSAGE_TYPE_SSCP, UP = LUA_MESSAGE_TYPE_LU_DATA, BIND = LUA_MESSAGE_TYPE_BIND, etc., ver la Figura 15.12), en la estructura de datos dentro del aplicativo del cliente se detecta en el estado de la conexión LU tipo 0 (ver la trama 15.4), permite que el desarrollador de aplicaciones del cliente tenga el control de los diferentes estados tanto en el envío como recepción. De esta forma se genera el entendimiento de la estructura del formato, el orden y el tamaño con el tipo de datos que se define en la estructura.

Se maneja los diferentes estados por medio de valores fijos en el aplicativo del cliente y es un estándar en este desarrollo bajo HIS, como se indica seguidamente los diferentes estados definidos en estas constantes donde está incluidos los cuatros estados que se describieron en capítulos anteriores de inicialización de sesión:

```
LUA_MESSAGE_TYPE_LU_DATA
LUA_MESSAGE_TYPE_SSCP_DATA
LUA_MESSAGE_TYPE_BID
LUA_MESSAGE_TYPE_BIND
LUA_MESSAGE_TYPE_BIS
LUA_MESSAGE_TYPE_CANCEL
LUA_MESSAGE_TYPE_CHASE
LUA_MESSAGE_TYPE_CLEAR
LUA_MESSAGE_TYPE_CRV
LUA_MESSAGE_TYPE_LUSTAT_LU
LUA_MESSAGE_TYPE_LUSTAT_SSCP
LUA_MESSAGE_TYPE_QC
LUA_MESSAGE_TYPE_QEC
LUA_MESSAGE_TYPE_RELQ
LUA_MESSAGE_TYPE_RQR
LUA_MESSAGE_TYPE_RTR
LUA_MESSAGE_TYPE_SBI
```

```
LUA_MESSAGE_TYPE_SHUTD
LUA_MESSAGE_TYPE_SIGNAL
LUA_MESSAGE_TYPE_SDT
LUA_MESSAGE_TYPE_STSN
LUA_MESSAGE_TYPE_UNBIND
```

Figura 15.12 Tipos de mensajes definidos en SNA

Los diferentes estatus permiten usarlos en los bloques de control como inicialización, comparación (en las instrucciones de condicionales de los lenguajes de programación) y de colocar en los programas de aplicación para determinar las condiciones y acciones a realizar. Los bloques de control del verbo no solo sirven para colocar, ordenar y facilitar el manejo de los datos por parte del programador de aplicaciones, permite utilizar las funciones o métodos para el envío y recepción de los datos en el protocolo de comunicación. El uso de estos bloques existen varias funciones o métodos que son: función de inicialización de la conexión, función de envío y la función de recepción, hay funciones que permiten configurar la conexión, pero generalmente se realiza en la inicialización de la conexión, y las funciones de cerrar la conexión. En el caso de enviar requerimiento existe la función RUI_WRITE, que permite enviar en la conexión el contenido del "bloque de control del verbo", donde en ella se construye previamente el requerimiento hacia el host; para recibir los datos de respuesta del mainframe se utiliza la función RUI_READ. El uso de cada función debe estar definido con el papel en la comunicación de emisor o receptor, al aplicar el RUI_WRITE es cuando el aplicativo del cliente esta como emisor, y al usar RUI_READ debe ser un receptor. Este es el cambio de "flip-flop" de emisor a receptor y viceversa por parte del aplicativo del cliente y por medio del "bloque de control del verbo" donde debe indicar el cambio al Host, para que ambos lados cambien su rol en la comunicación, sea por el protocolo de aplicación (dentro de los datos de RU) o por el protocolo de comunicación (por el encabezado de la capa usando los indicadores de la RH). Para los diferentes tipos de envíos como recepción que se permiten en el HIS están definidas y descritas todas las funciones en el manual correspondiente de LU tipo 0 [Mic008], como la definición y descripción de las diferentes estructuras que contiene el "Bloque de control del Verbo" (VCB).

Estas estructuras control también poseen dos campos que son "unsigned short lua_prim_rc;" y "unsigned long lua_sec_rc;" que indican el estado de la operatividad del protocolo de comunicación cuando se realiza un envío o recepción, que es el código de retorno donde son catalogados los errores de comunicación, los problemas o el éxito de la transmisión del bloque de información. Hay casos que la transmisión en el protocolo de comunicación sea

363

exitoso pero en el protocolo de aplicación es lo contrario, como una operación no realizada con éxito por datos errados o inexistente; pero el envío o la recepción de la trama fue exitoso; como hay caso que la operación fue realizado con éxito en el aplicativo del ordenador central pero al dar la respuesta al aplicativo cliente, exista un error en la comunicación o en la red que no permita cumplir con el objetivo de enviar la respuesta del aplicativo, con estos dos tipos de datos permite dar con más detalles del error, por ejemplo: LUA_OK que se ejecutó el verbo correctamente; o en el caso de error como "lua_prim_rc" sea "LUA_CANCELED" que indica que no fue completado el requerimiento porque fue cancelado por otra solicitud y en el "lua_sec_rc" que se aplicó el requerimiento RUI_TERM antes que RUI_INIT terminará; existirán más razones que la ejecución falle. Todos los errores de comunicación están catalogados en los manuales tanto el HIS como en los ordenadores centrales con la arquitectura SNA; la totalidad y el detalle de los tipos de errores son presentados en los códigos de detección (llamado "Sense Codes" por el manual de "APPC, CPI-C, and SNA Sense Codes" [Ibm008]) que se encuentran en los manuales del Host.

15.7.2. Bloques de control del verbo en LU tipo 6.2

En el caso de las LU tipo 6.2, los bloques de control del verbo se referencian por cada función o método que se desea aplicar, es decir, por cada operación se tiene un bloque de control y la llamada a una función específica. Existe para cada envío como para cada recepción un "Bloque de control del Verbo" (VCB) a diferencia que se tiene en LU tipo 0 donde tiene un VCB general. Se debe diferenciar con la LU tipo 0, donde no se tiene una inicialización de sesión todas las veces cuando el aplicativo se necesita un requerimiento al host, solo se realiza una sola vez la sesión, pero con el protocolo de aplicación se debe trabajar todo el tiempo con el VCB en la escritura y lectura; en la LU tipo 6.2 todo envío de la trama desde el aplicativo del cliente se debe realizar el mismo proceso, el proceso tiene los siguientes pasos: la inicialización de la sesión que este caso es la conexión de los TP "Transaction Program" del local con el remoto (similar a la inicialización de la sesión de la LU tipo 0), luego que esté conectado, se realiza el envío y recepción de las tramas, y finalmente la desconexión de los TP (cierra la sesión). Las implementaciones opcionales que se permiten son: hacer la similitud de lo que se realiza con LU tipo 0 con iniciar la sesión una sola vez para infinidades envíos y respuestas; o que en la LU tipo 0 realiza la conexión y desconexión por cada solicitud al host, se recomienda en las dos últimas opciones es de seguir las indicaciones de los técnicos expertos de los mainframes. Existe un conjunto de funciones como métodos para la conexión de los TP, donde posee su propio bloque de control del verbo (VCB). Luego de realizar la conexión entre los TP, se aplica otro conjunto de funciones o métodos solo para el envío y recepción del protocolo de aplicación, para cada envío y recepción existe su propio VCB, terminado la conversación se usa el mismo conjunto de funciones de conexión de TP para realizar la desconexión, este mismo proceso se repite para el próximo requerimiento.

Los verbos o funciones que se utilizan para el uso de la TP se describen seguidamente, primero los verbos de conexión y desconexión, luego más adelante los verbos para el envío y recepción. Las funciones de conexión y desconexión, son:

- ✓ GET_TP_PROPERTIES (obtener configuración de la TP)
- ✓ SET_TP_PROPERTIES (actualizar la configuración de la TP)
- ✓ TP_ENDED (finalizar la conexión de la TP)
- ✓ TP_STARTED (inicializar la conexión con la TP)

Donde las dos primeras funciones son permiten la configuración de la conexión de la TP luego de estar conectado, donde es de consultar y configurar la conexión de la TP. Las dos últimas son para finalizar e inicio de la conexión a la TP.

Las funciones para el envío y recepción de tramas luego conectado a la TP, tenemos:

Verbos de conversación	Verbos de conversación básicos
MC_ALLOCATE	ALLOCATE
MC_CONFIRM	CONFIRM
MC_CONFIRMED	CONFIRMED
MC_DEALLOCATE	DEALLOCATE
MC_FLUSH	FLUSH
MC_GET_ATTRIBUTES	GET_ATTRIBUTES
GET_LU_STATUS	GET_LU_STATUS
GET_STATE	GET_STATE
GET_TYPE	GET_TYPE
MC_POST_ON_RECEIPT	POST_ON_RECEIPT
MC_PREPARE_TO_RECEIVE	PREPARE_TO_RECEIVE
RECEIVE_ALLOCATE	RECEIVE_ALLOCATE
MC_RECEIVE_AND_POST	RECEIVE_AND_POST
MC_RECEIVE_AND_WAIT	RECEIVE_AND_WAIT
MC_RECEIVE_IMMEDIATE	RECEIVE_IMMEDIATE
MC_RECEIVE_LOG_DATA	RECEIVE_LOG_DATA
MC_REQUEST_TO_SEND	REQUEST_TO_SEND
MC_SEND_CONVERSATION	SEND_CONVERSATION
MC_SEND_DATA	SEND_DATA

MC_SEND_ERROR	SEND_ERROR
MC_ TEST_RTS	TEST_RTS

Figura 15.13 Funciones de conversación LU tipo 6.2

El desarrollador debe realizar la escogencia de los diferentes verbos que permitan realizar el algoritmo de envío y recepción de la trama hacia el Host, considerando el flujo de datos que se establece por el protocolo de aplicación como se indica en el capítulo 15.6.4. La selección y el orden de los verbos de envío y recepción se determinan por el protocolo de aplicación que defina el Host, donde se caracteriza por el modo del flujo de datos. Cada verbo tiene su propio bloque de control del verbo como se indicó anteriormente, por ejemplo: se presenta en la Figura 15.14 el VCB de TP_STARTED y la Figura 15.15 el VCB de MC_ALLOCATE que son las funciones que van a ser usado dentro del desarrollo del componente para la comunicación.

```
struct tp_started {
unsigned short opcode;
unsigned char opext;
unsigned char reserv2;
unsigned short primary_rc;
unsigned long secondary_rc;
unsigned char lu_alias[8];
unsigned char tp_id[8];
unsigned char tp_name[64];
unsigned char syncpoint_rqd;
};
```

Figura 15.14 VCB de TP_STARTED

Adicional a lo mencionado, existen varios verbos que se van usar más adelante que son seleccionados para esta conexión, como el inicio de la conexión con TP_STARTED; asignación de la TP y su invocación por medio de MC_ALLOCATE; la función de enviar con MC_SEND_DATA donde coloca la data en LU y enviarla a la TP; la acción de MC_RECEIVE_AND_WAIT es de esperar la respuesta si la data no ha llegado a la TP, es similar al MC_RECEIVE_AND_POST pero permite realizar varias veces la acción, esto habilita el caso de recibir varias respuestas asíncronas y la forma de indicar de la última trama es por el protocolo de aplicación; y para terminar la conversación del requerimiento en la última respuesta esta TP_ENDED que indica a la TP ha finalizado la conversación y el aplicativo cierra la sesión de la LU. Cada VCB es diferente para cada función o verbo mencionado, cada VCB esta descrito en los manuales de HIS y su detalle de cada campo, definición y significado. En todos los VCB tienen campos comunes como el código de operación ("opcode") y los códigos de detección donde indica los errores si ocurren en la ejecución de cada función.

```
struct mc_allocate {
unsigned short opcode;
unsigned char opext;
unsigned char reserv2;
unsigned short primary_rc;
unsigned long secondary_rc;
unsigned char tp_id[8];
unsigned long conv_id;
unsigned char reserv3;
unsigned char synclevel;
unsigned char reserv4[2];
unsigned char rtn_ctl;
unsigned char reserv5;
unsigned long conv_group_id;
unsigned long sense_data;
unsigned char plu_alias[8];
unsigned char mode_name[8];
unsigned char tp_name[64];
unsigned char security;
unsigned char reserv6[11];
unsigned char pwd[10];
unsigned char user_id[10];
unsigned short pip_dlen;
unsigned char FAR * pip_dptr;
unsigned char reserv7;
unsigned char fqplu_name[17];
unsigned char reserv8[8];
unsigned long proxy_user;
unsigned long proxy_domain;
unsigned char reserv9[16];
};
```

Figura 15.15 VCB de MC_ALLOCATE

En el capítulo 15.6.2 de los datos necesarios para la conexión son usados ahora como variables globales dentro del código de programación en C++ en los VCB, que son datos comunes en todas las conexiones de las LU's tipo 6.2, puede suceder que exista en algún momento varias instancia ejecutándose por medio de hilos (debido en un ambiente IIS); donde todas las instancias compartan la misma información en una sola área de memoria como se indica en el próximo algoritmo 15.2 con el uso de las variables globales: **sModeName, sRemoteLUAlias, sRemoteTPName, sUser, sPassWord, sLocalLUAlias** y **sLocalTPName.** Estos datos son comunes en todas las conexiones que se realizan con el componente a desarrollar.

Pero existen otras variables que son locales, se reconocen debido a que son propias de cada instancia (sesión) cuando se usan hilos, donde las variables locales (área de memoria) deben poseer valores diferentes en cada conexión o instancia (hilo), como son los datos de envíos, respuestas, aplicaciones y librerías que se ejecutan en aplicativo central (variable **sLibrary**), identificación de la conexión hacia la TP (TPid), los bloques de control del verbo (VCB) por cada conexión simultánea hacia el computador central. La librería es el aplicativo central que puede ser diferente por cada instancia, debido a que los usuarios pueden ejecutar diferentes aplicativos de la misma "TP remoto" al mismo tiempo.

15.8.   Construcción de las funciones bases de LU tipo 6.2

Al seleccionar el conjunto de verbos del HIS y su correspondiente VCB para el proyecto donde cubra el requerimiento del protocolo de aplicación, cada verbo se convierte en una función para ser utilizado en el componente de comunicación a desarrollar. La lista de verbo a utilizar es definida en el capítulo 15.7.2. Cada función que es seleccionado se coloca en un módulo para su utilización y su configuración, como la actualización de los datos de envío o recepción cual sea el caso, en el algoritmo 15.2 se construyen las funciones propias básicas del aplicativo del cliente condicionado a la exigencia del capítulo 15.6.4 para la construcción del componente de comunicación. Estas funciones son las básicas para el uso en un aplicativo cliente ejecutable como se indica la Figura 15.1 o para ser utilizado en la construcción de una librería o biblioteca que se manejará con IIS similar a la Figura 15.2. Como está declarado en el código de programación en lenguaje C, las cabeceras de las funciones son privadas, que serán utilizadas en un programa ejecutable o en la construcción de funciones públicas de una biblioteca o librería. La construcción de las funciones bases se realizan en Visual Studio .Net bajo lenguaje de programación C++ con el tipo de proyecto de desarrollo de librería o biblioteca. A continuación se detallan las funciones bases que son usados en el futuro:

```
void MY_MC_ALLOCATE(VCB * vcbIn, unsigned char sTPid[8], char sLibrary[65])
{
 MC_ALLOCATE * vcb;
 int iLen;

 vcb = (MC_ALLOCATE *) &(vcbIn->VCB_DEF);
 memset(vcb,0,sizeof(VCB));

 vcb->opcode = AP_M_ALLOCATE;
 vcb->opext = AP_MAPPED_CONVERSATION;
 memcpy(&(vcb->tp_id),sTPid, 8);
 vcb->sync_level = AP_CONFIRM_SYNC_LEVEL;
 vcb->rtn_ctl = AP_WHEN_SESSION_ALLOCATED;
```

```c
    iLen = strlen( (char *) sModeName );

  Conv_A2E(iLen, sModeName); //Convertir de ASCII a EBCDIC

  memcpy(&(vcb->mode_name), sModeName, iLen);

   iLen = strlen( (char *) sRemoteLUAlias );

  memcpy(&(vcb->plu_alias), sRemoteLUAlias, iLen);

   sprintf(sRemTPName_Library, "%s.%s", sLibrary, sRemoteTPName);
   iLen = strlen( (char *) sRemTPName_Library );
   memcpy(sRemoteTPName, sRemTPName_Library, iLen);
   Conv_A2E(64, sRemoteTPName);  // Convertir de ASCII a EBCDIC

  memcpy(&(vcb->tp_name),   sRemoteTPName, 64 );

   iLen = strlen( (char *) sUser );
   Conv_A2E(10, sUser); //Convertir de ASCII a EBCDIC

  memcpy(&(vcb->user_id), sUser, iLen);

   iLen = strlen( (char *) sPassWord );

  Conv_A2E(iLen, sPassWord); //Convertir de ASCII a EBCDIC
   memcpy(&(vcb->pwd), sPassWord, iLen);
   vcb->security = AP_PGM;

}

void MY_TP_STARTED(VCB * vcbIn)
{
  char lError[250], sLocalLuaName[65];
  int i;

  TP_STARTED * vcb;
  vcb = (TP_STARTED *) &(vcbIn->VCB_DEF);
  memset(vcb,0,sizeof(VCB));

  vcb->opcode = AP_TP_STARTED;

  memset(sLocalTPName, ' ', 65);
  memset(&(vcb->tp_name), 0, 64);
  iLen = strlen( (char *) sLocalLUAlias );
  memcpy(&(vcb->lu_alias), sLocalLUAlias, 8 );

  iLen = strlen( (char *) sLocalTPName );
  Conv_A2E(iLen, sLocalTPName); //Convertir de ASCII a EBCDIC
  memcpy(&(vcb->tp_name), sLocalTPName, iLen);
}

void MY_MC_SEND_DATA(VCB * vcbIn, unsigned char sTPid[8],
                        unsigned long Convid, char sSend_Data[5000])
```

369

```c
{
unsigned short iSendSize;
int iLen;

  MC_SEND_DATA * vcb;

  vcb = (MC_SEND_DATA *) &(vcbln->VCB_DEF);
  memset(vcb,0,sizeof(VCB));

  vcb->opcode = AP_M_SEND_DATA;
  vcb->opext = AP_MAPPED_CONVERSATION;
  memcpy(&(vcb->tp_id), sTPid, 8);
  vcb->conv_id = Convid;
  iSendSize = iLen = strlen( (char *) sSend_Data );
  vcb->dlen = iSendSize;
  Conv_A2E (iSendSize, sSend_Data); //Convertir de ASCII a EBCDIC
  vcb->dptr = (unsigned char *) sSend_Data;  // Trama con el protocolo de aplicacion

  vcb->type = AP_SEND_DATA_P_TO_R_SYNC_LEVEL;
}

void MY_MC_RECEIVE_AND_WAIT(VCBRCV * vcbln, unsigned char sTPid [8],
                                    unsigned long Convid, char sRecv[5000])
{
  MC_RECEIVE_AND_WAIT * vcbrcv;

  vcbrcv = (MC_RECEIVE_AND_WAIT *) &(vcbln->VCBRCV_DEF);
  memset(vcbrcv,0,sizeof(VCBRCV));

  vcbrcv->opcode = AP_M_RECEIVE_AND_WAIT;
  vcbrcv->opext = AP_MAPPED_CONVERSATION;
  memcpy(&(vcbrcv->tp_id),sTPid,8);
  vcbrcv->conv_id = Convid;
  vcbrcv->rtn_status = AP_YES;
  vcbrcv->max_len = 4096;
  vcbrcv->dptr = (unsigned char *) sRecv;  // Respuesta del Host Protocolo de aplicacion
 }

void MY_TP_ENDED(VCB * vcbln, unsigned char sTPid [8])
{

 TP_ENDED * vcb;

 vcb = (TP_ENDED *) &(vcbln->VCB_DEF);
 memset(vcb,0,sizeof(VCB));
 vcb->opcode = AP_TP_ENDED;
 memcpy(&(vcb->tp_id), sTPid, 8);
 vcb->type = AP_SOFT;
}

void MY_Close_All(VCB * vcbptr, unsigned char sTPid [8])
{
        MY_TP_ENDED(vcbptr, sTPid);
```

```
        APPC((long)(vcbptr));
}
```

Algoritmo 15.2 creación de los verbos y configuración

Hay que recordar que las variables globales definidas y usadas en las funciones bases debe estar accedida por el aplicativo cliente o por el componente de la biblioteca, sea por medio de un fichero de configuración o inicialización (fichero.ini similar a lo indicado en el capítulo 11.8 de fichero de configuración) para la lectura de este. Las variables globales (ModeName, RemoteLUAlias, RemoteTPName, User, PassWord, LocalLUAlias y LocalTPName) son usado en el componente de comunicación que pueden provenir también de una base de datos, el mecanismo de almacenamiento y acceso depende del nivel de seguridad que sea definido solo por el administrador del aplicativo del cliente, todo depende del desarrollador o el arquitecto del software (diseñador del software). Estos datos no son modificables frecuentemente, solo se realiza en la instalación del aplicativo cliente o de mantenimiento, las variables globales se dejan abiertas en las funciones bases para ser usado libremente por el arquitecto, diseñador o desarrollador de la capa de aplicación. Hay que detallar que en las funciones poseen datos numéricos, y los alfanuméricos se realizan la conversión de ASCII a EBCDIC (en el envío) y viceversa (en la recepción de la respuesta) por ser un ambiente Windows en el ordenador del cliente.

15.9.   Construcción del algoritmo principal para LU tipo 6.2

En este sub capítulo se describen dos ejemplos con el uso de las funciones bases. Se definen dos ejemplos o dos tipos de aplicaciones para la comunicación con el uso de las funciones bases del capítulo anterior 15.8. El primero es un ejemplo de un programa ejecutable con el uso de las funciones bases; y el otro ejemplo, es la construcción de una librería dinámica con funciones o métodos públicos que son usados por otros componentes del software para el manejo del protocolo de aplicación (por medio de una DLL). En el ejemplo del programa ejecutable, el usuario debe ingresar como datos la trama del protocolo de aplicación y la librería del host a donde enviarla, apoyado por la lectura de los datos (variables globales) de un fichero de configuración, el usuario conoce el protocolo de aplicación y permite realizar pruebas tanto el protocolo de comunicación y de aplicación; mientras el segundo ejemplo, es la entrega de las funciones públicas en una librería dinámica o biblioteca para que otro componente del software administre la comunicación, se asume que es el componente que controlará y manejará el protocolo de aplicación. Ambos casos, tanto el usuario del aplicativo con interfaz como el desarrollador de software de la librería o biblioteca para el componente del software que utiliza las funciones bases de LU tipo 6.2, deben conocer el formato de la trama que entiende el ordenador central o el protocolo de aplicación. El caso del aplicativo para usuario para conocedores de formato del protocolo de aplicación es útil para realizar pruebas de forma separada al desarrollo de aplicación y a los simuladores de terminales 3270 como 5250 (los terminales presentan diferentes formatos al protocolo de aplicación transaccional o datos crudos, los terminales tienen la presentación de los datos de forma adecuada a los usuarios, son "front-end" o pantalla administrativa donde los datos crudos son procesados para sea entendido al usuario, por esta razón la LU tipo 0 y 6.2 tiene diferente formato en la trama que la LU tipo 2); permite realizar pruebas de los envíos o tipos de respuestas que son utilizadas en el desarrollo de los componentes que maneja el protocolo de aplicación. En este punto estamos en el límite entre el protocolo de aplicación y el protocolo de comunicación LU tipo 6.2, recordar que el mismo método de desarrollo aplicado en el LU tipo 6.2 se puede aplicar en las LU tipo 0 pero con el manual respectivo de "LUA Applications" [Mic008]. Estamos entre la capa de aplicación y la siguiente capa inferior en modelo de capa OSI. Solo daremos el detalle del programa principal, mas no se detallan la interfaz (pantallas, sus campos de entrada y salida de datos) o el estándar en C++ en la construcción de una DLL en Visual Studio .Net de Windows. El desarrollador debe escoger en el primer ejemplo un aplicativo ("desktop") de escritorio, y el segundo crear un proyecto para librería dinámica.

15.9.1. Módulo principal de aplicación ejecutable con LU tipo 6.2

En este capítulo se detalla parte de la construcción de un programa ejecutable en Windows para el envío de la trama cruda del protocolo de aplicación hacia el Host por medio de HIS. Se define un botón ("Enviar") para la transmisión del contenido del campo en la pantalla llamado "Protocolo de aplicación", en este campo se coloca el formato de la trama que entienda el aplicativo central ("Programa del Host") definido en la pantalla de la Figura 15.16, en la trama (protocolo de aplicación) se debe identificar la operación a ser ejecutado por el aplicativo central que también es ingresado por el usuario, esta aplicación ("Programa del Host") debe estar en la "TP remoto" descrito por su nombre que está desplegado en la pantalla, la "TP Remoto" es el nombre de la librería (CICS) del computador central que contiene un conjunto de aplicaciones que debe incluir "Programa del Host".

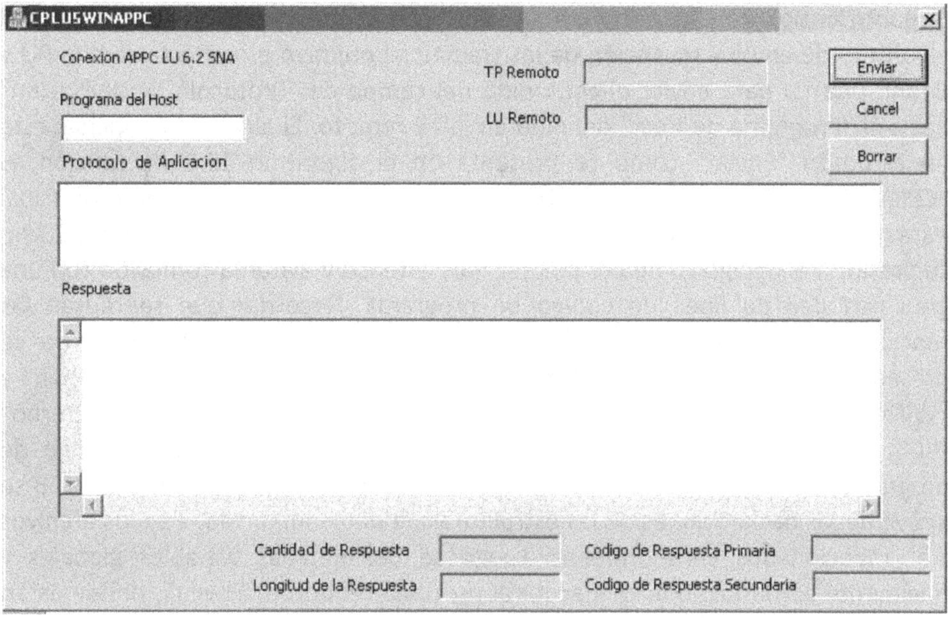

Figura 15.16 Pantalla de un programa de ejecución con LU tipo 6.2

Existen otros campos en la pantalla que son datos de consultas o despliegues fijos definidos por la conexión hacia el Host por medio de HIS, los datos de consultas son extraídos de un archivo de configuración (ver capítulo 11.8 de fichero de configuración); en estos campos presentan adicionalmente, los resultados de la(s) respuesta(s) del requerimiento luego de presionar el botón "Enviar", como la cantidad de trama de la respuesta que ha recibido, los valores de los códigos de retornos de respuesta ("Sense Codes") tanto del primario como secundario de la última respuesta o de la trama recibido; la longitud del último mensaje; la(s) respuesta(s) se presenta(n) por secuencia en la recepción, la longitud de cada respuesta y su contenido. Las longitudes solo contienen los datos del protocolo de aplicación y no incluye la longitud del VCB.

En resumen, el usuario al ejecutar el programa que se despliega una pantalla como se indica en la Figura 15.16, donde existe dos campos de entradas de datos que son el programa (aplicación) a ejecutar en el Host y la trama del protocolo de aplicación. Al presionar el botón "Enviar" se despliegan los resultados como la respuesta del Host. Los datos desplegados fijos en la pantalla son extraídos de un fichero de configuración que contiene las variables globales definidas en los párrafos anteriores de la conexión LU 6.2.

El punto crítico de este software se centra en la programación, al construir el algoritmo de envío y recepción de las tramas; el objetivo es conectarse a la PU y definir una LU para enviar el contenido del campo de "Protocolo de aplicación" hacia el "Programa de Host" definido en la TP remoto. El algoritmo principal está en el botón "Enviar" como se presenta en el algoritmo 15.3 (la función es **"CPlusWINAPPCDlg::OnBnClickedOk**()"), solo se coloca el código fuente principal para realizar lo que se indica en la pantalla de la Figura 15.16, el algoritmo 15.3 no se presenta el código completo por ser más extenso y evitar la confusión con una gran cantidad de línea de código de programa. Recordar que se reúsan las funciones bases de LU tipo 6.2 definido en el capítulo 15.8. En el código fuente se presenta al inicio con las estructuras de datos que se definen en "WINAPPC.h" y "WINAPPCHIS.h", esta estructura se basa con cada "Bloque de control del Verbo" (VCB) a utilizar en una unión de los verbos a ser llamados en el código de programa; se definen dos VCB: uno de envío y el otro de recepción; cada VCB se apoya de las declaraciones de las estructuras de datos importados en los archivos ".h" mencionados anteriormente. Luego se declaran las variables globales y finalmente el módulo que se ejecuta al presionar el botón "Enviar", donde están las llamadas de las funciones del protocolo de comunicación para una conexión LU tipo 6.2.

```
#include "stdafx.h"
#include "Wincsv.h"
#include "WINAPPC.h"
#include "WINAPPCHIS.h"
#include "CPLUSWINAPPCDlg.h"
#include <afxdb.h>
#include <stdio.h>
#include <io.h>
#include <fcntl.h>
#include <sys\types.h>
#include <sys\stat.h>
#include <time.h>
#include <sys/timeb.h>
#include <string.h>
#include <process.h>
#include  <errno.h>
#include <wchar.h>
#include ".\cpluswinappcdlg.h"

typedef struct vcbdef
{
        union
        {
                struct appc_hdr       hdr;
                struct tp_started      tpstart;
                struct mc_send_conversation sndconv;
```

```
                        struct mc_allocate        allocate;
                        struct mc_send_data      snddata;
                        struct mc_deallocate      deallocate;
                        struct mc_confirm        confirm;
                        struct tp_ended          tpend;
                } VCB_DEF;
        } VCB;


        typedef struct vcbrcvdef
        {
                union
                {
                        struct appc_hdr          hdr;
                        struct receive_allocate    rcvalloc;
                        struct mc_receive_and_wait  rcvwait;
                        struct mc_confirmed        confirmed;
                        struct tp_ended          tpend;
                } VCBRCV_DEF;
        } VCBRCV;

        WNDCLASS   wc;
         HINSTANCE hInsta;

        char sLu_Alias[9];
        char sLocalTPName[65];
        char sRemoteLUAlias[10];
        char sModeName[9];
        char sRemoteTPName[65];
        char sPassWord[11];
        char sUser[11];
        char sRemTPName_Library[65];
        char sRetCode[20];
        char sLengthData[20];

        int iRetCode2;
        #define CLEARVCB memset(vcbptr,0,sizeof(vcb));
        #define CLEARVCBRCV memset(vcbptrrcv,0,sizeof(vcbrcv));

        void CPlusWINAPPCDlg::OnBnClickedOk()
        {

        #define WinAPPCVERSION  0x0001
         WAPPCDATA APPCData;
         char sResp[10];
         int iResp;
         int iNumRaf;
         unsigned char sTPid[8];
         unsigned long Convid;
         unsigned short iSendSize;


        /*************************************************************************/
        /* Startup WinAPPC                          */
```

```
/**********************************************************************/
memset(sTPid,0,8);
vcbptr=(char *)&vcb;
vcbptrrcv=(char *)&vcbrcv;

cnvtptr=(char *)&cnvt;

m_ctrl_Library.GetWindowText(sLibrary, 50); // campo de nombre de la librería de Host
m_ctrl_Send.GetWindowText(sSend_Data, 4999); // Trama de envio con el protocolo de app
m_ctrl_Rcv.SetWindowText("");     // Las respuestas del Host a desplegar
m_ctrl_CodResp_Prim.SetWindowText("");  // Codigo de detección primario (sense codes)
m_ctrl_CodResp_Sec.SetWindowText("");// Codigo de detección secundario (sense codes)
m_ctrl_LongResp.SetWindowText(""); // Longitud de la respuesta
m_ctrl_Library2.SetWindowText(sRemoteTPName); // Nombre del TP remoto
m_ctrl_LURemoto.SetWindowText(sRemoteLUAlias); // LU remoto
memset(vcbptr,0,sizeof(VCB));

// Se inicializa y hace conexión con la TP
MY_TP_STARTED(vcb);
APPC((long)(vcbptr));

if ((vcb.tpstart.primary_rc != 0) || (vcb.tpstart.secondary_rc != 0))
{
        iRetCode = vcb.tpstart.primary_rc;
        iRetCode2 = vcb.tpstart.secondary_rc;
        itoa(iRetCode , sRetCode,16);
        m_ctrl_CodResp_Prim.SetWindowText( sRetCode);
        itoa(iRetCode2 , sRetCode,16);
        m_ctrl_CodResp_Sec.SetWindowText( sRetCode);

        MY_Close_All(vcb, sTPid);
        return;
}

// Identificacion única de conexión  a la TP es guarda en sTPid
memcpy(sTPid,&(vcb.tpstart.tp_id),8);

MY_MC_ALLOCATE(vcb, sTPid, sLibrary);
APPC((long)(vcbptr));

if ((vcb.allocate.primary_rc != 0) || (vcb.allocate.secondary_rc != 0))
{
        iRetCode = vcb.allocate.primary_rc;
        iRetCode = vcb.allocate.primary_rc;
        iRetCode2 = vcb.allocate.secondary_rc;
        itoa(iRetCode , sRetCode,16);
        m_ctrl_CodResp_Prim.SetWindowText( sRetCode);
        itoa(iRetCode2 , sRetCode,16);
        m_ctrl_CodResp_Sec.SetWindowText( sRetCode);
        MY_Close_All(vcb, sTPid);
        return;
}
```

```
    Convid = vcb.allocate.conv_id;

    MY_MC_SEND_DATA(vcb, TPid, Convid, sSend_Data);
    APPC((long)(vcbptr));

if ((vcb.snddata.primary_rc != 0) || (vcb.snddata.secondary_rc != 0))
{
        iRetCode = vcb.snddata.primary_rc;
        iRetCode2 = vcb.snddata.secondary_rc;
        itoa(iRetCode , sRetCode,16);
        m_ctrl_CodResp_Prim.SetWindowText( sRetCode);
        itoa(iRetCode2 , sRetCode,16);
        m_ctrl_CodResp_Sec.SetWindowText( sRetCode);
        MY_Close_All(vcb, sTPid);
        return;
}

sprintf(sRecvTot,"");
iNumRaf = 0;
while (1)
{
        MY_MC_RECEIVE_AND_WAIT(vcbrcv, TPid, Convid, sRecv);
        APPC((long)(vcbptrrcv));
        Conv_E2A (vcbrcv.rcvwait.dlen, sRecv); // convierte de EBCDIC a ASCII

        iNumRaf++;
        sprintf(sRecvTot, "%s rafaga[%d]->[%s]tamaño[%d]",
        sRecvTot, iNumRaf, sRecv, vcbrcv.rcvwait.dlen);
        iRetCode = vcbrcv.rcvwait.primary_rc;
        iRetCode2 = vcbrcv.rcvwait.secondary_rc;
        if (iRetCode != 0)
                break;
        sResp[0] = sRecv[0];
        sResp[1] = sRecv[1];
        sResp[2] = sRecv[2];
        sResp[3] = '\0';
        iResp = atoi(sResp);
        if (iResp == 0)  // Significa que llego la última respuesta en el protocolo de aplicacion
                break;
};

    m_ctrl_Rcv.SetWindowText(sRecvTot);
    itoa(iRetCode , sRetCode,16);
    m_ctrl_CodResp_Prim.SetWindowText( sRetCode);
    itoa(iRetCode2 , sRetCode,16);
    m_ctrl_CodResp_Sec.SetWindowText( sRetCode);
    itoa(vcbrcv.rcvwait.dlen , sLengthData,10);
    m_ctrl_LongResp.SetWindowText(sLengthData);
    itoa(iNumRaf , sRetCode,8);
    m_ctrl_NumTramaResp.SetWindowText(sRetCode);

    MY_Close_All(vcb, sTPid);
```

```
}
```
Algoritmo 15.3 programa ejecutable de envío y recepción

En resumen, el algoritmo principal 15.3 con el uso de las estructuras de datos y de los verbos HIS, para el envío y recepción en la LU tipo 6.2, se presenta a continuación de forma secuencial y ordenada los pasos ejecutados de forma resumida:

- ✓ MY_TP_STARTED
- ✓ MY_MC_ALLOCATE
- ✓ MY_MC_SEND_DATA
- ✓ Ciclo infinito con la ejecución de MY_MC_RECEIVE_AND_WAIT hasta que el protocolo de aplicación indique que es la última respuesta.
- ✓ MY_TP_ENDED

Si en el caso hipotético, donde el protocolo de aplicación tiene múltiple respuestas pero de forma sincronizadas, se debe definir una conversación en el protocolo de aplicación que es entendido entre el aplicativo central y el aplicativo del cliente, en la sincronización es necesario indicar que el aplicativo del cliente está preparado para recibir más respuesta desde el Host como la Figura 6.4, por ejemplo, se define como tres bytes con el valor "222" que significa al aplicativo central enviar la siguiente respuesta, y se mantienen todas las condiciones anteriores, el algoritmo varia un poco como:

- ✓ MY_TP_STARTED
- ✓ MY_MC_ALLOCATE
- ✓ MY_MC_SEND_DATA (requerimiento)
- ✓ Ciclo infinito, con la ejecución de:
    - o MY_MC_RECEIVE_AND_WAIT
    - o procesa la información
    - o Verificar hasta que el protocolo de aplicación indique que es la última respuesta, salir del ciclo si es afirmativo.
    - o MY_MC_SEND_DATA("222").
- ✓ MY_TP_ENDED

Ambos algoritmos tienen un defecto en la ejecución, si el aplicativo central no envía la trama con la información de la última respuesta por cualquier razón, el algoritmo queda en un ciclo infinito y en la espera de una respuesta, aun utilizando los códigos de detección ("Sense Codes") como condición de parada del ciclo.

En el uso de este programa se entiende que cada vez que se presiona el botón "Enviar" se solicita un requerimiento al aplicativo central, es un sistema que maneja la data cruda del protocolo de aplicación; el usuario debe conocer el protocolo de aplicación, recuerde que es un programa para pruebas de usuarios expertos en el protocolo de aplicación del computador central, como los desarrolladores de software, adicionalmente permite realizar prueba de factibilidad de comunicación entre la tecnología donde se desarrolla el software y el ordenador central. En todos los sistemas y software no es así, los usuarios finales normalmente no tiene idea de lo que se envía, el formato del protocolo de aplicación es desconocido para el usuario final, el software es el encargado de construir la trama con el formato del protocolo de aplicación con los datos que el usuario ingresen, es decir, en caso hipotético del protocolo de aplicación definido 15.6.4 donde se desea realizar la consulta de un cliente hacia el aplicativo del Host "APPCENTRAL1", el usuario debe colocar en el campo de "Protocolo de aplicación" algo como "OPERACON   J123456789P", donde "OPERACON" significa una consulta del cliente identificado "J123456789P", como campo del cliente se identifica con quince caracteres alfanuméricos, se debe respetar estos espacios y se rellenan los espacios vacíos, si no se respetan estos espacios, por ejemplo, en enviar como "OPERACONJ123456789P" depende del aplicativo central como reacciona a un requerimiento que no está contemplado, de seguro la respuesta sería algo no deseado, asumamos que la respuesta sea "000ERROR-Formato errado", el aplicativo del cliente debe asumir que no fue exitoso el requerimiento; si el caso de enviar el formato correctamente, la respuesta podría ser "000&JACINTO FUNG LEON&CLIENTE TIPO 2& CALLE PEPE #145 ESCALERA IZQ PISO P3" que el aplicativo del cliente sabrá qué hacer con la respuesta. A diferencia de los datos enviados y recibidos en los terminales 3270 o 5250 que son tramas de pantallas que se presentan o usan los usuarios finales, generalmente son mensajes formateados que están predefinidas en un marco de 80x60 caracteres, que son 80 columnas y 60 filas que se representa como una pantalla. Se debe respetar los formatos de los mensajes con el software propuesto anteriormente, y el margen de error es grande en enviar el formato del protocolo de aplicación inclusive para expertos en esta área. En los casos normales, un software para usuario estándar o final, la pantalla debe solo indicar la operación que desea realizar el usuario como un botón de "Consulta de cliente", y el usuario solo debe ingresar al sistema la identificación del cliente a consultar; internamente el aplicativo sabe la operación a realizar que es la consulta al cliente por la selección de la opción de la pantalla que escogió el usuario y debe tener el identificador del cliente para completar el envío, como un campo de dato de entrada en la pantalla, el software debe construir la trama con el protocolo de aplicación ("OPERACON   J123456789P") antes de enviar al ordenador central para su procesamiento, de esta manera disminuyen los errores. De esta manera, las fuentes de los programas comienzan a impregnarse del protocolo de aplicación del ordenador central. El programador o desarrollador de aplicaciones debe saber en qué límite debe tener entre ambos protocolos. En el desarrollo de componente del próximo capítulo es donde se debe cuidarse más en tener claro la separación entre el protocolo de aplicación con el protocolo de comunicación, el ejemplo anterior del programa ejecutable (ver la Figura 15.16) está más inclinado al protocolo de comunicación, y el protocolo de aplicación se lo deja al usuario.

15.9.2. Desarrollo de librería o biblioteca con LU tipo 6.2

Con la experiencia de desarrollo de un aplicativo en capítulo 15.9.1 con un grado de independencia alta al protocolo de aplicación, la única dependencia del protocolo de aplicación sería la verificación de la condición de parada de la última trama, porque el indicador de parada está en el protocolo de aplicación y no en el protocolo de comunicación (como en el caso de "EBI" de la LU tipo 0). De igual forma puede ser usado para llevar sus tramas a su destino que es el aplicativo central, los aplicativos clientes deben poseer estas mismas características de comunicarse con el aplicativo central en diferentes protocolos de comunicación. Esto trae la consecuencia en el caso de fin de mensaje, de la ubicación del indicador en la trama, su significado o valor, permite atar el programa o el componente del cliente con el aplicativo del computador central, tanto este capítulo como la anterior, el cambiar el aplicativo del computador central puede causar cambio en la ubicación e interpretación del último mensaje en la trama; que en el caso del uso del encabezado de RH con "EBI" se normaliza para todos los aplicativos del computador central en un solo punto, con el costo de mantener el mismo protocolo de comunicación.

Definir la capa de protocolo de aplicación solamente y realizar la conexión con la capa del protocolo de comunicación no es sencillo, los límites no están claros en ciertos puntos y existe un punto de atadura de ambos. Los diseñadores de software cuidan mucho de estos detalles en diferenciar cada capa, en el uso de las herramientas dan también la diferenciación y los diseños que pueden soportar. Cada capa al acercarse a la otra capa tiende a confundirse y es el proceso normal de uso de capas, en este sentido, este capítulo se apoya en el desarrollo de las funciones bases para el uso de la LU tipo 6.2 definido en el capítulo 15.8; estas funciones bases son netamente en el área del protocolo de comunicación en la arquitectura de SNA LU tipo 6.2 (sucede lo mismo con cualquier otra librería como LU tipo 0 o con TCP/IP). La razón que existen diversas estructuras para construir una librería o biblioteca, una de ella es construir las funciones públicas para ser usados por otros componentes, donde contengan características y reglas del protocolo de aplicación. Otro modo de desarrollar, es donde el componente o módulo que utilice las funciones públicas de esta librería, se encargue todo del protocolo de aplicación, del cual solo se realiza una publicación de las funciones bases del capítulo 15.8. Existen intermedios, donde el protocolo de aplicación sea contemplado por cada componente, la librería dinámica que se va a desarrollar y el componente del software que utilice estas funciones. Debe haber un análisis que se llegue al desarrollo completo. Todo esto depende del protocolo de aplicación, si el protocolo contempla una sola respuesta por cada requerimiento, y se sabe que la respuesta tiene un máximo de longitud, se recomienda que la librería se encargue de ambos protocolos (aplicación y comunicación); pero si el protocolo de aplicación es tan variado y flexible en los tipos de flujo de datos, se recomienda en que el aplicativo cliente se encargue del protocolo de aplicación, y la librería dinámica solo se encargue el protocolo de comunicación. En la mayoría de los casos se hace mixto, una parte lo trabaje el componente de comunicación y la otra parte con un componente que utilice esta librería, que facilita el trabajo de los desarrolladores no expertos en comunicación y solo se encargue del protocolo de aplicación. Otra razón de separación del manejo del protocolo de aplicación es la tecnología o el lenguaje de programación usado en las funciones del protocolo de comunicación y el protocolo de aplicación, al utilizar dos diferentes lenguajes de programación o tecnología, uno en cada capa, genere una sinergia o un desastre en separar las funcionalidades dependiendo de las ventajas y desventajas de las tecnologías aplicadas.

En el caso hipotético que se describe en el capítulo 15.6.4 del protocolo de aplicación, se determina que el aplicativo utiliza las funciones que manejen el protocolo de comunicación debe soportar parte del protocolo de aplicación, es decir un mixto, porque el caso se deriva en la recepción de varias respuestas que debe soportar el aplicativo cliente, no se sabe la cantidad de respuesta a recibir a priori en el aplicativo del cliente, por ejemplo, el Host envía información donde se debe imprimir un documento, y si se determina que cada trama que se envía al aplicativo del cliente es una línea de impresión del informe, no se sabe cuántas líneas contienen el informe (ni páginas). El caso anterior, el componente de comunicación debe tener un área de almacenamiento que no tenga límite y de procesamiento rápido para guardar la información, que luego esta área de almacenamiento sea accedido por el aplicativo cliente; el componente de comunicación a parte de manejar el protocolo de aplicación, se agrega una tarea más que es almacenar una ilimitada cantidad de datos, y crear un acceso adicional en el aplicativo hacia el área de almacenamiento, por esta razón, el componente de comunicación no debe tener la responsabilidad de almacenar la gran cantidad de respuesta del Host, y ser un componente básico que solo tenga un objetivo o tarea que es ya por si complicado, la tarea de comunicarse con el Host. Es una buena práctica de crear módulo o función que realice una sola tarea (es el concepto de modularidad). Si la responsabilidad de vigilar el fin de la respuesta, como el almacenaje y procesamiento de la cantidad de mensaje ilimitada, estas funciones se deben encargar otros módulos del aplicativo, como por ejemplo, que se encargue por medio de uso de base de datos (definido para el proyecto) u otro medio que puede disponer el aplicativo como almacenaje de mensajes, el componente de comunicación solo debe enviar el requerimiento y recibir cada respuesta de la red, el análisis del formato, continuar en recibir más respuesta y procesarla, se encarga el aplicativo y no el componente de comunicación; la ventaja de tener un módulo por cada tarea u objetivo, permite más libertad en la toma de decisiones, en el caso de tener el manejo de una base de datos en el componente de comunicación, hace que sea obligatorio en el futuro el uso de la base de datos en las conexiones hacia el host; aumentando el costo y la complejidad técnica en el desarrollo, y disminuyendo la flexibilidad y alternativa de otros componentes informáticos. Por lo anterior, el componente de comunicación con LU tipo 6.2 debe tener varias funciones de conexión a la red, según el requisito del protocolo de aplicación y sería realizar tres funciones para el aplicativo cliente, donde tenemos la secuencia similar al algoritmo principal indicado en el capítulo 15.9.1 por los verbos de LU tipo 6.2:

- ✓ MY_TP_STARTED
- ✓ MY_MC_ALLOCATE
- ✓ MY_MC_SEND_DATA
- ✓ Ciclo infinito con la ejecución de MY_MC_RECEIVE_AND_WAIT hasta que el protocolo de aplicación indica que es la última respuesta.
- ✓ MY_TP_ENDED

El aplicativo en este caso debe trabajar de forma similar al programa ejecutable (capítulo 15.9.1), pero se divide en partes, que se convierte en tres funciones públicas donde se reagrupan los verbos o las funciones bases en la biblioteca o librería a crear, como se indica seguidamente:

Función 1. Inicio

- ✓ MY_TP_STARTED
- ✓ MY_MC_ALLOCATE
- ✓ MY_MC_SEND_DATA
- ✓ MY_MC_RECEIVE_AND_WAIT // la primera respuesta

Esta función realiza la conexión, envía el requerimiento hacia el computador central, y espera la primera respuesta. Verifica si hay un error durante el proceso, si hay aborta y cierra la conexión si la hay; si no hay error, revisa el mensaje recibido del computador central y verifica si es el último mensaje, si es el último mensaje cierra la conexión, sino, lo deja abierto para la siguiente respuesta.

Función 2. Donde Se ejecuta varias veces en el aplicativo

- ✓ MY_MC_RECEIVE_AND_WAIT

La función es la llamada de espera de respuesta del computador central, donde evalúa al recibir la respuesta si es el último mensaje, si es el último cierra la conexión. En el caso de haber error, cierra la conexión. Si no es el último mensaje deja la conexión abierta.

Esta función permite realizar el ciclo infinito desde el componente que lo ejecute hasta que el protocolo de aplicación indique que es la última respuesta. En este caso se evalúa la trama por el aplicativo que llama esta función.

Función 3. Finaliza la conexión

- ✓ MY_TP_ENDED

Cierra la conexión y no retorna ninguna respuesta al componente que lo ejecute.

Uso de las funciones

Con la partición anterior con las tres funcionalidades diferentes, se desarrollan las tres funciones (ver algoritmo 15.4) de forma que el programa o el componente que las utilicen debe aplicar el siguiente algoritmo, el algoritmo es idéntico al capítulo 15.9.1 con el aplicativo de prueba y con los algoritmos anteriores a este capítulo, pero reemplazando con las tres nuevas funciones reorganizando las funciones originales, el algoritmo cubre el objetivo del protocolo de aplicación como se indica seguidamente:

✓ Llamar la Función 1 ("APPCSendHost(String* sLibraryTran, String* sDataSend)").

✓ Hacer un ciclo infinito

   o Analizar la respuesta, si es la última respuesta, salir del ciclo, si no, llamar Función 2 ("APPCRecvHost(String* sTPidIn, unsigned long iConvidIn)").

✓ Llamar la Función 3 ("MY_TPENDED (String* sTPidIn, unsigned long iConvidIn)").

Ante de desarrollar el código fuente, se debe respetar como en el programa ejecutable con LU tipo 6.2 del ejemplo anterior (capítulo 15.9.1), de tener variables globales con acceso a los datos (que no sea accedido por el usuario del sistema, pero si al administrador del sistema) que se actualicen y son utilizados por todas las funciones públicas, pero cada instancia o ejecución debe estar los datos locales en variables locales, como datos de envío y respuesta al ordenador central.

```c
#include "stdafx.h"
#include "Wincsv.h"
#include "WINAPPC.h"
#include <afxdb.h>
#include <stdio.h>
#include <io.h>
#include <fcntl.h>
#include <sys\types.h>
#include <sys\stat.h>
#include <time.h>
#include <sys/timeb.h>
#include <string.h>
#include <process.h>
#include <errno.h>
#include <wchar.h>
#include <stdlib.h>

typedef struct vcbdef
{
        union
        {
                struct appc_hdr         hdr;
                struct tp_started       tpstart;
                struct mc_send_conversation sndconv;
                struct mc_allocate      allocate;
                struct mc_send_data      snddata;
                struct mc_deallocate     deallocate;
                struct mc_confirm       confirm;
                struct tp_ended         tpend;
        } VCB_DEF;
```

```
} VCB;

typedef struct vcbrcvdef
{
        union
        {
                struct appc_hdr         hdr;
                struct receive_allocate    rcvalloc;
                struct mc_receive_and_wait  rcvwait;
                struct mc_confirmed         confirmed;
                struct tp_ended         tpend;
        } VCBRCV_DEF;
} VCBRCV;

// Funcion 1
String* MYAPPCLU62::MYAPPCLU62::APPCSendHost(String* sLibraryTran, String* sDataSend )
{
  // TODO: Add your control notification handler code here
  char sHexaReturn[10];
  int iRespHostApp;
  char sRecv[5000];

  struct appc_hdr * vcbptr;
  struct appc_hdr * vcbptrrcv;
  char sLibrary[65];
  char sSend_Data[5000];
  int iRetCode;
  VCB * vcb;
  VCBRCV * vcbrcv;
  Unsigned char sTPid[8];
  unsigned long Convid;
  unsigned short iSendSize;
  #define WinAPPCVERSION  0x0001

  /*************************************************************************/

  memset(sTPid,0,8);

  vcb = (VCB *) malloc(sizeof(VCB));
  vcbrcv = (VCBRCV *) malloc(sizeof(VCBRCV));

  vcbrcv->VCBRCV_DEF.rcvwait.max_len = 5000;
  vcbrcv->VCBRCV_DEF.rcvwait.dptr = (unsigned char *) malloc(vcbrcv->VCBRCV_DEF.rcvwait.max_len);

  vcbptr = (struct appc_hdr *) &vcb->VCB_DEF;
  vcbptrrcv = (struct appc_hdr *) &vcbrcv->VCBRCV_DEF;

  cnvtptr=(char *)&cnvt;
  sprintf(sSend_Data, "%s",sDataSend);
  sprintf(sLibrary, "%s", sLibraryTran);
  sprintf(sRecv,"");
  memset(vcbptr,0,sizeof(VCB));
```

```
MY_TP_STARTED(vcb);
APPC((long)(vcbptr));
if ((vcb->VCB_DEF.tpstart.primary_rc != 0) || (vcb->VCB_DEF.tpstart.secondary_rc != 0))
{
        iRetCode = vcb->VCB_DEF.tpstart.primary_rc;
        iRetCode2 = vcb->VCB_DEF.tpstart.secondary_rc;

        MYAPPCLU62::iError = iRetCode;

        sprintf (sHexaReturn, "%-4.4X",iRetCode);
        sprintf(sHexaReturn,"%c%c%c%c",
                sHexaReturn[2],sHexaReturn[3],sHexaReturn[0],sHexaReturn[1]);
        MYAPPCLU62::sRetHexa = sHexaReturn;
        MY_Close_All(vcb, sTPid);

         sprintf(sRecv, "000%s: TP STARTED ERROR", sHexaReturn);
         MYAPPCLU62::ConvidRet = Convid;

        sprintf( MYAPPCLU62::sTPidRet, "%s, sTPid);
        return sRecv;
}

memcpy(&(TPid),vcb->VCB_DEF.tpstart.tp_id,8);
memset(vcbptr,0,sizeof(VCB));

MY_MC_ALLOCATE(vcb, sTPid, sLibrary);
APPC((long)(vcbptr));

 if ((vcb->VCB_DEF.allocate.primary_rc != 0) || (vcb->VCB_DEF.allocate.secondary_rc != 0))
 {
        iRetCode = vcb->VCB_DEF.allocate.primary_rc;
        iRetCode2 = vcb->VCB_DEF.allocate.secondary_rc;
        MYAPPCLU62::iError = iRetCode;
        sprintf (sHexaReturn, "%-4.4X",iRetCode);
        sprintf(sHexaReturn,"%c%c%c%c",
                sHexaReturn[2],sHexaReturn[3],sHexaReturn[0],sHexaReturn[1]);
        MYAPPCLU62::sRetHexa = sHexaReturn;
         MYAPPCLU62::ConvidRet = Convid;
        MY_Close_All(vcb, sTPid);

         sprintf(sRecv, "000%s: MC_ALLOCATE ERROR", sHexaReturn);

        sprintf( MYAPPCLU62::sTPidRet, "%s, sTPid);
        return sRecv;
 }

 Convid = vcb->VCB_DEF.allocate.conv_id;
 memset(vcbptr,0,sizeof(VCB));

MY_MC_SEND_DATA(vcb, sTPid, Convid, sSend_Data);
APPC((long)(vcbptr));

if ((vcb->VCB_DEF.snddata.primary_rc != 0) || (vcb->VCB_DEF.snddata.secondary_rc != 0))
```

```
{
        iRetCode = vcb->VCB_DEF.snddata.primary_rc;
        iRetCode2 = vcb->VCB_DEF.snddata.secondary_rc;
        MYAPPCLU62::iError = iRetCode;
        sprintf (sHexaReturn, "%-4.4X",iRetCode);
        sprintf(sHexaReturn,"%c%c%c%c",
                        sHexaReturn[2],sHexaReturn[3],sHexaReturn[0],sHexaReturn[1]);
        MYAPPCLU62::sRetHexa = sHexaReturn;
        MY_Close_All(vcb, sTPid);
        MYAPPCLU62::ConvidRet = Convid;

        sprintf( MYAPPCLU62::sTPidRet, "%s,  sTPid);
        return sRecv;
 }
 memset(vcbptrrcv,0,sizeof(VCBRCV));

 MY_MC_RECEIVE_AND_WAIT(vcbrcv, sTPid, Convid, sRecv);
 APPC((long)(vcbptrrcv));

 Conv_E2A(vcbrcv->VCBRCV_DEF.rcvwait.dlen,sRecv);
 if (strlen(sRecv) == 0)
 {
            iRetCode = vcbrcv->VCBRCV_DEF.rcvwait.primary_rc;
            iRetCode2 = vcbrcv->VCBRCV_DEF.rcvwait.secondary_rc;
            MY_Close_All(vcb, sTPid); // Ultima respuesta es vacia ¡¡¡

 }
 else
 {
        iRetCode = 0;
        iRetCode2 = 0;
 }
 if ((vcb->VCB_DEF.snddata.primary_rc != 0) || (vcb->VCB_DEF.snddata.secondary_rc != 0))
 {
        iRetCode = vcb->VCB_DEF.snddata.primary_rc;
        iRetCode2 = vcb->VCB_DEF.snddata.secondary_rc;
        MYAPPCLU62::iError = iRetCode;
        sprintf (sHexaReturn, "%-4.4X",iRetCode);
        sprintf(sHexaReturn,"%c%c%c%c",
                        sHexaReturn[2],sHexaReturn[3],sHexaReturn[0],sHexaReturn[1]);
        MYAPPCLU62::sRetHexa = sHexaReturn;
        MY_Close_All(vcb, sTPid);
        MYAPPCLU62::ConvidRet = Convid;

        sprintf( MYAPPCLU62::sTPidRet, "%s,  sTPid);
        return sRecv;
 }

MYAPPCLU62::iError = iRetCode;
sprintf (sHexaReturn, "%-4.4X",iRetCode);
sprintf(sHexaReturn,"%c%c%c%c",
        sHexaReturn[2],sHexaReturn[3],sHexaReturn[0],sHexaReturn[1]);
 MYAPPCLU62::sRetHexa = sHexaReturn;
```

```
    iRespHostApp = iRetCode;
    MYAPPCLU62::ConvidRet = Convid;

    sprintf( MYAPPCLU62::sTPidRet, "%s, sTPid);
    if ((sRecv[0] == '0') && (sRecv[1] == '0') && (sRecv[2] == '0'))
    { // Ultima respuesta
            MY_Close_All(vcb, sTPid);
    }

    return sRecv;
}

// Funcion 2
String* MYAPPCLU62::MYAPPCLU62::APPCRecvHost(String* sTPidIn, unsigned long iConvidIn)
{
// TODO: Add your control notification handler code here
    char sHexaReturn[10];
    int iRespHostApp;
    struct appc_hdr * vcbptr;
    struct appc_hdr * vcbptrrcv;
    char sTPid[8];
    unsigned long Convid;
    unsigned short iSendSize;
    char sRecv[5000];

    int iRetCode;
    VCB * vcb;
    VCBRCV * vcbrcv;

    #define WinAPPCVERSION  0x0001

    /***************************************************************************/
    /* Startup WinAPPC                                    */
    /***************************************************************************/
    sprintf( sTPid, "%s, sTPidIn);
    Convid = iConvidIn;

    vcb = (VCB *) malloc(sizeof(VCB));
    vcbrcv = (VCBRCV *) malloc(sizeof(VCBRCV));

    vcbrcv->VCBRCV_DEF.rcvwait.max_len = 5000;
    vcbrcv->VCBRCV_DEF.rcvwait.dptr = (unsigned char *) malloc(vcbrcv->VCBRCV_DEF.rcvwait.max_len);

    vcbptr = (struct appc_hdr *) &vcb->VCB_DEF;
    vcbptrrcv = (struct appc_hdr *) &vcbrcv->VCBRCV_DEF;

    cnvtptr=(char *)&cnvt;
    sprintf(sRecv,"");
    memset(vcbptrrcv,0,sizeof(VCBRCV));

    MY_MC_RECEIVE_AND_WAIT(vcbrcv, sTPid, Convid, sRecv);
    APPC((long)(vcbptrrcv));
```

```
    Conv_E2A(vcbrcv->VCBRCV_DEF.rcvwait.dlen,sRecv);

  if (strlen(sRecv) == 0)
  {
      iRetCode = vcbrcv->VCBRCV_DEF.rcvwait.primary_rc;
      iRetCode2 = vcbrcv->VCBRCV_DEF.rcvwait.secondary_rc;
  }
  else
  {
      iRetCode = 0;
      iRetCode2 = 0;
  }

MYAPPCLU62::iError = iRetCode;
sprintf (sHexaReturn, "%-4.4X",iRetCode);
sprintf(sHexaReturn,"%c%c%c%c",
       sHexaReturn[2],sHexaReturn[3],sHexaReturn[0],sHexaReturn[1]);
MYAPPCLU62::sRetHexa = sHexaReturn;
iRespHostApp = iRetCode;
if ((sRecv[0] == '0') && (sRecv[1] == '0') && (sRecv[2] == '0'))
{ // Ultima respuesta
           MY_Close_All(vcb, sTPid);
}

return sRecv;
}

// Funcion 3
void MYAPPCLU62::MYAPPCLU62::MY_TPENDED (String* sTPidIn, unsigned long iConvidIn)
// TODO: Add your control notification handler code here
  char sHexaReturn[10];
  int iRespHostApp;
  struct appc_hdr * vcbptr;
  struct appc_hdr * vcbptrrcv;
  char sTPid[8];
  unsigned long Convid;
  unsigned short iSendSize;

  int iRetCode;
  VCB * vcb;
  VCBRCV * vcbrcv;

  #define WinAPPCVERSION  0x0001

  /**********************************************************************/
  /* Startup WinAPPC                          */
  /**********************************************************************/
  sprintf( sTPid, "%s, sTPidIn);
  Convid = iConvidIn;

  vcb = (VCB *) malloc(sizeof(VCB));
  vcbrcv = (VCBRCV *) malloc(sizeof(VCBRCV));
```

```
vcbrcv->VCBRCV_DEF.rcvwait.max_len = 5000;
vcbrcv->VCBRCV_DEF.rcvwait.dptr = (unsigned char *) malloc(vcbrcv->VCBRCV_DEF.rcvwait.max_len);

vcbptr = (struct appc_hdr *) &vcb->VCB_DEF;
vcbptrrcv = (struct appc_hdr *) &vcbrcv->VCBRCV_DEF;

cnvtptr=(char *)&cnvt;
sprintf(sRecv,"");
memset(vcbptrrcv,0,sizeof(VCBRCV));

MY_Close_All(vcb, sTPid);
}
```

Algoritmo 15.4 Funciones de la librería o biblioteca

En el caso de usar las funciones de la librería del algoritmo 15.4, al ejecutar las dos primeras funciones, estos retornarán la respuesta del computador central, se debe considerar el código de retorno por medio de la variable "iError" de la clase; si devuelve cero (0) se realizó la función correctamente; si el protocolo de comunicación devuelve diferente a cero o la última respuesta donde los tres primeros bytes son ceros ("000" en la trama del protocolo de aplicación), las funciones cierran la conexión (llama la función 3) de forma automática; el componente del aplicativo no necesita hacer el cierre con el uso de la última función, de igual forma está disponible la función 3 de cierre de conexión que puede ser usado en el conjunto de funciones de comunicación y está disponible para los casos que no se consideran en la librería.

El uso de las funciones de esta librería del algoritmo 15.4 debe tener ciertas consideraciones adicionales como, por ejemplo:

✓ Cada función retorna una cadena de caracteres que contiene una respuesta del ordenador central. Esto es para el análisis del protocolo de aplicación y tomar una decisión por parte del aplicativo cliente dependiendo de la respuesta debe tomar acciones.

✓ Cada función devuelve los dos códigos de retorno (iRetCod y iRetCod2) de la ejecución del último verbo hacia el Host (son los "Sense codes" primario y secundario). Se debe usar variables locales para los códigos de retornos.

✓ Cada función devuelve el "TPid" y el "ConvidRet", donde es el identificador de la instancia de conexión hacia el TP y la conversación a esta, es una sesión de LU. Estas dos variables juntas es la identificación única de la conexión que es usado por el componente del aplicativo cliente como variables locales si el componente trabaja con IIS. Se debe mantener la identificación para poder invocar varias veces el verbo para la espera de respuesta que proviene del Host por parte del cliente, el uso de una función de la librería tiene una vida finita y deja de serlo cuando culmine su ejecución, el manejo de estas identificaciones permiten mantener un área de memoria de la conexión, aun cuando deje de ejecutarse la función y se desconecta al usar la función de desconexión. Volvemos de destacar el uso de las variables globales y locales en las aplicaciones al usar las funciones públicas de la librería. Se recomienda usar variables locales para ambos identificadores.

✓ El uso de una máxima cadena de caracteres tanto en el envío como en la recepción en el protocolo de comunicación, varía con el tamaño de la trama del protocolo de aplicación. Por ejemplo, el manejo de protocolo de comunicación trabaja con 512 bytes en los paquetes, mientras el protocolo de aplicación trabaja con 5000 bytes, en este caso es transparente para el desarrollador, debido a que todo lo maneja el protocolo de comunicación en las capas cercanas a la física y transporte. Se recomienda usar con variables locales el manejo de la cadena de caracteres para el envío y para la recepción de respuesta.

El algoritmo 15.4 se presenta de forma didáctica, las funciones que son públicas tienen impregnada el protocolo de aplicación por su construcción y estructura, donde están reflejadas dos características: el primero, las funciones están construidas con la partición de un conjunto de verbos seleccionados para soportar el flujo de datos del protocolo de aplicación del ordenador central en este caso, tanto el programa ejecutable y la librería, los algoritmos 15.3 y 15.4 reflejan el flujo de datos o el esqueleto de ella para cubrir la necesidad de realizar un requerimiento y sus respuestas con el aplicativo central, por ejemplo, el algoritmo varia si en el protocolo de aplicación varía, si se define una sola respuesta para todo requerimiento al Host (como el protocolo http), en este caso se realiza una sola función que maneje todo el protocolo de comunicación y de aplicación, fuera más sencilla para el programador de no usar las variables de conexión; segundo punto, es el uso de condicional en cada función·para detectar la última respuesta del protocolo de aplicación (no depende del protocolo de comunicación SNA como el "EBI" en RH), en este caso si se elimina este conjunto de línea de código, el trabajo de cerrar la conexión (TP_ENDED) es mandatorio en el componente del software y usar la "MY_TPENDED" ("Función 3") de la librería cuando se usen las otras funciones, el trabajo de análisis de la última respuesta sea de ambas partes o de una, pero es mandatorio revisar la última respuesta por parte del componente que utilice la librería y las funciones descritas en el algoritmo 15.4, debido a que el módulo con el papel de las tomas de decisión debe ser por parte del aplicativo y no de la librería en el manejo del protocolo de aplicación.

El otro caso que se aplica para que el protocolo de aplicación con esta conexión LU tipo 6.2, es el uso de las funciones bases descritas en el capítulo 15.8 de forma directa, donde el componente del aplicativo cliente tendrá el manejo completo del protocolo de aplicación central y comunicación, incluyendo el manejo de las variables globales como locales, etc. Para este caso se debe colocar como funciones públicas los descrito en el capítulo 15.8. Esto refleja que el límite entre el protocolo de comunicación (en este caso SNA con LU tipo 6.2) con las funciones bases, y el protocolo de aplicación del ordenador central, en el caso de los algoritmos 15.3 y 15.4 son los puntos intermedios del protocolo de comunicación y de aplicación. El definir estos límites en el diseño de un software permite en el futuro una larga o corta vigencia del ciclo de vida del software, y donde se centra en la etapa de mantenimiento a largo plazo de las aplicaciones tanto en los ordenadores clientes como en el ordenador central.

Con estas dos experiencias en la arquitectura SNA con LU tipo 0 como LU tipo 6.2, nos permite analizar el manejo de los protocolos de aplicación que conviven con los protocolos de comunicación. Existen aplicativos tanto en los ordenadores centrales como en los clientes que dependen netamente del protocolo de comunicación como el caso de usar RH de la LU tipo 0 en el control del flujo de datos en el protocolo de aplicación, como protocolo de aplicaciones que en sus contenidos en las tramas manejan este flujo de control de datos entre los aplicativos, dando independencia del protocolo de comunicación a donde este ejecutándose, por ejemplo, que pueda trabajar bajo otro protocolo de comunicación como TCP/IP, o del mismo modo con protocolo de aplicación que trabaje de la misma forma en la LU tipo 0 como en la LU tipo 6.2. Esto indica que las diferentes capas funcionan en los estándares ISO si se respeta, no solo en el protocolo de comunicación, sino también en el manejo del protocolo de aplicación. El protocolo de aplicación que contenga parte de la sesión como presentación o que el protocolo de comunicación sea abierto en manejar estas capas por parte de desarrolladores de software o en llenar las capas faltantes en el proceso de construcción de las aplicaciones en la red. En los casos de aplicaciones del host que depende del protocolo de comunicación en el flujo de datos, se mantienen hasta cierto punto de la red con el protocolo y realizar la conversión a otro (por ejemplo como la Figura 7.1), pero antes se debe agregar una copia del segmento del encabezado de la capa que controla el flujo de la conversación (por ejemplo, la RH de la LU tipo 0 se agregue una copia en la data a transmitir) en la parte de la data como si pertenece al mismo protocolo de aplicación. Detectar estos límites entre las capas no es sencillo, mientras estén bien separados las capas por sus funciones en los desarrollos de aplicaciones, el camino trazado es lo correcto. En el caso de la LU tipo 6.2 en el uso del HIS, lo primordial es la escogencia de los verbos a utilizar para el manejo del protocolo de aplicación del caso, la ordenación y la estructura base que soporta con los diversos verbos o funciones que provee el HIS, permite gran parte del éxito del proyecto, y finalmente la forma de la implementación de los recursos que se tienen con el HIS. Como se observa que puede haber diversos algoritmos para realizar una conexión, pero una es la correcta para el protocolo de aplicación a desarrollar, sin duda se debe mantener los estándares del protocolo de comunicación como base en el manejo del protocolo de aplicación.

El uso de estructura de datos para el manejo de los formatos en los protocolos de comunicación en el caso de la VCB en la LU tipo 6.2 como en la LU tipo 0, permite el uso de los formatos mixtos (fijos y variables) en facilitar el desarrollo y el uso de los encabezados de cada capa del protocolo de comunicación, esto permite también tener una idea de construir estructura de datos en los aplicativos de los clientes para el manejo y operación del protocolo de aplicación, esto se aplica si es posible detectar patrones repetitivos en los formatos tanto del envío como en la respuesta. El libro no presenta los algoritmos en un lenguaje de programación de las LU tipo 0 debido a que el proceso es similar y más sencillo que la LU tipo 6.2. En el desarrollo de LU tipo 0, el VCB es único en comparación con la LU tipo 6.2, donde cada verbo tiene su propio VCB diferente. El uso de los verbos o funciones administrativas (FM) en la LU tipo 0 están bien definidas y descrita en el manual "LUA Applications" [Mic008] que se combina con el uso de VCB. En el desarrollo de las LU tipo 0 se observa claramente en los manuales tanto de Microsoft como IBM, las estructuras de los encabezados del protocolo de comunicación en las tramas que son traducidos en los VCB ("Bloques de Control de Verbos") o estructuras encontradas para su uso en los ficheros o archivos "WINLUA.h" para LU tipo 0 como en "WINAPPC.h" para LU tipo 6.2. En el libro describe lo más resaltante de la conexión y uso de la LU tipo 0, el desarrollo del componente de librería o biblioteca, de aplicación ejecutable u otro desarrollo, con la experiencia de desarrollo de las conexiones LU tipo 6.2 permite desarrollar la LU tipo 0. El desarrollo de las aplicaciones de la LU tipo 6.2 es más complejo que la LU tipo 0, pero la filosofía de desarrollo y pasos son similares.

El próximo capítulo tiene cierta similitud con este capítulo, con el uso de una arquitectura SNA, conlleva a usar un conjunto de reglas, estándares y primordialmente de las herramientas disponibles para el desarrollo en la comunicación entre dos aplicativos. En el próximo capítulo se maneja MQ de IBM, es una solución que puede ser utilizado en convivencia o en sustitución de la arquitectura de SNA, pero todo conlleva a los descritos en los párrafos anteriores, depende del protocolo de aplicación que sea soportado por MQ WebSphere.

16. Desarrollo con IBM MQ en Windows

IBM MQ es la versión actualizada de la antigua IBM WebSphere MQ, es un middleware para la mensajería y el manejo de colas, con conexión punto a punto, gestiona transferencia, suscripción, publicación de archivos y mensajes. La mensajería puede ser una cadena de caracteres (mensajes) o ficheros (archivos). Para el libro, los mensajes son cadenas de caracteres para tener una continuidad conceptual del manejo de protocolo de aplicación, pero en la visión del middleware los mensajes pueden ser la cadena de caracteres o ficheros (el fichero es una cadena de caracteres con ciertos formatos definidos como por ejemplo en MIME que depende de la interpretación que haga). En el caso práctico es independiente el uso de los tres términos de forma indiferente o sinónimos (mensajería, mensajes o cadena de caracteres, y archivos), en el fondo son diferentes formatos que viajan en el mismo medio de comunicación. El uso principal del middleware es de enviar y recibir mensajes entre los aplicativos en conexiones punto a punto. Otra funcionalidad que soporta es el manejo por suscripción y recuperación, donde un aplicativo publica el mensaje en una cola, y los aplicativos que están suscritos a la cola puede recuperar el mensaje o recibe una copia de esta (multidifusión). Los mensajes de la cola pueden ser temporales o persistentes. Existen también otras características que permiten conectar aplicaciones que no lo están y por diferentes colas pueden ser conectados.

Por ejemplo, para utilizar IBM WebSphere MQ versión 7.5.0 hay tres modos, se identifican en:

✓ Uso de una interfaz gráfica para usuario (GUI – Graphical User Interface, en si siglas en inglés) WebSphere MQ Explorer que provee en su instalación.

✓ Uso de JMS (Java Messages Service) y clases en librerías para "Windows Communication Foundation" como interfaces de programación.

✓ Desde los navegadores de Internet con el uso de protocolo http.

En la arquitectura de IBM MQ está definida una parte central lógica donde están localizadas todas las colas, para el administrador de MQ y el desarrollador de aplicaciones del componente de comunicación es transparente la ubicación de las colas, y puede ser manejado su localización física de forma distribuida o centralizada. En la administración de las diferentes colas se realizan por medio de niveles de autorización de los usuarios, de modo que existen usuarios administradores que se responsabilizan de la configuración, mantenimiento y la creación de cada cola; el otro nivel de usuarios son lo que utilizan las colas, con sus respectivas autorizaciones donde pueden solo agregar mensajes o ficheros en la cola, y en otras colas solo tiene autorización de lectura, o combinación de ambas.

El caso de desarrollo que se propone es el mismo requerimiento detallado en el capítulo 15.6.4 para la SNA con LU tipo 6.2. Se reutiliza el mismo protocolo de aplicación, pero bajo el uso de este middleware con el uso de mensajes. La implementación del protocolo de aplicación podría continuar desarrollándose bajo TCP/IP u otros protocolos de comunicación. Pero el caso en el presente capítulo, es usar el mismo protocolo de aplicación con el uso MQ como modelo a seguir en el libro, con la visión no solo de reusar el protocolo de aplicación en otros protocolos de comunicación, sino también abrir a otras posibilidades de comunicación que la tecnología y el mercado tecnológico ofrecen, como en este caso un middleware. El costo de trabajo y las características de estas transformaciones o del proyecto es el cambio de las capas de comunicación por un middleware, pero manteniendo el mismo protocolo de aplicación (que en términos del middleware serán los mensajes en la cola), el proyecto dependerá de los mecanismos de interfaz e integración de este. También existe otra forma de comunicarse con MQ sin usar las herramientas que ofrece, en el caso de HIS 2016 tienen conexiones a IBM MQ V.9, por lo tanto, existe la misma vía de desarrollo de las LU tipo 0 y 6.2 en la arquitectura SNA para MQ y se debe referir al capítulo anterior de desarrollo con HIS (capítulo 15) configurando la conexión a MQ; pero como se indica anteriormente, no se trata de volver a estudiar un protocolo de comunicación, sino aprender de conectarse con un middleware que ofrece MQ de forma directa.

Al usar MQ en esta propuesta de desarrollo, se está describiendo otra posibilidad de comunicación, entre el aplicativo cliente con el Host u ordenadores centrales. Por esta razón, no se describe en su totalidad el alcance y potencial de este middleware, solo utilizaremos una parte de ella. En este libro solo se describirá con el uso de la librería para el lenguaje C++ "amqmdnet.dll" en el ambiente de

Windows que provee MQ. IBM MQ provee al desarrollador de las clases y métodos (funciones) soportados en diferentes sistemas operativos, en el caso de Windows, la librería está definido y soportado para ser usados en diversos lenguajes de programación como: Visual Basic, Cobol, C#, C, C++, Java entre otros. En la instalación del middleware en el cliente, también se distribuyen ejemplos en cada uno de los lenguajes de programación, como la construcción de uso de SOAP y JMS (Java Message Service). En el caso de SOAP y JMS sería un trabajo similar a la que se describió en el uso de los servicios Web; donde separa por capas el protocolo de aplicación realizando llamadas al servicio Web como medio de comunicación. El proceso de integración o de desarrollo del componente de comunicación como el servicio web es similar a los descritos en los protocolos de comunicación detallados en el libro; pero en este capítulo se desarrollará por medio de interfaz de aplicación de librerías o bibliotecas de MQ y se realizará la conexión hacia las colas definidas.

16.1.   Propuesta de la arquitectura de software

Con la librería de MQ permite diversidad de arquitectura de software que se puede construir en la parte del aplicativo del cliente. En el caso del desarrollo de este libro, se tiene dos propuestas similares aplicados en el capítulo de HIS, como se describen en los capítulos anteriores en las Figuras 15.1 y 15.2, donde hay una relación estrecha con esta arquitectura del software propuesto en este proyecto con el uso de las librerías que ofrece IBM MQ. Existen muchas más arquitecturas de software que los diseñadores pueden realizar, pero se concentran en estas dos por motivo de experiencia previa a los capítulos anteriores y de aprendizaje en este ambiente de desarrollo de componentes de comunicación donde se hace la comparación de uso de esta tecnología. Por el otro lado, se mantiene el mismo protocolo de aplicación y la arquitectura SNA con HIS es sustituida por MQ por medio de la librería dinámica a desarrollar en este capítulo; donde se observa la ventaja de uso de la arquitectura de capa OSI, de mantener la capa de protocolo de aplicación y cambiar totalmente las capas inferiores con un middleware.

Al instalar en una localidad IBM MQ para el desarrollo, se instala el servidor de MQ, donde se configuran las conexiones físicas y a las colas que se necesitan usar hacia el ordenador central. Seguidamente se instala el MQ en el Cliente que se configura y se conecta al servidor anteriormente instalado. En el ordenador del cliente se instala los componentes de conexión en la red local. El uso del GUI de MQ o el navegador hacia el servidor en el cliente permite verificar la conexión física y su configuración hacia las colas o repositorio de las colas definidas en el servidor de MQ. Otra forma de verificar desde el cliente, se obtiene al ejecutar las aplicaciones de ejemplos que poseen en las herramientas que provee el middleware, con el uso de los compiladores, el ambiente y herramientas de desarrollo que generan los aplicativos; permiten validar el código de los programas ejemplos y su utilidad, para luego ser analizado y usado en el desarrollo de los componentes deseados para el aplicativo del cliente. Estos últimos ejemplos de aplicaciones permiten dos actividades en el proyecto, ser utilizados como prototipo para la prueba de conexión física de la comunicación, y permite seleccionar las partes del código de programa a utilizar en los componentes de comunicación a construir. Existe un tercero, que es el aprendizaje con el uso de la tecnología, pero es implícita esta labor dentro del proyecto.

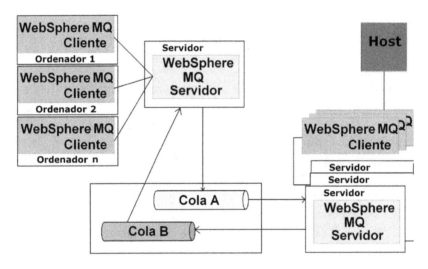

Figura 16.1 Propuesta de una arquitectura WebSphere MQ versión 7.5.0

La diferencia en usar el servidor de MQ con el servidor de HIS, es que el servidor de HIS se conecta de forma directa al Host como un controlador local, en el caso de MQ, el servidor se conectará al área de las colas definidas por el administrador del Middleware, no se sabe que aplicativo está del otro lado de la cola, pero se conoce que será otro servidor de MQ. Todos los ordenadores, como los servidores de aplicaciones y el ordenador central (Host) llegarán al área donde está ubicado las colas definidas en cada servidor MQ, permite la transparencia de comunicación entre los aplicativos y todos los ordenadores de la red. De estas colas se distribuyen la información a todos los ordenadores conectados definidos por el administrador del middleware según su configuración. En la Figura 16.1 se indica una localidad con su servidor y sus clientes en una red local, puede haber más localidades similares conectados en la WAN (en un sistema distribuido o centralizado), pero todos los servidores de MQ son los que están conectados para el uso de las colas. La Figura 16.1 con el servidor y el cliente de MQ hace referencia o similitud a las Figuras 15.1 y 15.2 del HIS, la arquitectura del software y cómo puede ser el desarrollo de los componentes de comunicación entre los aplicativos son similares al de HIS.

Para cualquier arquitectura de software a desarrollar, se asume que hay un servidor MQ que contiene las colas definidas y otro servidor otras colas, pero el punto de vista del desarrollador se debe conectar con el cliente MQ y este al servidor, y para quien lo use es transparente la ubicación física de la cola. Asumimos que la configuración de las colas es de una sola dirección, solo de entrada para algunos y salidas para otros de la misma cola; se puede realizar una analogía entre la cola y las comunicaciones "full-duplex", "half-duplex" y "simplex" en el capítulo 1.14 de la forma de transmitir los mensajes. El aplicativo del ordenador del cliente accede al MQ cliente por medio de la librería escogida para la comunicación hacia la cola. Este transfiere el mensaje del cliente al servidor MQ en la cola definida. En nuestro caso el Host lee de la cola el requerimiento, por ejemplo, la trama usada "OPERACON   J123456789P" del capítulo 15.9.1 que fue enviado por LU tipo 6.2, ahora es enviado a la "Cola A", donde es extraído de la cola por el ordenador central y da la respuesta con la trama "000&JACINTO FUNG LEON&CLIENTE TIPO 2& CALLE PEPE #145 ESCALERA IZQ PISO P3" por la "Cola B"; mientras que el aplicativo cliente esta modo de espera por el mensaje en la "Cola B" y al llegar el mensaje, este lo procesa como el aplicativo de la LU tipo 6.2, la similitud de la comunicación se mantiene con el manejo del protocolo de aplicación, no hay diferencia en el aplicativo cliente ni en el Host. La diferencia es que utiliza otro medio de comunicación con el Host desde el aplicativo cliente; la conexión hacia el Host desde el ordenador del cliente es indirecta por el middleware. Se mantiene en el protocolo de aplicación que "000" es la última respuesta o mensaje del aplicativo central; el flujo de datos de mensajes entre los equipos del cliente y el Host es la misma, el módulo de análisis de la trama del protocolo de aplicación no cambia, solo varía las llamadas a las funciones de la capa de comunicación donde son las llamadas a la librería de MQ. Una diferencia en el uso en la arquitectura SNA con LU tipo 0 y 6.2 con MQ, es el uso de dos colas unidireccional en la comunicación en vez de una cola bidireccional, una cola para emitir mensaje y otra cola para recibir mensaje, mientras SNA se utiliza un solo canal y debe estar pendiente en la conexión del papel de emisor y receptor, en el caso de una similitud más real entre SNA y MQ es el uso de una sola cola para ambos, donde la única cola se permita enviar y recibir mensajes. Volvamos al caso de las dos colas en MQ, donde se asemeja en usar dos conexiones, pero el proceso del papel de emisor y receptor en el aplicativo del cliente es la sincronización de la conversación entre dos canales (colas), en vez de una; por ejemplo se envía dos o más requerimientos en la "Cola A" por parte de un cliente hacia el Host; este debe saber diferenciar los mensajes de respuesta de cada requerimiento; y el host no debe mezclar los mensajes de los diferentes requerimientos para el mismo cliente; en el caso de trabajar multiproceso en el Host, cada requerimiento del mismo cliente puede ser tratado de forma independiente y al enviar múltiples mensajes de un requerimiento a la cola, pero al enviarlo a la misma cola junto con los otros procesos de los diferentes requerimientos del mismo cliente, los resultados no serían agradables, y más cuando son varios mensajes de respuestas. Lo lógico es de procesar un mensaje a la vez y dar respuesta a una sola cola a vez de cada cliente, por esta razón se usa la configuración de punto a punto en el manejo de cola, una forma de realizar la configuración es identificar las respuestas por cada requerimiento, adicionalmente se puede manejar varios usuarios (ordenadores clientes) en una misma cola. Para terminar de realizar una similitud con la arquitectura de SNA, MQ no debe permitir multidifusión en las colas en este tipo de comunicación, según en la configuración no debería en este caso. El caso que el protocolo de aplicación permite el uso de multidifusión como identificar el enlace entre el requerimiento y la(s) respuesta(s) como el orden de esta, para que no se confundan las diferentes respuestas de varios requerimientos, se asemeja la funcionalidad de las capas físicas, enlaces de datos y red de los protocolos de comunicación del modelo de capa OSI dentro del protocolo de aplicación. La otra opción que el middleware permita manejar desde el aplicativo la multidifusión. Por supuesto la arquitectura del aplicativo cliente cambiaría para manejar este tipo de comunicación. Pero por lo momento, al mantener la funcionalidad del aplicativo cliente como el protocolo de aplicación del ordenador central, el cambio de la arquitectura SNA a uso de MQ no representaría mucho cambio, solo el uso de otras funciones que posee su equivalencia en ambos mundos.

16.2. Desarrollo de los métodos de la librería

El desarrollo del componente de comunicación es bajo Visual Studio .Net en Windows, para la creación del proyecto se selecciona la creación de las librerías o bibliotecas dinámicas. Para el desarrollo se apoya con el uso de la librería de enlace dinámica "amqmdnet.dll" que provee IBM MQ, se escoge esta librería debido a que el desarrollo será bajo ambiente de Windows de los diferentes aplicativos del cliente.

En este caso de configuración son dos colas que se deben acceder como medio de comunicación, uno para el envío de los requerimientos hacia el Host, y otra cola para la recepción de mensajes de la(s) respuesta(s). Se mantiene el mismo protocolo de aplicación sin usar la LU tipo 6.2 pero bajo el uso de IBM MQ. El proceso de desarrollo es sencillo, se desarrolla dos funciones públicas que permiten el acceso al middleware y el MQ se encargará enviarla hacia el Host, una función para cada cola. Los datos que se necesitan en las funciones son: el nombre de gestor de cola y los nombres de las colas (envío y recepción), hay que notar que el nombre de gestor de cola puede ser diferente en ambas colas. Se realiza esta diferenciación debido a que todo depende del administrador de MQ de la empresa donde se instale y se configure. En el manejo de colas, tanto en el envío como la recepción es gestionado con un solo mensaje a la vez, se pueda abrir la conexión hacia el gestor de cola, enviar o recibir un mensaje y cerrar la conexión por parte del aplicativo cliente. El flujo de datos es idéntico a lo planteado en los capítulos pasados, pero el manejo es asincrónico, como se indica en el aplicativo cliente, se debe mantener el estado de emisor o receptor por sincronización para el orden de las respuestas de un requerimiento, no enviar otro requerimiento al Host hasta que obtenga la última respuesta; aún que el sistema soporta el asincronismo puro, el protocolo de aplicación del ordenador central puede obligar esta sincronización. Si se desea trabajar de forma asincrónica, el protocolo de aplicación se debe cambiar en ambas partes tanto en el ordenador central como en el cliente. Por lo tanto, se mantiene el protocolo de aplicación con la sincronización pautada en el manejo de SNA con LU tipo 6.2.

Se desarrolla y se tiene dos funciones:

- ✓ PutMessageMQ. Función que coloca un mensaje en la cola.
- ✓ GetMessageMQ. Función que extrae un mensaje de la cola.

Las dos funciones se describen en el algoritmo 16.1 que a continuación se presenta:

```
#include "stdafx.h"
#include <tchar.h>
#using <mscorlib.dll>
#using <amqmdnet.dll>

using namespace System::Runtime::InteropServices;
using namespace IBM::WMQ;

///
/// Enviar un mensaje de IBM WebSphere MQ
///
/// queueManagerName-> [ colocar "" cuando no se quiera usar]  es el nombre del Manejador de Cola a usar
(dato de entrada)
/// queueName-> Nombre de la Cola de Mensajes a usar (dato de entrada)
/// message -> Mensaje a Enviar (dato de entrada)
/// iError-> retorna el codigo de error (dato de salida)
/// Id del Mensaje-> identificación del mensaje que se envio a la Cola (dato de retorno de la funcion)
String* PutMessageMQ(String* queueManagerName, String* queueName, String* message, int &iError)
{
        //IBM::WMQ
        MQQueueManager*    mqQueueManager;        // Manejador de Colas
        MQQueue*        mqQueue;                // Cola de Mensajes
        MQMessage*        mqMessage;            // Mensaje
        MQPutMessageOptions* mqPutMessageOptions;        // Opciones para enviar el Mensaje

        iError = 0; // Operacion Satisfactoria
        unsigned short iSendSize;
        char messageTemp[5000];

        try
        {
          // Creacion de la conexión al MQQueueManager
          mqQueueManager = queueManagerName == "" ? new MQQueueManager() :  new
MQQueueManager(queueManagerName);
        }
        catch (MQException* mqe)
        {
                iError = ((int)mqe->Reason ); // Error de la  creando del manejador de colas
                return "";
        }

        try
        {
                // Se accede a la cola de mensajes inidicada para el envio del mensaje
                mqQueue = mqQueueManager->AccessQueue( queueName,
                        MQC::MQOO_OUTPUT  + MQC::MQOO_FAIL_IF_QUIESCING );
        }
        catch (MQException* mqe)
        {
```

```
                iError = ((int)mqe->Reason ); // Error creando la instancia de la cola
                return "";
        }

        mqPutMessageOptions = new MQPutMessageOptions();

        mqMessage = new MQMessage();

        //Convertir ASCII a EBCDIC
        const char* str2 = (char*)(void*)Marshal::StringToHGlobalAnsi(message);
        for(int i= 0; i < message->Length ; i++)
                messageTemp[i] = str2[i];

        iSendSize = strlen( (char *) messageTemp );
        Conv_A2E (iSendSize, messageTemp);  //Convertir de ASCII a EBCDIC

        //Asignar mensaje al Objeto MQMessage
        mqMessage->WriteString( messageTemp );

        mqMessage->Format = MQC::MQFMT_STRING;

        try
        {
                mqQueue->Put( mqMessage, mqPutMessageOptions );
        }
        catch (MQException* mqe)
        {
                iError = ((int)mqe->Reason ); // Error enviando el mensaje
                return "";
        }

        //Se cierra la cola
        mqQueue->Close();

        //Se desconecta del manejador de colas
        mqQueueManager->Disconnect();

        return BitConverter::ToString(mqMessage->MessageId)->Replace("-","");;
}

/// Obtener un mensaje de IBM WebSphere  MQ
/// queueManagerName-> [ colocar "" cuando no se quiera usar]  es el nombre del Manejador de Cola a usar
(dato de entrada)
/// queueName-> Nombre de la Cola de Mensajes a usar (dato de entrada)
/// messageId->Id del Mensaje del que se desea obtener de la cola (dato de entrada)
/// waitInterval->Intervalo de Espera para obtener un mensaje (dato de entrada)
/// iError->Codigo de Error de retorno (dato de salida)
/// Mensaje en la Cola (Dato de salida por la función)
String*  GetMessageMQ(String* queueManagerName, String* queueName, String* messageId, int waitInterval,
int &iError)
{
        //IBM::WMQ
        MQQueueManager*     mqQueueManager;      // Manejador de Colas
```

```cpp
        MQQueue*           mqQueue;                                    // Cola de Mensajes
        MQMessage*         mqMessage;                                  // Mensaje
        MQGetMessageOptions* mqGetMessageOptions;  // Opciones para recibir el Mensaje

        String*            messageReturn;                             // Mensaje obtenido de la Cola
        iError = 0; // Operacion Satisfactoria
        unsigned short iSendSize;
        char messageTemp[5000];

        try
        {
                // Se crea la conexión al administrador de cola del MQQueueManager
                mqQueueManager = queueManagerName == "" ? new MQQueueManager() :  new
MQQueueManager(queueManagerName);
        }
        catch (MQException* mqe)
        {
                iError = ((int)mqe->Reason ); // Error al creando la conexión al manejador de colas
                return "";
        }

        try
        {
            // Se conecta a la cola de mensajes de lectura
            mqQueue = mqQueueManager->AccessQueue( queueName,
                          MQC::MQOO_INPUT_AS_Q_DEF   + MQC::MQOO_FAIL_IF_QUIESCING );
        }
        catch (MQException* mqe)
        {
                iError = ((int)mqe->Reason ); // Error al conectarse a la cola
                return "";
        }

        mqGetMessageOptions = new MQGetMessageOptions();
        mqGetMessageOptions->WaitInterval = waitInterval;
        mqGetMessageOptions->Options |= MQC::MQGMO_WAIT;

        //Convertir MessageId de Hexadecimal a Array Byte
        int numberChars = messageId->Length;
        Byte bytes[] = new Byte[numberChars / 2];
        for (int i = 0; i < numberChars; i += 2)
                bytes[i / 2] = Convert::ToByte(messageId->Substring(i, 2), 16);

        mqMessage = new MQMessage();
        mqMessage->MessageId = bytes;

        try
        {
                mqQueue->Get( mqMessage, mqGetMessageOptions );

                messageReturn = mqMessage->ReadString(mqMessage->MessageLength) ;
        }
        catch (MQException* mqe)
```

```
{
        iError = ((int)mqe->Reason ); // Error recibiendo el mensaje
        return "";
}

//Se cierra  la conexión de la cola
mqQueue->Close();

//Se desconecta del manejador de colas
mqQueueManager->Disconnect();

//Convertir de EBCDIC a ASCII
const char* str2 = (char*)(void*)Marshal::StringToHGlobalAnsi(messageReturn);
for(int i= 0; i < messageReturn->Length ; i++)
        messageTemp[i] = str2[i];

iSendSize = strlen( (char *) messageTemp );
Conv_E2A (iSendSize, messageTemp);

return messageTemp;
}
```

Algoritmo 16.1 Colocar y extraer en una cola

Al usar una cola para el envío, se genera una identificación para el mensaje donde retorna al enviar el requerimiento, permite asegurar al acceder en la cola de la respuesta, donde la respuesta puede ser localizado por el identificador del requerimiento, esto permite realizar la conexión de punto a punto, donde se relaciona el requerimiento y sus respuestas en las dos colas. Con la identificación de los mensajes en ambas colas abren otros caminos debido que dependen de las configuraciones de las colas; el hecho que sean permanentes o temporales los mensajes que contienen las colas, permite un periodo más largo en procesar las respuestas o el intervalo desde el envío del requerimiento hasta el procesamiento de las respuestas por parte del aplicativo del cliente, permite también un lapso de tiempo mayor desde el envío del requerimiento hasta esperar procesar la respuesta, por el uso del área de gestor o manejador de cola como repositorio de los datos temporales; esto no es aplicable a software de tiempo real, o que el aplicativo el tiempo no sea un requerimiento fundamental. Pero el caso de cambiar de la conexión SNA con LU tipo 0 o 6.2 a esta conexión, el tiempo real del envío como el procesamiento de las respuestas debe ser fundamental para el software, por ejemplo, los sistemas administrativos o financieros (bancarios) toma en consideración el tiempo (fecha y hora que se realiza la operación), donde cada segundo cuenta en sus transacciones (envíos y recepciones de mensajes) con el uso del middleware.

Con el repositorio de mensajes en las colas permite el almacenaje de las cantidades de respuestas que el aplicativo cliente puede procesar directamente, una de la forma indicada en el uso del algoritmo 16.1 de separar el manejo de la comunicación de la red con el procesamiento de los datos en la aplicación cliente. La otra forma es de modificar el algoritmo 16.1 en la función de recepción, donde todas las respuestas de la cola de un requerimiento sean procesadas a medida que se extrae uno por uno, mezclando la labor y los procesos de análisis del aplicativo con la función de comunicación; este se ahorra el código de programación e instrucciones adicionales de abrir y cerrar el acceso al middleware por cada respuesta, solo tendrá una sola apertura y cierre a la cola, y procesar todas las respuestas como un proceso de lotes de respuestas, excepto con el uso de los servicios web que es una conexión temporal por cada requerimiento. Esto obliga en mezclar los módulos de procesamiento de los datos y las funciones de comunicación. La otra opción de segmentar las líneas de códigos de la cola de respuesta en tres funciones: abrir el acceso a la cola, extracción de mensajes o datos de la cola y cierre de la conexión de la cola. Este último mantiene la separación de procesamiento de los datos por parte del aplicativo cliente y las funciones de comunicación, similar caso de la conexión LU 6.2. Hay que estar pendiente el uso equilibrado de la red con los diferentes criterios de conexión.

El otro punto que se detecta que no está presente en las funciones creadas en el manejo de colas en el algoritmo 16.1, es la estructura o algo que se relacione con el protocolo de aplicación, trabaja de forma transparente a diversos protocolos de aplicación con el uso de estas funciones, solo el caso de la conversión de las tablas ASCII a EBCDIC y viceversa por estar conectado al Host o un ordenador central, que en este caso se debe colocar una variable local con opción de usar el traductor de ASCII – EBCDIC cuando sea necesario. La estructura del flujo de datos en el manejo del envío y recepción de mensajes entre los dos aplicativos tanto central y del cliente, por lo tanto, el aplicativo cliente debe manejar el protocolo de aplicación y no en las funciones de comunicación de mensaje de IBM MQ, dando una clara separación entre el medio de comunicación (protocolo de comunicación y/o middleware de comunicación en este caso) con el protocolo de aplicación. En resumen, el manejo del fin de la última respuesta del Host (en valor de la trama en sus tres bytes iniciales con "000") debe ser tratado en el componente del aplicativo del cliente que use la librería y funciones del algoritmo 16.1. Una medida de confirmación que el último mensaje de la cola de un requerimiento posea en su data la indicación de fin de trama del protocolo de aplicación, puede haber casos que no hay mensaje en la cola, pero no se encuentra la marca de finalización de las tramas, en este caso debe tomar la decisión el aplicativo cliente para resolver el problema por medio de la identificación de los mensajes; el otro punto que toca en el uso del middleware, la condición del último mensaje del protocolo de aplicación se transfiere al manejo del último mensaje (respuesta) de la cola de un requerimiento, donde middleware controla con el uso de la cola la cantidad de mensaje (respuestas del host) pendiente por leer o procesar por el aplicativo cliente. En este caso el indicativo del último mensaje en el mensaje es para validación o certificación que el requerimiento fue respondido completamente, puede suceder que por error el último mensaje no llegue, aquí debe tomar la misma acción y decisión que cualquier conexión como LU tipo 0 o 6.2.

La configuración y definición de las colas son importantes, el manejo de las colas es un tema muy extenso en la parte académica, hay varias ramas de las ciencias que estudian este tema como investigación de operaciones, teorías de sistemas y teoría de control, y otros; que son aplicable a una variedad de situaciones de la informática, telecomunicaciones, redes, negocios, comercios, transporte, logísticas, etc., todo concentrado en las "teorías de colas". En nuestro caso es de configurar las colas que se comporte con similitud de una red punto a punto, con la adaptación del flujo de datos del protocolo de aplicación del caso. Como se indica anteriormente el protocolo de aplicación del ordenador central es mandatorio, donde define el flujo de datos de los requerimientos y las respuestas, el modo de comunicarse y los diferentes puntos de estudios del libro, hace que el middleware IBM MQ y otro mecanismo de comunicación entre los equipos, soporten los diferentes protocolos de aplicación que existen en el ambiente de redes.

17. Variedad de arquitecturas de Software y diversidad de protocolos

En el desarrollo de componente de comunicación del software en la sección III de este libro, se desarrolla un conjunto limitado de protocolo de comunicación (TCP/IP y arquitectura SNA) como otro mecanismo en el uso de la red (IBM MQ, OLE/DB, ODBC) para la conexión de dos o más ordenadores, desarrollo de formatos (http, XML, etc.) que son utilizados en la interpretación de aplicaciones en la navegación en la red, que se desarrollan con herramientas básicas y expertas, y con una diversidad de lenguaje de programación que lo soporta. Centrado en un conjunto de arquitectura de software que se mantiene durante el desarrollo del libro, que permite como se describe anteriormente en aplicar las ventajas de las capas de comunicación OSI, cambios en diferentes capas de tal forma de sustituir el protocolo de comunicación y manteniendo el protocolo de aplicación.

En el caso de esta última sección del libro se intenta describir un protocolo de aplicación que sea soportado en una diversidad de protocolo de comunicación en la red, desde el manejo de las tramas con datos crudos, representando cada bit y su significado en el protocolo de comunicación como en el protocolo de aplicación; hasta desarrollo de componentes de comunicación en la red con middleware, bibliotecas y librerías, con el reúso de las funciones que provee la solución en la conexión, sin detallar los bits y bytes de los datos crudos en el flujo de datos. El protocolo de aplicación definido como ejemplo, que es llevado de la arquitectura SNA LU tipo 6.2 (que se puede desarrollar por analogía en LU tipo 0) a usar con el middleware de IBM MQ; permite tener una idea de la magnitud de los cambios en los protocolos de comunicación y en el mantenimiento del protocolo de aplicación (última capa del modelo estándar OSI). Sin olvidar el uso de dos o más protocolos de comunicación como ejemplo del encapsulamiento de trama SNA transportado en TCP/IP. La labor se centra en el manejo y conocimiento de las últimas capas del modelo OSI, donde el desarrollo de estos componentes con el transcurrir del tiempo y la aparición de nuevas tecnologías como nuevos protocolos de comunicación, permite la existencia de las aplicaciones actuales con el mismo protocolo de aplicación; como aplicaciones de los grandes ordenadores que han mantenido sus existencias y se mantendrán en el futuro, por la incesante innovación y cambios que se realizan bajo este esquema. Desde este punto de vista, las aplicaciones que se han mantenido por décadas tienden a tener un ciclo de vida de software más largo al tener este tipo de diseño, donde algunas de las capas se renuevan y otras capas se mantienen a lo largo de su vida (generalmente tiene la consecuencia de mantener su protocolo de aplicación) según por sus características de diseño como las herramientas utilizadas (una de ellas es el lenguaje de programación seleccionada que se mantiene por largo tiempo su existencia en las nuevas tecnologías) que ayuda con una buena decisión de sus creadores y de la constancia del mantenimiento con el uso de la tecnología del momento. El uso de la tecnología para la reusabilidad del aplicativo en computadores centrales y en los servidores, permiten ampliar sus conexiones con manejos de librerías y bibliotecas para diferentes lenguajes de programación y sistemas operativos.

La otra visión es la aplicabilidad de la diversidad de protocolos existente en el mercado, con el manejo de los diferentes conceptos definidos en la construcción de aplicaciones y software, como las diversidades de arquitecturas que se definen en el libro, puede realizar combinaciones de ellas generando una gran cantidad de modelos y estructuras de software, por este motivo, el arquitecto de software toma relevancia al final del siglo pasado como en este siglo, donde se define no solo la estructura del software a desarrollar, define también los diferentes protocolos de comunicación con una diversidad de componentes (como hardware y software) y sus conexiones en la red. El incremento del uso de los ordenadores de mediano y bajo procesamiento por sus bajos costos, permiten también el uso intensivo de los sistemas distribuidos que combinando con los sistemas centralizados trabajan de forma conjunta para llegar a un objetivo empresarial, e inclusive a nivel mundial. Por esta razón, la integración de los diferentes sistemas informáticos se debe a la interconexión entre ellas por medio de los diversos tipos de protocolos de comunicación, y el mantenimiento de los sistemas actuales que han preservado desde el ciclo pasado con las actualizaciones con las nuevas tecnologías.

Todos estos cambios generan nuevas necesidades, las necesidades se manifiestan en el cambio de los sistemas informáticos, que obliga tarde o temprano de conectarse a otros sistemas o aplicativos. Las empresas diseñan estos cambios también por los objetivos trazados en su área económica soportada por la tecnología, donde la necesidad de tener una variedad de arquitectura de software derivado por estos cambios y adaptarlos.

Al lograr comunicarse dos aplicativos, se inicia así una cadena que nunca va a terminar, la integración de todos los aplicativos de una empresa comienza con un objetivo, y de estas nacen muchos más objetivos. Por esta razón, pueden aparecer numerosas arquitecturas de software, puedan que sean conocidos o similares a las arquitecturas de software estándares en el ambiente académico, como otros que son combinaciones de estas.

En este capítulo del libro comienza a revelar algunas de estas arquitecturas que son definidas por medio de los protocolos de comunicación, esto se produce por la combinación de diversos de estos protocolos. Cada uno de ellos e inclusive lo más estándar puede estar operativo de forma aislada; pero el uso de un solo protocolo de comunicación, esta misma isla fluye a diversos protocolos de aplicación. Por ejemplos, casos de los protocolos de comunicación bajo el esquema de la arquitectura SNA con LU tipo 0, puede llevar consigo trama de dos o más tipos de protocolos de aplicación, como se indica en sus conexiones que se puede acceder a un conjunto de aplicaciones en una misma área del ordenador central, como aplicaciones administrativas, comerciales y financieras que navegan sobre la misma arquitectura SNA LU tipo 0; o el esquema donde cada aplicativo posee un tipo protocolo de comunicación diferente, como por ejemplo, SNA la LU tipo 0 para el aplicativo financiero, SNA la LU tipo 6.2 para el aplicativo administrativo y TCP/IP con el uso de protocolo de aplicación comercial. Todo depende del arquitecto del software, los integradores de tecnologías y los objetivos (necesidades de las empresas) de los usuarios de los sistemas en definir los esquemas de los protocolos de aplicaciones y comunicación, y sobre todo de la infraestructura de redes que posea la organización.

Se presenta en este libro solo cuatros ejemplos de arquitecturas de software para su estudio y análisis. Existen muchos más ejemplos en las arquitecturas de software, y no se sabe si con un libro dedicado a este tema pueda cubrir su totalidad. El primer ejemplo es una estación de trabajo o software de escritorio como se conoce para el uso doméstico; luego se describe un aplicativo con una sola conexión hacia un servidor, ambos aplicativos en el ordenador cliente; luego se describen un cliente ligero y otro pesado; finalmente, se puede ver en una estructura organizativa, la integración de todos los protocolos de comunicación de los aplicativos en un solo punto de la organización. En los ejemplos que se describen en los siguientes capítulos, se debe observar la diversidad de conexón de red y el protocolo de aplicación que usa en la conexión, permite tener una idea con referencias en diversas partes descritas del libro que se enlazan para construir una arquitectura de red y de aplicaciones.

17.1. Software de escritorio con conexión simple

Software de escritorio es un aplicativo informático que interactúa con el usuario, un ejemplo clásico donde el aplicativo está conectada a una base de datos. La conexión a la base de datos se realiza en el mismo computador sin uso de redes físicas, la arquitectura de software se define en un solo punto donde la conexión se realiza entre dos aplicativos en el mismo computador. La aplicación también puede tener una conexión directa utilizando OLE/DB u ODBC hacia la base de datos remota (ver la figura 17.2), uno de los aplicativos del caso anterior está en otro computador; pero por medida de seguridad se utiliza una conexión con protocolo TCP/IP y con medidas de seguridad en la red que el aplicativo del cliente accede en una red local sin acceso al exterior. Se asume que el servidor de la base de datos también está en otra red LAN con dispositivos de seguridad de red para ser accedido, pocos equipos de la empresa son permitidos el acceso a la base de datos.

Otro tipo de software que posee la misma funcionalidad de las anteriores es el esquema presentado en la Figura 17.1, es de un software de escritorio que realiza la consulta, ingreso, modificación y eliminación de datos; se conecta con su propio protocolo de aplicación vía TCP/IP con socket al servidor. El servidor de TCP/IP se conecta por el servicio Web hacia el servidor de fuente de datos con protocolo HTTP, y el servidor Web se conecta con la base de datos vía OLE/DB u ODBC ubicado en el mismo servidor; lo recomendable es tener el servidor de la base de datos junto a su manejador pero separado de todos los demás componentes del software inclusive del servicio Web.

El aplicativo de escritorio se conecta vía TCP/IP a una aplicación de servicios en el servidor local, donde tiene un puerto para atender a las aplicaciones de escritorios de la red LAN 1, con formato TCP/IP y con un protocolo de aplicación que traduce las tramas del mensaje en llamadas de funciones publicadas en el servicio Web, el servidor Web transforma la llamada de las funciones Web a conexiones OLE/DB u ODBC hacia el manejador de base de datos en el mismo servidor en la red LAN 3. En la Figura 17.1 hay tres diferentes transformaciones de conexión entre los aplicativos, tres cambios de los protocolos de comunicación y de aplicación, desde el software de escritorio de la red LAN 1 hasta el manejador de base de datos en la red LAN 3. Existe una solución menos complicada de conectarse directamente el software de escritorio hacia la base de datos vía ODBC u OLE/DB como se indica desde el inicio del ejemplo en la Figura 17.2. La razón de la Figura 17.1 puede ser variada; como cada red LAN es independiente y responsable por una área de la organización, y cada red LAN posee un sistema propio que comparte los datos; y el servicio web es la forma con que comparte la información a las demás áreas de la organización, puede suceder que el servidor de la red LAN 3 está conectado con estaciones en la red local que trabajen con usuarios administrativos de la empresa y los usuarios de la LAN 1 sean los vendedores de la empresa, o que el servidor este solo en la red LAN 3, pero el modo de acceso al servidor en LAN 3 unifica, limita y controla la información; otra razón puede ser el permiso y la seguridad de acceso a los diferentes sistemas informáticos de la organización, etc.

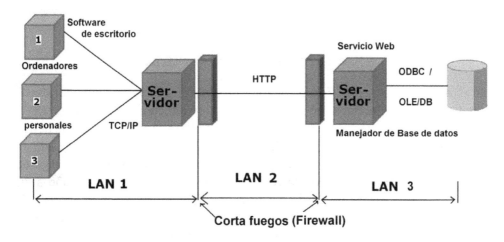

Figura 17.1 Sistema personales de software de escritorio

En la Figura 17.2, las aplicaciones de escritorio realizan el acceso directo hacia el servidor de la base de datos, debe utilizar las partes del código fuente del servidor de servicio Web de la LAN 3 con ODBC u OLE/DB de la figura 17.1, en este caso el servidor de la red LAN 3 debe dar el acceso de esta conexión conjuntamente con el uso del aplicativo de servicio Web, abriendo otra puerta de acceso en la LAN 3, donde implica el uso de nuevos usuarios para acceder a la base de datos con el manejador de esta. Limita la información por la autorización de los usuarios por ODBC u OLE/DB, pero se deja abierta toda la información de la base de datos.

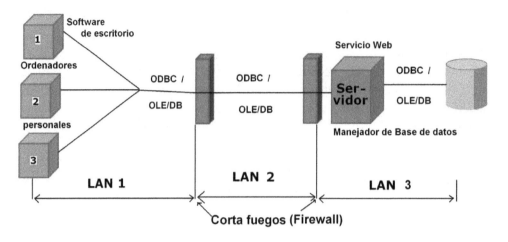

Figura 17.2 Acceso directo vía OLE/DB

En este caso de la figura 17.2, el software de escritorio debe implementar desde cero esta conexión tanto en el protocolo de aplicación como de comunicación si se cambia de la Figura 17.1 a la Figura 17.2 y viceversa. Ambos esquemas tienen sus ventajas y desventajas, en la Figura 17.1 existe una cantidad de transformaciones de datos y ejecuciones de una cantidad de líneas de código de programación, con nivel mayor de control y validación para evitar el daño a los contenidos de la fuente de datos. Mientras que la Figura 17.2 es en teoría más rápida la ejecución, pero tiene acceso crudo a los datos que pueden dañar su contenido. Estos son dos puntos de ventajas y desventajas en ambas arquitecturas, existen más ventajas y desventajas en ambos modelos que el lector puede descubrir.

17.2. Aplicativo cliente ligero con un servidor multiprotocolo

Se tiene un aplicativo cliente con una conexión Web hacia el servidor de la LAN 1, donde el servidor de la LAN 1 se encarga de realizar diversidad de conexiones necesarias para dar respuesta a los requerimientos del aplicativo cliente, el cliente funciona con una sola conexión http hacia el servidor como se indica en la Figura 17.3.

El servidor de la red LAN 1 tiene instalada una página Web que se conecta con un servicio Web en la LAN 2, también realiza la conexión hacia el Host en red LAN 3;

el servidor de la red LAN 1 posee la información de los usuarios (en una base de datos local) que se accede por la página web de la organización. Para los requerimientos de los aplicativos clientes, cada ordenador personal posee un navegador de Internet que se conecta al servidor de la red LAN 1 para realizar las operaciones de la organización por la página web. Los usuarios se le permiten trabajar fuera de la organización con ordenadores móviles desde cualquier lugar, para acceder a la página Web de la red LAN 1, los administradores de la red configuran una conexión segura con VPN (Virtual Private Nertwork en sus siglas en inglés) o una conexión de red privada virtual si desea acceder desde afuera de la organización.

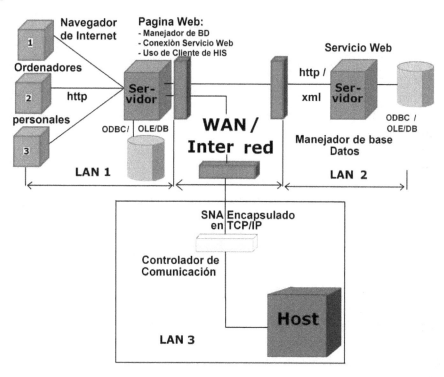

Figura 17.3 cliente ligero con servidor múltiple protocolo

El servidor de la red LAN 1 tiene una conexión hacia el Host vía SNA encapsulado en TCP/IP, donde debe estar instalado el HIS cliente con que accede al HIS servidor (similar a la Figura 15.2 donde el servidor HIS y el cliente HIS está en el mismo ordenador), al tener el aplicativo Web en el servidor junto al cliente del HIS, permite con el formato de protocolo de aplicación realizar las peticiones de los requerimientos al Host, el servidor de HIS no está obligado estar en el mismo servidor donde está ejecutándose la Página Web, la localización del servidor de HIS está junto al Cliente de HIS, que este último si debe estar instalado en el servidor de la LAN 1 obligatoriamente. En el HIS se define el tipo de conexión como el componente usado por la página Web (LU tipo 0 o 6.2, o cualquier otro tipo de LU definido en los manuales de HIS).

El otro aspecto de la página Web del servidor de LAN 1 tiene una conexión hacia el servidor de la LAN 2 por medio del uso de un servicio Web (puede usar SOAP o REST) con protocolo Http (con formato XML), debe tener el acceso y permiso a nivel de red para poder acceder, el permiso de acceso se realiza generalmente con el uso de Hardware o dispositivo de la red física, como el uso de los enrutadores ("Router"), debido a que los servicios Web dentro de una organización es similar a la publicación de una página Web o servicio en la Internet, está disponible o no por el acceso en la red física. El servidor de la red LAN 2 posee el servicio Web para poder acceder a una base de datos, el servicio Web debe tener en su fuente de programación una conexión sea ODBC u OLE/DB. En el servidor puede que esté el manejador de bases de dato o en otro servidor, la información de la ubicación del servidor del manejador de base de datos se conoce al verificar la cadena de caracteres de conexión (Connection String ver el capítulo 14.5).

En resumen, la Figura 17.3 descrita anteriormente representa un esquema de los diferentes protocolos (comunicación y aplicación) que se detallan cuando definan cada protocolo en referencia a los servidores lógicos, que en la práctica puede estar físicamente todo en un computador, los servidores lógicos dispuestos en la red LAN 1 se pueden enumerar en: un servidor lógico para el manejo de protocolo de la arquitectura SNA (el servidor HIS); un servidor lógico de manejador de base de datos donde accede la página Web con una conexión a los datos locales; el servidor lógico de la página Web donde está instalado el aplicativo que realiza todas las conexiones anteriores mencionadas, con el uso adicional de un servicio Web de la red LAN 2. La página Web de la red LAN 1 tiene en sus funciones de re direccionar en ubicar la fuente de datos, conociendo a priori donde se encuentra los datos, el otro trabajo del servidor Web es interactuar con diferentes protocolos de comunicación cuando se determina el origen de los datos, y finalmente soportar los diferentes protocolos de aplicación, que este caso son variados y son mencionados a lo largo del libro.

17.3. Cliente inteligente o pesado con múltiple protocolo

El aplicativo cliente es un software que realiza parte del trabajo del servidor de la LAN 1 del caso anterior (capítulo 17.2). Comparte el procesamiento, permitiendo el uso de paralelismo, donde dos o más ordenadores realizan trabajos de forma simultáneas para lograr un objetivo, en este caso permite tener sincronismos y ordenamientos en el aplicativo del cliente.

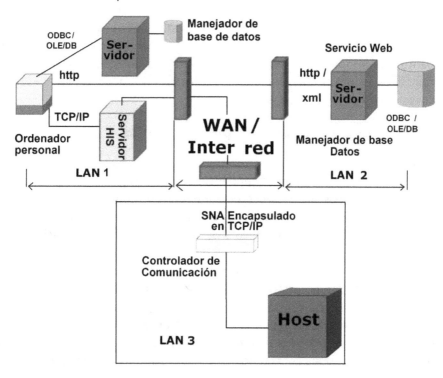

Figura 17.4 Cliente inteligente o pesado

El aplicativo cliente se conecta con el servicio Web directamente hacia el servidor de la red LAN 2, también se conecta con el servidor de manejador de base de datos en la LAN 1 para los usuarios; por último se conecta con el Host con el uso de la librería de HIS; por lo tanto, en el ordenador del aplicativo cliente debe tener instalado el HIS cliente obligatoriamente, la misma estructura en la Figura 15.1. Si se detalla existen dos servidores lógicos que puede estar en un solo servidor físico, en este caso el servidor de la red LAN 1 se instala todos los componentes que el aplicativo cliente accede hacia el exterior o los recursos de la red local, pero el servidor físico trabaja de forma independiente y separado con todos los recursos (base de datos e HIS), mientras en el caso del servidor de la Figura 17.3 trabaja todo en un solo aplicativo Web y su coordinación. La coordinación de los recursos lo realiza el aplicativo cliente en conjunto con los diferentes servidores de la empresa.

En este esquema los recursos están dispersos en la organización para que sean accedidos por los aplicativos clientes. El trabajo de mantenimiento del aplicativo del cliente debe tener conocimiento de todos los protocolos tanto de comunicación y de aplicación. Como se indica en la Figura 17.4 de clientes inteligentes o pesados que realiza todo el trabajo de coordinar, ejecutar y soportar todos los protocolos de comunicación y aplicación, donde en el esquema anterior lo realiza parte del trabajo el servidor.

17.4.   Integrador de múltiples protocolos

En algunas organizaciones están en tendencia con este esquema, en tener un área en común donde todos los sistemas y aplicaciones se conecten para enviar sus requerimientos y esperar sus respuestas. En este caso, todos los aplicativos de la organización utilizan el mismo protocolo de comunicación y de aplicación. Como se indica en la Figura 17.5 se tiene un área de conexión de todos los desarrollos y aplicaciones de la organización y por el otro lado todos los sistemas de la organización con su propio protocolo de comunicación y aplicación. El trabajo de mantenimiento de la zona central con los múltiples protocolos es arduo, pero se controla de forma centralizada, en vez de tener numerosos clientes inteligentes o pesados accediendo a todos los sistemas de la organización, con este mecanismo se tiene todos los sistemas conectados en un solo punto, concentrando todos los procesos de la organización, como las tomas de decisiones, reglas y funcionamientos.

Similar a los sistemas centralizados, pero con uso de las tecnologías actuales de redes, protocolos de aplicación y protocolo de comunicación. El Host (sistema central, tanto el protocolo central y comunicación) se convierte en un sistema satélite de la organización, se centra por medio de dispositivo y aplicativos que solo maneja los diferentes mensajes y en ruta a los canales que pertenecen. Es como tener un ordenador central que solo tiene la función de distribuir todos los mensajes de la organización como un enrutador ("Router") en la red de la organización. La construcción es un middleware que maneja la unificación de protocolos de todos los sistemas informáticos.

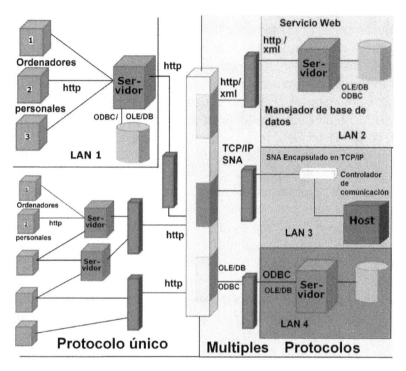

Figura 17.5 Integrador de múltiples protocolos

En la Figura 17.5 del integrador de múltiples protocolos no es fácil de realizar, el costo de tener un estándar de protocolo de comunicación y aplicación para todas las conexiones a nivel de la organización, con lleva a unificar todos los protocolos de aplicación o traducción de esta en una nueva para ser entregado a los clientes. Los requerimientos no son tan complicados como la diversidad de respuesta que se encuentra en los protocolos de aplicación. En el caso de los protocolos de comunicación tienden a realizar lo que disponga del protocolo de aplicación. La diferencia de una conexión http (puede ser otro protocolo de comunicación seleccionado como estándar para una organización) que generalmente se envía un requerimiento y donde la respuesta es única como la página web o una estructura conocida de un XML, donde contiene la respuesta que sea suficiente para el cliente en este tipo de conexión, mientras que las diversas conexiones con protocolos como TCP/IP o en la arquitectura de SNA, por ejemplo, pueden variar desde respuesta asincrónico como síncrono, manejo de una o varias respuestas

419

que derivan de un requerimiento. La idea del integrador de múltiples protocolos es de mantener el protocolo de aplicación en su estado natural en cada sistema, manteniendo también el protocolo de comunicación en que mejor trabaja, debido que es mucho trabajo transformar cada sistema de los diferentes protocolos de comunicación a uno estándar, donde puede derivar el segundo problema, cambiar el protocolo de aplicación, es prácticamente comenzar desde cero todos los sistemas existentes dentro de una organización. En este punto de vista, lo lógico es que se mantienen los sistemas actuales en sus estados naturales, con sus respectivos mantenimientos tanto en su protocolo de comunicación y aplicación, mientras de forma paralela se construye para cada sistema la traducción a un nuevo y único protocolo de aplicación de la organización. El nuevo protocolo de aplicación debe ser soportado en los nuevos aplicativos clientes o nuevos softwares con los protocolos (comunicación y aplicación) estándares de la empresa. En este caso por ejemplo, que el protocolo de aplicación actual que tenga una cantidad de respuesta ya sea asincrónico o síncrono, y se debe entregar en un protocolo http, se acumula todas las respuestas con separadores respectivos y ordenados, hasta que aparezca la última respuesta, el integrador debe acumular todas las respuestas en una sola dentro del nuevo protocolo de aplicación única para el aplicativo del cliente, esto sería una opción; existen otras opciones como el de seleccionar y respetar el protocolo de aplicación más usados en la organización y los demás protocolos de aplicación se traduzca en el integrador al más usado, estas decisiones dependerán de cada organización, de su visión que desea proyectar en el futuro tanto en sus procesos de negocios acompañándolo con las tendencias tecnológicas.

La construcción de este tipo de middleware tienen varias consecuencias como:

- ✓ Mantienen las tecnologías actuales con las nuevas tecnologías.
- ✓ Visión abstracta de cada sistema como componentes dentro de la organización. En el fondo es una capa adicional que se coloca sobre la capa de aplicación en el modelo OSI; esto se cumple para todas las aplicaciones existentes en la organización.
- ✓ Unificación de los datos.

El mantenimiento de las tecnologías tanto de las actuales como integrarla a las nuevas, cada tecnología va a su propia velocidad, pero con este esquema permite el mantenimiento de la tecnología antigua que no se ha encontrado sustitución, la actual que está en operación e introduciendo nuevas tecnologías, donde todas puedan convivir de forma integradora en la organización. El uso de las diferentes tecnologías con los diferentes protocolos que trabajan en conjunto, mientras que cada una trabaja independiente en su localidad (en su red local por ejemplo), y la actualización interna con el integrador con su misma tecnología o en otra, por ejemplo, en caso de la sustitución de los terminales físicos IBM 3270 y 5250 por aplicaciones dentro de los ordenadores personales en la arquitectura SNA, quedando operativo solo los Mainframe (Host), los mini ordenadores y los servidores corazones de la organización. Permiten actualizaciones paulatinas que produce como consecuencia de un costo de inversión a largo plazo con poco impacto tanto tecnológico como económico en la organización. En algún momento se necesita que los diferentes procesos de la organización se deban engranarse en un solo gran proceso. En cada proceso equivale a un área de negocio con tecnología y aplicaciones propias. El proceso de integración de todas las áreas, implica integración de todos los sistemas de cada área.

La visión de cada sistema de un área que se integra a otra, tiene como consecuencia de tener otro tipo de vista de una abstracción más general; donde cada sistema será ahora un componente del sistema de la organización, es la analogía de la arquitectura de software de tener varios componentes o aplicaciones que integra un software. Ahora varios softwares se comunican entre sí, para tener una integración dentro de la organización. Desde otro punto mayor de abstracción de la organización, donde cada integración de los sistemas de una organización se comunica con otras organizaciones, donde se genera un modelo de integración de los sistemas de una organización será un componente de uno más grande. Esto no rompe con las tecnologías actuales, mientras que cada sistema dentro de una organización trabaja como si fuera independiente con su propia tecnología, con su protocolo de comunicación y protocolo de aplicación. Un ejemplo que se aplica en este concepto, donde la Figura 17.5 en la red LAN 3 trabaje de forma individual con los sistemas de la arquitectura SNA como se indican en la Figuras 15.1 y 15.2 independiente con la conexión con el integrador de múltiples protocolos, donde cada servidor mantenga sus plataformas y tecnologías originales en las diferentes redes de la organización.

En el caso de los usuarios de los sistemas de la organización, el uso de cada sistema conlleva tener su propio acceso y nivel de seguridad; tener en cada software, un usuario y una clave de acceso requiere tener un libro para recordar todos los datos (nombre de usuario y clave) en algún lugar del escritorio. Este esquema permite integrar de una forma inteligente en actualizar en un solo punto o distribuidos los datos en todos los sistemas existentes de la organización y pedir cuando sean necesarios los datos como medida de seguridad, hay sistema que se pide el usuario y clave de acceso en cada operación realizada en el día por tener característica de alto riesgo y no pide autorización si es bajo riesgo.

Los esquemas de las diferentes arquitecturas de software de este capítulo intenta realizar aplicaciones clientes que puedan acceder a todos los sistemas existentes o el construir un integrador de protocolo, tienden al mismo objetivo, en tener diversidad de acceso de fuentes de datos de la organización (como los clientes pesados o inteligentes en capítulo 17.3), donde de alguna forma u otra, la idea es de acceder en un solo punto toda la información disponible, actualmente la información es válido para ser integrado en diversas funciones como enfocar al apoyo al usuario o a los clientes de la organización. Todas las empresas tecnológicas tienden a tratar y conocer a sus usuarios o sus clientes, y en todo se necesita de los datos e información para ser procesados con las nuevas tecnologías como minería de datos, inteligencia artificial, sistemas de tomas de decisiones, sistemas de gestión, etc., para la creación de aplicaciones que genere un trato de forma particular (personalizado) dependiendo de las características de sus usuarios y sus clientes.

En el área de la tecnología informática cubre la traducción de los diferentes protocolos de aplicación en el integrador de múltiples protocolos, el costo de llevar de un protocolo a otro, que es fundamental en estos proyectos. Los protocolos de comunicación continúan en el análisis para poder soportar el protocolo de aplicación, la selección dependerá también de la seguridad, flexibilidad de adaptación, continuidad tecnológica y el uso sencillo, etc.

Hay costo que se debe evaluar como tener una estructura que soporte toda la organización, el desarrollo y uso de un integrador de múltiples protocolos no es sencillo, por un lado la selección de la tecnología que soporte los diferentes protocolos, la continuidad y el futuro de la tecnología seleccionada, el mantenimiento de doble costo (en el sistema original y el integrador), la compatibilidad de la tecnología con otras tecnologías, como la selección de una tecnología que se use de forma estándar en la empresa, la estructura física que soporte todas las cargas de la organización en un equipo o varios equipos, en un software o varios software trabajando en conjunto que permita esta arquitectura, o convivir diversidad de tecnología en el desarrollo del integrador no es fácil, pero si es posible realizarlo.

18. Referencias bibliográficas

[Cis01] Cisco Press. "IBM Systems Network Architecture (SNA) Protocols" (08/12/1999). https://www.cisco.com/cpress/cc/td/cpress/fund/ith2nd/it2429.htm#xtocid136853 (11/01/2018).

[Fun01] Fung León, Jacinto. "Ingeniería del Software: Gestión personal para el éxito" (2017). AMAZON. **ISBN-10:** 108253997X. **ISBN-13:** 978-1082539978.

[Gar01] Garlan, David y Shaw, Mary "An Introduction to Software Architecture". (Enero 1994). https://www.cs.cmu.edu/afs/cs/project/vit/ftp/pdf/intro_softarch.pdf (30/08/2017)

[Ibm01] IBM Knowledge Center. "Conexiones de clientes API". https://www.ibm.com/support/knowledgecenter/es/SSEQ5Y_12.0.0/com.ibm.pcomm.doc/books/html/quick_beginnings11.htm (12/01/2018).

[Ibm02] IBM Knowledge Center. "Introducción a WebSphere MQ". (03/12/2017) https://www.ibm.com/support/knowledgecenter/es/SSFKSJ_7.5.0/com.ibm.mq.pro.doc/q001020_.htm (11/01/2018).

[Ibm03] IBM Knowledge Center. "Protocolo SDLC/SNA". https://www.ibm.com/support/knowledgecenter/es/temp_sterlingb2bcloud/com.ibm.help.scntechref.doc/SDLC_SNA_Protocol.html (11/01/2018).

[Ibm04] IBM Knowledge Center. "Request/response header (ISTHR). z/OS Communications Server SNA Programming". https://www.ibm.com/support/knowledgecenter/en/SSLTBW_2.1.0/com.ibm.zos.v2r1.istprg0/cbfmtistrh.htm (30/01/2018)

[Ibm05] IBM Knowledge Center. "Requisitos previos del agente de Host Integration Server". https://www.ibm.com/support/knowledgecenter/es/SSDKXQ_6.3.0/com.ibm.itcamms.doc_6.3/prerequisites/hisprereqs.html (12/01/2018)

[Ibm06] IBM Knowledge Center. "Comparación de REST y SOAP".
https://www.ibm.com/support/knowledgecenter/es/SS8NLW_11.0.1/com.ibm.sw
g.im.infosphere.dataexpl.engine.srapi.doc/c_api-rest-vs-soap.html (13/02/2018).

[Ibm07] IBM Knowledge Center. "Sumary of Logical Unit (LU) types".
https://www.ibm.com/support/knowledgecenter/en/SSL28L_1.1.0/ug/c31894802
16a.html (10/05/2018)

[Ibm08] IBM. "APPC, CPI-C, and SNA Sense Codes". 2002. SDB2-CONN-AP.

[Ibm09] IBM MQ. "Developing applications for IBM MQ. Version 9 Release 1."
2019.
ftp://public.dhe.ibm.com/software/integration/wmq/docs/V9.1/PDFs/mq91.deve
lop.pdf (20/08/2019)

[ITU01] ITU (International Telecommunication Union). "Information technology –
digital compression and coding of continuous-tone still images-requirements and
guidelines. Recommendation T.81" (09/92)
https://www.w3.org/Graphics/JPEG/itu-t81.pdf (19/01/2018)

 [Ieu001] ie University. "El Protocolo IP". (Enero 2018)
http://es.ccm.net/contents/274-el-protocolo-ip (13/01/2018).

[Mic001] Microsoft. "Application Flags". https://msdn.microsoft.com/en-
us/library/ee251851(v=bts.10).aspx (30/01/2018)

[Mic002] Microsoft. "¿Qué es DHCP?". https://technet.microsoft.com/es-
es/library/dd145320(v=ws.10).aspx (22/01/2018)

[Mic003] Microsoft. "Sistemas de mensajerías centralizados y sistemas de
mensajerías distribuidos" (29/04/2005). https://technet.microsoft.com/es-
es/library/bb123575(v=exchg.65).aspx (02/02/2018)

[Mic004] Micorsoft. "¿Qué es ODBC?" (19/01/2017)
https://docs.microsoft.com/es-es/sql/odbc/reference/what-is-odbc (13/04/2018)

[Mic005] Microsoft. "Información general sobre la progamación de OLE DB".
https://msdn.microsoft.com/es-es/library/5d8sd9we.aspx (16/04/2018)

[Mic006] Microsoft. "What´s New in HIS 2016" (24/10/2016)
"https://docs.microsoft.com/en-us/host-integration-server/install-and-config-guides/what-s-new-in-his-2016 (25/04/2018)

[Mic007] Microsoft. "APPC Applications. Microsoft Host Integration Server 2000". 1987-2000.

[Mic008] Microsoft. "LUA Applications. Microsoft Host Integration Server 2000". 1987-2000.

[Net01] Network Working Group. "Hypertext Transfer Protocol -- HTTP/1.1 (RFC 2616)" (Junio 1999). https://tools.ietf.org/html/rfc2616 (26/01/2018).

[Tan01] Tanenbaum, Andrew S. & Wetherall, David J. "Redes de computadoras". 2012. Quinta edición. PEARSON EDUCACIÓN, ISBN: 978-607-32-0817-8. México.

[Tan02] Tanenbaum, Andrew S. & Maarten Van Steen. "Sistemas distribuidos. Principios y Paradigmas". 2008. Segunda edición. PEARSON EDUCACIÓN, ISBN: 978-970-26-1280-3. México.

[Tan03] Tanenbaum, Andrew S. "Sistemas Operativos Modernos". 2009. Tercera edición. PEARSON EDUCACIÓN, ISBN: 978-607-442-046-3. México.

19. Indices

427

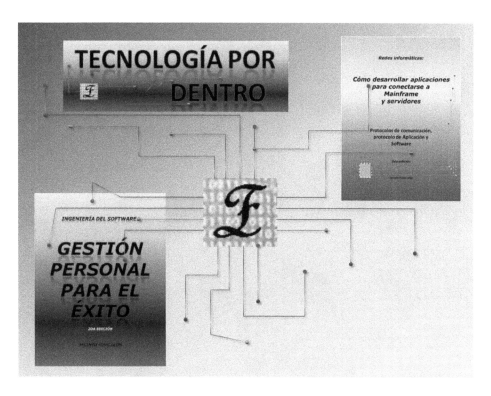

TECNOLOGÍA POR DENTRO

Libros de la serie tecnología por dentro:

www.ingramcontent.com/pod-product-compliance
Lightning Source LLC
Chambersburg PA
CBHW060648060326
40690CB00020B/4553